A Ciência da Astrologia e as Escolas de Mistérios

RICARDO LINDEMANN

A Ciência da Astrologia e as Escolas de Mistérios

4ª Edição Revista e Ampliada - 2020

a

Editora Teosófica
Brasília-DF

A Ciência da Astrologia e as Escolas de Mistérios
Ricardo Lindemann
1ª Edição - 2006
2ª Edição Revisada - 2007
3ª Edição Revista e Ampliada - 2012
4ª Edição Revista e Ampliada - 2020

EDITORA TEOSÓFICA
SIG Quadra 6, nº 1235
70.610-460 - Brasília-DF
Tel.: (61) 3322-7843
E-mail: editorateosofica@editorateosofica.com.br
Site: www.editorateosofica.com.br

L 735 Lindemann, Ricardo
A ciência da astrologia e as escolas de mistérios:
4ª Ed. - Brasília-DF
Editora Teosófica, 2020.

ISBN 85-85961-87-2

1. Astrologia
II. Título

CDD 130

Capa: Usha Velasco
Diagramação: Reginaldo Mesquita
Revisão de português : Gilberto Cereja

Sumário

Prefácio

A Parte I desta obra é principalmente a transcrição de *A Ciência da Astrologia*, nome dado a uma série de 22 programas de trinta minutos cada, irradiada pela União Planetária e retransmitida por 55 emissoras em 40 cidades do Brasil, incluindo 20 capitais, tendo sido irradiado em Brasília pela Mais TV (canal 21) e pela NET (canal 8) a série integral por 3 vezes a partir de outubro de 2004, e desde aquele ano tem sido repetida inúmeras vezes. Constituiu-se, assim, no Primeiro Curso de Astrologia na Televisão Brasileira que se tem notícia.

Inicialmente, a série baseou-se na magnífica obra *Luz e Sombra* de Emma Costet de Mascheville, minha querida e saudosa professora, que me ensinou em Porto Alegre de 1975 até 1981, ano de sua libertação merecida por uma missão tão bem cumprida. Apesar de a série ter recomendado insistentemente sua obra, também publicada pela Editora Teosófica, a contínua demanda dos telespectadores por uma versão escrita da série foi a causa geradora deste livro. Ele contém um enfoque próprio da Astrologia à luz dos princípios da correspondência e da polaridade, bem como da lei dos ciclos, baseado nos ensinamentos das antigas Escolas de Mistérios. Essa demanda levou-me a pedir à minha querida mãe, Astrid Lindemann, que enfrentasse o desafio de transcrever o conteúdo da série, dando origem à primeira parte deste livro, que preserva assim uma linguagem mais coloquial.

Dedico, portanto, esta obra a estas duas mulheres que são suas legítimas mães, pois sem elas esta obra e eu mesmo não teríamos vindo ao mundo. Dedico também esta obra à minha esposa Valéria Lindemann pelo apoio e paciência que tem tido comigo durante todo o tempo de dedicação a esta causa, bem como à minha filha Sophia que esperamos conjuntamente. Mãe e filha são a alegria da vida que continua, representando a razão de ser desta obra, que é preservar o conhecimento da Astrologia para que futuras gerações possam construir um mundo com mais Luz.

Minha fiel gratidão à Dra. Radha Burnier, M.D. Presidente Internacional da Sociedade Teosófica, eu expresso aqui. Ela nunca teve filhos, mas dedicou impessoalmente toda a sua vida à elevação espiritual da humanidade. Agradeço especialmente seu interesse pela publicação do artigo *Astrologia, Karma e Livre-Arbítrio*, que é um dos capítulos desta parte do livro, em sua revista internacional *The Theosophist*, que circula há mais de um século pelo menos nos 52 países onde a Sociedade está estabelecida. Agradeço também ao apoio da Presidente da Sociedade de Astrologia do Rio de Janeiro, Profª. Maria Eugênia de Castro. Ela me incentivou a escrever este artigo como uma tese a ser apresentada num Congresso perante uma banca examinadora daquela instituição em 1993, que me concedeu o estímulo de um título honorífico de *Master*, uma vez que a Astrologia no Brasil ainda não é suficientemente reconhecida para poder fazê-lo de modo oficial. O fato é que ainda não temos uma Faculdade de Astrologia como a Kepler College (WA, USA) no Brasil. Nesse sentido, visando à regulamentação da profissão do astrólogo no Brasil, gostaria de agradecer à Profª. Celisa Beranger pelo incansável esforço pela formação da Central Nacional de Astrologia, bem como ao Senador Artur da Távola e ao Deputado Federal Luiz Sérgio Nóbrega de Oliveira pelos respectivos projetos de lei que ainda tramitam nesta direção.

Gostaria especialmente de agradecer ao casal Vanda Beatriz e Ulisses Riedel de Resende pelo incansável apoio da União Planetária para a realização da própria série que originou esta obra, bem como a Marcos Luís Borges de Resende e a Zeneida Cereja da Silva pelo apoio recebido pela Editora Teosófica para esta publicação. Agradeço também ao colega e condiscípulo Antonio Carlos S. Harres pelo apoio na publicação e pesquisa de material das obras de nossa querida Professora Emma Costet de Mascheville, particularmente pelo livro *Luz e Sombra* e pelos trabalhos póstumos cujo material estamos preparando para publicar. Agradeço ainda ao Presidente da Mais TV, Sr. Hermano Albuquerque, pelo exemplar e absoluto idealismo com que esta série tem sido irradiada por sua emissora.

Agradeço também ao Coordenador Interino do Núcleo de Estudos de Fenômenos Paranormais (NEFP) do Centro de Estudos Avançados e Multidiciplinares (CEAM) da Universidade de Brasília (UnB), Prof. Hiroshi Masuda e sua esposa Diana, pela confiança e constante apoio neste esforço de manter o Curso de *Astrologia para Pesquisadores* ativo nesta Universidade. O capítulo *Astrologia, Ciência e as Escolas de Mistérios* é uma adaptação expandida de apontamentos de aulas que apresentei neste curso, como professor colaborador.

Gostaria também de reforçar os agradecimentos que apresentei pessoalmente ao nosso Magnífico Reitor da Universidade de Brasília, Prof. Dr. Timothy Mulholand, pela sua magistral defesa da liberdade de pesquisa na Ciência, citando particularmente o trabalho de vanguarda do NEFP, quando da posse da Profª. Dra. Ana Maria Nogales Vasconcelos como Diretora do CEAM em 22/06/06, a quem também agradeço pelo simpático apoio ao trabalho deste Núcleo.

A Parte II é uma coletânea de monografias e trabalhos que escrevi sobre o tema das Escolas de Mistérios e correlatos, ligeiramente adaptados para esta publicação. Todos foram trabalhos apresentados e aprovados, entre 1984 e 1988, no meu curso de graduação em Filosofia pela Universidade Federal do Rio Grande do Sul (UFRGS) e, portanto, preservam um estilo de apresentação mais acadêmico ou menos coloquial. Aproveito a ocasião para agradecer à Profª. Loiva Otero Félix e ao Prof. Mário João Freiberger que naquela ocasião me orientaram na realização destes trabalhos.

A Parte III é uma coletânea escolhida de editoriais de minha autoria publicados na Revista TheoSophia, órgão oficial da Sociedade Teosófica no Brasil, que me pareceram oportunos para orientar pesquisas e práticas futuras para o leitor.

Agradeço, enfim, a todos que contribuíram direta ou indiretamente na realização desta obra, me escusando humilde e antecipadamente pelas injustas omissões que possa ter cometido pela deficiência de minha memória, e a todos que têm contribuído pela causa da Astrologia ou pela restauração dos antigos Mistérios.

Brasília, 26 de agosto de 2006.

Ricardo Lindemann

PARTE I

Capítulo 1

O que é Astrologia

Astrologia é uma palavra de origem grega, que significa, literalmente, o "estudo (ou Ciência, dependendo como traduzimos o termo grego *logos*) dos astros" (*astron*) mas originalmente se refere à influência dos astros sobre nós, seres humanos, ou sobre os seres vivos de um modo geral, diferentemente da Astronomia que, como a palavra sugere, *nómos* em grego quer dizer lei, a Astronomia é, literalmente a lei dos astros, referindo-se à lei de movimento que os astros descrevem no céu.

A palavra astro é um termo comum que abrange todos os corpos celestes naturais, com ou sem luz própria (estrelas, planetas, satélites, asteróides, cometas, etc.) Emma Costet de Mascheville, minha professora, ou Dona Emy, como carinhosamente a chamávamos, costumava comparar a Astronomia como a anatomia do céu, e a Astrologia como a fisiologia do céu. A Astrologia, segundo ela dizia, abrange um sentido da vida que é influenciada através destas energias que os astros irradiam, ou de alguma forma nos influenciam através do seu movimento, enquanto que o mero posicionamento dos astros e suas leis de movimento vêm a ser, originalmente, o estudo da Astronomia.

Posteriormente, porém, definiu-se a Astrologia como o estudo da relação entre os fenômenos terrestres e os celestes, incluindo todos os seres nesta Terra, quer essa relação possa ser por influência direta, por sincronicidade ou de qualquer outro tipo. A Astronomia também ampliou, posteriormente, sua esfera de atuação, tornando-se a Ciência que estuda as posições relativas, os movimentos, a estrutura e a evolução dos astros.

Outra palavra cujo uso se descaracterizou, em alguma medida, é a palavra Horóscopo. A palavra Horóscopo, derivada da grega *Horoskopeo,* sendo que o verbo grego *skopein* significa observar, examinar. Portanto, Horóscopo ou horoscópio significa, literalmente, observação da hora, assim como microscópio é a observação do pequeno, telescópio é a observação do distante, periscópio é a observação do que está em torno, e assim por diante. Horoscópio,

Reconstituição fiel da *Última Ceia* de Leonardo da Vinci, que foi utilizada por Emma Costet de Mascheville em seu livro *Luz e Sombra* (Ed. Teosófica)

portanto, a observação da hora como uma espécie de fotografia do céu, mas devido ao mau uso e desgaste da palavra, hoje nós usamos mais o termo Carta Astral Natal ou simplesmente Mapa Astral, para designar aquela fotografia, por assim dizer, da posição dos astros no céu no horário de nascimento do indivíduo em relação às linhas de latitude e longitude do lugar onde ele nasceu da Terra.

Este contexto é importante porque em torno de 1930, com a queda da bolsa em Nova Iorque, criou-se, a título apenas de diversão, uma coluna de jornal que tradicionalmente passou a se chamar Horóscopo, mas que na verdade não levava em consideração o horário de nascimento das pessoas. Por conseguinte, deveríamos chamá-la de "Mesóscopo", como sugeria Dona Emy, pois só leva em consideração o mês de nascimento. Outra alternativa seria chamá-la de "Heliologia", pois só leva em consideração o signo do sol (*Hélios*), que é o signo do mês em que a pessoa nasceu; para diferenciá-la da verdadeira Astrologia, que seria o estudo dos diversos astros ou a observação da hora do nasci-

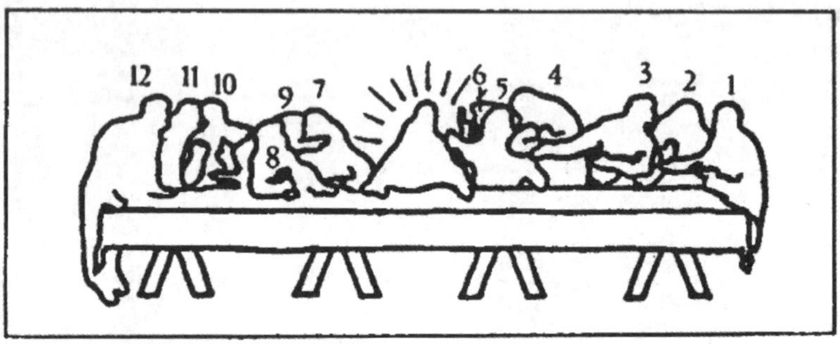

1	♈	**ÁRIES** **Simão**	7	♎	**BALANÇA** **João**
2	♉	**TOURO** **Judas Tadeu**	8	♏	**ESCORPIÃO** **Judas Iscariotes**
3	♊	**GÊMEOS** **Mateus**	9	♐	**SAGITÁRIO** **Pedro**
4	♋	**CÂNCER** **Felipe**	10	♑	**CAPRICÓRNIO** **André**
5	♌	**LEÃO** **Tiago Menor**	11	♒	**AQUÁRIO** **Tiago Maior**
6	♍	**VIRGEM** **Tomé**	12	♓	**PEIXES** **Bartolomeu**

Diagrama de correspondência dos 12 Signos com os 12 Apóstolos, segundo Emma Costet de Mascheville no livro *Luz e Sombra* (Editora Teosófica)

mento do indivíduo, o verdadeiro Horóscopo, o Mapa Astral, a "fotografia" com a posição dos diversos astros naquele momento.

As pessoas às vezes têm uma noção muito errônea de Astrologia porque veem, por exemplo, numa dessas colunas de jornal sobre o signo de Áries: "Hoje o signo de Áries ganhará na loteria". 1/12 dos brasileiros deveriam ganhar na loteria ao mesmo tempo, portanto o prêmio seria irrisório. Verificamos, assim, que não é possível dividir a humanidade apenas em 12 destinos, isso surge apenas de uma má compreensão da Astrologia gerada por essas colunas populares de jornal.

A Astrologia serve primariamente para interpretar num nível individual o Mapa Astral da pessoa, e coletivamente ela pode dar noções gerais das tendências de um país, ou até da humanidade ao longo de uma Era, que é um período de 2.150 anos, como, por exemplo, na Era de Aquário na qual estaríamos ingressando.

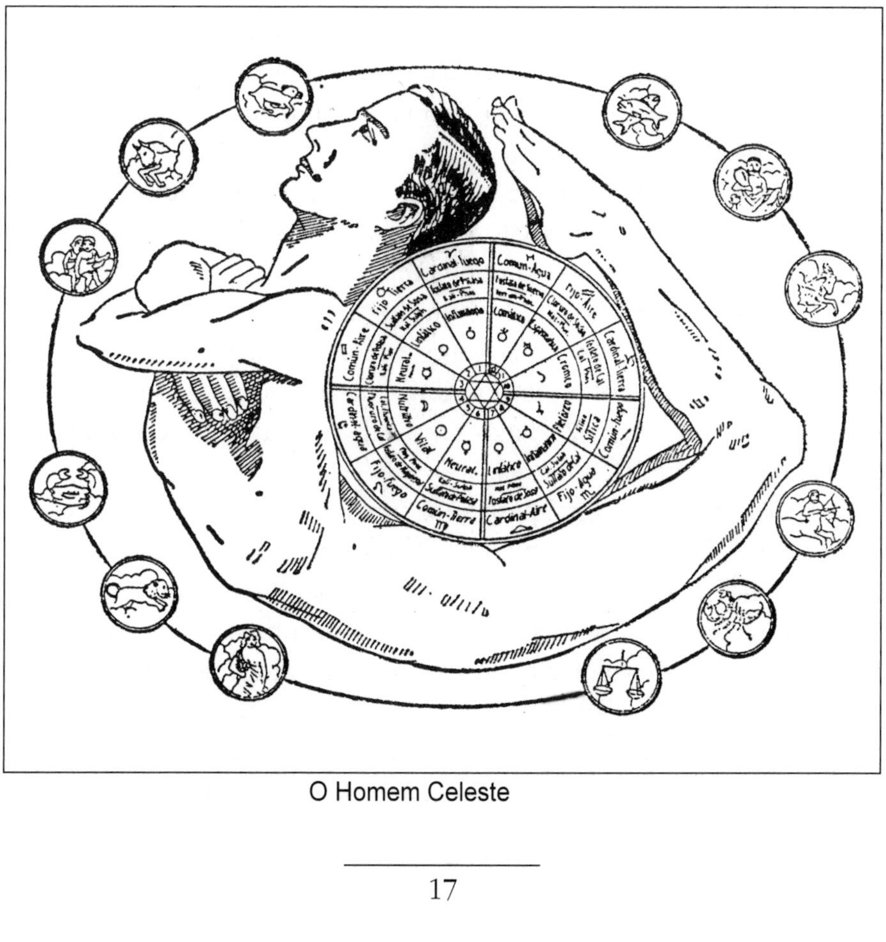

O Homem Celeste

Talvez a forma mais simples de nós nos aproximarmos desse conceito seja exemplificando, como Dona Emy gostava de fazer, a partir de uma grande obra de Astrologia chamada a *Última Ceia,* de Leonardo da Vinci. Nós temos aqui um símbolo dos doze signos e no centro a figura do Cristo. Então, cada um dos doze Apóstolos corresponderia a um signo, mas o Cristo não deve ser visto como o décimo terceiro signo, não é este o caso, senão que, um dos pontos importantes para nós é compreender que o Cristo representa o ponto de fuga de todas as linhas de perspectiva do mural, que vão justamente convergir na cabeça do Cristo, simbolizando, portanto, que de alguma maneira ele representa o Centro de todo o Zodíaco, ou seja, o ponto mais sagrado do mural, o ponto em torno do qual tudo o mais gira. Se nós observarmos, assim, a posição do Cristo é totalmente central e nele nós poderíamos pretender caracterizar os três pontos das aberturas iluminadas ao fundo, ou melhor dizendo, talvez três portas, porque nós podemos ver que o mural original está caracterizando aberturas ou portas iluminadas ao fundo em contraposição às janelas opacas laterais. Então, essas três aberturas ou portas ao fundo são aquelas pelas quais passa a luz do Sol.

O Cristo está exatamente no meio, na posição Equinocial. Portanto, ele representa a posição de equilíbrio. Temos aqui as quatro estações simbolizadas, da direita para a esquerda: a primavera, o verão, depois Cristo, no Centro, que representa a posição do Equinócio Outonal e por fim o outono e o inverno. Então, são quatro grupos de três Apóstolos simbolizando os quatro grupos de três signos que caracterizam o Zodíaco Tropical, as quatro estações do ano, cada uma durando três meses.

Esta consideração geral passa a se tornar cada vez mais interessante quando nós observamos as mãos de Jesus Cristo no mural: com a mão esquerda ele dá, com a mão direita ele recolhe. Então, nós vamos verificar que na verdade, das estações do ano, na primavera e no verão o Sol se doa em luz e calor e no outono e no inverno, de alguma forma, proporcionalmente, a luminosidade do Sol se recolhe. Assim temos esse gesto das mãos a simbolizar uma posição de imparcialidade da Divindade perante a Natureza que doa de um lado e recolhe aquilo que ela mesma doou do outro, simbolizando que a Divindade se manifesta de forma equilibrada, imparcial, como se fosse uma contabilidade cósmica, por assim dizer, que precisaria fechar em zero. Portanto, quando a Divindade cria o "mais um", tem que criar o "menos um", quando a Divindade cria o "mais dois", tem que criar igualmente o "menos dois", e assim por diante. Tal é o caso, usando uma linguagem mais científica e atual, da teoria de conservação da energia, de modo que a integral ou soma final seja zero, sem deixar resíduo.

Tal símbolo, portanto, é muito importante, pois nenhum signo é melhor do que o outro, todos os signos são assim, complementares. Esse é o ponto básico da teoria de Emma Costet de Mascheville, nossa professora, em seu livro *Luz e Sombra*, cuja leitura nós recomendamos. Neste sentido, foi ela quem descobriu essa correlação da Astrologia com a *Última Ceia* de Leonardo da Vinci, ou seja, dos doze signos com os doze apóstolos.

Outro ponto que gostaríamos de salientar é que a sombra não existe por si mesma senão como ausência de luz; diz até a Escritura que na presença da luz as trevas em luz se transformam. Da mesma forma é um princípio importante para nós, numa análise teosófica da Astrologia, sustentar que o mal não existe por si mesmo senão como o bem adormecido que não teve ainda oportunidade de despertar ou de desenvolver-se. Acrescentaríamos ainda o conceito de que o vício não existe por si mesmo senão como uma virtude em evolução, em desenvolvimento, uma virtude que ainda não teve o tempo de desabrochar, que não teve oportunidade de manifestar sua potencialidade evolutiva; todo ódio é assim apenas um amor não resolvido. A ideia de que o vício é uma virtude em formação dá um colorido completamente diferente à ideia de qualidade e defeito, como dizia um amigo meu: "Defeito quem tem é máquina".

Então nós estamos aqui pretendendo demonstrar a vocês, que de certa maneira os doze signos representam correlações de polaridades opostas, e existe toda uma simbologia astrológica que Carl Gustav Jung valorizava, ao afirmar: "A Astrologia merece o reconhecimento da Psicologia, porque a Astrologia representa a soma de todo o conhecimento psicológico da antiguidade."[1] E nesses arquétipos, nesses símbolos que os signos estão a representar nós vamos ter as polaridades da mente humana.

Talvez, quem sabe a melhor forma de nós desenvolvermos o assunto seja dando o exemplo do Eixo primeiro do Zodíaco Tropical que é chamado Áries-Libra. Então veremos que neste mural Simão está representando o signo de Áries, enquanto João representa o signo de Libra. Nesse sentido, pergunto, o que é melhor ao andar de bicicleta: Cair para o lado esquerdo ou cair para o lado direito? Suponho que o melhor seja não cair. Quando nós temos duas polaridades opostas a verdade não está apenas numa delas, as duas são complementares, talvez nós tenhamos a metade da verdade em cada lado.

É um princípio fundamental da filosofia hermética do antigo Egito, oriunda de Hermes Trimegisto, também chamado pelos Egípcios de Toth, o princípio ou grande axioma de "Como em cima; assim embaixo". Ele foi extraído da *Tábua de Esmeralda* de Hermes Trimegisto e é talvez o princípio básico de toda a Astrologia, é chamado genericamente de *Lei da Correspondência* ou *Princípio da Correspondência.* E o que ele pretende corresponder? Justamente que há uma relação entre o Homem Celeste e o Homem Terrestre.

Nós podemos ver isso neste diagrama que mostra a correlação dos doze signos do Zodíaco, seguindo a ordem com as doze partes do corpo humano. Então, a cabeça corresponde a Áries; o pescoço corresponde a Touro; os braços e os pulmões correspondem a Gêmeos; o estômago, o esôfago e as glândulas mamárias correspondem a Câncer; o coração corresponde a Leão; os intestinos e o fígado correspondem a Virgem; os rins correspondem a Libra; os órgãos sexuais correspondem a Escorpião; os quadris e as coxas correspondem a Sagitário; os joelhos, os ossos e a pele correspondem a Capricórnio; as pernas e os tornozelos correspondem a Aquário, até os pés que correspondem a Peixes.

Se nós formos assim observar a pintura de Leonardo da Vinci (1452 - 1519), chamada *Cenacolo* ou *Última Ceia,* que na verdade é um afresco, um mural pintado no refeitório do Convento de Santa Maria delle Grazie, que se encontra na cidade de Milão, na Itália, nós vamos verificar que este mural dá um destaque para a cabeça de Simão que representa Áries e está na cabeceira da mesa e pode-se observar também que as mãos dele estão em posição de comando em contraposição ao signo de Libra, representado por João que tem a cabeça inclinada e as mãos cruzadas.

É verdade que o mural original, que nós aí vemos, está afetado pelos micro-organismos que o atingiram, e por isso a obra já não tem toda a beleza da época em que ela foi pintada (1495 - 97). Ela sofreu danificações quando o mencionado refeitório foi transformado em estábulo pelos soldados franceses em 1796. Por outro lado, por ser um mural esta obra se eternizou, ou pelo menos teve mais condições de ser preservada do que talvez uma tela pintada a óleo que pode desaparecer mais facilmente, pegar fogo ou até ser roubada, etc. Infelizmente fizeram até uma porta para ligar o refeitório à cozinha, e para tal destruíram a parte da parede onde estavam pintados os pés de Cristo.

Mas o que interessa é que Áries está ali representado com as mãos em posição de comando e com a cabeça exposta à cabeceira da mesa. Em seguida, Judas Tadeu representa Touro com uma concentração de luz no pescoço, e logo depois vemos Mateus com os braços em destaque, caracterizando, como nós vimos na ilustração do Homem Celeste, exatamente a mesma sequência da direita para a esquerda, seguindo assim a ordem dos signos do Zodíaco.

Portanto, nós não estamos aqui pretendendo dizer que há uma relação de conexão meramente acidental ou casual, e sim que Leonardo da Vinci tinha a intenção de deixar uma mensagem astrológica nesse mural, ainda que velada em forma de pintura artística. Naquela época, na virada do século XV para o XVI, vigorava ainda a Santa Inquisição consequentemente eu lembraria que, no dia 17 de fevereiro do ano de 1600, Giordano Bruno foi queimado na fogueira da Santa Inquisição até a morte, em praça pública, em Roma, no Campo de Fiori, porque ele acreditava na onipresença de Deus e sustentava a existência da vida em mundos inumeráveis, como não acreditava na existência de vida só no planeta Terra, antes, ele sustentava que não seria digno da grandeza de Deus se só houvesse vida na Terra.

Naquela época, falar de Astrologia não era um assunto tão simples, e o cuidado que Leonardo da Vinci teve neste mural foi, justamente, pintá-lo de uma forma cifrada de tal maneira que não fique evidente para o leigo tratar-se de uma obra de Astrologia, muito pelo contrário, parece ser apenas a Sagrada Eucaristia na quinta-feira santa, no momento em que Jesus dividi o pão com os seus discípulos, e abençoa também o vinho.

No Cristianismo, todo o simbolismo da missa inicia com a Sagrada Eucaristia a partir da quinta-feira santa. Da Vinci escolheu um dos mais sagrados símbolos cristãos para expressar através dele sua mensagem astrológica para as futuras gerações. Alguns cristãos resistem à Astrologia e à Ciência Astronômica, que naquela época ainda não estavam separadas, porque elas foram trazidas novamente à Europa medieval pelos árabes juntamente com o sextante, o astrolábio, a bússola, etc, que tornaram possível o descobrimento das Américas. Porém, alguns esquecem que a maneira como o nascimento de Jesus foi descoberto pelos chamados Reis Magos, que eram evidentemente astrólogos persas, foi pelo cálculo da posição da Estrela de Belém. Por isso, o Sindicato dos Astrólogos do Rio de Janeiro, do qual tive oportunidade de ser um dos membros fundadores, escolheu o dia 6 de janeiro, dia dos Reis Magos, como a data nacional do dia do Astrólogo, porque foi assim, através da Astrologia, que o nascimento de Jesus foi descoberto.

Johannes Kepler (1571-1630), o grande Astrônomo e Astrólogo da corte alemã, o último que tinha profissionalmente sido Astrônomo e Astrólogo simultaneamente, na história dos Grandes Cientistas, sustentava que a Estrela de Belém era na verdade a conjunção de Júpiter com Saturno, ou seja, a relação do planeta da graça com o planeta do sacrifício, os dois em linha, em conjunção, proporcionariam um brilho extraordinário no céu, a soma do brilho destes dois planetas, resultariva mais tarde na chamada Estrela de Belém.

Assim também Edmond Halley (1656-1742), o descobridor do cometa que levou o seu nome, questionou as bases da Astrologia a Sir Isaac Newton (1643-1727), e ele teria respondido: *"Sir, I have studied it, you have not",* "Senhor, eu a tenho estudado, o senhor não"[2]. A

Astrologia não é uma questão de crença, por isso esse livro inicia seu título com "A Ciência da Astrologia", e juntos vamos investigar se há ou não correlação entre os fenômenos celestes e os terrestres.

Vejam então, como o signo de Câncer é representado por Filipe, por não poder, evidentemente, num homem caracterizar as glândulas mamárias, ele tem um gesto maternal de quem traz a si, ao peito, em contraposição ao seu oposto que é Santo André que representa Capricórnio e tem as mãos espalmadas. Dona Emy chamava o primeiro de 'Vinde a mim' e o segundo de 'Sai de mim', o primeiro simboliza o calor do verão e o segundo o frio do inverno no Hemisfério Norte, de onde nos vem essa simbologia zodiacal greco-romana.

Vamos verificar nessa sequência que Leão rege o coração e temos então o Apóstolo Tiago, aqui, possivelmente Tiago Menor – essa é uma das possíveis áreas de discrepância em saber se é Tiago Maior ou Menor – mas o fato é que ele tem aquela postura de expor o coração. Assim, o mural vai gradualmente demonstrando a exata sequência da direita para a esquerda que nós havíamos justamente indicado na tal correspondência entre o Homem Celeste e o Homem Terrestre. E nós vamos ver que o único apóstolo que tem os pés na luz é justamente o que representa o signo de Peixes, então observamos ali como Bartolomeu é o único que tem os pés na luz. Evidentemente que isso não está de todo nítido no original porque essa é uma das áreas que está na fase de reconstituição, mas porque ele está de pé na cabeceira da mesa pode-se, com as cópias mais próximas da época, verificar que é o único dos apóstolos que tem os pés na luz, como se pode ver na cópia do mural que foi reconstituído na capa do *Luz e Sombra* de Dona Emy.

Nós fizemos essas menções, e vamos aos poucos estudar os signos dois a dois nas suas polaridades ou eixos, para que se possa perceber assim no contexto, que nenhum deles têm só qualidades ou nenhum deles têm só defeitos, senão que de dois a dois eles precisam ser integrados para que nós possamos ter o equilíbrio do todo reconstituído.

Então, nossa proposta inicial é estudar os 12 Signos a partir de suas polaridades, depois nós vamos investigar também as 12 Casas Astrológicas, os planetas, buscando descobrir o equilíbrio e a beleza da Natureza no Mapa Astral. Eu citaria uma expressão de .Emma Costet de Mascheville: "Através do estudo da Astrologia aprendemos a não culpar, mas a compreender, a não ser infelizes ou revoltados, mas a conhecer a nós mesmos e ao nosso próximo, encontrando a harmonia da vida e religando-nos à Fonte de Luz."[3]

Referências bibliográficas

1) ARROYO, Stephen. *Astrologia, Psicologia e os Quatro Elementos.* São Paulo, Pensamento, 1987. p. 22.
2) *The Complete Planetary Ephemeris for 1950 to 2000 A.D.* Medford, U.S.A., The Hieratic Publishing Co., 1975. p. 3.
3) MASCHEVILLE, Emma Costet de. *Luz e Sombra.* Brasília, Ed. Teosófica, 1997. IVCapa.

Capítulo 2

O Princípio da Polaridade

Passaremos a considerar o Princípio da Polaridade conforme a tradição hermética: "Tudo é duplo, tudo tem polos; tudo tem o seu oposto; o igual e o desigual são a mesma coisa; os opostos são idênticos em natureza, mas diferentes em grau; os extremos se tocam; todas as verdades são meias verdades; todos os paradoxos podem ser reconciliados"[1]. Então, quando se cria o mais um tem que se criar o menos um, quando se cria o mais dois tem que se criar o menos dois, para que o equilíbrio possa ser preservado e a soma possa ser zero. A Divindade representa o elemento gerador de todos os polos, no entanto, verificaremos que os opostos são de alguma forma idênticos em natureza, como seria o caso do cubo de gelo e do vapor d'água, os dois são água essencialmente, mas o que os diferencia é o grau da temperatura, e por isso um pode ser convertido no outro.

Esse é o grande ponto da alquimia mental a ser utilizado em práticas de meditação, que o signo de Áries procure desenvolver as virtudes de Libra e que o signo de Libra procure desenvolver as virtudes de Áries, para que assim os dois possam encontrar aquele "Cristo em vós a esperança de glória", o ponto central no mural de Leonardo da Vinci.

O *Princípio da Polaridade* enfatiza "que os extremos se tocam, que todas as verdades são meias verdades e que todos os paradoxos podem ser reconciliados." É curioso que o fogo queime tanto quanto o gelo em temperaturas extremas, que o quente e o frio acabem ambos nos queimando. Eu disse certa vez a um amigo brasileiro que ia visitar a China: "Se tu fores mais longe, acabarás voltando pelo outro lado." Outro exemplo é o de como o número de mortos nos campos de concentração pelas ordens de Hitler na II Guerra Mundial é tragicamente semelhante ao dos eliminados pelas ordens de Stalin nas prisões da Sibéria. Ou seja, a conduta da extrema direita representada pelo primeiro é tragicamente semelhante, nos seus resultados extremos, à conduta da extrema esquerda representada pelo segundo. Como dizia Krishnamurti: "A esquerda, afinal de contas, é a continuação da direita, sob forma modificada. Se a direita tem seus fundamentos nos valores sensoriais, a esquerda não é mais do que uma continuação dos mesmos valores com diferença apenas de grau ou de expressão."[2] Portanto, nos extremos as condutas se assemelham, ou seja, os extremos se tocam nas polaridades.

Nós, porém, não queremos encontrar essa correspondência pelos defeitos ou vícios, mas sim pelas virtudes, pela complementaridade. E é isso que nós vamos desenvolver ao longo desse livro, convidando os leitores a acompanhar aqui o seu próprio signo, o signo de Áries, o signo de Libra, ou quem sabe o signo de Touro e o signo de Escorpião, que formam o segundo polo, ou ainda o signo de Gêmeos correspondendo por seu oposto ao de Sagitário, como também o de Câncer ao de Capricórnio, e assim por diante o de Leão ao Aquário, e por último, mas não menos importante, o signo de Virgem e o signo de Peixes.

O Cristo no centro do mural é um dos símbolos da *Última Ceia* de Da Vinci que talvez seja o mais inspirador, porém ele não deve ser confundido com nenhuma das dozes partes ou signos, porque ele representa o Todo integrado, o mais sagrado, ele é na verdade, a soma dos doze. Existem três janelas por onde passa a luz, sendo que o Cristo está exatamente posicionado no centro.

Agora, se observarem que é precisamente isso que acontece no nascimento do Sol, entre os dois solstícios de inverno e verão, nos dias 21 de dezembro e 21 de junho no hemisfério norte, ou o inverso no sul, e a posição equinocial que se dá na bissetriz do ângulo exatamente no meio, nós verificaremos que os dias 21 de março ou

23 de setembro, equivalentes à posição central, do nascimento do Sol, sempre foram consideradas, nas Tradições e Mistérios, como as datas mais sagradas na Grécia, no Egito, quando o Sol nascia no centro do Templo de Luxor, Karnak, quando ele nascia orientado pela posição equinocial exatamente no Leste, em Stonehenge, este era o dia da Iniciação.

Então, a posição do Cristo neste magnífico trabalho de Leonardo da Vinci intitulado o *Cenáculo* ou a *Última Ceia*, coloca o Cristo na posição mais sagrada do Templo e acima de tudo ele está a simbolizar que a posição sagrada dentro de nós está no meio caminho entre os opostos. Também o Buda dizia que o caminho que leva ao *Nirvana* é o caminho do meio, o *MaggaSatya*.

De modo que neste sentido ressaltamos o Princípio da Polaridade que diz que "na Natureza tudo é duplo, tudo tem polos, tudo tem o seu oposto". Esse é um princípio do hermetismo, que o igual e o desigual são a mesma coisa, como de certa forma o gelo e o vapor d'água, ambos são água, um no estado sólido outro no estado gasoso, e "os opostos são iguais na Natureza, mas diferentes em grau", justamente é o grau da temperatura que distingue o gelo da água, os extremos se tocam, todas as verdades são meias verdades e por isso todos os paradoxos podem ser reconciliados.

Nosso primeiro objetivo é tentar reconciliar esses opostos, e o exemplo mais vívido que eu poderia apresentar, se nós apenas percebêssemos que no mural da *Última Ceia* estão representadas as quatro estações do ano. A primavera representada no primeiro grupo de três apóstolos à direita. Na sequência o verão, o outono e o inverno nos outros três grupos de três apóstolos, sempre da direita para a esquerda.

É que isso corresponde ao recuo aparente do Sol, quando na verdade é a Terra que está dando a volta no Sol, mas se nós projetarmos como o Sol é visto ao longo das estações do ano, veremos que há um recuo aparente projetado nas constelações. Assim, na Astrologia, a primavera e o verão projetam a declinação solar no Hemisfério Norte, e depois o outono e o inverno, declinação solar no Hemisfério Sul.

O Cristo simboliza o equilíbrio harmonioso e imparcial da Justiça Divina, pois com a mão esquerda ele se doa e com a direita ele recolhe, numa posição de equilíbrio como o Sol se doa em luz e calor na primavera e no verão, e em alguma medida proporcionalmente se recolhe no outono e no inverno, quando a Natureza vive daquilo que acumulou num período mais iluminado e produtivo.

Então, na primavera se produzem as luzes, que vão nutrir as folhas para a fotossíntese e o florescimento, para depois surgirem os frutos, quando aquelas flores foram assim fecundadas na primavera, surgem os frutos no verão e depois no outono caem as folhas, e por último no inverno, se vive daquilo que se acumulou nas estações mais iluminadas até que surja uma nova primavera. E essa ideia, cíclica e rítmica da vida, é outro dos princípios básicos do hermetismo.

Também na tradição oriental podemos encontrar: "O mal não tem existência *per se* e é apenas a ausência do bem; e existe apenas para aquele que é transformado em vítima sua... A Natureza é destituída de bondade ou maldade: ela segue apenas leis imutáveis quando dá vida e alegria ou manda sofrimento e morte, destruindo o que havia criado. A Natureza tem um antídoto para cada veneno, e suas leis possuem uma recompensa para cada sofrimento... O verdadeiro mal surge da inteligência humana e sua origem está inteiramente no homem que raciocina e se dissocia da Natureza... a origem de cada mal, seja pequeno ou grande, está na ação humana, no homem, cuja inteligência faz dele o único agente livre da Natureza".[3]

A aplicação prática desse antídoto, segundo o *Yoga,* é sintetizada por Patañjali: "Quando a mente é perturbada por pensamentos impróprios, a constante ponderação sobre os opostos é o remédio".[4]

Referências bibliográficas

1) TRÊS Iniciados. *O Caibalion.* São Paulo, Pensamento, 1994. p. 24.
2) KRISHNAMURTI, J. *A Primeira e Última Liberdade.* São Paulo, Cultrix, 1976, p. 25.
3) CARTAS dos Mahatmas para A. P. Sinnett. Brasília, Ed. Teosófica, 2001. v. 2, p. 60.
4) TAIMNI, I. K. *A Ciência do Yoga.* Brasília, Ed. Teosófica, 1996. p. 185. [st. II-33]

Capítulo 3

Áries e Libra

Nosso interesse é mostrar, caso a caso, como a energia vai se manifestar de maneira oposta por exemplo em Áries e Libra. Áries, nessa *Última Ceia*, é representado por Simão, e Libra representado por João, o discípulo amado. Então, nós vamos encontrar que João está com as mãos cruzadas, em contraposição às mãos de Simão que estão em posição de comando, na cabeceira da mesa, e com a cabeça ele se impõe. Ao contrário, veremos João com os olhos fechados e com a cabeça inclinada, numa postura em que ele cede, enquanto Áries se impõe.

Áries é a primeira parte do corpo que nasce. No Homem Celeste Áries corresponde à cabeça, enquanto que Libra, exatamente a 180° no zodíaco, corresponde aos rins. Alguém poderia perguntar: Que relação uma coisa tem com a outra? Ora, são os pontos de somatização das doenças, principalmente quanto ao signo Ascendente, que é o signo da hora do nascimento. Então, nós vamos verificar que os rins têm relação direta com a pressão arterial, e por isso, se o funcionamento deles não for adequado, a pressão tende a subir, e a consequência pode ser o derrame cerebral, o AVC. E, reversamente, o cérebro, a cabeça, é quem controla os rins, de modo que há uma correlação interessante entre esses dois pontos do corpo, como um comanda e como o outro regula, equilibra.

Áries é justamente o impor e Libra representa o ceder. Nós poderíamos dizer também, que o Apóstolo João, que é o discípulo amado e que simboliza Libra, representa uma postura pacificadora, uma postura diplomática, conciliadora, por isso ele cruza as mãos, enquanto que Áries vai representar justamente esse princípio da autoafirmação. Áries é regido por Marte, o deus da guerra, enquanto Libra é regido por Vênus, a deusa do amor. Áries tem o comando, a liderança, aquela cabeça tem que cruzar o canal vaginal, no momento do nascimento, para surgir à luz, para que a mãe dê à luz a criança do outro lado, e é um momento decisivo, a criança não pode, por exemplo, ficar em dúvida.

Eu costumo dizer, principalmente aos librianos, que nós podemos ter dúvida para atravessar um rio com crocodilos antes ou depois de atravessá-lo, mas de preferência, não devemos ter essa indecisão nadando durante a travessia, que seria o pior momento para ficarmos indecisos. Assim também, o signo de Áries representa aquela força da Natureza que abre caminho aonde for necessário para o nascimento ocorrer, ele sai rasgando, como se diz na gíria, porque a intenção dele é produzir a vida, se ele morrer dentro da mãe morrem os dois, pelo menos em condições de um parto natural, e se ele nascer há uma chance da mãe também sobreviver.

Então, há o momento decisivo de Áries, da cabeça, que corresponde também ao brotamento da vida na primavera, corresponde, por analogia, ao dia 21 de março, no hemisfério Norte, justamente o ponto de origem, o ponto vernal do Zodíaco, o início do ano astrológico. Está caracterizando assim, o ponto da verdade, o ponto de expressão máxima dessa visão direta. Enquanto Libra é representado por uma balança, buscando o equilíbrio, a beleza, a harmonia, ele evita o conflito ou a confrontação.

Áries entende que é melhor um pequeno conflito agora do que um grande conflito depois, então quer resolver logo. Libra, ao postergar certos problemas às vezes gera outros ainda maiores, porque a bola de neve vai rolando e aumentando de tamanho. Então, é interessante questionar qual dos dois é o melhor, Áries ou Libra, ou como eu costumo perguntar: Quando se anda de bicicleta o que é melhor, cair à esquerda ou à direita? Ora, nenhum dos extremos nos interessa, o que nos interessa é justamente a virtude que se encontra no meio, como dizia Aristóteles: *"In medio stat virtus"*.

Se nós formos assim observando esse jogo de equilíbrio dos opostos, entenderemos que Áries é a verdade e que Libra é a justiça, que Áries é a energia e Libra é a harmonia do fluxo dessa energia, que Áries representa todo esse elemento da iniciativa, enquanto que Libra já tem esse elemento da harmonia, do equilíbrio entre as partes. Então, Áries representa o impor a personalidade, e Libra representa o ceder, representa a relação com a coletividade. Áries é o "eu", Libra é o "tu".

Nestas correlações nós vamos encontrar um grande ensinamento da Natureza, que nenhum signo tem propriamente defeitos, mas pode carecer das virtudes equilibrantes do signo oposto. Então, o signo oposto de Áries é Libra, e é lá que Áries terá que encontrar as virtudes que o equilibrarão, por outro lado, o signo oposto de Libra, evidentemente, é portanto Áries, a 180° no Zodíaco e, por conseguinte, é em Áries que Libra precisa encontrar as suas virtudes faltantes ou equilibrantes, de modo a encontrar por sua vez o seu equilíbrio.

O que é melhor, cair para a esquerda ou para a direita? O que é melhor, ceder ou se impor? Há momentos em que temos que aprender a ceder, mas há também outros momentos em que nós temos que aprender a nos impor, até para não nos tornarmos coniventes com um crime. Os pecados de Libra são geralmente de conivência, são crimes de cumplicidade, às vezes ele não sabe nem explicar como ele se envolveu em determinada confusão, porque o grande problema de Libra é não saber dizer não. Ele vai se enredando aos poucos nas confusões do destino, porque ele geralmente não sabe se impor no momento oportuno. Mas Áries que se impõe frequentemente demais, cria outro tipo de problema, cria conflitos onde não haveria necessidade, tornando mais áspera a passagem pela vida do que seria preciso.

Áries representa a luta, e Libra representa a paz. Este é o símbolo magnificamente disposto por Simão e por João, Simão que em certos momentos até vem em defesa do Senhor, e se mostra apresentando a própria espada, enquanto que Libra, o discípulo amado João, tenta sempre ceder e conciliar, representando a expressão do amor e da beleza. Por isso que Libra é representado no Zodíaco por uma regência de Vênus, que é a deusa do amor das antigas mitologias, enquanto que Áries é regido por Marte, o deus da guerra. Aos poucos, vamos assim correlacionando também os planetas com os signos, segundo a correspondência clássica.

Áries representa esse espírito urgente, empreendedor, pioneiro, o abre-caminho, o aventureiro, o corajoso. Frequentemente possui um excesso de energia, odeia a restrição e ama a liberdade. Essa característica ariana, por excelência, está a indicar aquilo que eu correspondia à primeira parte do corpo que nasce, a cabeça, ele quer abrir caminhos, essa é a sua virtude. Se nós tivermos algo que precisa ser iniciado, se precisarmos de alguém que abra caminho, Áries é a pessoa que devemos chamar para cumprir essa missão.

Por outro lado, verificaremos que com Áries facilmente se criam atritos, e por que se criam atritos? Pela falta eventual das virtudes de Libra. Então, o que se chamam de defeitos de Áries são na verdade a falta das virtudes complementares de Libra. Muitas vezes Áries pode se apresentar algo egoísta, ou sem tato, sem diplomacia, colocando-se sempre em primeiro lugar. Sua natureza pode ser impulsiva ou belicosa, satírica, impaciente, querendo tudo para agora, negligenciando, às vezes, os detalhes, não dando atenção, de certa forma, às questões menores e eventualmente entrando em conflito com os sentimentos de outras pessoas, justamente porque ele não percebe, parece que não tem tempo de fazer esse planejamento dos detalhes.

Eu lembro de um senhor que tinha Sol e Lua em Áries e Ascendente em Libra, e eu lhe perguntei como que ele fazia para tomar a direção numa viagem, se ele planejava antes de sair de casa, que itinerário ele faria. Não, ele respondeu. Disse que costumava descobrir tudo ao longo do caminho, que o importante era começar a caminhar.

Então, Áries quer logo iniciar as coisas, não é de planejar muito, ele age de forma às vezes temerária, age sem pensar. Enquanto que Libra fica ponderando, medindo, pesando, e pensa tanto que acaba às vezes não agindo, posterga a ação, entra na filosofia do “deixa como está para ver como é que fica”.

Nós vamos verificar que as qualidades atribuídas ao signo de Libra são seu lado encantador, harmonioso, que preza a harmonia e as condições de vida agradável, a diplomacia nas relações, que evita o conflito, de um temperamento idealista, romântico, refinado, com uma certa natureza despreocupada. Essas virtudes de Libra são, exatamente, as que vão neutralizar os exageros eventuais do signo de Áries.

Por outro lado, às vezes verificaremos que a falta daquela capacidade de decisão do signo de Libra se apresentará justamente porque lhe falta a qualidade de decisão que Áries possui. Por isso, é preciso que Libra aprenda a vencer essa indecisão. Libra precisa aprender com Áries a vencer a tendência mutável, para deixar de ser chamado, às vezes, de 'Maria vai com as outras', ora dado ao flerte, ora com uma certa frivolidade, porque oscila como a balança entre os opostos, e fica assim muito influenciável à opinião dos outros, e pode envolver-se em uma série de conflitos sem nem saber como neles entrou. Para que nós possamos sair de qualquer conflito, um ponto importante é perceber como nós entramos nessa zona de conflito.

Este mural da *Última Ceia* está a nos sugerir exatamente isto, que o meio do caminho entre Áries e Libra é justamente o Cristo que está no meio de todos os signos. Poderia talvez, numa imagem linearizada, não ficar tão claro, mas no Zodíaco, como nós podemos verificar no Homem Celeste, Libra para chegar a Áries, como é o diâmetro, terá que cruzar por cima do centro, assim como também, de Áries para se chegar à Libra terá que se cruzar por cima do centro. Aliás, o Cristo representa esse centro e como a imagem é linearizada, nessa composição astronômica, o círculo é projetado numa linha em que o meio é exatamente o ponto equinocial onde o Cristo está representado, "Cristo em vós a esperança de glória"[1], dizia São Paulo.

Vemos que Áries crescerá na medida em que conseguir tomar a direção de Libra, porque mesmo que ele não se torne um libriano, ele encontrará no meio do caminho o Cristo morando no seu coração. Reversamente, Libra ao tomar a direção de Áries, está tomando a direção que cruzará o centro do círculo, que é o Cristo no seu coração.

De modo que este é um simbolismo de que a sabedoria mora dentro de nós, como também é dito na tradição budista, em *A Voz do Silêncio*: "Olha para dentro: tu és Buda"[2]. Então, esse simbolismo que a sabedoria mora em nós, e que nós podemos encontrar esse ponto de equilíbrio, se encontra também nos *Yoga-Sutras* de Patañjali, o grande codificador do *Yoga* que há 2600 anos atrás caracterizou a essência do processo básico da meditação no Oriente: "Quando a mente é perturbada por pensamentos impróprios, a constante ponderação sobre os opostos é o remédio"[3]. Isso quer dizer que, ao invés de o ariano lutar contra os defeitos, lutar contra a sua impulsividade, a sua impaciência, ele deveria antes focar as virtudes do signo de Libra e assim complementaria a sua natureza de forma mais eficaz.

Outra expressão muito interessante de Annie Besant é o seu magnífico livro, *Os Ideais da Teosofia*, que nós podemos também recomendar, editado pela Editora Teosófica, no qual ela afirma que os Ideais inspiram mais do que os Mandamentos, e realmente ao invés de dizer não através de um Mandamento, melhor é voltar a mente para o sim, para o afirmativo, para aquela direção que ela deve desenvolver.

Portanto, se um ariano conseguir por um instante vibrar na frequência de um libriano, se o planeta Marte, que é regente de Áries, conseguir temporariamente entrar em sintonia com Vênus, a deusa do amor, que é regente de Libra, será como a relação da bela com a fera, o amor de Libra acalma a impulsividade de Áries.

Entretanto, aquela energia feroz e vibrante, aquela energia bruta da vida que está a brotar na primavera, em Áries, e que alguns até podem comparar quase com um trator que abre caminhos, com o limpa-trilhos de uma locomotiva, com um jogo de boliche que derruba as coisas e abre caminho também tem a sua importância. Sem essa iniciativa porém, toda aquela beleza pacífica de Libra pode ficar às vezes impotente, pode ser enganada, pode ser ludibriada, às vezes não consegue nem dizer não e aí ela se torna cúmplice, conivente com os problemas que o grupo criou. Então, ao ficar demasiado dependente do que os outros vão dizer, eventualmente o libriano não consegue tomar uma decisão.

O caso clássico do problema libriano que eu costumo caracterizar num hipotético conflito entre os gregos e os troianos. Primeiro os gregos chegam para o libriano e dizem: "Nós precisamos do teu apoio", aí ele diz: "Bem, eu vou pensar, quem sabe, talvez", "Ah, então nós já te agradecemos de antemão o teu apoio, etc", ele não chegou a dizer sim, mas também não conseguiu dizer não. Já os gregos entenderam que o libriano os estava apoiando. Passa um tempo e vêm os troianos com a mesma história, "Olha, nós precisamos do teu apoio, etc", e o libriano novamente não conseguiu dizer não, ele disse: "Bem, eu vou pensar, talvez, quem sabe", acaba envolvido, e então os troianos dizem: "E nós te agradecemos pelo apoio". E quando estoura a guerra entre os gregos e os troianos, e seja quem for que vier a ganhar a guerra, o libriano sempre vai ser considerado como um tipo de traidor, porque alguém vai dizer que ele também apoiou o outro lado.

É interessante notar, que ao querer conciliar os dois lados, frequentemente o libriano ganha a fama de traidor, ou de frívolo, ou de não saber decidir e dizer não, e nem sempre é muito respeitado, enquanto ele não desenvolve em si a força de Áries e a capacidade de realmente escolher o que acha correto.

Por outro lado, se nós precisarmos que venha o pacificador e delimite o território, para solucionar um conflito já existente entre gregos e troianos e porque normalmente esse conflito é por território, então nesse momento é o ariano que tem que chegar com a espada, estabelecer a divisão, marcar o chão, e dizer daqui ninguém passará, vocês ficam do lado de cá e vocês outros do lado de lá, e assim se restabelece a paz, porque alguém teve a coragem de estabelecer um limite, isso é que o Áries sabe fazer. Porém, uma vez demarcado o território, temos que chamar imediamente ao libriano para assinar um tratado de paz e estabelecer a ordem novamente, pois se deixarem o ariano lá legislando, daqui a pouco ele criará uma nova guerra porque ele gosta de usar a força.

Assim, a Natureza tem o momento da primavera e o do outono, tem o momento de iniciar a atividade e tem o momento do descanso. Áries representa essa atividade primaveril, e Libra representa o início do recolhimento da vida no outono, quando as folhas caem, comparado também ao nascer do Sol em Áries, o início do dia, e o fim do dia, o pôr do sol em Libra. Se pensarmos nessa natureza dos opostos, veremos que não adianta mandar soldar o guidão da bicicleta, precisamos às vezes dobrar para a esquerda, às vezes para a direita para manter o equilíbrio. Existe a hora de saber se impor como Áries, a hora de saber ceder como Libra, a hora de se impor e a hora de pacificar.

E esta sensibilidade, esta habilidade, que é o que os antigos chamavam de sabedoria, não pode ser simplesmente ensinada por meio de uma palestra, por um vídeo, ou por um livro, no entanto, a reflexão, a constante ponderação sobre os opostos, dizia Patañjali, que é o remédio, essa meditação que busca, nem que seja por um instante alcançar um *insight*, uma visão do ponto de vista do outro lado.

Desta forma, veremos que aqueles problemas que existem para o signo de Áries, por às vezes ter destruído relacionamentos, rompido com algumas pessoas, são desconhecidos para Libra, porque o libriano nunca rompe, por causa da dificuldade de dizer não, se envolve às vezes em confusões, mas sempre procura harmonizar-se com todos. Reversamente, os problemas de Libra, por não conseguir se impor e tomar decisões, estabelecer limites, são problemas que para Áries não existem, ou nunca existiram, porque ele já abriu caminho, ele resolve aquilo num instante, põe cada um no seu lugar.

É, portanto, o equilíbrio entre Áries e Libra que vai simbolizar a estabilidade do Cristo, sendo que se supõe que o homem sábio saiba contornar um obstáculo, ora indo para a esquerda, ora indo para a direita. Eu gostaria, assim, de enfaticamente recomendar que nós refletíssemos sobre esses opostos da Natureza e sobre a sabedoria.

A palavra sabedoria é originada do verbo latino *sapere*, que tanto tem a conotação de saber quanto de sabor, e portanto sabedoria é um tipo de saber que vem do sabor da própria experiência, é um tipo de saber que é sentido pela experiência direta, este é o verdadeiro significado etimológico da palavra sabedoria. Sabedoria não se pode encontrar nos livros, sabedoria é como andar de bicicleta, ninguém pode ensinar a ninguém, nós temos que aprender andando, mas se nós tivermos os referenciais das polaridades extremas e refletirmos sobre a utilidade de Áries e de Libra na Natureza, percebendo que um é bom numa circunstância, e outro é bom na outra, sendo o equilíbrio entre eles o nosso objetivo, quem sabe a sabedoria chegará mais perto de nós e a nossa vida poderá ser mais feliz, quer seja diretamente para nós como também para todos os outros ao nosso redor.

Referências bibliográficas

1) BÍBLIA de Jerusalém, A. São Paulo, Paulus, 1995. p. 2213. (Colossenses I. 27)

2) BLAVATSKY, H. P. *A Voz do Silêncio.* São Paulo, Pensamento, 1976. p. 61. (af. 116)

3) TAIMNI, I. K. *A Ciência do Yoga.* Brasília, Ed. Teosófica, 1996. p. 185. [Sutra II-33]

Capítulo 4

Touro e Escorpião

A Astrologia não é uma questão de crença, mas uma questão de Ciência, uma questão de verificação. Por isso, convido os leitores a observarem se as pessoas de Touro e Escorpião, na sua esfera de relacionamentos, apresentam ou não as características aqui citadas. Agora, vejam bem, as pessoas podem ser de um signo pelo mês do nascimento, podem ser de um signo também pelo dia do nascimento, ou pela hora do nascimento. No primeiro caso, nós vamos dizer que a pessoa é do signo solar porque nasceu no mês de Touro, a partir de 20 de abril até 20 de maio, mas também o fato é que se ela tiver nascido em certo horário, ela terá o Ascendente no signo de Touro, porque existem duas horas por dia em que o signo de Touro estará se elevando no horizonte Oriental.

Há também outra possibilidade, se a Lua estiver em certo dia apresentando-se no signo de Touro, o que ocorrerá em média num período de dois dias e um quarto, dois dias e seis horas, dado que nós dividiremos 27,32 dias por 12 signos. Os 27,32 dias correspondem ao mês sideral da Lua, e dividindo em 12 partes, nós vamos ter este resultado. Então, no geral se diz que o signo da Lua é o signo do dia, e o signo Ascendente é o signo da hora, mas na verdade, são maneiras de explicar que nós somos divididos em camadas. Nós podemos ter o signo de Touro no mental, signo solar ou signo do mês, no emocional, signo lunar, ou signo do dia, ou no Ascendente que dá a característica física, e aí sim, o signo da hora. Então, as pessoas não são também em geral um tipo puro de um signo, elas têm mesclas, e essa é a importância também de nós fazermos um Mapa Astral, ou Natal, de cada pessoa individualmente, para ver que composições a pessoa apresenta em seu Mapa Astral.

Voltemos agora a nossa atenção novamente para o mural da *Última Ceia,* onde o signo de Touro é representado no Cenáculo por Judas Tadeu, e Escorpião por Judas Escariotes. É interessante lembrar ainda que a correspondência dos doze signos e dos doze Apóstolos foi descoberta e estabelecida por Emma Costest de Mascheville, em seu magnífico livro *Luz e Sombra*, da Editora Teosófica, que gostaríamos de recomendar. E, com ela, tivemos a oportunidade de estudar nos últimos sete anos da sua vida, e talvez, assim, captar algo da beleza do seu ensinamento, que era então o florescimento da experiência de toda uma vida dedicada a este estudo.

O signo de Touro corresponde ao pescoço, e é representado por Judas Tadeu. O pescoço é justamente a parte mais saliente da sua figura, no mural, bem como no Homem Celeste o Escorpião corresponde aos órgãos sexuais, e estes dois signos ficam assim diametralmente opostos no zodíaco. Por extensão nós poderíamos dizer que há uma relação entre a garganta e os órgãos sexuais. É interessante notar que as crianças, portanto antes da adolescência, antes do corpo ter atividade propriamente sexual pelo estímulo das glândulas correspondentes, frequentemente têm como ponto fraco do organismo a garganta, porque a polaridade oposta não está propriamente ativa. Então, às vezes, as amigdalites são muito frequentes na infância, etc., e de alguma forma a garganta, o pescoço, abrange a tireoide, a paratireoide.

O Touro rege esta região no corpo que abrange a tireoide relacionada à capacidade de acumular os nutrientes no organismo, por isso tem a ver até com a obesidade quando há o mau funcionamento da tireoide, e assim, o armazenamento e a acumulação das condições de sobrevivência através do alimento excedente, que significaria a nossa reserva acumulada. A obesidade já é o excesso de reserva, mas enfim, essa capacidade de armazenar para o futuro, de acumular riqueza, é uma característica tradicionalmente relacionada com o signo de Touro, que é um signo de terra.

O oposto, portanto, o Escorpião está associado aos órgãos sexuais e suas glândulas, seja o aspecto dos hormônios correspondentes ao hormônio masculino e feminino, como também todo o processo que está associado à geração de uma nova vida. Portanto o Escorpião está sempre associado, na tradição astrológica, à paixão, e está de uma certa forma caracterizando a sobrevivência da espécie, enquanto o Touro está caracterizando a sobrevivência do indivíduo. E há um equilíbrio novamente a ser encontrado entre essas duas forças.

A posição do Cristo na forma de um triângulo equilátero, que é o símbolo da harmonia, na Astrologia, tem na mão esquerda o símbolo da doação, a mão esquerda está voltada assim para cima, enquanto que a direita recolhe, pois está voltada para baixo. Então, nós temos o símbolo de um equilíbrio de duas forças da Natureza em que do lado direito do observador, as estações da primavera e do verão são aquelas nas quais o Sol se doa em luz e calor, e são o símbolo da atividade, enquanto que o outono e o inverno, que são a outra face mais obscura que corresponde mais ao lado lunar que, na verdade, é quando o Sol, proporcionalmente, se recolhe, e a luz dele é menos presente naquelas estações. E esse equilíbrio entre esses dois polos é o que nós buscamos de alguma forma na Astrologia.

O signo de Touro irá representar a sobrevivência do indivíduo e o acúmulo de matéria como reserva com essa finalidade, enquanto que o Escorpião já representa a paixão sexual que vai gerar uma nova vida na sobrevivência da espécie; portanto, são forças polarizadas. E, assim, o Touro representa de alguma forma a fecundidade passiva, enquanto que o Escorpião a força criadora, geradora mais ativa. De certa forma, Marte que é o regente clássico de Escorpião, é um planeta chamado masculino, ou ativo, enquanto que Vênus, regente de Touro, é chamado de passivo ou feminino.

O equilíbrio entre esses dois opostos é que nos conduzirá ao Cristo, que está no centro do mural, que é aquela posição imparcial na qual nós meditamos, e gostaríamos de citar novamente, o Princípio básico da meditação no *Yoga*, segundo o *Yoga-Sutras* de Patañjali: "Quando a mente é perturbada por pensamentos impróprios, a constante ponderação sobre os opostos é o remédio". Então, essa é a polaridade que nós temos que complementar meditando no signo oposto, se aplicarmos o aforismo II-33 do *Yoga-Sutras* citado à prática da Astrologia.

Assim verificaremos que o signo de Touro representa a preservação e proteção da vida, o aspecto de uma fecundidade obediente e protetora da matéria, enquanto que o Escorpião já representa uma autoridade mais passional dessa força criadora, que representa a transmutação da matéria, e muitas vezes é associado por isso à morte. Então, o signo de Touro é a Física, e o Escorpião é a Química, o signo de Touro é a realização e o Escorpião é a organização. O signo de Touro é aquela afetividade de uma ternura protetora, às vezes até superprotetora, os problemas das mães de Touro são clássicos no apego aos seus filhos, enquanto que o Escorpião já tem mais aquela disposição de cortar o que for preciso, tem uma visão mais cirúrgica para enfrentar o perigo e a morte. Costuma-se dizer que ele gosta de viver perigosamente.

O Escorpião, na verdade, é um animalzinho frágil. Segundo a tradição, se ele não injetar o veneno no adversário ele irá injetá-lo em si mesmo. Assim, nutrindo nos outros o medo daquele veneno que ele traz na cauda, ele impõe uma certa distância de segurança e por isso ele necessita executar certas punições exemplares. Não que ele possa enfrentar a todos, mas ninguém quer ser o primeiro a enfrentá-lo porque sabe que receberá a punição exemplar. Esse é o símbolo de um animal frágil, que a gente poderia até matar por acidente se pisasse em cima, por descuido, mas, por outro lado, representa um animal que às vezes aterroriza as pessoas, porque elas sabem muito bem que ele tem veneno.

Da mesma forma, o tipo do Escorpião é de uma fragilidade defendida por uma aparente agressividade, mas se a pessoa souber conquistá-lo, ele se transforma no nosso melhor protetor, no nosso melhor amigo, porque não temerá nem sequer a morte para nos defender. Por outro lado, não convém arranjar inimigos de Escorpião, pois o mesmo que vale para um lado vale também para o outro, e ele nos perseguirá implacavelmente se nós não soubermos conquistá-lo, ou principalmente se ferirmos os seus sentimentos.

E, por isso, o Escorpião é considerado como um dos signos mais incompreendidos, assim também, no próprio mural de Leonardo da Vinci, ele é representado por Judas Iscariotes, que é tratado como o traidor do Cristo. Mas, se diz também, que não teria havido a ressurreição do Cristo se não tivesse existido a figura de Judas Iscariotes que produzisse a morte. Por isso, o próprio Escorpião, representado por Judas Iscariotes, é o único que apresenta metade do rosto na luz e metade do rosto na sombra, simbolizando que ele é capaz de transitar entre estes dois mundos, simbolizando que ele tanto representa a morte, quanto a ressurreição.

Nesse aspecto da ressurreição, o símbolo usado pelos egípcios para o Escorpião é a Águia. É importante lembrar que no Zodíaco greco-romano, o Escorpião é caracterizado pelo simbolismo do lado sombrio da morte, mas o egípcio prefere o da Águia que é o símbolo da ressurreição e da faceta luminosa da libertação do espírito. E, também, os gregos tinham a outra representação do Escorpião, a Fênix, aquele animal que, segundo a mitologia, ressurgia das cinzas, também era um símbolo de ressurreição. Então, o Escorpião é representado por seu lado morte, na *Última Ceia*, por Judas Iscariotes, e ali deixou uma cadeira vazia, porque é sabido que Judas Iscariotes se suicida, na tradição bíblica. Dona Emy entendia que, mais tarde, essa cadeira seria ocupada simbolicamente por Paulo que é uma transmutação de Saulo, ou seja, ele representaria o único Apóstolo que viu o Cristo em espírito sem tê-lo visto na forma de Jesus corporal, na forma material; ao contrário de Judas Iscariotes que parece ter convivido com Jesus em seu aspecto corporal, ou físico, mas pelo visto não o compreendeu muito bem, ou não teve a plena visão da natureza espiritual do Cristo. Creio que por isso ela entendia que a faceta escorpiônica da transmutação e da ressurreição estava melhor representada por São Paulo do que por São Matias. Escorpião simboliza portanto os extremos da natureza, a vida e a morte, o viver perigosamente, a busca da adrenalina, o sentir a paixão.

Por outro lado, o Touro é representado por um animal ruminante, sombra e água fresca é o seu lema, que nada mude, que tudo fique como está, é um signo de terra e fixo. Mas, se observarem o animal que representa o signo de Touro, caracteriza muitas das qualidades de perseverança, porque é no pescoço do Touro que se ata o jugo, a canga, ali ele mostra a sua força carregando com perseverança o carro, puxando a carroça, enfim, todos estes aspectos que estão associados ao signo de Touro que tem por símbolo esse animal.

Eu gostaria que observassem o aspecto ruminante do touro. O ruminante mastiga, aquilo vai ao estômago de alguma forma e volta, aí é ruminado de novo, mascado mais uma vez, engolido de novo, vai ao estômago e volta, então se mastiga mais uma vez e aquilo é ruminado e engolido mais uma vez, não sei por quantas vezes, em algum momento já deve ter perdido o gosto... Mas o surpreendente é que o signo de Touro suporta isso com naturalidade, porque ele é por excelência a encarnação, e a manifestação da perseverança e da paciência.

As qualidades associadas ao signo de Touro são o seu lado prático, digno de confiança e paciente, de certa forma persistente e hábil nos seus negócios, seu fino senso de valores. Costuma ser um conservador, em geral não gosta de mudanças. Mudança representa insegurança, possibilidade de um perigo, Touro é essencialmente protetor da vida. Ele é o contrário de Escorpião que busca viver perigosamente para se sentir mais vivo, mais intenso, para sentir mais a adrenalina passional em si. Touro representa essa busca das artes, do amor ao luxo e à boa comida, de uma vida de certa forma confortável, agradável, mas com força de vontade e perseverança, com solidez e determinação na consecução dos seus objetivos, associada a uma afetividade, a uma bondade protetora. Essas são as qualidades tradicionais atribuídas ao signo de Touro, entre outras.

Por outro lado, se nós quisermos saber qual é o defeito de um signo, que não é uma boa aplicação da palavra, pois do ponto de vista astrológico todo defeito representa apenas a falta temporária de uma virtude do signo oposto, como todo vício é uma virtude em formação que não teve ainda tempo de desabrochar, o mal não existe por si mesmo, senão como um bem adormecido, e as trevas não são trevas reais, elas são apenas ausência de luz, não existem por si mesmas, pois que na ausência da luz as trevas em luz se transformam, como afirma a Escritura.

Vale focar as qualidades de cada signo: as qualidades do Escorpião vão resolver os problemas do Touro, e as qualidades do Touro vão resolver os problemas do Escorpião, pois são signos opostos e complementares. As fraquezas associadas ao signo de Touro, portanto, são a falta das virtudes de Escorpião. Muitas vezes o Touro é classificado como possessivo, apegado, pão-duro, preguiçoso ou acomodado, autoindulgente, e pode ser um chato em potencial, porque tendo medo do desafio da vida ele resiste ao processo da mudança que é inevitável no ciclo da vida e, portanto, ele pode acabar tolhendo a liberdade das outras pessoas. É estático nas suas opiniões, sem flexibilidade ou originalidade, às vezes ganancioso, obcecado com rotinas, ou rancoroso, no sentido de guardar mágoas, porque ele se deixa ferir, engole tudo, depois explode de certa forma que nem aquela figura da panela de pressão, que depois de muito engolir, sem válvula de escape acaba explodindo e jogando feijão no teto. É claro que o signo de Touro pode superar essas tendências se ele aprender a meditar no signo oposto e desenvolver as suas virtudes.

E as qualidades do Escorpião são as emoções e os sentimentos poderosos. A característica fundamental do Escorpião é a sua intensidade, o seu sentimento intenso e passional, sua imaginação e sentido de finalidade, sabendo qual o objetivo que deseja alcançar. O discernimento sutil se apresenta na sua capacidade de decisão e organização, persistente e determinado na consecução dos seus objetivos, ele vai à morte se necessário para atingir seu objetivo, ele não a teme, gosta do desafio, e o único desafio que o Escorpião tem dificuldade de superar é a ausência de desafios. A monotonia e a rotina, que o Touro suporta pacientemente, representam o ponto fraco do Escorpião, ele precisa de novos desafios para se sentir vivo. Há um equilíbrio, portanto, entre esses extremos.

A falta das virtudes de Touro costuma gerar os problemas clássicos do signo de Escorpião, atribuídos à vingança, à sensualidade, ao ciúme, ao rancor. Pode ser também obstinado e intratável, ressentido, desconfiado e muito reativo. Se nós atingirmos o Escorpião com uma agulha, ele pode reagir da maneira como se sentir no momento e possivelmente nos jogará uma lança. Porém, em outro dia em que esteja bem, poderá ser atingido com uma lança e reagir apenas como se tivesse sido atingido por uma agulha. Essa desproporção relacionada ao estado emocional do Escorpião, a sua intensa subjetividade, é que o faz, muitas vezes, desconfiado, reticente, intratável e imprevisível.

O Escorpião gosta de ter provas de amor, então ele se esconde numa torre de marfim e acha que se o outro de fato sabe amar, terá que conquistá-lo e dar provas de amor por ele. Desta forma, ele se isola como uma princesa numa torre de marfim, naquele castelo com ponte levadiça e crocodilos no fosso, e então o pretendente terá que vencer primeiro os crocodilos, não sei bem como, com uma armadura pesada, com riscos de afogar-se no fosso, subindo a murada do castelo à unha, ainda tendo que matar sabe-se lá quantos cruzados lá no topo, e depois descer para encontrar a torre de marfim no centro do castelo, para tentar conquistar uma Rapunzel que não sabe se vai ou não lançar as suas tranças para o outro poder subir, não sabe se deixar-se-á conquistar ou não. Então, caracterizando-se por criar dificuldade, o Escorpião gosta da conquista e torna ela difícil, porque precisa do desafio para dar valor às coisas. Já o signo de Touro é mais de querer proteger, ele simboliza o amor que, às vezes, pode ficar até possessivo nas relações humanas, por outro lado o Escorpião simboliza a paixão que tem lá a sua intensidade, mas que pode se tornar destrutiva se não estiver dentro de um regime de equilíbrio.

Como é que nós podemos equilibrar o amor e a paixão? Essa é a grande questão do eixo Touro-Escorpião. Quem não puder, assim, associar harmoniosamente estas características talvez tenha que reencarnar muitas vezes até descobrir o ponto de equilíbrio dessas forças, porque elas são a base de um casamento estável. Se um casamento tiver só o amor possessivo pode sufocar, se tiver só a paixão pode se tornar demasiado provocante e irreverente, demasiado sexuado, então nós temos aí o problema dos opostos e dos extremos.

A busca do equilíbrio entre o amor e a paixão é justamente o caminho do equilíbrio entre o Touro e o Escorpião. Se nós meditarmos profundamente sobre isso, veremos que nesse eixo também existe o símbolo da possibilidade da sublimação, aí nós temos aquelas duas serpentes que se enroscam no caduceu de Mercúrio, simbolizando a sublimação de Marte e Vênus pela sabedoria de Mercúrio. Então, é preciso primeiro resolver essa equação do amor e da paixão para poder sublimar essa energia e libertar o espírito aprisionado na carne, resolvendo assim o problema da morte.

O Escorpião simboliza também a morte. Como dizem os chineses: "A criança nasce chorando quando os parentes a recebem sorrindo, enquanto que o velho morre sorrindo quando os parentes se despedem chorando." Similarmente é o que dizia Pitágoras, *soma sema*, que o corpo é o sepulcro da alma. Assim, quando a alma nasce no corpo ela fica aprisionada, ela chora na criança enquanto os outros a recebem aplaudindo, alegres porque um novo ser nasceu na família, mas quando o corpo morre, o velhinho sorri quando a sua alma se liberta, e são os outros que choram a sua perda porque ele foi para outra dimensão. Mas para que nós possamos ter a percepção direta dessa verdade, da transcendência do corpo, necessitamos primeiramente da transmutação das duas energias equilibradas, referidas no Oriente pelos canais laterais Ida e Píngala, comparadas na tradição grega, no caduceu de Mercúrio, por duas serpentes, branca e negra, simbolizando com isso o necessário equilíbrio do masculino e do feminino, do Sol e da Lua, que deixa assim equilibrado o canal central chamado *Sushumna*, o *Tao*, o equilíbrio, o *sattwa*, por onde essa *Kundalini* sobe e dá as asas ao caduceu de Mercúrio, como o *ketchari* hindu que é capaz de voar em outras dimensões. Este símbolo se encontra no diagrama do capítulo Júpiter e Saturno.

Então, todo o poder criativo está associado assim ao eixo de Touro e Escorpião, e se nós pudermos realizar o equilíbrio entre o amor e a paixão, as energias sexuais assim liberadas nos darão o caminho da transcendência da condição humana e da possibilidade de conhecer diretamente o lado oculto das coisas e a outra face do que está além da morte, que é uma outra dimensão de esplendor de vida, e a Astrologia simboliza, para nós, o equilíbrio dessas forças no eixo de Touro e Escorpião.

Capítulo 5

Gêmeos e Sagitário

Vamos analisar a polaridade Gêmeos – Sagitário. Optamos por estudar os signos dois a dois porque essa é a ideia básica da Professora Emma Costet de Mascheville, em sua bela obra *Luz e Sombra*, onde ela pretende demonstrar através da própria *Última Ceia* de Leonardo da Vinci, a título de exemplo ilustrativo, que os doze signos devem melhor ser estudados em eixos polarizados, ou seja, dos doze signos estudarmos seis diâmetros, que terão, assim, dois polos se contrapondo no Zodíaco.

Quando o Sol, por exemplo, é visto por nós no signo de Gêmeos, isso significa que a Terra se encontra em Sagitário e recebe uma certa luminosidade, parte dessa luz fica retida na Terra e além dela se projeta um cone de penumbra. Então, o signo oposto, Sagitário, ficaria de certa forma na escuridão. O que vale dizer que se o Sol está em Gêmeos, Sagitário fica na sombra, se o Sol está em Sagitário então o signo de Gêmeos fica na sombra, pois os dois ficam opostos a 180° no Zodíaco. Um dos diagramas antigos que associam partes do corpo humano com os signos do Zodíaco, numa sequência que começa em Áries na cabeça e vai terminar em Peixes, nos pés, se apresenta de tal maneira que nós vamos verificar que Gêmeos rege os braços, os ombros, enquanto que Sagitário vai reger exatamente as pernas e os quadris.

O Sagitário, de acordo com a tradição antiga da Astrologia, é simbolizado por um centauro. A Astrologia greco-romana que nós usamos no Ocidente está basicamente ligada à simbologia encontrada na mitologia greco-romana. Então, o centauro é uma criatura imaginária daquela linha mitológica, que estava por simbolizar uma parte animal convivendo com uma parte humana, ou seja, o centauro é humano da cintura para cima e um cavalo, um quadrúpede da cintura para baixo. Esse é um símbolo de um processo evolutivo da Natureza, o Sagitário assemelha-se na verdade com o símbolo da pirâmide entre os egípcios. A pirâmide tem uma base quadrada, sobre a qual se erige um lado triangular, que aponta com o vértice na direção do Zênite, do Meio do Céu, simbolizando a direção que busca o Divino.

O nome Sagitário provém do latim *sagitta,* que significa flecha, *sagittarius* é o arqueiro, simbolicamente um arqueiro que é um centauro lançando uma flecha. Aquele arco curvado vai lembrar um triângulo que se está erguendo sobre a base quadrada do cavalo, do quadrúpede, a parte animal do centauro, mas o vértice da flecha representa o vértice da pirâmide que aponta para o Divino. Assim, este é um símbolo da evolução, o animal humano buscando o divino, transcendendo a sua própria limitação.

É dito que o Sagitário é um dos signos mais apressados, particularmente naquela época poucas coisas poderiam ser mais rápidas do que uma flecha, que quer ir direto ao alvo sem rodeios. Vale lembrar que a constelação de Sagitário é aquela que aponta para o centro da galáxia, da qual o sistema solar faz parte, e nesse sentido o Sagitário aponta na direção da Divindade.

Isso está representado no mural por Pedro, que é o Apóstolo sentado na nona posição da direita para a esquerda; pela ordem, vamos encontrar exatamente essa ideia: Pedro segurando uma faca na altura do quadril e o seu dedo apontando para o coração do Cristo. Ora, o Cristo está representado de uma forma triangular, simbolizando a Trindade, o Pai, o Filho e o Espírito Santo, o aspecto Divino, e o seu coração é o baricentro do triângulo, é o ponto, justamente, de convergência do dedo de Pedro, representando aquele que é considerado o primeiro Papa fundador da Igreja, aquele que aponta na direção do coração do Cristo.

Oposto a Sagitário encontra-se Gêmeos, representado no mural por Mateus, que tem os braços particularmente em movimento, simbolizando a região do corpo regida por Gêmeos. Gêmeos rege os pulmões, os ombros, os braços e o sistema nervoso, representando o movimento e a comunicação. Este símbolo dos braços em movimento, no qual ele fala para um lado mas se refere ao outro, representa a dualidade do signo de Gêmeos, são dois braços, os dois pulmões, Gêmeos rege a respiração, ele é um signo de ar.

Sagitário se contrapõe a Gêmeos, sendo mais ligado à circulação. É um signo de fogo, e rege particularmente os quadris e as coxas, relacionado ao movimento da parte mais animal do centauro. É graças ao fato de o ser humano ser capaz de erguer os quadris, que ele deixa de ser um quadrúpede e se torna um bípede. Então, o Sagitário está ligado à capacidade de superar a animalidade em busca da Divindade simbolizando a evolução.

Esses símbolos são muito ricos porque esse eixo de Gêmeos e Sagitário é chamado de eixo do Conhecimento. No diagrama do Homem Celeste, Gêmeos e Sagitário formam um diâmetro no círculo do Zodíaco, os dois estão a 180°. Vale lembrar também que Gêmeos é regido por Mercúrio, que é o deus dos mercadores, da comunicação e do comércio, na tradição mitológica greco-romana, ele tem um caduceu pelo qual ele pode descer aos infernos e subir aos céus, é uma espécie de passe livre, ele tem asinhas nos pés e na cabeça, no seu capacete, que aparecem também no símbolo deste planeta representando essa ideia do movimento, como é a própria liberdade da mente.

Por outro lado, o Sagitário representa o sacrifício do animal humano em busca do divino, e por isso, no mural, ele segura uma adaga, que representa o lado feroz do homem, na altura do quadril, que é a parte do corpo regida por Sagitário. Aliás, ele chega quase a assumir a postura de um ginete, como se estivesse a segurar o relho numa mão e se inclinasse sobre o cavalo, e por isso ele é o único que tem a posição da cabeça tão inclinada, que poderia confundir a percepção da sequência dos signos no mural.

Então, da direita para a esquerda, nós temos de Áries até Peixes, exatamente Áries correspondendo à primeira posição, Touro à segunda, Gêmeos à terceira, Câncer à quarta, tal qual se dispõe pela ordem direta no Zodíaco, e o único que poderia dar alguma confusão é o Escorpião que está na oitava posição, representado por

Judas Iscariotes, e Pedro que está sentado na nona posição, representando o Sagitário. Portanto, iremos tomar por posição fundamental o lugar em que os apóstolos estão sentados à mesa e não a eventual ordem das suas cabeças. Esse é o ponto que gostaríamos de esclarecer precisamente em relação à nona posição no mural que corresponde a Pedro.

A ideia da religião está muito ligada ao signo de Sagitário, enquanto que a ideia do conhecimento e do questionamento está muito ligada ao signo de Gêmeos. Gêmeos representa a divisão, enquanto que Sagitário representa esse método da evolução, ou a lei de evolução que traz ordem ao Universo.

Gêmeos representa aquelas primeiras células a se dividirem a partir do zigoto, do óvulo fecundado, portanto toda a ideia de divisão e bipolaridade. Ele é representado por Castor e Pólux, dois irmãozinhos na tradição mitológica greco-romana, sendo que Castor é filho de um rei grego e Pólux é filho de Zeus; assim, por hereditariedade, Castor é mortal e Pólux é imortal. Isso quer dizer que Castor está preocupado com objetivos mais concretos, ou coisas mais práticas, enquanto Pólux seria o idealista ligado às coisas transcendentes porque ele é imortal e, portanto, está preocupado com ideais eternos. Dessa forma, esse símbolo de dualidade representa um conflito entre o prático e o ideal, o transitório e o eterno, entre o que é imediatista e o que é de longo prazo. Esse é o conflito de Gêmeos.

O signo de Gêmeos está dividido, essa é a sua bipolaridade, ele tem uma grande capacidade de assimilação, em contraposição ao signo de Sagitário que é um pouco mais fechado e intuitivo, mas tem mais abertura para o pensar abstrato, para o meditar e refletir sobre um tema, e de certa forma Gêmeos está ligado à ideia concreta e Sagitário à ideia abstrata. Diz-se na tradição popular que duas cabeças pensam melhor do que uma, assim também Gêmeos tem a mente muito rápida porque ele tem a cabeça de Castor e a cabeça de Pólux. Mas isso não quer dizer que as duas cabeças concordem. Dessa forma, ele tem uma visão mais eclética e panorâmica, enxerga mais alternativas, mas por outro lado fica em dúvida se ele vai tomar esse caminho ou aquele.

Um dos exemplos que eu costumo imaginar é uma criança entrando num cinema de shopping, com várias salas pequenas. Ela está com o ingresso já comprado para a última sessão daquele dia, e quando olha para o lado, a fila já está entrando e ela descobre, de repente, que a sorveteria está fechando. Ela fica em dúvida entre comer o sorvete ou assistir à sessão do cinema, porque como o cinema é pequeno, se ela não entrar naquele exato momento, outro tomará o seu lugar e ela perderá o filme, mas ao mesmo tempo ela vê a sorveteria fechando e também não quer perder o sorvete. Toda escolha na verdade é uma renúncia, nós vamos ter que renunciar a alguma coisa em favor da outra. Mas Gêmeos parece que é aquela criança que não quer perder nada, na verdade são duas crianças, Castor e Pólux, e as duas terão que chegar a um consenso porque uma quer ir para a sorveteria e a outra quer ir para o cinema. Então, eu estou tentando mostrar a vocês por meio de historinhas como nós podemos tentar conceber a natureza desse signo.

Sagitário, ao contrário, sacrifica o seu lado animal para projetar-se em busca do divino, ele reprime ou ignora uma parte da natureza em busca da outra e portanto representa uma tendência mais ardente, mais ardorosa, mais arrebatada, é um signo de fogo. Sagitário é regido por Júpiter, que é considerado o rei dos deuses na mitologia greco-romana, ele dispõe de todas as coisas, é o grande benéfico na tradição astrológica, mas na sua generosidade, no seu expansionismo, às vezes ele exagera; por isso, o grande ponto fraco do Sagitário costuma ser o otimismo cego, fanático ou extremista.

Sagitário representa a Religião e a Filosofia, em contraposição ao Gêmeos que representa as coisas práticas e o intelecto aplicado a ideias mais concretas; Sagitário representa a força espiritual, o amor pelos ideais abstratos e filosóficos, as leis e os métodos, enquanto que Gêmeos representa a inteligência prática e a astúcia.

A grande qualidade do signo de Sagitário, que é regido por Júpiter, é o seu lado otimista e jovial. O jovial está ligado a Júpiter, de mente ampla, bom julgador, de perspectiva filosófica e amante da liberdade, como um cavalo quer sair a correr pelos campos, aliás dizem que o Sagitário tem afinidade particularmente com esse animal, costuma apreciá-lo, embora essa afinidade se apresente com os animais em geral. Também tem, principalmente quando está no signo Ascendente, uma facilidade para a dança.

O signo Ascendente é o signo da hora de nascimento. O Ascendente em Sagitário costuma ter habilidade para a dança porque ele rege os quadris, ele dá movimento à cintura. Sagitário é amante da liberdade, sincero, fidedigno, escrupuloso, e às vezes até franco demais, mas o problema é que ele pode se tornar um pouco áspero ao dizer aquilo que é verdadeiro, geralmente falta um pouco da flexibilidade, que é a qualidade de Gêmeos. O Sagitário é otimista e mais determinado em atingir seus objetivos, mais centrado como a flecha. É difícil mudar a direção de uma flecha depois que ela foi lançada pelo arco, da mesma maneira Sagitário não gosta de mudar de ideia, ou mudar de direção, ele é por isso, às vezes, considerado algo teimoso, inflexível ou radical.

A falta dessa qualidade determinada do Sagitário gera os pontos fracos do signo de Gêmeos, a saber, o seu lado mutável e agitado, astucioso e inquisitivo. Alguns dizem que ele é até inconsistente ou que tem duas caras, na verdade é a dúvida que o persegue de não saber qual é a resposta, que decisão tomar. Muitas vezes tem dificuldades para controlar a energia nervosa, por isso em muitas situações de sua vida encontra-se com os nervos à flor da pele. A regência de Mercúrio o deixa um pouco acelerado, e alguns até dizem que ele pode se tornar fofoqueiro ou superficial, na verdade ele fica borboleteando de uma coisa para outra, para experimentar o gosto da novidade, com uma curiosidade quase infantil de conhecer um pouco de cada coisa, mas às vezes não chega a aprofundar como poderia.

Eu costumo dar o exemplo de um geminiano que vem descendo de canoa o rio Araguaia quando de repente se defronta com a ilha do Bananal e não sabe se vai tomar o braço esquerdo ou o braço direito do rio, pois o rio se bifurca naquele momento, e de repente ele joga então uma moedinha para saber se ele escolhe a esquerda ou a direita. Digamos que ele pela moeda então tome o caminho da esquerda. Lá aparecem quem sabe algumas corredeiras e aí ele começa a imaginar, por ter uma mente muito ativa, que logo depois pode surgir talvez uma cachoeira, e ele já vê aquilo como um sintoma de um problema, e começa a se perguntar: Mas e se eu tivesse tomado o caminho da direita? E aquela dúvida vai crescendo dentro dele, e daí a pouco ele não resiste e retorna para o caminho original, volta à estaca zero e toma o caminho da direita.

Pois bem, pensamos: Agora ele resolveu! Mas ele toca aquela canoa pelo braço direito do rio e de repente, quem sabe, aparecem uns crocodilos e ele resolve então pensar e se questionar: Mas na verdade era só uma corredeira, eu poderia ter ido mais longe, eu poderia ter explorado melhor o caminho do braço esquerdo do rio... Na verdade pequenas dificuldades já são problemas para ele e daqui a pouco ele retorna tudo para a estaca zero e volta então para o caminho da esquerda, e fica ali sei lá quanto tempo sem se decidir, é capaz até de encalhar.

E essa indecisão do signo de Gêmeos pode ser a sua tragédia, mas por outro lado a sua grande qualidade é a sua flexibilidade. É pena que talvez ele não costume ir até o fim, porque conforme o nosso exemplo, se ele prosseguisse na navegação até o fim do caminho ele descobriria que o braço direito e o braço esquerdo do rio se reencontram depois da ilha, pois que é uma ilha fluvial. Já o Sagitário vai direto ao alvo sem rodeios, abrindo caminhos para um custe o que custar, mas a verdade é que ele chega lá. E o Gêmeos, às vezes, com tanto talento intelectual, se perde por falta de objetividade, e não faz o melhor uso que poderia da sua capacidade mental.

As qualidades, porém, que distinguem o signo de Gêmeos são de sua natureza adaptável, versátil e intelectual. Ele é engenhoso e muito lógico. Explora bem os fatos, argumenta bem, é diligente, espontâneo e tem esse lado conversador e divertido, possui também facilidade para aprender outras línguas, se diz que ele tem um bom papo. Ele tem uma aparência jovial e um lado algo infantil, são duas crianças que vivem nele de certa forma.

A dificuldade que ele encontra na vida em geral é decidir-se e investir a sua energia numa posição até o fim, para que chegue a colher o fruto, pois que uma árvore não chega a dar o fruto se primeiramente ela não enraíza. O problema é que Gêmeos tem às vezes esse "borboletismo" existencial, ele vai de flor em flor experimentando o pólen de todas e provavelmente não fica com nenhuma. Por conhecer um pouco de cada coisa ele tem essa capacidade comunicativa, essa interação com o meio ambiente, conhece todo mundo, mas ele precisa adquirir a determinação do Sagitário.

Nós vamos ver assim que a Teoria da Luz e Sombra é enfática em afirmar que um signo não tem propriamente defeitos, senão que pode carecer eventualmente das qualidades do signo oposto. Do ponto de vista teosófico também o mal não existe por si mesmo senão como um bem adormecido, e na verdade nós poderíamos até dizer que as trevas não existem por si mesmas senão como ausência de luz, que na presença da luz as trevas em luz se transformam. Temos aí a ideia da complementariedade, que todo vício é uma virtude em formação, que todo ódio é um amor não resolvido, e que se pudermos transmutar a energia de um polo para o outro conseguiremos o equilíbrio.

A busca desse equilíbrio é justamente encontrar esse "Cristo em vós a esperança de glória"[1], morando em nosso coração, estando simbolizado justamente no centro do mural. A falta dessa flexibilidade que é a grande virtude geminiana, causa portanto as dificuldades do signo de Sagitário, sendo propenso ao exagero, ao extremismo, ao radicalismo. Pode ser às vezes sem tato e negligente. Ele também não gosta de preocupar-se muito com os detalhes, é movido por um inquieto entusiasmo e um otimismo cego. Em algumas situações pode ser turbulento, caprichoso ou irresponsável, ele quer chegar logo lá, não se preocupa com o trajeto que está seguindo e eventualmente com os obstáculos que ele confronta, ferindo até pessoas no caminho pelo seu excesso de franqueza e por ser direto demais. Nesse sentido, de um modo geral, as dificuldades do signo de Sagitário estão caracterizadas pela falta da flexibilidade do signo de Gêmeos.

Nós temos aprovado nos Sindicatos de Astrólogos no Brasil, seja aqui em Brasília, seja originalmente no Rio de Janeiro, que o dia Nacional do Astrólogo é o dia 6 de janeiro porque é o dia dos Reis Magos. Eles encontraram Jesus, segundo conta a história, pela posição da Estrela de Belém que segundo Kepler, o último grande Astrônomo-Astrólogo, teria sido a conjunção Júpiter com Saturno. A ideia de que a

Astrologia faz parte da própria origem do Cristianismo foi de alguma forma esquecida, e segmentos de algumas das Igrejas cristãs têm até combatido a Astrologia, o que é difícil de entender, mas isso está associado ao radicalismo do signo de Sagitário. O entusiasmo religioso geralmente tem medo de um questionamento, no entanto, se não existir o questionamento também não haverá o devido aprofundamento, porque só é assimilado aquilo que por nós é digerido e o questionar faz parte do processo mental de digestão e assimilação.

Então, quando o sagitariano de alguma forma assume uma postura de crença cega, e não admite que as suas doutrinas possam ser questionadas, ele pode se tornar muito impositivo e radical. A título de exemplo, temos a triste lembrança do que chegou a produzir a Santa Inquisição, porque esse espírito sagitariano, que está em geral relacionado ao radicalismo religioso e à crença cega, não gosta de questionamento.

O outro polo extremo do eixo do conhecimento é o do questionamento científico que de alguma forma está ligado à dúvida hiperbólica cartesiana e ao signo de Gêmeos, é que tudo tem que ser questionado para que nós possamos realmente saber o que é a essência do conhecimento. Ele chega a questionar a própria questão, ficando em dúvida até das suas próprias posições, ele cria a tendência ao ceticismo, e assim fica preso a um nível de fatos muito circunscritos, sem conseguir às vezes elaborar a possibilidade de transcender o conhecido em busca do desconhecido, e essa já é uma questão sagitariana, o ousar, o ir em busca do desconhecido e transcender o mundinho conhecido.

Essa é a questão impossível que frequentemente foi atribuída à Religião e à Filosofia, onde a Ciência geralmente não entra porque não gosta de especular. Temos aqui uma oposição entre Gêmeos e Sagitário, que representa o eixo do Conhecimento na Astrologia. O signo de Gêmeos que representa de certa forma o livre pensar e o de Sagitário que representa de outra forma a tendência à crença e ao entusiasmo da fé. E nós precisamos das duas coisas, porque um homem sem fé não tem um horizonte na vida, pois como afirma aquele ditado atribuído aos egípcios: "A esperança de um novo dia torna belo o entardecer", se não existe nada além da morte, então qual será o próprio sentido da vida?

O outro caso de querer impor às pessoas o que vai acontecer após a morte, com todo o processo de escatologia de crê ou morre, está mais associado muitas vezes na História à tendência da imposição sagitariana, e nós podemos ver a que ponto pode chegar a intolerância religiosa, como uma certa frieza do Ocidente em relação aos costumes do Oriente, e isso cria uma polaridade que precisa ser resgatada por um processo de tolerância.

Então, se eu compreender, pelo princípio da polaridade, que a energia de Gêmeos e de Sagitário é essencialmente a mesma, mas se mostra em polos opostos, um pelo concreto e outro pelo abstrato, um pela dúvida, outro pelo excesso de certeza, veremos que o equilíbrio entre os dois é justamente simbolizado pelo Cristo que sabe o valor do questionamento e também sabe o valor da fé, que compreende o valor da ciência e o valor da religião, que consegue encontrar o justo equilíbrio entre os dois lados, e essa é a mensagem da polaridade "Luz e Sombra" aplicada ao eixo Gêmeos e Sagitário.

Referências bibliográficas

1) BÍBLIA de Jerusalém, A. São Paulo, Paulus, 1995. p. 2213. (Colossenses I. 27)

Capítulo 6

Câncer e Capricórnio

Câncer e Capricórnio são dois signos polares. Isso quer dizer que no Zodíaco eles ocupam uma posição a 180° um do outro. O Caranguejo ou o signo de Câncer rege o esôfago, o estômago e as glândulas mamárias, enquanto que o Capricórnio, no polo oposto, ou seja, na polaridade oposta no diâmetro zodiacal rege os joelhos, os ossos e a pele de um modo geral.

Então, os joelhos estão associados ao ato de escalar, por isso se compara o Capricórnio a uma Cabra Montesa que sobe a montanha passo a passo até atingir o pico, símbolo da perseverança. Alguém olha e diz "Meu Deus, como aquela cabra conseguiu subir tão alto"? Mas acontece que aquele pequeno passo foi dado sistemática e progressivamente, não houve dispersão, ela subiu até o alto de uma forma planejada, objetiva.

Ao contrário, o Caranguejo fica dentro d'água. Na verdade, o caranguejo, embora seja algo anfíbio e possa sair da água, não enxerga muito bem fora dela. Ele tem umas pequenas antenas e os seus olhos ficam de certa forma fora da carapaça e, portanto, analogamente, ele prefere ficar com as imagens refletidas na superfície das águas, símbolo dos sonhos e da imaginação, do que conquistar propriamente o objetivo de chegar lá. Assim, vive mais no sonho do que na realidade.

Isso está simbolizado no mural de Leonardo da Vinci, *A Última Ceia*, primeiro na figura de Felipe, que representa o signo de Câncer. Podem verificar que é um símbolo de solstício, é a posição do Sol projetada no trópico Câncer, e as mãos de Felipe estão encurvadas como se fossem as tenazes de um Caranguejo, mais do que isso, Caranguejo rege os seios e, portanto, há um gesto maternal de atrair ao peito.

Vejam que Câncer também rege o estômago, e o plexo solar, de um modo geral também até a região onde está o nosso umbigo, por onde nós recebíamos o nutriente da mãe. O signo de Câncer é regido pela Lua, então isso tem todo o simbolismo do aspecto feminino da Natureza. O estômago e os seios da mãe serão, por assim dizer, conectados através esôfago e do ato de sugar da criança, de modo a substituir a nutrição que antes vinha direto pelo cordão umbilical até a criança. Então, antes ela recebia da mãe através do cordão umbilical, depois ela precisa do seio da mãe para mamando trazer ao estômago, substituindo pelo esôfago e pelo estômago o canal que antes o umbigo representava. De alguma forma, em ambos os casos, seja dentro do útero da mãe ou depois com a criança pequena ainda mamando, nós temos a relação da mãe com a criança. Câncer, portanto, representa toda a ideia de origem e, até do ponto de vista físico, a nossa origem é o útero de nossa mãe.

Então, a Lua representa a mãe e o passado, sendo o regente de Câncer, enquanto Saturno, que é o regente do Capricórnio, representa a preocupação objetiva com a independência para preparar-se para o futuro, a prudente preocupação com o visível, a preocupação do momento presente, em que nenhum passo do Capricórnio, da Cabra Montesa, pode ser desperdiçado ou dado em falso. Nesta comparação nós bem podemos considerar que o signo de Capricórnio é mais racional e objetivo e o signo de Câncer é mais intuitivo e emotivo. O signo de Capricórnio é tido como racional, às vezes até calculista e rígido. Por outro lado, o signo de Câncer é mais flexível e inseguro. Gêmeos também simboliza a dúvida, mas ele tem uma insegurança de natureza mais intelectual, porém a insegurança de natureza canceriana é o medo da perda, é a insegurança da mudança do seu quadro emocional.

Podemos ver, por exemplo, que o Capricórnio ao subir uma montanha não desperdiça o esforço de cada passo. Se fosse o caso de um geminiano, já estaria correndo atrás de alguma outra montanha, curioso para saber o que está atrás dela e perderia, assim, a direção objetiva de alcançar o pico, mas isso não acontece com o Capricórnio.

Eu comparo às vezes o Capricórnio a uma pessoa que está no deserto do Saara, que sabendo que a água do seu cantil está no fim, já calcula quanto tempo levará para chegar àquele oásis que ele está avistando no horizonte e a quantidade de água que ele tem. Quem sabe até se ele caminhar um pouco de dia e de noite para não pegar tanto Sol, escondendo-se um pouco durante o dia, ou se esforçar menos para não suar tanto, irá dosar sua quantidade de água, pois nenhuma gota poderá ser desperdiçada, porque é uma questão de vida ou morte chegar aquele oásis, já que a água está no fim.

Nesse sentido, o estilo econômico, cauculista e prático do signo de Capricórnio, que não tolera o desperdício, às vezes vai gerar um dos problemas do Capricórnio que pode ser a avareza, mas é importante que se compreenda aquele sentido de prioridade, aquele sentido da necessidade que é tão forte em Capricórnio e no seu regente Saturno, cujo símbolo é a cruz e a raiz que se sacrifica para conseguir a segurança se enraizando.

O signo de Câncer é o ontem, é o passado, e às vezes a imaginação do futuro, enquanto que o Capricórnio é o hoje, é a confiança no visível, talvez se preocupando com o futuro, mas a partir de uma preocupação com o momento presente, com o que está se fazendo agora, enquanto que o Câncer fica na visão do invisível.

O Capricórnio rege os joelhos, que são as partes do organismo mais necessárias para escalar, para conquistar altura. Uma pessoa com pernas duras poderia talvez até caminhar sem dobrar os joelhos ainda que houvesse alguma dificuldade, mas já subir uma escada ou subir numa árvore sem dobrar o joelho torna-se uma tarefa muito difícil senão impossível. O joelho está associado à capacidade de galgar altura para conquistar o nível que se deseja alcançar, e por isso Capricórnio está associado ao subir, ao escalar, à ideia de ambição, de *status*.

Capricórnio representa a confiança no visível, ele vai buscar o patrimônio através de firmeza e da concretização, enquanto que o signo de Câncer representa a sensibilidade que voa através da imaginação, ele imagina o passado, que é memória, o passado na verdade não existe mais, mas pode ter deixado um efeito no presente, do qual o passado seria a causa, mas o passado em si mesmo já era, como se diz popularmente.

Por outro lado, o signo de Capricórnio está associado à ideia de produzir efeitos mais imediatos, ou principalmente não perder a oportunidade no momento presente para que se possa realmente colher algum fruto no futuro. Esse é o senso de responsabilidade que está associado ao signo de Capricórnio em contraposição ao romantismo emocional que está associado ao signo de Câncer.

Se observarem a figura de Capricórnio, que corresponde no hemisfério de referência ao solstício de inverno, aqui representado por André, o décimo Apóstolo da direita para a esquerda, correspondendo assim ao décimo signo, que é o signo de Capricórnio, sendo a partir de Áries a décima posição, vamos verificar que o signo de Capricórnio tem as mãos colocadas numa posição de afastamento, ele quer distância para pensar, não quer se envolver emocionalmente antes de ter certeza.

Dona Emy comparava o Câncer com o "vinde a mim" da Escritura, e o Capricórnio com o "sai de mim", porque ele quer distância, não quer se envolver e quer primeiro prova de segurança e responsabilidade. Ele lembra aqueles gerentes de Banco que só oferecem o empréstimo depois que a pessoa mostrou toda a papelada e tanta comprovação de renda para descobrir que a pessoa não precisa do empréstimo. Então, o Capricórnio é muito desconfiado porque ele tem o senso de responsabilidade e o objetivo de subir, de escalar, e de alcançar o objetivo. Por outro lado, o romantismo de Câncer fica preso a esse ir e voltar do Caranguejo e parece que às vezes não chega a parte alguma porque ele avança e recua, parecendo até mais recuar do que avançar. Ele caminha de lado, bate em retirada estratégica, sai da água com as suas anteninhas, os seus olhinhos, olha de repente para uma nuvem e já acha que é um fantasma! E vai correndo se esconder lá na toca. Aí um outro dia, quem sabe, um pouco mais corajoso, ele sai novamente, pensando que talvez não fosse bem o que ele tinha imaginado, aí olha lá para fora, vê uma corda na penumbra e já acha que é uma serpente! E vai se esconder de novo dentro da toca, no fundo do oceano, enfim todo escondido dentro da casca.

Na verdade, o Caranguejo já carrega a casca consigo, como se ele carregasse as memórias da mãe, da avó, da bisavó e sei lá mais quem, aquele baú com recordações de toda a família, ele leva, enfim, a própria casa consigo. A Lua tem a ver com a casa, a noite, o lugar onde nós dormimos, onde nós buscamos o útero protetor para sobreviver, porque ao dormir estamos inconscientes e mais vulneráveis, e o signo de Câncer é regido pela Lua e está sempre em busca da segurança, já se imagina dentro de um castelo cercado por um fosso com crocodilos, quer se isolar, se proteger. Ele simboliza com isso essa ligação com a família, que é a busca de proteção na esfera emocional de relações emocionais confiáveis e estáveis, e nesse sentido o signo de Câncer é por essência maternal, sensível, protetor, simpático. Porém, ele tem essa poderosa imaginação e se não aprender a dominar a imaginação, corre o risco de enxergar as coisas piores do que elas são de fato, e cair numa depressão pessimista porque ele não tem controle da emoção, e dado que a emoção é governada pelo pensamento, se a imaginação ficar solta, a emoção ficará sem rumo.

Então com esse forte instinto paterno, ou materno, o signo de Câncer é solícito, protetor, cauteloso, patriótico, perspicaz, é um excelente pai ou mãe de família, e com a sua simplicidade é muito tenaz. O Caranguejo, depois que agarra não quer largar, porque se sente inseguro. O Caranguejo, quando perde uma das tenazes, a regenera rapidamente, mas depois que ele agarra algo, não larga mais, ele pode perder a tenaz, mas ele não larga o que agarrou.

Esse símbolo do Caranguejo que busca a segurança emocional está aqui representado por Felipe, que com a sua imaginação e a sua sensibilidade enxerga em Cristo algo que nenhum dos outros apóstolos veem, e com alegre devoção ele mira na direção do Cristo e se entrega a Ele em espírito. Mais do que isso, ele com as suas mãos tenta aproximar o Cristo do seu coração.

Em contraposição nós temos o signo de Capricórnio, representado por André, e este já é mais desconfiado: Primeiro pede para ficar distante, para analisar a coisa com segurança, porque ele não quer ser levado por uma paixão emocional que virá a deixá-lo na mão. Então, o signo de Capricórnio representa a prudência e a ambição calculista, planejada, e por isso é considerado como digno de confiança, determinado, cuidadoso e com senso de disciplina, paciência e perseverança.

A falta dessas qualidades costuma trazer os problemas clássicos do signo de Câncer, que pode se apresentar superemotivo, melindroso, hipersensível. Fazer tempestade em copo d'água e causar um drama em torno de nada é uma especialidade canceriana. Pode ser bastante mutável, com um exterior de certa forma algo duro como a casca escondendo a sua fragilidade interior, e daí a sua inclinação à autocomiseração, considerando-se a última das criaturas, porque imagina as coisas piores do que elas são. Muitas vezes é instável e facilmente lisonjeável.

O signo de Câncer representa o ontem, o passado, a imaginação, daí as suas qualidades estarem relacionadas ao seu lado simpático, de forte instinto protetor, maternal ou paternal, enquanto que a falta dessa virtude gentil, simpática, protetora, imaginativa, cria os problemas atribuídos em geral ao signo de Capricórnio.

O signo de Capricórnio muitas vezes é algo pessimista. Observem como a mão talvez do maior pintor de todos os tempos, que foi Leonardo da Vinci, pintou a figura algo cética, distante do Capricórnio, demonstrando rigidez e preocupação, como que se preparando para o longo inverno que está chegando.

Na *Última Ceia*, os primeiros três apóstolos, Simão, Judas Tadeu e Mateus, representam Áries, Touro e Gêmeos, que correspondem à primavera, depois Felipe, Tiago Menor e Tomé representam Câncer, Leão e Virgem correspondem ao verão, aí nós temos o Equinócio, onde está o Cristo – ele não é um dos Apóstolos. Ele representa a Trindade, com a mão esquerda ele dá e com a direita de certa forma ele recolhe, embora sua cabeça permaneça num nível imparcial e acima destas diferenças, ela se inclina ligeiramente para o lado do coração que doa. Assim, também por analogia, o Sol, proporcionalmente, recolhe sua luz no outono e no inverno, enquanto ele doa mais intensamente sua luz na primavera e no verão. E, por conseguinte, nós temos aqui a ideia de que o Capricórnio é o início do inverno e o Câncer é o início do verão, ou seja, o eixo Câncer – Capricórnio corresponde à linha dos solstícios e sua projeção na terra produz as linhas dos trópicos que levam seus nomes.

Então, o Capricórnio está preocupado com uma expressão de vinte dias de chuva, ou seja, de quantos dias ele ficará sem poder sair de casa, por isso ele quer armazenar, buscando a segurança material representada por alimentos numa despensa, para os dias difíceis que poderão vir. Capricórnio se preocupa com o futuro, quer resolver o problema hoje para não deixar para amanhã.

Por outro lado, o signo de Câncer, representando o verão, é às vezes comparado com a cigarra que canta. Dona Emy fazia uma analogia com a parábola de La Fontaine, na qual a cigarra seria o signo de Câncer e a formiga seria o signo de Capricórnio. Então, vemos a formiga trabalhando todo o verão enquanto que, é claro, a cigarra canta e curte a emoção do momento. Entretanto, verificaremos que os dois signos são complementares, mas talvez eles não saibam disso.

Conta a história que quando chega o inverno, a cigarra não tem onde se abrigar, vai em busca de proteção, pedindo à formiga para entrar no formigueiro. A versão de Monteiro Lobato é justamente de que a formiga deveria deixar a cigarra entrar e se acolher durante o inverno dentro do formigueiro, porque afinal ela trabalhou muito mais feliz porque a cigarra estava cantando durante o verão.

Esta ideia de complementariedade é muito bela em Astrologia, o mal não existe por si mesmo senão como um bem adormecido, ou um vício não existe por si mesmo senão como uma virtude que não teve tempo de evoluir ou florescer; as trevas não existem por si mesmas senão como ausência de luz e na presença da luz as trevas em luz se transformam. A ideia da polaridade considera que o ódio é apenas um amor não resolvido, e que a energia é essencialmente a mesma, podendo ser transmutada e convertida de um lado para o outro, de modo a buscar o equilíbrio, a complementariedade.

E este é talvez o ponto que nós nem sempre compreendemos, mas que deveríamos compreender pelo princípio da polaridade, a cigarra precisa do acolhimento material da formiga, e a formiga precisa da alegria emocional da cigarra. Então, o Câncer representa a alegria intuitiva da emoção e Capricórnio a eficiência material da razão, pois um sem o outro de certa forma vão viver mal a vida, pois a mente racional é necessária, mas a intensidade da emoção também.

Outra forma que já foi comparada na tradição Oriental é justamente a ideia de que o cavalo é o grande propulsor da carruagem e o cocheiro lhe dá a direção, conforme já mencionado em nosso livro *A Tradição-Sabedoria; Uma Introdução à Filosofia Esotérica*. No *Katha Upanishad* encontra-se essa alegoria: " Saiba que o Ser é o passageiro e o corpo, a carruagem; que o intelecto é o cocheiro e a mente, as rédeas. Os sentidos, diz o sábio, são os cavalos, as estradas que percorrem são os labirintos do desejo"[1].

Esta analogia de que o Capricórnio pode ser comparado à mente com as rédeas, que dá disciplina ao cavalo e orienta a sua trajetória é belíssima, mas o cavalo, que aqui representa as emoções, é quem dá a propulsão, quem tem a alegria e a energia para puxar a carruagem. Então, se o cavalo ficar sem disciplina alguma, as emoções ficam soltas, e ele pode terminar saindo da estrada e indo em busca de pastos mais verdejantes. Então, na verdade, nós temos que casar essas duas naturezas da razão e da emoção, e é isso que a Astrologia está nos ensinando no eixo de Câncer e Capricórnio.

Talvez fosse bom também lembrar que o Câncer representa o aspecto do passado, da recordação às vezes sentimental, e o Capricórnio é a objetividade desse momento presente visando uma concretização no futuro e, portanto, ele fixa um alvo, ele planeja atingir um certo objetivo. Vale notar que Saturno, o planeta regente de Capricórnio, é conhecido na tradição grega como Kronos, Saturno é o nome romano, e portanto Kronos é o deus do tempo, daí vem a palavra cronômetro e outras tantas às quais nós estamos acostumados.

Desta maneira, o signo de Capricórnio está associado à perseverança, à ideia de se conseguir chegar lá planejando um pequeno esforço a cada dia para conseguir concretizar sistematicamente o seu sonho, nem que seja a longuíssimo prazo. O signo de Câncer sonha, mas não se preocupa em concretizar o seu sonho; o signo de Capricórnio se preocupa em concretizar o seu planejamento, mas às vezes torna-se tão frio e seco que até esquece de sonhar.

O Capricórnio pode ficar tão obcecado em atingir o seu objetivo que passa a agir mecânica e friamente, como aquele cocheiro que já perdeu a graça de fazer sempre a mesma trajetória para a qual profissionalmente ele foi contratado, sempre indo e voltando com a carruagem pelo mesmo rotineiro percurso, não percebendo mais a beleza do caminho. Contrastantemente, o cavalo que tem aquela sensação da emoção está sempre sonhando com uma oportunidade de fugir daquela estrada em busca de pastos mais verdejantes, enquanto o passageiro, que está indo pela primeira vez naquele trajeto, está encantado por aquele verdor da natureza, aquela maravilha de céu azul e das nuvens brancas que se contrastam singrando naquele céu.

Toda essa simbologia, que evoca em nós um sentido indescritível de beleza sutil ou espiritual, se expressa no signo de Câncer, como nós vemos nesse estado devocional, contemplativo da mirada de Felipe em relação a Jesus Cristo, que simboliza no centro o ponto equinocial que é o mais sagrado do Templo. No lado oposto a Felipe, nós encontramos André representando Capricórnio, algo enrijecido sem sequer olhar direito para a posição de Cristo, ainda desconfiado se aquela mensagem merece ou não ser digna de confiança.

Estamos, assim, elaborando essa ideia de que há uma complementaridade entre esses dois polos. Nós precisamos sim, da emoção, que é o elemento propulsor, pois se o cavalo morrer a carruagem não vai mais a parte alguma, mas o cavalo emocional sendo cego na sua direção, no seu impulso, precisa ser orientado pelas rédeas da razão que é representado pelo Capricórnio. Por outro lado, se o Capricórnio ficar sem a emoção, qual é o sentido da vida? Se o Câncer ficar sem direção, se a emoção não tiver uma orientação, que condição terá para assumir qualquer responsabilidade, de cumprir compromisso, até mesmo de estabelecer uma família, que é o sonho característico do signo de Caranguejo.

Nós temos aí esta polaridade, o Câncer representa a emoção do momento, e o Capricórnio representa o cumprimento do dever e a perseverança para atingir a realização do seu objetivo. Para ele não importa tanto sonhar, mas sim chegar lá. Então, ele não é como Câncer que fica encantado só com as imagens da montanha refletidas na superfície das águas, como o Caranguejo lá no fundo do oceano, não, Capricórnio tem de subir a montanha para chegar ao pico.

O problema de Capricórnio é que ele não sabe curtir o êxito que ele mesmo conquistou, porque quando chega no pico da montanha ele já olha para outra mais alta e já quer subi-la, ele está sempre colocando para si mesmo novas ambições. Esse é um ponto perigoso para o signo de Capricórnio, essa contínua transferência da ambição sem nunca ficar satisfeito, porque ele sempre coloca longe a sua satisfação, num objetivo longínquo. Esse aspecto da ambição que vai lhe consumindo faz com que ele não saiba curtir o que já acumulou. Daí a tendência a se dizer que o signo de Capricórnio, de certa forma, tende a ser um pouco pessimista no sentido de descontente, e o contentamento simples da criança canceriana imaginativa é que está simbolizado nesse aspecto lunar. O problema canceriano, por outro lado, é que essa emoção que parece tão alegre num momento, já no momento seguinte, porque é instável, pode caminhar para o polo oposto.

Também é dito que Câncer é um signo de água e que Capricórnio é um signo de terra, por conseguinte, há uma necessidade complementar entre esses dois elementos, porque a água sem a terra que lhe dá lastro fica instável como uma nuvem. A água precisa, para se tornar um rio, um lago ou mesmo um oceano, de um pouco de terra para lhe dar estabilidade. Por outro lado, a terra sem a água fica estéril, e esse é o problema do Capricórnio se ele não aprender a desenvolver as emoções. O problema do Câncer é a instabilidade, se ele não aprender a desenvolver o equilíbrio da razão para orientar as suas emoções, porque na verdade toda emoção associa as sensações dos cinco sentidos com a memória, num quadro que a mente projeta. A emoção tem sempre um componente mental de memória e outro componente sensorial mesclados para a produção de uma emoção, isso torna possível recordar as emoções e possibilita também o cultivo de hábitos emocionais pela meditação. Assim, com a mente nós podemos selecionar as emoções que gostaríamos de nutrir, não precisamos ficar expostos à variação emocional e aos altos e baixos, sem ter o controle sobre as nossas emoções.

Nesse sentido, o signo de Capricórnio aprende a ser mais idealista, a colocar um sonho mais transcendente como objetivo do seu plano, então nesse momento ele acrescenta um componente mais humano à sua eficiência prática. Senão, há o risco de ficar muito rabugento, e o Capricórnio, também regido por Saturno, Kronos, o deus do tempo, é o signo da velhice.

Há pessoas que quando saem de casa já estão querendo voltar. Começam reclamando da fila de automóveis que não anda, aí surge o problema de onde estacionar o carro para não pegar muito sol. Logo dizem: não esquece de pôr a corrente no volante do carro, não esquece o alarme, e estaciona ali na sombra, etc. Então, a gente sai para o parque pensando, que agora sim as férias começaram... Mas então, afirmam: olha, não vamos sentar ali que está muito úmido, ou ali tem sol demais, por isso ninguém sentou ainda, quem sabe a gente logo volta para casa, o sol vai se pôr, vai começar a novela e tal, então volta todo mundo para dentro do carro, e com isso terminou o grande domingo da família...

O fato de colocarmos sempre um objetivo futuro faz com que nós não saibamos viver plenamente o momento presente. Esse desfrutar mais emocional do momento que a cigarra sabe fazer cantando, representado assim o signo de Câncer, pode resultar em irresponsabilidade, se não houver uma orientação e uma meta a alcançar, que seria o objetivo do Capricórnio. Esse é o casamento que nós propomos, da razão com a emoção, que nós gostaríamos que fosse a fonte da nossa reflexão para o estudo de Câncer e Capricórnio.

Referência Bibliográficas

1) LINDEMANN, R. & OLIVEIRA, P.R.M. *A Tradição-Sabedoria; Uma Introdução à Filosofia Esotérica.* Brasília Ed. Teosófica, 2003 p.16

Capítulo 7

Leão e Aquário

Leão e Aquário são dois signos opostos do Zodíaco que evidentemente ficam a 180° entre si. Na tradição de origem desse Zodíaco grecoromano, no Hemisfério Norte, Leão e Aquário representam a metade do verão e a metade do inverno, respectivamente. Então, Leão rege tradicionalmente o coração, e Aquário rege tradicionalmente as pernas e os tornozelos, basicamente também aquele músculo conhecido como barriga da perna ou panturrilha, que é o músculo chamado gêmeos.

Toda vez que o Sol se encontra no signo de Leão, encontraremos uma sombra projetada no signo de Aquário e vice-versa. Se o Sol estiver em Aquário, como a Terra está no meio recebendo aquela luz do Sol, a partir da Terra, nós vamos ter um cone de penumbra que será a sombra projetada, e se o Sol estiver em Aquário a sombra se projetará então no signo de Leão.

No mural de Leonardo da Vinci, a *Última Ceia,* nós encontramos o Leão representado por Tiago Menor, se bem que alguns pretendem que esse seria Tiago Maior, enquanto que no caso oposto em Aquário, aquele seria o Tiago Menor. Outros pretendem, inclusive Dona Emy, pelo menos, sustentava que esse seria Tiago Maior. Mas o importante é que são os dois Tiagos que estão formando esse eixo, e nós estamos nos referindo a esses signos fixos, portanto, do meio das estações do ano, que determinam mais tipicamente as características dos seus respectivos elementos.

O Leão é regido pelo Sol, o Astro-Rei do Sistema Solar, representado por esse animal que também foi chamado Rei das Selvas, e ele rege o coração que é o centro de irradiação de energia, de calor pela circulação do sangue que ele bombeia para todo organismo. Essa vitalidade que assim é distribuída pelo corpo, pelo bombear do sangue a partir do coração, tem alguma correlação com a energia e o calor irradiados pela luz solar a partir do Sol. Portanto, analogicamente, o coração é o Sol do nosso corpo.

Uma das coisas mais interessantes na questão da medicina psicossomática é que raramente se encontra câncer primário no coração, pode haver eventualmente na metástase, quando a doença final já tomou quase todo o corpo, mas raramente se ouve falar de alguém que tenha câncer se originando no coração. Então, os antigos associavam muito o coração com a fonte de energia e vida, e as doenças associadas ao coração são muitas vezes mais sentimentais e românticas, de alguém que não conseguiu expor o seu sentimento, e guardando ele para si, mas geralmente são os sentimentos mais afetivos em contraposição àqueles de ódio e vingança que muitas vezes não resolvidos podem gerar o câncer etc., e em geral em outra parte do organismo diferente do coração.

Vamos ver que a grande fraqueza ou doença do signo de Leão, se eu posso dizer assim, costuma ser sua grande dificuldade em compreender a existência do mal, ou pelo menos em aceitar o fato da existência da sombra. Ele quer ver tudo iluminado, ele quer ver só o lado bom das coisas. Disso resulta, frequentemente, que Leão é ingênuo e sofre com isso. Ele quer, de maneira simplista, dividir o mundo em bandidos e mocinhos, aqueles que se subordinam a ele como rei e os que são insubmissos, insubordinados, que de alguma forma ele vai caracterizar como sendo os revoltosos.

Costuma ser muito difícil para o Leão aceitar ou compreender que todos nós temos um lado luminoso e um lado sombrio que precisamos iluminar pela compreensão. Então ele se sente muito ultrajado ou ofendido cada vez que encontra uma sombra em seu caminho...

O Leão representa a atração, porque o Sol é o centro do Sistema Solar em torno do qual tudo gira. Podemos ver até pelo mural, que o único que trata Jesus de igual para igual, aparentemente, é Tiago Menor que abraça o Cristo, como quem diz assim, entre para o time dos bons, venha conosco, com aquela autoconfiança de Leão que expõe o coração. Portanto, não é coincidência que esses pontos dos signos estejam em destaque nas respectivas figuras a que eles corresponderiam pela ordem da direita para a esquerda, o Leão é o quinto signo e corresponde ao quinto Apóstolo da direita para a esquerda que é Tiago Menor, enquanto que o Aquário é o décimo primeiro, correspondendo a Tiago Maior, e portanto eles vão formar essa oposição assim a 180° da mesma forma que num relógio o 5 se opõe ao 11.

O Leão representa a atração que o Sol tem em chamar os planetas a orbitar em torno de si no Sistema Solar, enquanto que o Aquário já compensa com a ideia da irradiação, ele é regido por Urano, tido como um planeta mais elétrico e regente dos céus pela mitologia greco-romana. A tradição coloca então o Leão como rei, o próprio animal leão, rei das selvas, coberto de jubas, dá aquele urro e quer pôr cada macaco no seu galho, ele é o organizador, ele é o sargentão dentro daquele ambiente que é a selva onde ele domina.

Aquário representa o servidor, ele é simbolizado na mitologia por Ganímedes trazendo uma ânfora d´água; ele é um signo de ar, não de água, assim como as nuvens são levadas pelo vento, assim também o Aquário é um signo de ar que com o vento transporta as nuvens d'água, e também, nas tempestades, arranca fora os galhos velhos e as folhas secas para dar espaço para o novo poder brotar. O Aquário corresponde ao meio do inverno no Hemisfério Norte. Nesse simbolismo, ele vai arrancar o que ainda sobrar dos galhos velhos e das folhas secas, para facilitar a árvore a se renovar na primavera seguinte. Ele arranca o peso velho e morto das tradições, é o signo da renovação por excelência, enquanto que o signo de Leão quer manter a ordem estabelecida, ele é o grande rei que quer manter o domínio sobre o seu território.

O Leão representa o exigir e o Aquário o dar. Ganímedes, o aguadeiro, *Aquarius*, em latim, é o homem que traz a água, mas enfim, não é um signo de água propriamente porque ele não é um peixe, não é um caranguejo, nem mesmo um lugar para pôr peixes, mas sim, ele é o transportador da água. Ele leva a água, e por isso é comparado com o vento, é um signo de ar, renovador, ele transporta a água das nuvens e representa a ideia de fertilizar novamente, mas através do vento, primeiro ele destrói para depois haver a renovação.

Da mesma forma o inverno faz com a árvore, testando os galhos velhos, as folhas secas são arrancadas, e talvez quando um galho velho é quebrado até a árvore perca alguma seiva. A árvore sofre em alguma medida com isso, mas ao cicatrizar a casca, o fato é que não se dissipará mais seiva, não se perderá mais a energia vital da seiva que estava sendo bombeada para galhos secos e improdutivos, então ela permanecerá contida para ser concentrada em galhos novos, possibilitando assim que na primavera venha o renascimento e a renovação. A morte é uma condição para que a evolução aconteça, para que a renovação seja possível.

Portanto, o Aquário é construtivo enquanto a tempestade arranca os galhos velhos e as folhas secas para dar espaço para o novo poder brotar. Ele se torna destrutivo quando além de arrancar os galhos velhos, folhas secas e a área improdutiva, ele torna-se um tufão que arranca a árvore inteira com raiz e tudo, porque neste caso está realmente matando ao invés de somente renovar.

Assim, nesse sentido o Aquário está associado à ideia da liberdade e da renovação, enquanto que o Leão está associado à ideia da disciplina e da conservação. O rei Leão quer preservar a ordem estabelecida nos seu reino, nos seus domínios, ele quer justificar a sua posição a partir de uma espécie de dinastia, o direito divino de governar. Portanto, o Leão representa um lado mais conservador da Natureza, nós poderíamos até dizer que o Leão representa a direita e o Aquário a esquerda em política, porque são forças que têm que se alternar na Natureza para produzir o equilíbrio, como o verão e o inverno.

O que aconteceria se o verão fosse permanente e todos os dias fossem de Sol ardente? Nos dias ensolarados do Leão, que representa o meio do verão, como dizia Amenofis IV, o Akenaton, nas poesias egípcias, que quando Aton, ou seja, o Sol, se erguia no horizonte oriental as flores desabrochavam, os animais iam às pastagens e até os pássaros se erguiam em voo com as asas postadas em adoração à sua essência *Ka*, que os raios do Sol penetravam todo o mundo e até o fundo dos oceanos.

Esse simbolismo do Sol reinante que estabelece a ordem, que é o relógio cósmico que disciplina a Natureza, está associado à ideia da alegria de vida do Sol, enquanto que Aquário está mais inclinado a uma falta de autoconfiança, sua natureza é de uma renovação mais elétrica e tempestuosa, é o raio da tempestade que cai e assim ioniza a atmosfera, mas com certeza simboliza uma destruição temporária que a tempestade produz, ou uma desorganização aparente.

No entanto, particularmente aqui em Brasília, nós podemos sentir, quando os dias ensolarados se prolongam por muito tempo e sobrevem a seca, alguns começam até a fazer preces para que venha novamente a chuva. Portanto, o excesso do Leão gera saudades do Aquário. Por outro lado, quando vem muita chuva, eu que nasci em Porto Alegre, e fui criado em condições de umidade bem diferentes e de chuvas às vezes contínuas em que não se vê o Sol por muitos dias, então as pessoas lá começam a fazer preces para que o Sol brilhe novamente.

Dessa forma, há uma necessidade de alternância entre os dias ensolarados e a tempestade, porque o excesso de chuva gera a enchente, é outro extremo da Natureza que é desconfortável à condição da vida humana, e o excesso de Sol gera a seca. Por isso precisamos da alternância dos dias ensolarados e dos dias de chuva, aquela ideia da radiante vitalidade do Sol que necessariamente tem que se impor e disciplinar a Natureza, em contraposição à necessidade de liberdade e renovação da tempestade.

Assim também na sociedade humana, por analogia, nós temos a ideia da necessidade de renovar, mas mesmo quando vem uma revolução aquariana, há a necessidade de um leonino assumir para restabelecer uma nova ordem. A exemplo de governantes de diversos signos, verificamos que a revolução e ordem se alternam, como as tempestades e os dias de Sol, e são em certa medida indispensáveis de tempos em tempos, mas talvez compreendendo a ideia poderíamos evitar os excessos do jogo do pêndulo e manter-nos mais próximos do equilíbrio.

Vale mencionar que o Leão representa o amor humano porque ele estabelece uma ordem de confiança pessoal, enquanto que o

Aquário representa uma fraternidade mais idealizada, abstrata e impessoal, às vezes até comparável com uma fraternidade de torre de marfim, algo inalcançável por ser muito idealizada. O Aquário é um signo de ar, é um signo mental que idealiza a realidade, tendo difuculdade de aceitá-la como ela é.

O Aquário tem a virtude de ser humanitário, independente, cordial e prestativo, ele é o servidor da Natureza, tem sempre perspectivas originais e progressistas, é o reformador da Natureza, é inventivo, tem um espírito reformista e idealista de inclinações intelectuais. Então esse é o grande ponto criativo do signo de Aquário na sua renovação.

A falta dessas qualidades aquarianas irá gerar os defeitos atribuídos ao signo de Leão, mas como já mencionei anteriomente, o defeito não é visto como uma coisa em si mesma, mas pela falta de outra, ou seja, a sombra é apenas ausência de luz, o mal é apenas ausência do bem ou o bem adormecido que não teve tempo de se manifestar, o ódio é um amor não resolvido e o vício é uma virtude em formação.

Na verdade, os defeitos atribuídos ao Leão são o seu lado brigão ou pomposo, intolerante, ou às vezes dogmático e interferente, tendendo a intrometer-se onde não foi chamado, porque ele acha que sabe o que é certo, ele quer ajudar e de certa forma atropela e atrapalha as coisas em função de opiniões fixas. Outras vezes fica fascinado pelo poder, ou porque dissimula ou ilude-se ao acreditar no próprio drama das suas emoções, é meio exagerado, e solar demais, querendo brilhar a todo custo. Isso, na verdade, se deve à falta de uma certa humildade humanitária e igualitária, aquela independência bondosa atribuída em geral ao signo de Aquário.

Por outro lado, as qualidades atribuídas ao signo de Leão são o seu lado criativo e poderoso, autoconfiante, radiante, magnânimo, generoso, organizador e entusiástico, indulgente e expansivo como o Sol. Leão é real e confiável, cheio de vitalidade. Goza também de vitalidade, embora haja nele um certo senso para o drama e a encenação, para aumentar as coisas. É geralmente bastante formal. O signo de Leão tem esse lado protetor e paternal da Natureza, é um grande pai, ele é o Sol.

É importante compreender o princípio da polaridade, pois uma pessoa de Leão deveria, para se equilibrar, desenvolver as virtudes de

Aquário, e uma pessoa de Aquário para se desenvolver ou encontrar o seu equilíbrio precisaria de algo das virtudes de Leão.

O aquariano, por exemplo, vive naquela torre de marfim idealizada de uma fraternidade universal. Promete para as pessoas muitas coisas, mas como nem sempre ele é muito disciplinado, pode mudar de opinião com facilidade, e justamente quando precisamos de sua prometida ajuda, ele pode ter viajado, saído ou desligado o celular. Ou seja, não conseguimos encontrá-lo porque ele costuma gostar do movimento e da contínua mudança em sua agenda.

O caso oposto é o do Leão, que talvez esteja nos esperando lá na varanda numa cadeira de balanço, bem conservadora, e provavelmente não nos prometerá qualquer ajuda com facilidade, ele imporá condições, porque assume quase que a posição do gerente de um Banco que nos obriga a apresentar condições de segurança para que o crédito seja oferecido. Porém, de alguma forma, o Leão está sempre lá presente e se nós nos submetermos às suas condições, e aos seus cuidados, ele estará presente e oferecerá então a sua contribuição.

O Leão pode ser algo dogmatizador, moralizador, mas tem esse amor humano pessoal, enquanto o Aquário tem uma fraternidade universal, algo abstrata ou impessoal. Os dois são complementares porque o Leão, ao pessoalizar demais fica interferente, incomodante, e o Aquário por idealizar demais pode tornar-se inalcançável ou muito distante. Nós precisamos desses dois polos para equilibrar a Natureza nas relações humanas, no sentido de expor o coração humano, como se fosse o amor de um pai em relação a um filho, como também de saber se ele vigia todos como iguais como é o caso do signo da fraternidade, da amizade, que está associado ao Aquário.

Se formos pessoais demais, querendo proteger só os nossos e ignorar o resto do mundo, exageramos por um extremo, e esse é o erro em que às vezes o Leão incorre. Já o Aquário exagera na liberdade ao querer se dirigir a todo o resto do mundo e esquecer os seus, com os quais a responsabilidade está estabelecida, por um vínculo de dependência mútua como o pai tem em relação ao filho, e principalmente o filho sem o pai o que seria, se ele é uma criança pequena? E o Aquário às vezes é meio rebelde, não quer assumir o peso das responsabilidades, não quer perder a sua independência e a sua liberdade, e aí está justamente a oposição entre a disciplina e a liberdade simbolizada entre Leão e Aquário, e certamente a Natureza tem algo a nos ensinar sobre isso.

Existem versos lindos de Rabindranath Tagore, que costumava dizer que as águas de um rio precisam de liberdade para fluir, mas se elas forem além dos limites da barrancada da margem do rio, não chegarão mais no oceano onde o rio desaguará, ou desaguaria se elas assim não se desviassem. Então, o rio vai para o mar, e as águas precisam de liberdade para fluir, mas elas têm que se manter entre as margens, entre as barrancadas do rio para conseguirem chegar ao mar. Existe um equilíbrio interessante entre a liberdade e os limites da disciplina, estão simbolizados nas barrancadas das margens do rio. Algumas pessoas querem viver sem limite algum, e por isso não chegam ao objetivo da vida, outras são tão disciplinadoras que não se contentam em pôr apenas margens, elas querem represar e congelar o rio, e então o rio para e não flui na direção do mar.

É interessante refletir sobre a polaridade Leão e o Aquário, um na sombra do outro, ou um na luz que falta ao outro, se nós quisermos assim considerar. Dona Emy, aquariana pelo Sol, mas com a Lua em Leão, menciona em seu livro, uma frase que selecionamos, representando esta reflexão: "Através do estudo da Astrologia, aprendemos a não culpar, mas a compreender, a não ser infelizes ou revoltados, mas a conhecer a nós mesmos e ao nosso próximo, encontrando a harmonia da vida e religando-nos à Fonte da Luz"[1].

Portanto, à luz dessa ideia de que nós precisamos compensar os opostos, o Leão representa de certa forma a autoridade central e o Aquário representa a liberdade e a autonomia que as partes precisam para se desenvolver. Assim, existe um equilíbrio entre o Leão e o Aquário. O Leão, representado por Tiago Menor no mural, centrado na sua autoconfiança e abrindo os braços na direção do Cristo como quem diz venha a nós e tudo estará resolvido, entre para o nosso time e nós te protegeremos.

Por outro lado, o signo de Aquário se encontra aqui representado por Tiago Maior, que já está um pouco nervoso, numa posição um pouco menos autoconfiante em um cantinho da mesa. Com uma mão o Aquário se apoia em André, o Capricórnio, que representa o momento presente e a estabilidade das responsabilidades, e com a outra mão ele se apoia em Pedro que, apontando para o Cristo, representa o signo de Sagitário, simbolizando a ideia da evolução. A renovação que acelere a evolução para um momento futuro é a ansiedade do Aquário, pois ele quer transmitir alguma coisa porque vê cem anos na frente, ele quer renovar, e sente a necessidade da mudança.

Entretanto, frequentemente o Aquário esquece que se a mudança não vier gradualmente ela não arrancará só os galhos velhos e as folhas secas, e esse é o preço trágico da revolução, quando ela começa a arrancar tudo destrói mais do que renova. Como dizia também Annie Besant, no seu livro *Os Ideias da Teosofia*, traduzido ao português por Fernando Pessoa, que uma vez desestruturada a ordem estabelecida, custa muito, ou torna-se muito mais difícil reconstruir uma nova ordem.

É sempre preferível portanto que a renovação não arranque fora a raiz e o caule. A renovação é necessária, mas ela deve arrancar somente os galhos velhos improdutivos com suas folhas secas. A renovação precisa ser feita gradualmente e implementada de tal maneira que ela não seja uma revolução total que arranque a árvore com raiz do seu solo, porque então ela mata. Nós temos que saber o que precisa ser renovado para não cairmos no extremo leonino de simplesmente não querer mudar nada, e querer apenas manter cegamente a ordem e a autoridade estabelecida, porque isso também acaba sufocando a criatividade, impondo todo um processo de autoritarismo.

O Leão faz isso para proteger a todos. No seu paternalismo e, na sua ingenuidade, ele abraça a todos como se fossem seus filhos, porém, se depois um deles fizer alguma coisa que ele não saiba administrar, rejeitará aquele filho como não sendo mais dele, assim como no mesmo caso poderá rejeitar um amigo, porque não sabe compreender que todos temos luz e sombra em nós e existe um lado luminoso e também um lado talvez sombrio, a não ser para um Buda ou um Cristo que já atingiram a plena iluminação. O Aquário compreende que todos têm fraquezas e ele tem essa necessidade do grupo, das amizades para se apoiar, mas às vezes quer livrar-se das responsabilidades, transferindo-as para o grupo. Por ser bastante impessoal e distante, ele precisa do calor humano do Leão que às vezes se apresenta pessoal demais. O Leão precisa da universalidade de uma fraternidade mais abstrata e com mais liberdade como o Aquário a prefere considerar.

Então, esse é o grande eixo da disciplina e da liberdade, duas forças que nós precisamos casar harmoniosamente para que o amor humano e a fraternidade universal possam realmente se encontrar na prática e no equilíbrio, simbolizando o Cristo no centro do mural, que é o equilíbrio entre todos os signos.

Referências Bibliográficas

1) MASCHEVILLE, Emma Costet de. *Luz e Sombra*. Brasília, Ed. Teosófica, 1997. IV Capa.

Capítulo 8

Virgem e Peixes

Conforme temos estudado, analogicamente, no mural de Leonardo da Vinci, *A Última Ceia*, nós podemos encontrar o signo de Virgem representado por Tomé, sendo o sexto apóstolo a contar da direita para a esquerda, que corresponde ao sexto signo. São Tomé é conhecido pela frase "Ver para crer", ele aparece ali com o dedo indicador em riste, querendo objetar alguma coisa. Mais tarde, ele desejará tocar nas chagas de Cristo para ter certeza se é de fato o Cristo ressurrecto.

Por outro lado, no outro extremo da mesa, encontramos o décimo segundo apóstolo, a contar da direita para a esquerda, justamente Bartolomeu, representando o décimo segundo signo que é o signo de Peixes. Ele é o que tem os pés iluminados, pois o signo de Peixes rege os pés, uma vez que na correspondência com o Homem Celeste, que começa pela cabeça, como já vimos, Peixes é o último signo e corresponde à última parte do corpo.

São Bartolomeu, portanto, se encontra com os pés cruzados, como exatamente o símbolo deste signo é constituído por dois peixes, um amarrado no outro, mas nadando em direção oposta. O simbolismo clássico do signo de Peixes, assim, é comparado de certa forma ao princípio do giroscópio, que são duas agulhas imantadas. Quando elas estão afastadas, apontam para o Norte, mas quando se aproximam muito, além de um certo limite, elas começam uma a apontar para o Norte da outra e perdem a direção do Norte verdadeiro. Isso indica a capacidade do signo de Peixes de fechar-se em si mesmo, caracterizando, assim, um circuito fechado e isolando-se do resto do mundo, talvez seja essa a defesa mais clássica do signo de Peixes.

Contrastantemente, o signo de Virgem é representado pela Mãe Natureza e caracteriza a deusa da agricultura, que é Démeter, como denominada entre os gregos, é o símbolo de Virgo correspondido pela respectiva constelação, foi também simbolizada antes pelos egípcios por Ísis e mais tarde pelos romanos por Ceres. Em todos estes casos sempre se referiu à deusa da agricultura colhendo uma espiga de trigo porque Virgem corresponde no Hemisfério Norte ao período da colheita que é, justamente, o final do verão. Nós podemos ver isso: a primavera corresponde a Áries, Touro e Gêmeos e depois Câncer, Leão e Virgem corresponde já ao período do verão, mais tarde o outono com Libra, Escorpião e Sagitário e por último o inverno com Capricórnio, Aquário e Peixes.

O signo de Peixes passa então a ser o último signo do inverno, é um signo mutável que já está preparando a entrada de um outro ciclo totalmente novo. E, desta forma, Bartolomeu está no último canto da mesa, contando da direita para a esquerda, quase que se retirando, simbolizando assim o fim de um ciclo e o início do próximo.

De certa maneira também podemos dizer que o signo de Virgem é aquele que representa a Mãe Terra, a Mãe Natureza e a diversificação, porque não existe nada igual na Natureza. Mesmo que nós tenhamos por exemplo um grão de trigo, dele nascerá toda uma espiga, assim a estrela alfa de Virgo é chamada Spica, mas por mais semelhantes que sejam os grãos entre si, ainda que provenientes de uma mesma espiga, eles não serão totalmente idênticos. Até os átomos de um mesmo elemento terão pelo menos os spins diferentes, como a impressão digital de dois irmãos gêmeos univitelinos também terá alguma diferença. Então, o igual não existe na Natureza, a igualdade é uma abstração da mente humana, e o signo de Virgem representa essa diversificação e a análise dos detalhes que criam as diferenças.

Por outro lado, o signo de Peixes representa a unidade e a síntese que leva assim ao perdão, à visão do todo, porque o signo de Peixes é o próprio oceano onde ele vive e, portanto, onde se reflete o céu como um espelho, aproximando-o assim da Terra. Esse reflexo do céu sobre a Terra através da superfície das águas do oceano, irá representar o retorno à Fonte Una do céu, aproximado assim pelo aspecto devocional de Peixes, o céu à Terra, e daí o característico do perdão e da busca mística da Divindade. Também no oceano as gotas caem e se diluem, e depois nós não mais sabemos distinguir se elas chegaram cristalinas pela chuva, ou barrentas pelo rio, pois que tudo se dissolve naquele oceano. Assim o signo de Peixes tende a produzir o efeito de uma homogenização, de uma grande síntese, e pode confundir todas as coisas numa grande sopa. O resultado disso é que eventualmente ele confunde as suas emoções com as dos outros, chora abraçado e ingenuamente pensa que está ajudando os outros. Toda essa questão de uma fusão indiscriminada, ou seja, de uma confusão, é, às vezes, um problema do excesso da característica pisciana ou de seu regente, o planeta Netuno.

Se nós quisermos saber qual é o defeito de um signo, basta pegar a sua qualidade e estender além do limite, assim, por exemplo, Virgem está sempre fazendo aquela colheita, separando um grão do outro, discriminando, analisando, classificando, e essa tendência ao apetite pelos detalhes pode levar ao aspecto da crítica, da insatisfação pelo perfeccionismo, que é tão característico no signo de Virgem. Assim, nós notaremos que daqui a pouco o virginiano já está classificando e separando os diferentes grãos da espiga com uma caixinha de sapato para cada tipo, então existe o grão mais redondinho que vai para uma caixinha, o mais agudo que vai para outra, o carunchado que vai para o lixo.

O signo de Virgem rege os intestinos, e por isso ele está associado à ideia de limpeza e de purificação e aliás em torno disso nós poderíamos até exemplificar como esse processo pode chegar a extremos incomuns. Eu lembro de estar visitando uma senhora que tinha Ascendente e Sol em Virgem, e praticamente não tinha lixeira dentro da sua casa. Eu quis jogar algo fora e procurei uma lixeira, mas não encontrei nenhuma nem no banheiro nem no escritório. Quando a questionei, ela me respondeu: ponha lá na cozinha que tem uma pequena lixeira em cima da pia. Aí eu fiquei impressionado porque aquele apartamento tinha pelo menos quatro quartos e muitas pessoas viviam nele, mas só havia uma pequena lixeira na cozinha. Ela me disse que não queria juntar lixo no resto da casa. Aí está um caso característico de Sol em Virgem com Ascendente em Virgem.

A tendência para a limpeza era muito forte e além da esperada, e o resultado é que a dona da casa tinha que colocar quatro ou cinco vezes por dia o lixo para fora da casa porque a pequena lixeira, não comportava praticamente nada, um verdadeiro cerimonial que caracterizava esse apetite pela limpeza. Assim, vemos que a mania de limpeza pode se tornar um problema virginiano, um perfeccionismo purista associado à Virgo, a Mãe Terra que é também um símbolo da pureza natural.

Há também em Virgem um certo sentido de sabedoria prática, enquanto que em Peixes existe uma visão mais mística da onipresença divina, e assim uma compreensão mais intuitiva do todo, uma visão de um amor universal, ligada por um misticismo que perdoa e se compadece. A percepção de Peixes é mais propriamente ligada à intuição, às vezes sem o senso prático de Virgem. Novamente, aqui temos um equilíbrio complementar na polaridade de Virgem e Peixes.

O ponto de vista de Virgem é mais científico, analisa, critica os detalhes, levanta hipóteses, que tenta eventualmente falsear para investigar se sobrevivem ao teste. Assim, Virgem afirma "Ver para crer", que é o lema de São Tomé, ou seja, que a tese experimentada é a mais próxima da verdade que até então se conseguiu encontrar, e dessa forma a Ciência funciona com o seu sistema analítico chamado de método científico.

As qualidades, portanto, associadas ao signo de Virgem são esse senso prático discriminativo, analítico e meticuloso, ordeiro, que se caracteriza pela pureza, pela limpeza, pela disposição para o serviço, para sentir-se útil e pela busca da perfeição.

A falta dessas qualidades costuma gerar os problemas do signo de Peixes, que poderá ser dúbio, ou negligente por ser reticente. Peixes confunde-se facilmente com os detalhes, e parece ser incapacitado para encontrar um curso prático nas coisas da vida.

Pode ter uma inclinação a fugir da realidade. Esse é um problema que está associado à bebida alcoólica, e o pisciano pode até vir a afundar-se nas drogas, que constituem uma versão mais moderna e desastrosa desta tragédia antiga do álcool. O signo de Peixes é um signo de água, regido por Netuno, o deus dos mares, Peixes gosta dos líquidos, e, quando cai na bebida, tem grandes dificuldades de se reencontrar; por isso, às vezes, falta-lhe força de vontade, ele se mostra indeciso. O signo de Peixes precisa ancorar-se na realidade, e a falta das qualidades virginianas de senso prático são, em geral, os defeitos, vamos dizer, de uma natureza um pouco ingênua e desligada que seria a tendência sombria do signo de Peixes.

Por outro lado, as virtudes do signo de Peixes são associadas à sua natureza humilde, compassiva e simpática, emotiva, com tendência ao desprendimento das coisas materiais. Peixes é sensível e adaptável, impressionável e gentil, prefere se isolar no fundo do oceano, mas tem também uma natureza receptiva, intuitiva e compassiva. Então, de uma maneira geral, esse lado doce do signo de Peixes vai ser sua capacidade de aceitar e tolerar todas as diferenças e, praticamente, não percebê-las, de modo a ver só aquela substância onipresente da Divindade em todas as coisas. Assim, ele perdoa com mais facilidade, mas também muitas vezes sonha demais e foge ou se desliga das responsabilidades práticas do dia a dia.

Se diz às vezes que ele dá o prefixo e sai do ar, quando lembra de dar o prefixo... Eu me lembro de um caso, de uma aluna minha que era virginiana e tinha um pai prisciano. Ela nos contou em sala de aula, que o seu pai tinha conseguido fechar o carro e deixar a chave lá dentro, inclusive com o carro ligado. Eu achei aquilo extraordinário. Então, em outra oportunidade numa festa, fui apresentado a ele e num momento oportuno perguntei-lhe sobre o ocorrido. Ele respondeu: "De fato, eu estava sentado uma vez na varanda da minha casa e aí de repente a minha esposa me disse: "Parece que está saindo fumaça lá da garagem". Então foram ver, abriram a porta e, de fato, o carro tinha sido guardado ligado, com as portas fechadas e as chaves lá dentro, o que inclusive era muito perigoso, porque o gás contido no ambiente da garagem poderia ser fatal. E quando, eu assim manifestei minha surpresa, ele disse: "Ah, não se preocupe, já aconteceu várias vezes"; constatei então que era algo comum para ele... Essa característica do signo de Peixes de desligar-se completamente e perder o aspecto prático dos detalhes eventualmente chamará a nossa atenção.

Vale lembrar da característica básica de como se deve tocar a questão da complementariedade entre os signos astrológicos, a partir do Princípio da Polaridade no *Caibalion*: "Tudo é duplo, tudo tem polos; tudo tem o seu oposto"[1], então quando a Natureza cria o lado da síntese ela tem que criar também o da análise para que a soma seja zero ou neutra. Essa imparcialidade é simbolizada no mural da *Última Ceia* aqui no Cristo. O ponto de convergência de todas as linhas de fuga da perspectiva vem a ser a cabeça do Cristo, enquanto que o coração é o baricentro da sua figura triangular e vem a ser exatamente aquela característica básica de um elemento de equilíbrio imparcial entre os extremos.

Nós já temos dito que com a mão esquerda ele doa e com a mão direita ele recolhe, como se na primavera e no verão a Luz do Sol se doasse mais livremente, e de alguma forma se recolhesse proporcional ou relativamente no outono e no inverno. Assim, o fim do verão é simbolizado por Virgem que é o momento da colheita, mas é também o de discriminar o que é útil e o que é inútil, como o intestino o faz também, separando o nutriente do excedente. Então, neste aspecto, o signo de Virgem, que rege os intestinos, está a caracterizar um elemento de análise discriminativa para assimilar o que realmente o corpo precisa para a sua nutrição e purgar ou eliminar todos os elementos impuros ou tóxicos.

Já no Peixes, simbolizado pelos pés, temos o polo oposto, aquilo que se sacrifica, e às vezes fica mais sujo ou impuro, para que o resto permaneça limpo. Os pés frequentemente são sacrificados, principalmente em condições menos civilizadas, quando não se tem calçados, mas com toda a certeza o signo de Peixes representa esse elemento de sacrifício para que o todo se estabeleça em pureza e harmonia.

Há uma complementariedade entre os opostos no princípio da polaridade: "O igual e o desigual são a mesma coisa", diz esse Princípio da tradição Hermética, porque "os opostos são idênticos em natureza, mas diferentes em grau"[2]. Nós podemos converter o cubo de gelo em vapor d'água e vice-versa, sendo que esse é basicamente o princípio da alquimia mental, que nos permitirá pela meditação, desenvolver as qualidades do signo oposto.

O signo de Virgem frequentemente está preocupado com detalhes e nem sempre consegue dormir muito tranquilamente, e às vezes se o Ascendente for Virgem, se for o signo da hora de nascimento, a pessoa não consegue dormir se não colocar o cobertor e os lençóis de um jeito específico, com aquelas preocupações de perfeccionismo, com a dobra disso e o travesseiro daquilo.

A preocupação é um problema clássico do signo de Virgem podendo levar, em casos extremos, à insônia ou à úlcera duodenal, enquanto que o signo de Peixes às vezes dorme até no sofá de qualquer jeito, assistindo TV ou simplesmente dorme, ou seja, caracteriza exatamente o extremo oposto do desligamento, da despreocupação, e ambos teriam o seu lugar se nós tivéssemos apenas o controle dessas funções.

É dito também no princípio hermético de polaridade do Caibalion que "os extremos se tocam"[3], e eu costumo lembrar que o fogo pode queimar como o gelo em temperaturas extremas, "Todas as verdades são meias verdades e todos os paradoxos podem assim ser reconciliados"[4].

Portanto, nós estamos tentando dizer que uma pessoa de Virgem que se baseia só em si mesma, critica e duvida da existência de uma Divindade, e quer resolver todos os problemas à perfeição, cria para si algumas dificuldades que o signo de Peixes jamais terá, e vice-versa. O problema do signo de Peixes é frequentemente o de confiar demais apenas no apoio da graça divina, esquecendo-se de fazer sua parte para merecer aquela graça, sendo que, às vezes, se desliga de tal forma da realidade que não tem capacidade de enfrentar o curso prático da vida. Existe, evidentemente, um equilíbrio a ser encontrado entre esses dois extremos.

Nós precisamos também compreender que o signo de Virgem é o final do primeiro ciclo entre dois equinócios e, portanto, de colheita das consequências ou purgação do eu pessoal a partir de Áries, enquanto que o signo de Peixes é o final do segundo ciclo a partir de Libra, e de todo o ano, portanto, relacionado à purgação do *karma* coletivo, que está simbolizado até na Era de Peixes. Tal Era foi caracterizada pela vinda do Cristo, que justamente estaria associado a essa religião simbolizada pelo peixe.

Na Era de Peixes, nos últimos dois mil anos, aproximadamente, do ano zero ao ano 2000, e principalmente no núcleo do ano 500 até 1.500, que tivemos o maior predomínio do Peixes e, portanto, um sombreamento do oposto que é o signo de Virgem, a representar as Ciências Naturais. Naquele núcleo da Era de Peixes até se proibiu a análise ou investigação mais detida da Natureza, houve até proibições para a dissecação de cadáveres visando o estudo da Anatomia. Vale lembrar que Leonardo da Vinci foi um dos primeiros anatomistas que pesquisaram esse aspecto da Natureza no homem.

Então, o signo de Virgem tem essa característica de necessitar da análise, da investigação pelo fato, pela prova de uma evidência concreta, e isso está relacionado à Ciência, que de alguma forma na Era de Peixes foi colocada em segundo plano, sendo até perseguida. Cientistas chegaram muito perto da fogueira e houve o caso trágico de Giordano Bruno, que morreu em 17 de fevereiro de 1600, apenas por se posicionar de uma forma mais corajosa contra as posições arbitrárias dos dogmas da Igreja que era inquestionável na época. A Santa Inquisição assim chamada o queimou vivo na fogueira até a morte. Esses são simbolismos do que a Era de Peixes chegou a produzir, ultrapassando todos os limites numa devoção cega.

Por outro lado, a Ciência assim se desenvolveu de alguma forma com traumatismo de infância, quando ela surge a partir do método científico em torno dos séculos XVI e XVII, nós temos as contribuições de René Descartes (1596-1650), e de vários outros pensadores, como Francis Bacon (1561-1626). Assim foi se criando o método científico, que vem a caracterizar o ressurgimento coletivo da Ciência com um impulso de Virgem, pela sétima casa (Signo Descendente), no final da Era de Peixes. Na Era de Aquarius nós temos a Era do Saber porque esses dois polos da Religião e da Ciência vão se reintegrar.

Dessa forma, é dito no Princípio da Polaridade que "Todas as verdades são meias verdades e todos os paradoxos podem ser reconciliados"[5], e também é dito na tradição hindu, nos *Yoga-Sutras* de Patañjali, que é a base da meditação no *Yoga*: "Quando a mente é perturbada por pensamentos impróprios, a constante ponderação sobre os opostos é o remédio"[6].

Portanto, se um virginiano por um esforço da sua meditação, nem que seja a concentração nos arquétipos do signo de Peixes, num certo momento tiver pelo menos um vislumbre daquela visão pisciana do Todo, mais desprendida das preocupações, ele verá que sob o ponto de vista de Peixes os seus problemas não existem. A partir desse ponto de vista a vida é cíclica e repetitiva e na verdade nada importa muito, e a maioria das coisas não importa absolutamente nada, como dizia o Bispo Leadbeater. Essa é, talvez, a visão pisciana da Natureza.

Por outro lado, se um pisciano não consegue resolver seus problemas práticos, não consegue pagar suas contas e a sua vida está enredada em uma série de confusões emocionais porque ele não consegue dizer não para ninguém e estabelecer critérios e limites, seria útil que se concentrasse e meditasse no signo oposto, no signo de Virgem, para conseguir talvez vislumbrar toda aquela natureza discriminativa, ele perceberia que sob o ponto de vista de Virgem os problemas piscianos não existem.

Virgem tem critério para tudo, não deixa as coisas simplesmente se embrulharem de uma maneira confusa, consegue classificá-las no seu devido lugar e estabelece limites nas suas relações, pois tem a virtude do discernimento. Discernir é justamente separar a casca do cerne, é não se preocupar talvez só pela aparência, mas ir ao âmago da questão, enquanto que o signo de Peixes já tem mais uma garantia de amor, de compaixão, ele está preocupado não em estabelecer critérios separadores ou discriminativos, mas sim em compreender e perdoar, porque isso lhe auxiliará em suas relações e em sua vida. Então, existe na vida essa dupla polaridade no eixo Virgem e Peixes que é complementar.

Num sentido, a encarnação tem um certo valor, e nós temos que dar a ela o devido trato, porque afinal de contas a morte virá. Esses signos são signos de fim de ciclo e justamente estão a nos levantar questões sobre o sentido da vida.

O signo de Virgem representa o final do trato intestinal, a separação do que é nutriente e do que é excedente, aquilo que de alguma forma após a morte também é feito, a alma irá assimilar aquilo que é útil, no que os antigos chamavam de céu; e lançar fora aquilo que não lhe trouxe crescimento, no que os antigos chamavam de purgatório. E esse resíduo é o que alguns chamam de *karma,* levando o signo de Peixes, que é o último signo do Zodíaco, a prender a pessoa para um novo ciclo, que os antigos chamavam eventualmente de reencarnação.

O entendimento do sentido de Peixes de verificar-se como se recomeça um novo ciclo depende de nós termos compreendido a visão integrada de como aquele ciclo de fato terminou. É como um fechamento para balanço, e nesse sentido estamos a sugerir que existe também esse *karma* coletivo, como também elemento de um sacrifício pessoal por uma transcendência ou compreensão de que as coisas desse mundo são passageiras, mas as coisas relacionadas ao amor da alma, além da aparência, essas é que são, realmente, duradouras. Assim dizia Jesus: "Naquele dia sabereis que Eu estou em meu Pai, e vós em Mim e Eu em vós"[7].

Quando chegamos nos últimos extremos, em Virgem e Tomé e em Peixes e Bartolomeu, vemos no mural que Virgem tão preocupado com os detalhes, como podemos ver no olhar de São Tomé para o seu próprio dedo, que mal enxerga o Cristo porque ele só vê seu próprio dedo. Ele está tão preocupado com o detalhe que já não vê mais a grandeza da Divindade em sua presença.

Porém, se nós formos perguntar a Bartolomeu para onde ele está olhando, ele vai responder han?, hem?, olhando o quê? quem? Ou seja, aquela sensação de que ele está tão perdido na contemplação do todo e isolando-se num mundo criado por sua própria personalidade, que o mural sugere que ele já está pronto para retirar-se, para sair correndo, já está no canto da mesa meio de pé, e ao mesmo tempo ele parece não estar se comunicando com o resto do mural, apenas numa contemplação à distância do todo.

Portanto, nós costumamos dizer que Virgem sofre de um certo tipo de miopia espiritual enquanto que Peixes sofre de uma hipermetropia espiritual e não percebe mais a distinção entre os detalhes. Dessa forma, os problemas do signo de Peixes vêm por uma certa promiscuidade emocional porque ele se envolve com as pessoas, não sabe estabelecer limites, não sabe onde começar e terminar as coisas, e nisso ele se enreda em confusão.

Ao contrário, o signo de Virgem estabelece limites muito rígidos, ele é muito perfeccionista e não sabe transigir, tolerar, não sabe contornar as dificuldades, excedendo-se às vezes na crítica. Dona Emy costumava enfatizar na sua obra *Luz e Sombra*, quando comentava que nós não deveríamos criticar ou julgar outro irmão antes de caminhar sete dias nas suas sandálias. Então, como Peixes rege os pés, tem exatamente a característica do perdão porque sabe ali, exatamente, caminhando no lugar que o outro caminhou, colocar-se no lugar em que o outro se encontra, sabe perdoar.

Essa é a grande mensagem do signo de Peixes, enquanto que Virgem dá o contraponto equilibrando os limites das nossas relações e dando o sentido de uma busca evolutiva para a perfeição que é o objetivo final da vida.

Referências bibliográficas

1) TRÊS Iniciados. *Caibalion.* São Paulo, Pensamento, 1987. p. 22.
2) Ibidem, p. 22.
3) Ibidem, p. 22.
4) Ibidem, p. 22.
5) Ibidem, p. 22.
6) TAIMNI, I. K. *A Ciência do Yoga.* Brasília, Ed. Teosófica, 1996. p. 185. (st II-33)
7) BÍBLIA de Jerusalém, A. São Paulo, Paulus, 1995. p. 2024. (João 14:20)

Capítulo 9

A Lei dos Ciclos

Depois de ter analisado o círculo Zodiacal e seus doze signos pela *Última Ceia* de Leonardo da Vinci, representados neste mural pelos doze Apóstolos, passaremos a estudar a lei dos ciclos. Vale lembrar que o Zodíaco não é uma linha reta como uma mesa, mas como um círculo máximo da esfera celeste, onde Peixes retorna a Áries fechando o círculo, e que o Cristo aqui representa o centro desse círculo. Portanto, ele não é o décimo terceiro signo, mas o ponto de convergência de todas as linhas de fuga da perspectiva do mural é a cabeça do Cristo.

Também podemos verificar que com a mão esquerda ele dá e com a mão direita ele recolhe, ou seja, o Sol se doa mais intensamente na primavera e no verão, representados pelos dois primeiros grupos de três, e se recolhe, proporcionalmente, ou doa menos luz, no outono e no inverno que são o terceiro e o quarto grupos de três, respectivamente, caracterizando assim os doze signos.E ao lado temos o reinício de um novo ano, e o Áries representa exatamente isso, a primeira parte do corpo que nasce é a cabeça, é o renascimento da vida na primavera, e de alguma forma temos assim uma lei da vida muito importante que é uma das bases da Astrologia, que é A Lei dos Ciclos, da Ciclicidade ou Periodicidade.

A Sra. Blavatsky, por exemplo, comenta isso em *A Doutrina Secreta*: "A universalidade absoluta daquela lei de periodicidade, de fluxo e refluxo, de crescimento e decadência, que a Ciência Física tem observado e registrado em todos os departamentos da Natureza. Alternativas tais como Dia e Noite, Vida e Morte, Sono e Vigília, são fatos tão comuns e tão perfeitamente universais e sem exceção, que será fácil compreender porque divisamos nelas uma das leis absolutamente fundamentais do Universo."[1] Então, a ideia da ciclicidade ou da periodicidade, é muito importante em Astrologia, a ideia de que há um ritmo cósmico, que há ciclos que se cumprem como se fosse quase uma música universal, esse é o termo usado, aliás, por Pitágoras, a Música das Esferas.

Nicolau Copérnico (1483-1543), nos colocou essa divisão, por exemplo, do ciclo da Terra em torno do Sol. Esse diagrama está relacionado com o grande livro Das Revoluções dos Mundos Celestes que produziu a revolução copernicana demonstrando que o Sol era o centro do Sistema Solar, e lembra muito bem os dois Equinócios, que são situações relativamente indiferentes, porque o Sol está igualmente projeta-

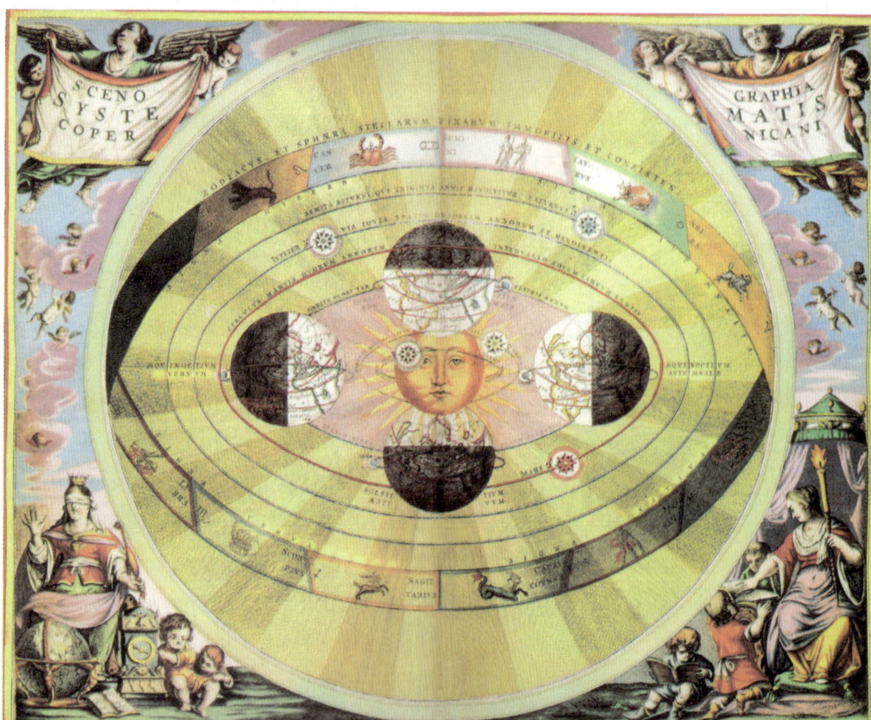

As quatro estações segundo Copérnico

do no Hemisfério Norte e no Hemisfério Sul, portanto os dias e as noites têm a mesma duração.

Em contraposição a tal circunstância de equilíbrio, vemos o Círculo Polar aqui e lá oculto na sombra da Terra, o que quer dizer que nessa situação o Hemisfério Norte está ganhando mais luz, e naquela situação o Hemisfério Sul está ganhando mais luz, portanto, na primeira situação o Hemisfério Norte está no verão e o Hemisfério Sul está no inverno. Na segunda situação nós temos o Hemisfério Sul ganhando mais luz no verão, enquanto que o Hemisfério Norte ganhando menos luz no inverno. Então, essas duas situações extremas, o inverno e o verão são chamados os solstícios. É nessa divisão entre solstícios e equinócios que se baseia a divisão das quatro estações.

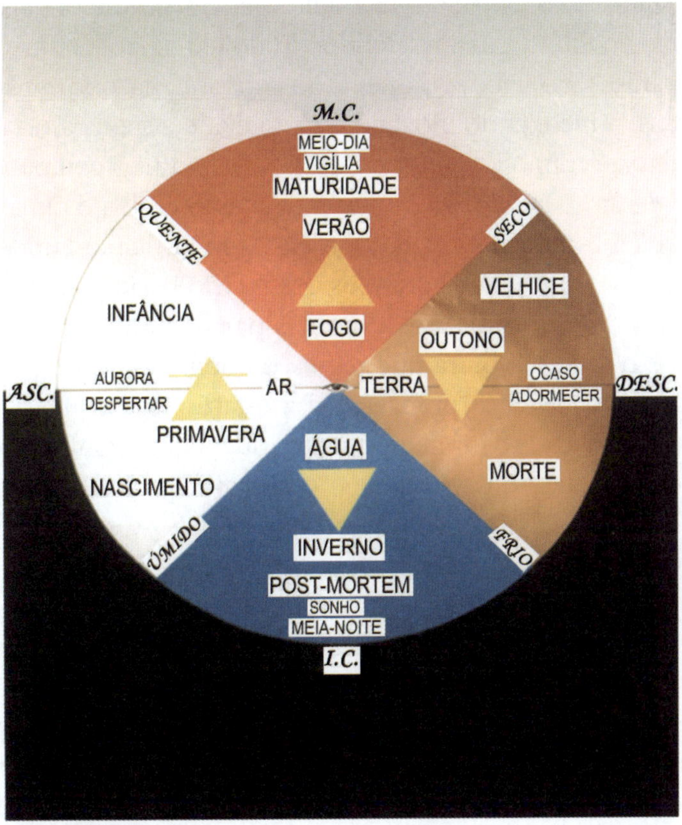

Ciclo dos 4 elementos

Assim, pela correlação das quatro estações com os doze signos do Zodíaco, nós podemos ver que ao longo do giro haverá um movimento aparente do Sol pelas constelações e signos do Zodíaco, caracterizando quatro áreas, em duas das quais ele está projetado com declinação Sul e nas outras duas com declinação Norte, como nós explicávamos, haverá mais ou menos iluminação para um ou outro dos Hemisférios, caracterizando assim a mudança de temperatura que a luz produz de uma estação para a outra, e esse desenho corresponde exatamente às quatro estações que nós vimos representadas aqui também na *Última Ceia* de Da Vinci.

Agora, nós vamos usar um outro diagrama, quem sabe para demonstrar a vocês como os antigos correlacionavam as quatro estações com os quatro elementos dentro da Lei de Periodicidade ou do Princípio do Ritmo. No Caibalion, na tradição Hermética de origem egípcia, o Princípio do Ritmo é assim referido: "Tudo tem fluxo e refluxo; tudo tem suas marés; tudo sobe e desce; tudo se manifesta por oscilações compensadas; a medida do movimento à direita é a medida do movimento à esquerda; o ritmo é a compensação"[2]. É oportuno comparar ao movimento de um pêndulo, que é um movimento cíclico e rítmico.

Toda a Natureza é regida por leis e um Princípio Fundamental, se nós formos considerar as divisões desse ciclo básico. Assim, os antigos comparavam duas situações extremas por uma que primeiro regula o úmido e o seco e a outra que regula o quente e o frio.

Eles diziam que a primavera é a estação que começava úmida e depois ficava cada vez mais quente, quando chegava o ponto mais quente alcançava-se o verão, que começava quente e ia ficando cada vez mais seco, e assim, sucessivamente. Depois de seco ficaria progressivamente mais frio e depois de frio voltaria a ficar úmido, por quê? Porque se admite que quando o solo está úmido é porque choveu e, portanto, deve haver menos nuvens, pois elas já se precipitaram em forma de chuva. Num segundo momento, deve vir mais luz porque há menos nuvens e a tendência é ficar mais quente. Quando se alcança a situação do calor máximo, começa a evaporação daquela umidade do solo, e, portanto, o solo tende a ficar cada vez mais seco. Nuvens se formaram pela evaporação da umidade do solo, e assim haverá menor passagem de luz e, portanto, tende a ficar mais frio. Quando está mais frio temos aí a precipitação das nuvens em forma de chuva, de modo que o solo voltará a ficar úmido, portanto, haverá menos nuvens, deverá passar mais luz e ficar mais quente. Dessa forma, recomeça a evaporação, o solo ficará seco, se formarão novas nuvens, ocorrendo o ciclo repetitivo, que sabemos exatamente dizer onde começa e onde termina.

Na verdade a antiga questão do ovo e da galinha, aquela discussão de qual dos dois veio primeiro, representa ele um questionamento sobre um ciclo, em que um depende do outro, porque o ovo depende da galinha e a galinha depende do ovo, enfim, um vem do outro, e, portanto, nós não temos fim num processo cíclico.

Da mesma maneira, o ar é associado pelos antigos a esta estação da primavera porque dizem que ele é úmido e quente. Então, os signos de Gêmeos, Libra e Aquário, que são os signos atribuídos ao ar, tecnicamente são considerados flexíveis, adaptáveis. Esta flexiblilidade é a característica do úmido em Astrologia; em contraposição ao seco, que justamente vai caracterizar aquilo que é rígido e que ao ser dobrado quebra como uma folha seca. Assim, o outono não é por acaso representado pela palavra "*fall*", em inglês, "a queda", caracterizando a queda das folhas que estão secas.

Na sequência, depois da primavera virá o verão, caracterizado como o período mais quente do ciclo anual, correspondendo aos signos de fogo que são Áries, Leão e Sagitário, signos considerados, portanto, mais expansivos, o que caracteriza o quente. Eles são extrovertidos e também mais rígidos, porque o fogo é a mistura do quente com o seco.

Logo depois nós teremos a mistura do seco com o frio, que caracteriza o elemento terra e corresponde ao outono, que representa a queda das folhas que se aproximam, assim, do elemento terra, que é o retorno à terra. Corresponde também aos signos de terra que são os signos de Touro, Virgem e Capricórnio.

E por último vem a combinação do frio com o úmido, que é o elemento água, e vai, assim, corresponder ao inverno e aos signos de Câncer, Escorpião e Peixes.

Nesta sequência buscamos caracterizar por meio de uma analogia o ciclo das estações do ano e compreender bem como, por exemplo, os signos de ar são mais joviais. Eles querem ser como os ventos do ar que levam o pólen por toda a parte. Querem estar livres para voar como a borboleta de flor em flor na primavera, a exemplo também das flores que dão, assim, o seu perfume, surgindo as novas folhas e toda a Natureza se renova. Mas isso depende da umidade do solo e do calor da luz solar, para que a combinação do úmido e quente traga a expansão da vida. Admite-se, assim, que os signos de Gêmeos, Libra e Aquário, os signos de ar, são como crianças que têm essa generosidade jovial, esse entusiasmo curioso pela novidade e tendem a uma certa precocidade, possuindo uma mente bastante ativa, mas ao mesmo tempo eles têm uma certa dificuldade de se fixar, uma tendência à dispersão.

Como já foi dito, o grande problema da juventude é que apesar de ser o período mais lindo da vida, ele é desperdiçado pelos jovens. Então, a tendência de não ter rumo, de não saber o que fazer, não ter um alvo, não ter objetivo, é que cria as dificuldades dos signos de ar.

E os signos mais antagônicos a eles são os de terra: Touro, Virgem e Capricórnio, representando o outono, a polaridade exatamente oposta porque seca e fria e correspondem de certa forma à velhice e à morte. A queda das folhas representa o afastamento da comunicação, da vida com o mundo externo. Nós vamos verificar que nesse ciclo o característico da polaridade oposta encontra-se entre os elementos antagônicos.

Podemos citar o exemplo da menina de Touro que faz aqueles desenhos no caderno e copia tudo que a professora diz, mas tem às vezes um procedimento de assimilação cerebral mais lenta, porém, uma vez assimilado, ela guarda e não esquece mais. Então chega aquele menino de Gêmeos, do signo de ar, copia tudo rapidamente com a sua mente, tem memória fotográfica, e passa, às vezes, com uma nota melhor do que a menina que escreveu tudo no caderno. No entanto, uma semana depois da prova ele não lembra mais nada, e o nosso sistema educacional desconsidera isso, correndo o risco de haver injustiça na avaliação, porque a menina de Touro pode não ter tirado a melhor nota, mas depois ela lembra exatamente tudo o que escreveu naquela prova.

Existem essas diferenças de resposta de temperamento, os antigos relacionavam o elemento ar correspondendo-o ao temperamento chamado sanguíneo, o fogo ao temperamento chamado colérico, a terra ao temperamento chamado melancólico e a água ao fleugmático, porque as emoções de água são muito para dentro, introspectivas, porém de certa forma, são muito mais sensíveis.

Verificamos que os signos de Áries, Leão e Sagitário quando chegam aproximadomente aos 21 anos se encontram no seu apogeu, quando inicia o período da maturidade. Por outro lado, o ar e a primavera correspondem, por analogia, assim, à Aurora e ao despertar, ao início da vida.

Os antigos egípcios representavam mais o ciclo da vida e da morte pelos quatro períodos do dia, enquanto que os gregos representavam mais pelas quatro estações do ano. Os gregos preferiam a primavera, o verão, o outono e o inverno, enquanto que os egípcios representavam esse ciclo pelo dia, ou seja, pela aurora, pelo meio-dia, pelo ocaso e pela meia-noite.

Temos ainda a correspondência com o ciclo da vida humana a saber: a primavera e o ar correspondendo ao nascimento e à infancia, o verão e o fogo correspondendo à maturidade, o outono e a terra correspondendo à velhice e à morte e, finalmente, o inverno e a água correspondendo ao *post-mortem*.

Então, Paracelso, o grande alquimista, faz uma analogia interessante, dizendo que se nós quisermos assim interpretar como dominar os elementos, precisamos antes desenvolver as qualidades dentro de nós que permitem dominar cada um deles. Assim, para dominar os elementais da terra, que os alquimistas chamavam de gnomos, etc., nós teríamos que desenvolver a qualidade da generosidade jovial, que é justamente a qualidade atribuída ao ar.

Porém a qualidade atribuída à terra é a constância, a perseverança, e essa é a qualidade necessária, portanto, para dominar, as sílfides e os elementais do ar porque essa é a qualidade oposta da qual eles carecem, ou seja, a virtude polar complementar.

Talvez possamos assim melhor compreender a aplicação prática do Princípio da Polaridade: "Tudo é duplo, tudo tem polos, tudo tem o seu oposto, o igual e o desigual são a mesma coisa e os opostos são idênticos em natureza mas diferentes em grau, (e portanto eu tenho comparado como a diferença do cubo de gelo para o vapor d'água é o grau da sua temperatura), os extremos se tocam, todas as verdades são meias verdades e todos os paradoxos podem ser reconciliados." Então, se eu reconciliar o ar com a terra, eu vou encontrar o centro do círculo, porque eu vou reconciliar o úmido e o quente com o frio e o seco.

Por outro lado, vocês compreenderão melhor o fogo se tiverem um filho de Áries, Leão ou Sagitário. São aquelas crianças que às vezes não querem dar a mãozinha para atravessar a rua, já nascem autossuficientes, já parecem maduros, não querem auxílio, mas ao mesmo tempo não suportam facilmente as limitações da velhice porque ficam muito impacientes. A maturidade é o seu período de auge quando esse aspecto fica muito demarcado, no verão da vida entre os 21 e os 42 anos, que é o período mais intenso atribuído ao fogo, entre a primeira quadratura de Urano com Urano e a primeira oposição de Urano com Urano.

Urano é o planeta da mudança e tem um ciclo de 84 anos, portanto a cada 21 anos ele percorre um ângulo de 90^0 e produz uma crise de quadratura, uma mudança de fase ou "estação" na vida.

Depois dos 42 anos ingressamos naquele período que corresponde à terra. E a ideia da complementariedade é que os signos de ar desenvolvam a constância, meditem no oposto.

Da mesma forma, se uma pessoa está muito angustiada com os assuntos do fogo e quer resultados imediatos, ela deve se concentrar na água. A maneira que Paracelso indicava para que uma pessoa controlasse as salamandras e os elementais do fogo era que a pessoa desenvolvesse em si a qualidade da placidez que é a qualidade da água.

Os signos de Câncer, Escorpião e Peixes simbolicamente já nascem mortos, o que quer dizer que eles estão mais do lado do astral, do sonho, do além, do *post-mortem* do que do mundo físico, eles têm dificuldade para encarnar, de se estabelecer no mundo físico, vivem mais no astral, no mundo do sonho ou na imaginação.

Então, os signos de água que são Câncer, Escorpião e Peixes, representam o sonho e a meia-noite, assim como os signos de Áries, Leão e Sagitário representam o fogo e o meio-dia ou a vigília, quando a consciência está mais desperta. Na zona de transição o ar representa a aurora e o despertar, e a terra representa o ocaso e o adormecer.

Novamente temos um ciclo que pode nos dar alguma informação sobre esses signos: Câncer, Escorpião e Peixes. São mais herméticos, às vezes um pouco mais desligados da matéria imediata e mais interessados nas emoções, enquanto que os signos de fogo estão mais interessados na ação, no ato de fazer as coisas, de enfrentar obstáculos, porque a sua qualidade fundamental é a coragem.

Portanto, para podermos dominar as sereias ou os elementais da água, dizia Paracelso que antes teríamos que desenvolver a virtude complementar, que é a coragem, a virtude do fogo.

Os antigos usavam símbolos para caracterizar como se podia dominar os elementos e as tempestades. Assim também Jesus caminhava sobre as águas, Jesus tinha a capacidade de não se afogar nas emoções humanas.

Ao contrário, nós vemos Narciso mergulhado nas águas, apaixonado por sua imagem refletida no espelho d'água da superfície, ele se lança e se afoga no fundo do tanque; por outro lado, como ele é um deus e não pode simplesmente estar totalmente morto, ele é transformado na semente do Narciso ou do Lótus, dependendo de se tratar da tradição grega, ou egípcia e hindu. Assim, ele ressurge do fundo da terra que é o fundo do tanque, como a planta do Narciso que cresce e atravessa a água, para desabrochar no ar ou atmosfera, sobre o lago, em direção ao fogo que é justamente o Sol e sua luz, o símbolo da origem do fogo.

Aqui a senda do eterno retorno dos quatro elementos, a ideia da ciclicidade, uma senda de queda na Natureza e outra de retorno ou ascensão espiritual. Assim, também aí é vista a ideia de um ciclo e toda essa teoria da periodicidade converge assim na Astrologia antiga para a visão da reencarnação, seja como os Egípcios no retorno do novo dia, como a eles atribuíam a frase: "A esperança de um novo dia torna belo o entardecer", ou como proferiam os gregos no retorno de uma nova primavera depois do inverno. Por analogia, se nós formos apenas comparar o ciclo da árvore, por exemplo, ela floresce na primavera, então os signos de ar são aqueles mais predispostos a viver os ideais do pensamento, como a juventude, às vezes se contentam só com o ideal, nem sempre concretizam, nem sempre se concentram para atingir o objetivo.

Depois vem o verão quando a árvore produz o fruto. São os signos de fogo, caracterizando a necessidade de chegar logo e objetivamente ao resultado. Pode-se dizer que são como que mais inflamáveis, mais coléricos, mais quentes e apaixonados por atingir seus objetivos. Diz-se que eles esquentam a cabeça que nem palito de fósforo, então a meditação para eles é a da água, perguntando: que diferença isso fará daqui a cem anos? Tal pergunta nos leva a refletir sobre a perspectiva do *post-mortem*, discernindo sobre a distinção entre o que é duradouro e o que é transitório, portanto, talvez algumas coisas sejam importantes no *post-mortem*, outras talvez não. Certas coisas, às vezes, não fazem diferença depois de quinze minutos, que dirá depois de cem anos!

Nós temos aqui neste diagrama do ciclo dos quatro elementos uma visão de perspectiva, isto é uma *imago mundi*, é um mandala, é uma imagem das proporções das fases da vida. E, portanto, quando olhamos uma imagem da exata proporção da vida, cada coisa assume sua perspectiva no local adequado, na proporção certa, e disso emana uma sabedoria e um equilíbrio no estado do espírito. O objetivo era chegar ao olho no centro, o olho de Dagma na tradição tibetana, o "olho que tudo vê", segundo a tradição da Maçonaria derivado do olho de Rá na tradição egípcia. Ele é chamado de olho de Shiva na tradição hindu, a Testemunha na filosofia Vedanta, símbolo do espírito, ele não é nem criança, nem velho, nem vivo, nem morto, ele está além do tempo.

Depois de todo o calor do verão, surge o outono, exatamente aquele problema da velhice chegando, da limitação da energia, nós vamos desenvolver uma mente menos dispersiva e mais concentrada. Surge com um sentido de economia, porque a pessoa sente que o fim está relativamente próximo e que agora é a hora de economizar porque já não existe muito vigor para começar tudo de novo. Assim, é mais fácil compreender que Touro, Virgem e Capricórnio têm essa tendência de querer, de certa forma proteger mais, acumular no armazém ou na despensa para o período do inverno que está chegando, buscando fazer um planejamento e não desperdiçar.

Finalmente chega o inverno, representado pelos signos de Câncer, Escorpião e Peixes que são mais emocionais e dramáticos, já se consideram mortos e o resto que vier é lucro. Eles já vivem no mundo dos sonhos, no astral, porque o mundo da realidade é muito pesado para ser suportado por eles. Esses signos de água não têm a mesma praticidade, já são mais emotivos e portanto de alguma maneira mais sensíveis, mais artísticos, filosóficos ou românticos.

Essas ideias todas caracterizam que a árvore, depois de ter florescido na primavera, a partir daquelas flores assim já fecundadas, tem frutos no verão. Depois caem os frutos e as folhas no outono e se vive do que se acumulou, e finalmente no inverno, quando a árvore não tem mais folhas, pergunta-se: Ela está morta? E, no entanto, nós vamos ver que quando surge a primavera seguinte, surgem novos brotos. Portanto a vida estava ainda concentrada no caule, e principalmente na raiz durante todo o inverno, recebendo apenas a água por baixo da terra, e reprocessando o amido acumulado, transformando-o com a água em nova seiva para nutrir as novas flores e folhas da primavera seguinte.

Daí provém a ideia dos antigos que assim associava o símbolo da reencarnação com a nova primavera que surge depois do longo inverno. Assim também a criança pequena se surpreende quando surgem os novos brotos verdes da primavera, surge uma nova vida de uma árvore que já parecia morta. Ela estava apenas, como é próprio da água, recolhida na interioridade da sua emoção, ou no plano astral, digerindo aquilo que foi acumulado como experiência nas estações anteriores.

Assim, por exemplo, o Escorpião, que é um signo fixo da água, representa exatamente a questão da morte e do processamento purgatorial pelo animal escorpião e assimilação celestial pela fênix que renasce das cinzas, como já vimos. Os signos d'água são signos assim, digestivos, e estão representando a assimilação desses nutrientes que a experiência da vida nos traz.

Então essa tradição milenar da Astrologia nos fala de que a cada vida, em cada reencarnação, vamos nascer num signo com um determinado Mapa Astral, correspondendo exatamente ao chamado da Parca do passado, a Virgem Láquesis como descreve Platão em *A República*: "Essa é a palavra da virgem Láquesis, filha da Necessidade. Almas efêmeras, eis que começa para vós *um novo ciclo de vida mortal.* Não é o fado que vos escolhe, e sim vós que escolheis o vosso fado. Que o primeiro indicado pelo sorteio seja o primeiro a eleger o seu gênero de vida, ao qual ficará inexoravelmente unido. A virtude é livre; cada um participará mais ou menos dela conforme a estima ou o menosprezo em que a tiver. A responsabilidade é de quem escolhe: Deus está inocente nisso."[3].

A virgem Láquesis representa o passado, ou seja, que nós fazemos inconscientemente a nossa escolha pela Lei do *karma* ou no passado, gerando as consequências que aparecerão no Mapa Astral na vida seguinte, e portanto nós lembramos também do que dizia São Paulo: "Não vos enganeis porque de Deus não se zomba, tudo que o homem semear, isso também ele colherá."

Então, pela maneira que os Astros se apresentam no instante do nascimento, nós podemos ter uma noção do tipo de destino básico ou *karma* maduro que aquela vida terá, correlacionando Astrologia, *karma* e livre-arbítrio. Assim, pela escolha que nós fizemos no passado dessas tendências de temperamento derivam os nossos destinos. Porém, nós podemos pelo autoconhecimento, pelo conhecimento dessas tendências, aprimorar a nossa Natureza, minimizar o nosso sofrimento, e tornar a nossa vida assim mais plena, mais radiante, mais amorosa e útil a todos ao nosso redor, pela irradiação da nossa plenitude e alegria.

Referências bibliográficas

1) BLAVATSKY, H. P. A Doutrina Secreta. São Paulo, Pensamento, 1980. v. 1, p. 84.
2) TRÊS Iniciados. Cabalion. São Paulo, Pensamento, 1994. p. 26.
3) PLATÃO. Diálogos; A República. Rio de Janeiro, Ed. Tecnoprint, s.d. p. 388. [617]
4) BÍBLIA de Jerusalém, A. São Paulo, Paulus, 1995. p. 2195. (Gálatas, VI. 7)

Capítulo 10

Quatro Elementos e Três Qualidades

Consideremos agora o tema da ciclicidade, que é também a ideia da evolução, e de como os 4 elementos também chamados de triplicidades e as qualidades também chamadas gunas, quadruplicidades ou cruzes vão formar o Zodíaco. Sabemos que o ciclo das quatro estações do ano pode ser correlacionado com os signos do Zodíaco através dos quatro elementos.

Os signos de ar são considerados úmidos e quentes. Então, o elemento ar que é caracterizado pelos signos de Gêmeos, Libra e Aquário tem uma tendência mais jovial, o úmido representa o que é flexível e o quente o que é expansivo.

Verificamos que o fogo é também expansivo, ou seja, extrovertido, mas também seco e, portanto, não se dobra, é mais rígido, ele quer dobrar o mundo à sua vontade, se impor ao mundo ao invés de receber dele a sua influência. Desta forma, os signos de Áries, Leão e Sagitário têm fama de ser mais mandões, autossuficientes ou exagerados na sua autoafirmação.

Depois nós temos os signos de Touro, Virgem e Capricórnio representando a terra, que correspondem à estação do outono, a água correspondia ao inverno, o ar correspondia à primavera, e o verão ao fogo. Assim, a terra correspondia ao outono que seria uma estação seca e fria, o que quer dizer que permanece aquela tendência de se afirmar perante o mundo, de dobrar as circunstâncias perante a sua própria vontade, mas por outro lado, o frio já tem as emoções mais para dentro, mais introspectivas, por isso os antigos relacionavam a terra ao temperamento melancólico, enquanto o ar seria o sanguíneo e o fogo o colérico.

E na sequência temos o temperamento fleugmático que corresponderia à água, porque apesar de ter as emoções intensas, introspectivas ou frias, no sentido astrológico de ser voltadas para dentro de si, é o contrário do expansivo que é o quente. Acrescenta-se que a água tem ainda o temperamento úmido, ou seja, que tenta se adaptar. A água tem um certo efeito esponja, ela assimila demais as tendências do ambiente, psiquicamente ela tem pouca defesa. Por isso, por exemplo, o Peixes tende ao isolamento, o Escorpião tende a querer se vingar, e o Câncer se encaramuja dentro de casa e com a família, daí o símbolo do caranguejo que carrega a casca e a casa consigo, são temperamentos um pouco mais defensivos e hipersensíveis, são os signos que correspondem ao temperamento fleugmático dos antigos.

Porém, se nós formos verificar estas características, elas são ligeiramente diferentes de um signo para o outro, por isso vale a pena aprofundar um pouco mais a ideia da evolução no tempo desse signo. Lembrando-nos da característica dos Apóstolos na *Última Ceia* de Leonardo da Vinci, veremos que em cada um dos quatro grupos de três apóstolos, cada grupo representa uma das estações do ano, sempre da direita para a esquerda, o primeiro está numa posição inicial, depois o segundo está no meio e o terceiro apóstolo já está no fim da estação.

Então, na primeira estação como aqui está representada a primavera, por Áries(1), Touro(2) e Gêmeos(3), representados por Simão, Judas Tadeu e Mateus, respectivamente. Depois nós temos o verão representado por Câncer(4), Leão(5) e Virgem(6), representados, respectivamente, por Felipe, Tiago Menor e São Tomé.

Podemos ver nitidamente que eles estão agrupados em grupos de três, na verdade, quatro grupos de três, representando as quatro estações do ano perfazendo então, os doze signos, e sempre contando da direita para a esquerda um deles é inicial, outro é de meio e outro já é final. Observamos, na sequência, que o outono é representado por Libra (7), Escorpião (8) e Sagitário (9), no Hemisfério Norte, que é o Hemisfério de onde vem essa simbologia, que é da tradição

Qualidades (*Gunas*) Quadriplicidades Cruzes / Elementos Triplicidades	*Rajas* Cardinais	*Tamas* Fixos	*Sattwa* Mutáveis
Fogo 🜂	♈ (01)	♌ (05)	♐ (09)
Ar 🜁	♎ (07)	♒ (11)	♊ (03)
Água 🜄	♋ (04)	♏ (08)	♓ (12)
Terra 🜃	♑ (10)	♉ (02)	♍ (06)

greco-romana e utilizada na Astrologia ocidental, trazendo-nos justamente o signo de Libra, representado por João, o signo de Escorpião representado por Judas Iscariotes, e por Pedro representando Sagitário. Logo depois a última estação seria o inverno, representado por André (10), Tiago Maior (11) e Bartolomeu (12), respectivamente.

Ao fazer o cruzamento, é importante lembrar que os do início da estação [(1),(4),(7),(10)] são chamados de signos Cardinais, e estão relacionados com aquelas linhas de Solstício [(4),(10)] e Equinócio [(1),(7)] que são justamente os momentos em que nós temos o início das chamadas estações do ano.

No diagrama de Copérnico, nós encontramos os dois Equinócios, em que a sombra é igualmente distribuída no Hemisfério Norte e no Sul, o que quer dizer que as duas sombras da noite e do dia são iguais nestes dias do ano, a saber 21 de março e 23 de setembro, então, os signos que correspondem a estas posições, em 21 de março, Áries (1), e, em 23 de setembro, Libra (7).

Por outro lado, nos Solstícios de 21 de junho e 21 de dezembro, encontram-se as situações extremas que gerarão verão num hemisfério e inverno no outro, justamente porque a quantidade de luz num hemisfério e no outro é mais acentuadamente diferente neste período do ano.

Assim, também em 21 de junho, quando o Sol está projetado no Trópico de Câncer, começa o signo de Câncer (4); e em 21 de dezembro, quando o Sol está projetado no Trópico de Capricórnio, começa o início do signo de Capricórnio (10).

Portanto, esses quatro signos são chamados de signos Cardinais, como se eles correspondessem a essas quatro direções cardeais básicas da bússola, só que no caso dos signos cardinais nós estamos comparando com as direções no céu. Tendo os quatro Cardinais, eles vão corresponder um ao fogo, no caso Áries (1), outro ao ar, no caso Libra (7); outro à água, no caso Câncer (4) e outro à terra, no caso Capricórnio(10).

Esses signos cardinais [(1),(4),(7),(10)] têm a qualidade da atividade ou movimento (*rajas*, em sânscrito) e são de início de estação, por isso querem produzir ação ou iniciativa que exteriorize o ideal do seu elemento, é o nascimento de uma nova característica, o início de um novo clima

Por outro lado, os signos de meio de estação, que são os signos fixos [(2),(5),(8),(11)] têm a qualidade da estabilidade ou inércia (*tamas*), e correspondem às características mais estáveis dos quatro elementos, que estão representados na esfinge de Gizé que tem corpo de Touro(2), patas de Leão(5), asas de Águia(8) e rosto humano(11). Já mencionamos isso anteriomente quando citamos o eixo de Touro(2) e Escorpião(8) e também o eixo de Leão(5) e Aquário(11). Aquário(11) é representado sempre pelo rosto humano, pelo rosto de Ganímedes trazendo a ânfora, enquanto que o Escorpião(8) é às vezes representado por uma Águia, particularmente entre os egípcios; ou também pela Fênix que ressurge das cinzas, particularmente entre os gregos. O animal escorpião propriamente é o lado da morte e a Fênix é a ressurreição, a Águia também é o animal que uma vez voando olha mais do alto e é capaz de mirar por mais tempo diretamente o Sol, então é o símbolo da ressurreição ou libertação do espírito que ocorre após a morte.

Escorpião, portanto, é um signo relacionado tanto à morte quanto à posterior ressurreição. E, assim, na *Última Ceia* de Da Vinci ele está relacionado tanto a Judas Iscariotes, que morre, se suicidando, na tradição bíblica, como também a Paulo, que de alguma forma é uma transmutação de Saulo. Ele corresponde, assim, à Fênix que tem um novo nascimento ao ver o Cristo na estrada para Damasco, e esta transmutação o faz ver o espírito do Cristo sem ter visto Jesus na carne, compreendendo diretamente a essência. Contrastantemente, temos o outro lado de Escorpião, que corresponderia a Judas Iscariotes, que conviveu com Cristo na forma de Jesus na carne, mas não viu o Cristo em seu espírito e portanto não o compreendeu, cometendo uma série de erros que nós bem conhecemos nesta tradição.

Temos assim o conceito de que os signos fixos são talvez mais persistentes, mais estabilizados, mais perseverantes e tendem a manter suas atividades estabelecidas. Os signos de Leão, Aquário, Escorpião e Touro, por sua vez, representam aqueles elementos de fogo, ar, água e terra, respectivamente, no meio das estações e, portanto, os chamados signos fixos buscam manter ou estabilizar o ideal do seu elemento.

Por último, os signos mutáveis [(3),(6),(9),(12)] têm a qualidade da adaptabilidade ou ritmo (*sattwa*, em sânscrito) e conseguem adaptar-se à mudança das circunstâncias. São inquietos e tentam harmonizar a atividade com a estabilidade. Signos de final de estação, são chamados de signos mutáveis ou comuns, porque eles já estão mudando para a estação seguinte, e são o Sagitário(9) representando o fogo; Gêmeos(3) representando o ar; Peixes(12) representando a água; e Virgem(6) representando a terra.

Vamos tentar compreender o que são os cardinais fixos e mutáveis, que os indianos, por sua vez na filosofia *Samkhya* preferem chamar de *rajásicos*, *tamásicos* e *sátwicos*. Eles dividem a matéria em três qualidades ou *gunas*, a saber: *rajas*, que é a tendência da ambição e do desejo, *tamas* que é o impulso à inércia de manter as coisas como estão e *sattwa* que é o equilíbrio rítmico entre os dois anteriores, e portanto, tem a ver com uma adaptação inteligente às circunstâncias.

Ao fazer o cruzamento das quadruplicidades com as triplicidades, obviamente teremos os doze signos do Zodíaco, pois três vezes quatro resulta em doze. Assim, os antigos nos apresentavam os ângulos fundamentais ou aspectos, porque, como veremos no capítulo os Aspectos e o Zodíaco, toda vez que os planetas se alinham em forma de triângulo equilátero no céu, e portanto, eles estão em signos do mesmo elemento ou triplicidade, nós sabemos que o ângulo é positivo, ou favorável, ou como é também chamado, fluente.

Por outro lado, quando os planetas se alinham em quadratura ou em oposição, temos justamente a situação das qualidades, quadruplicidades ou cruzes, portanto, os elementos se apresentarão neste momento em choque, em antagonismo, são ângulos desafiadores e são chamados negativos na tradição antiga, exigindo um trabalho de superação. Eles representam um desafio ou um obstáculo a ser superado, do ponto de vista *kármico*.

A partir do enquadramento dos signos faremos a análise por elemento. Iniciaremos com a terra que é o mais fácil, sob o ponto de vista de ser mais concreta e objetiva na sua busca de resultado. A terra está sempre preocupada com a segurança no plano concreto, ela correspondia ao outono e à velhice e, portanto, ela tenta se precaver da falta dos confortos, já porque o corpo na velhice sente mais dores e também precisa de segurança, de estabilidade por não ser mais tão capaz de produzir na velhice, como foi antes na juventude e na maturidade.

Então, temos simbolizado pela ação o signo de Capricórnio(10), pela estabilidade o signo de Touro(2) e pela adaptação ou colheita do resultado, o de Virgem(6). Por conseguinte, verificaremos nesta sequência que o signo de Capricórnio representará na relação com a terra aquele que semeia, o semeador, ou o período da semeadura, que é o primeiro estágio (*rajas*). O segundo estágio (*tamas*) corresponde ao signo de Touro, que representa, na atividade agrícola, o período da espera, que nós chamamos de germinação. O terceiro estágio (sattwa) corresponderá a Virgem, e é o período da colheita. Depois da ação da semeadura, quando muito nós vamos regar com água e proteger a plantação, mas é a Natureza que agora tem de fazer o seu trabalho. O homem já fez a sua parte que foi preparar a terra, adubá-la e colocar a semente. De certa forma os signos fixos são mais passivos, no sentido de que correspondem ao período de espera, um período de germinação, como a mulher tem que esperar nove meses, depois de uma pequena atividade masculina. Há uma longa espera feminina, e o resultado depois é a colheita, a frutificação, que correspondem aos signos *sátwicos* ou mutáveis, representados aqui por Virgem que caracteriza o período da colheita, em que se separa o joio do trigo, se separa o nutriente do excedente, e nós temos assim completado um certo ciclo da vida.

Essa é a característica dos signos de terra, todos são muito perseverantes, muito constantes e lutadores em busca de resultados concretos, mas o mais capaz de tomar a iniciativa seria o signo de Capricórnio que é cardinal, ele é mais calculista, planejador e já começa a ação para atingir o objetivo. Segue o signo de Touro, que de certa forma é o mais teimoso de todos os signos do Zodíaco, ou se quiserem pelo lado positivo, o signo mais perseverante, mais constante, porque além de ser de terra ele é fixo. Nada é mais engastado na terra, portanto, do que o signo de Touro que não gosta de mudança.

A situação mais inversa disso está em Gêmeos, onde encontramos um signo de ar e mutável, completamente fluídico. Portanto, saber com antecedência o que o signo de Gêmeos irá fazer é muito difícil, porque nem ele sabe, ele mesmo tem dúvidas, pois tem muitas alternativas, sentindo-se livre para voar em todas as direções.

A partir do conhecimento das quadruplicidades e dos elementos, teremos a capacidade de distinguir claramente qual é a especificidade de cada um dos doze signos do Zodíaco. Por exemplo, vamos observar os signos de terra: Capricórnio, o semeador, que é o mais ativo. Depois o Touro, que é o mais passivo, que sabe esperar, e é o mais perseverante, que mantém posição, que cuida, que protege a vida, que evita que qualquer coisa acidental aconteça, por isso ele não gosta de mudança e não quer correr perigo. Touro protege, como uma mãe grávida de nove meses, toma todos os cuidados, porque trará uma vida ao mundo.

Por último encontramos o signo de Virgem que representa a colheita. Primeiro surge o grão do plantio, que é semeado no período do Capricórnio, germinado no Touro, para ser colhido em Virgem. O signo de Virgem representa a atitude classificadora que discrimina, que separa o grão ruim do bom, ou vai separar o joio do trigo, tendo aí um elemento de discernimento. Verificaremos que esses signos do Zodíaco já têm o lado perfeccionista e analítico. O signo de Virgem, por exemplo, buscará resultados mais concretos. Ele combina a atividade de colher com a mais passiva de escolher, pois separar exige atenção mas é menos braçal.

Assim, os signos *sátwicos* combinam o ritmo, tanto a atividade quanto o elemento mais passivo, contemplativo da germinação, a estabilidade. Com esse entendimento, compreenderemos melhor agora a especificidade dos signos de água, dos quais Câncer é o que mais tenta realizar externamente o ideal da água. Se o ideal da terra é a busca de segurança no plano material, o ideal da água é a busca de segurança no plano emocional, porque supostamente depois da morte, no plano astral, já se perdeu o corpo, e o que sobra, justamente, é o estado emocional. Então, os signos de água buscam a segurança das emoções, e isso na forma de ação está mais exteriorizado na família, motivo da fixação do caranguejo ou Câncer, que é um signo cardinal, em tomar a iniciativa de criar uma família estável e se dedicar aos filhos, aos pais, a toda essa inter-relação familiar.

Já sabemos que o signo de Câncer rege o estômago e as glândulas mamárias, assim o estômago, muito próximo ainda do próprio umbigo, substitui mais tarde aquilo que pelo umbigo vinha, que era o nutriente da mãe; agora a mãe oferece o seio e a criança ao mamar leva ao estômago o nutriente que antes chegava pronto pelo cordão umbilical e agora terá de ser primeiro digerido no estômago. Dessa forma, o signo de Câncer representa a maternidade e todo esse elemento de ação e de proteção da família.

O próximo signo de água é o Escorpião, que é um signo fixo, de emoções fixas, por isso ele tem a fama de vingativo, porque não quer que as emoções mudem, e qualquer fonte de contrariedade ou perturbação emocional trará uma reação igualmente proporcional.

Assim como se fala de ideia fixa em psicologia, que seria mais o caso do Aquário, porque as ideias são representadas pelo elemento ar, nós sabemos que a emoção fixa quando contrariada é obsessiva, vingativa, correspondendo ao lado sombrio do signo de Escorpião que tem aquela emoção concentrada em atingir o objetivo, sendo para ele uma questão de tudo ou nada, de vida ou morte, vai ou racha, que caracteriza o seu lado destemido e determinado, mas também radical.

O último dos signos de água é Peixes. Ele é mais transcendentalista, tem menos defesa para este mundo, é um signo mutável. Peixes é o último signo do Zodíaco, é um símbolo de já estar se desligando desse mundo e partindo para o outro totalmente contemplativo e devocional, místico, caracterizando a capacidade de refletir o céu sobre a Terra através da superfície das águas. É um signo mais sonhador que busca a colheita das emoções sublimadas na transcendência espiritual.

Depois temos o elemento ar, onde Libra é um signo cardinal que busca expressar os ideais da justiça, da beleza, da harmonia, seja nas atividades artísticas, ou no equilíbrio das leis. Ele busca exteriorizar o ideal da justiça nas relações humanas, procura se aprimorar na arte da diplomacia, etc., tentando evitar a guerra e chegar ao consenso e à paz.

O próximo signo de ar é o Aquário, que é um signo fixo. Ele não busca tanto a arte externa , mas ele quer que o mundo se dobre à sua argumentação, provalvelmente, entre os signos de ar, ele é o menos mutável, e o mais teimoso. Ele é o signo que gosta de sustentar ideologias, é o signo do saber, e muitas vezes luta por suas ideias, mas depois pode mudá-las muito rapidamente, porque ele também é um signo de ar. Então, ele luta por uma nova ideia com a mesma intensidade que antes havia lutado pela anterior, e de alguma forma ele é o signo da fraternidade, da amizade, mas como todos os signos de ar, é às vezes um pouco distante. Pode ser também muito teórico, e na hora do toque mais direto, tende a fugir do envolvimento, preferindo a independência e a liberdade.

O signo de Gêmeos é o signo mutável de ar, e o que mais dúvidas tem. Pode ser dominado pela curiosidade, como duas criancinhas querendo conhecer o mundo, tal qual Castor e Pólux, livres para voar como o vento. É o signo mais imprevisível, não se sabe para onde vai, porque ele mesmo tem dúvidas e muitas vezes não consegue fazer uma coisa só e quer fazer duas ou mais ao mesmo tempo. Porém Gêmeos tem uma flexibilidade mental extraordinária, uma adaptação para o diálogo, para conhecer novas línguas, que é a sua grande virtude, que é a sua capacidade de se adaptar a qualquer circunstância: se tocar samba ele dança samba, se tocar rumba ele dança rumba, se tocar valsa ele também dança valsa. Na verdade ele é capaz de dançar duas músicas ao mesmo tempo, assobiar e chupar cana, isso é assunto do signo de Gêmeos.

Mas se nós formos observar os signos do elemento fogo e suas diferentes quadruplicidades, o Áries irá representar exatamente o primeiro signo do Zodíaco, é um signo de fogo e cardinal, ele vem para decidir, para se impor sobre o ambiente, para nascer, para conquistar o seu espaço e sua autoafirmação. Ele é representado pela cabeça, que é a primeira parte do corpo que nasce, ele abre caminhos pelo canal vaginal para chegar à luz do outro lado, e se não conseguir chegar ele pode morrer; se vier a morrer dentro da mãe, morre a mãe também, pelo menos esta é uma visão antiga, antes da tecnologia da medicina moderna da cesariana, etc. E todo esse simbolismo está associado a alguém que vai direto à ação e que é impulsivo, talvez não haja no Zodíaco uma combinação mais impulsiva do que o signo de Áries, que é, portanto, de fogo e cardinal.

Posteriormente temos o Leão, que é um signo de fogo, mas fixo, e, portanto, ele já não vai tanto à ação, mas manda os outros irem. O Áries é mais do tipo que afirma "quem for brasileiro que me siga", e os outros vão atrás, se quiserem ou não. Também não atravessem na frente dele, porque ele pode atropelar em sua impulsividade. O Leão é mais comandante, ele senta no trono e indica quem deve fazer o que, ele bota ordem na casa, ele dá um urro e bota cada macaco no seu galho. O signo de Leão estabelece limite nas coisas e impõe disciplina. É também muito presente, com o seu calor humano ele protege as pessoas, por isso representa a função paternal, e sendo regido pelo Sol, ele cuida de tudo e de todos. Às vezes é um pouco interferente porque ele quer dirigir todas as coisas de acordo com a sua vontade, de acordo com as suas normas, por isso pode ser um pouco rígido e teimoso. Aliás, os signos fixos são às vezes os mais intransigentes.

Depois temos Sagitário, um signo mutável de fogo, que já é mais filosófico. Se o signo de Áries é mais impulsivo e o signo de Leão é mais comandante e reinante, o signo de Sagitário é portanto mutável, ele é uma mistura do Áries com o Leão. Ele tem a impulsividade do Áries, é rápido como a flecha para chegar direto ao assunto, por isso é representado por uma flecha. *Sagitta*, em latim, quer dizer a flecha, *sagittarius*, o arqueiro. Por outro lado, ele também tem o lado contemplativo ou reflexivo típico dos signos mutáveis e manifesta aquele traço filosófico com entusiasmo, espiritualidade ou fé.

Quando entendermos melhor como se aplica o úmido e o seco, o quente e o frio, veremos que aquele centro em torno do qual tudo converge, e que na *Última Ceia* de Leonardo da Vinci é justamente o ponto equilibrante do quadro, é o Cristo, que na verdade, ele não é nem quente, nem frio, nem úmido, nem seco, ele é o equilíbrio perfeito e imparcial entre todas essas tendências.

Essa é a ideia que a Sra. Blavatsky tinha da Divindade: "um princípio Onipresente, eterno, sem limites e imutável, sobre o qual toda a especulação é impossível, porque transcende o poder da concepção humana e porque toda expressão ou comparação da mente humana não poderia senão diminuí-lo. Está além do horizonte e do alcance do pensamento, ou, segundo as palavras do *Mandukya Upanishad*, é 'inconcebível e inefável'."[1] Este conceito de Deus encontra-se na primeira proposição do Proêmio de *A Doutrina Secreta*, de autoria de Helena Petrovana Blavatsky.

Podemos também citar as seguintes palavras de Einstein: "Eu creio em Deus (...) que se revela na harmonia ordenada do Universo, eu creio que a inteligência está manifestada em toda a Natureza. A base do trabalho científico é a convicção de que o mundo é uma entidade ordenada e compreensível e não uma coisa ao acaso."[2] Que estes conceitos sobre a Divindade possam auxiliar na reflexão de como o Todo se manifesta, em cada uma das partes do Zodíaco, formando assim o símbolo que chamamos de Homem Celeste. É exatamente essa unidade das partes formando um todo, simbolizando a harmonia do organismo perfeito, que é a obra da Divindade manifesta em toda a Natureza.

Referências bibliográficas

1) BLAVATSKY, H. P. A Doutrina Secreta. São Paulo, Pensamento, 1980. v. 1, p. 81.
2) HODSON, Geoffrey. O Reino dos Deuses. Porto Alegre, FEEU, 1967. p. 16.

Capítulo 11

O Signo Ascendente

O signo Ascendente, como a palavra sugere, está subindo ou nascendo no Horizonte Oriental ou Leste no instante do nascimento. Na verdade nós poderíamos considerar a imagem da Terra com uma linha horizontal, que seria tangente à superfície da Terra, e que aponta para algum signo do Zodíaco na medida em que a Terra vai girando no seu movimento de rotação, em torno do seu próprio eixo. O que quer dizer que em 24 horas teremos passado pelo Zodíaco inteiro, que a Terra terá dado uma volta completa e, portanto, os doze signos terão ascendido no Horizonte Oriental.

Se olharmos isso no globo, teremos aqui em Brasília, por exemplo, – quando o globo está girando naquele sentido para o Oriente – a sensação de que o céu está subindo, porque a Terra gira de Oeste para Leste e por isso nós temos uma sensação de que o céu sobe de Leste para Oeste.

O signo Ascendente é aquele que se encontra no Horizonte Oriental no instante do nascimento e se em 24 horas a linha do Horizonte será cruzada por todos os 12 signos do Zodíaco, então cada signo Ascendente permanece no horizonte aproximadamente 2 horas em média. Este seria o valor médio quando dividimos 24 por 12, embora surjam algumas pequenas deformações, quanto mais longe nós nos encontrarmos do Equador, que terão de ser consideradas eventualmente. De modo que essa é uma visão aproximada, nós não sabemos se ela ficará um pouco maior ou um pouco menor para cada signo, dependendo de cada caso.

O importante é lembrar que, segundo Plutarco, o Sol dá aos homens a razão, a Lua as paixões e a Terra o corpo. Então, nós teríamos uma maneira de pensar segundo as tendências das características do signo solar, que é o mais conhecido popularmente como signo do mês em que nós nascemos. O signo solar é o único que costuma ser usado na coluna de Horóscopo dos jornais, porque não exige cálculo personalizado para determinar a sua posição mensal. Por isso Dona Emy sugeria que tal coluna fosse chamada de "Mesócopo".

A posição da Lua, que já exige um cálculo personalizado, vai determinar a tendência de nossa maneira de sentir e chama-se popularmente de signo do dia em que nós nascemos. Na verdade, a Lua dá uma volta no Zodíaco em 27, 32 dias, período conhecido como mês sideral, ficando aproximadamente dois dias e um quarto em cada signo. Dessa forma, já não é exatamente o signo do dia, mas, em média, de dois dias e um quarto. Não se deve, porém, confundir o mês sideral com Lunação ou mês sinódico de 29, 53 dias; a Lunação está relacionada às fases da Lua, e envolvendo também a relação da Terra com o Sol, e abrange o período entre duas Luas Novas.

Além disso, há o giro da Linha do Horizonte que é a projeção da Terra no céu, e que determina o signo Ascendente que seria a nossa característica física, o nosso corpo físico. Quando Leonardo da Vinci, na *Última Ceia* pintou os doze Apóstolos, simbolizando os doze signos, estava retratando a tendência característica da expressão do rosto dos doze signos Ascendentes, ou seja, dos doze tipos físicos pela hora do nosso nascimento.

O signo Ascendente é muitas vezes chamado o signo da hora do nascimento, embora, na verdade, cada signo Ascendente dure aproximadamente duas horas no Horizonte Leste. Daí vem a palavra Horóscopo, do grego *scopein*, que significa observar. Horóscopo é a observação da hora, e para confeccionar o Horóscopo ou Mapa Astral Natal precisamos saber a hora do nascimento.

Tendo em vista que a palavra Horóscopo tem sido muito desgastada desde 1930, quando, com a queda da bolsa de valores, inventaram nos Estados Unidos uma coluna de jornal para divertir e compensar a frustração geral, que se chamava Horóscopo e dava características do que iria acontecer com cada signo para aquele dia, o que na verdade deveria se chamar "Mesóscopo" porque só leva em consideração o mês que a pessoa nasceu, e cria uma situação muito difícil, se nós pararmos para pensar. Se ali disser que Áries vai ganhar na loteria, então todas as pessoas do signo de Áries deveriam ganhar na loteria ao mesmo tempo, e o prêmio ficaria muito pequeno, pois aproximadamente 1/12 da população deveria ser vencedora.

Devido ao costume já estabelecido, nem sempre é fácil demonstrar para o público leigo que a Astrologia não é somente aquela coluna de jornal, mas que o horóscopo é a observação da hora do nascimento, fato que raramente aquelas colunas de jornal sequer tomam em consideração. Na verdade não seria possível, no jornal tradicional, pois cada pessoa teria que fazer o cálculo personalizado do seu signo Ascendente. Para ter-se uma ideia, de 6 até as 8 da manhã, aproximadamente, teremos o signo do mês coincidindo com o signo da hora, porque o Sol também encontrar-se-á aproximadamente na Linha do Horizonte Oriental.

Vamos, por exemplo, observar como seria a característica do Ascendente em Áries, lembrando sempre que Áries rege a cabeça, e sua tendência é ser mais individualista e impulsivo. Nós podemos verificar que o Áries, representado por Simão (1) na *Última Ceia*, tem a testa muito larga, as têmporas e as mandíbulas salientes ou demarcadas, o queixo algo pontudo e forte.

As têmporas simbolizando inclusive os próprios chifres enroscados do carneiro, que servem meramente como reforço da caixa craniana; portanto, a característica física do signo Ascendente de Áries dá um tipo forte e geralmente impulsivo, há uma tendência de espírito mais aventureiro, empreendedor, abre-caminhos, corajoso, direto e por isso mesmo, às vezes, com muita energia ou uma certa tendência à impaciência. Ele é geralmente individualista, sendo regido por Marte, o deus da guerra e da conquista. Não é incomum que as pessoas com Ascendente em Áries tenham uma pequena cicatriz na testa, pois frequentemente podem vir a bater a cabeça, região em que essa energia se somatiza nesse signo.

Às vezes reflete o efeito negativo sobre o signo Descendente que é exatamente o oposto do Ascendente, se o Ascendente se encontra no Horizonte Oriental, o Descendente se encontra no poente ou no Horizonte Ocidental enfim, como consequência, eventualmente, pode surgir algum problema nos rins, como pode também afetar a cabeça.

No signo Ascendente de Touro, que rege a garganta, em geral há uma tendência a acumular mais a matéria no corpo. Temos aqui geralmente uma figura mais arredondada, há uma tendência a engordar. Vale lembrar também a figura da fisionomia de Judas Tadeu (2) pintada por Leonardo da Vinci, como se ele até estivesse tendo um ato de defesa. O signo Ascendente em Touro muitas vezes tem habilidade para cantar e justamente ele vai desenvolver essa aptidão, considerando-se o aspecto da beleza que está associado ao cantar. Ele costuma ter um temperamento prático e hábil. É perseverante em seus relacionamentos, dócil, bondoso, afetivo, fidedigno, mais calmo, e isso é justamente, o que a expressão do Ascendente está a caracterizar nesse caso.

Libra é o oposto, justamente, de Áries. Libra rege mais a parte do relacionamento diplomático, da harmonia e das condições de vida agradáveis, apresentando geralmente uma bela expressão do rosto, como se pode ver em João (7) na *Última Ceia*. Assim também veremos em Touro uma outra compensação, considerando que o signo de Libra é regido por Vênus, o planeta do amor e da beleza, que é o regente do Ascendente em Libra, nele teremos uma expressão bastante doce, meiga, diplomática e bela.

O Ascendente oposto de Touro é Escorpião. Escorpião já gosta mais de viver perigosamente, tem emoções e sentimentos poderosos, altamente imaginativo e determinado na consecução dos seus objetivos. O Ascendente em Escorpião, como também é regido por Marte, apresenta sobrancelhas um pouco mais espessas e um olhar um pouco mais fechado, como se pode ver no mural em Judas Iscariotes (8). Nesse sentido, como Escorpião rege os órgãos sexuais, é tradicional dizer que o Ascendente em Escorpião é mais passional, e às vezes, verificaremos também que o Ascendente em Touro pode repercutir pelo Descendente, o signo oposto pode ser o ponto fraco, ou vice-versa, frequentemente o Ascendente em Escorpião tem problemas na garganta.

Nós podemos ver isso também naquela correlação de que os adolescentes geralmente superam os problemas de amigdalites porque ultrapassaram aquela fase da infância, uma vez que as gônadas começam a entrar em atividade, o hormônio sexual então se faz presente, mas na infância geralmente a criança tem problemas de garganta porque o polo oposto que é, justamente, o das gônadas, ou das glândulas sexuais, ainda não entrou em plena atividade. Então, são formas pelas quais a Astrologia entende que pode haver uma somatização das energias no corpo. No Homem Celeste nós vemos exatamente essas áreas de correspondência.

Gêmeos, por exemplo, rege os braços, como está bem evidente na figura de Mateus (3) na *Última Ceia*. A expressão do Ascendente em Gêmeos, por ele ser um signo de ar, já é uma expressão mais leve, de traços mais finos, mais fluídicos. Gêmeos é muito comunicativo no Ascendente, às vezes proporciona dúvida em decidir o que fazer primeiro, começa as coisas e não termina. Esses são alguns problemas característicos do signo de Gêmeos, mas o ponto forte é a sua flexibilidade, adaptabilidade, versatilidade. Ele tem uma certa facilidade nas línguas, e é divertido na conversa. Sendo um signo de ar é também rápido em seus movimentos.

O signo oposto do signo de Gêmeos é o signo de Sagitário, que rege as coxas e os quadris, onde se encontra a faca de Pedro(9) no mural. Então ele já tem uma posição de mais força e determinação, sendo representado por um centauro. Veja-se que os quadris são a parte do corpo que nos torna bípedes, porque os animais quadrúpedes conseguem erguer-se tanto quanto na condição humana. Por isso se relaciona ao signo de Sagitário, uma vez que o centauro é metade humano metade cavalo, representando a ideia de evolução, porque é um animal que se tornou humano, por reverter-se o quadrúpede em bípede, e aponta sua flecha para o Divino, como Pedro (9) aponta o dedo para Cristo. *Sagitta*, em latim, quer dizer flecha. Desta forma, o Ascendente em Sagitário dá habilidade para a dança, porque rege os quadris e as coxas, local onde é necessário uma certa flexibilidade para que a pessoa tenha movimento de cintura e acompanhe o ritmo.

Então, este é o eixo de Gêmeos que rege os pulmões e os braços e o Sagitário que rege exatamente as coxas e os quadris. Nesse sentido, às vezes o Ascendente em Gêmeos pode ter problemas nos pulmões, particularmente também porque a respiração expressa o ritmo da sua emoção. Sagitário pode sofrer de ansiedade, porque é um dos signos mais apressados do Zodíaco, tal qual a flecha que deseja chegar direto ao alvo.

O Sagitário normalmente é jovial, otimista, de mente ampla e expressa isso no movimento. Frequentemente tem afinidade com os cavalos e os cachorros, e de um modo geral tem a tendência de viver de forma livre, exploratória, mas, às vezes, propensa a um certo exagero e uma certa pressa.

Chegamos agora no Ascendente em Câncer que rege o estômago. Vejam que pela tradição o ponto de somatização de Câncer é o estômago ou o oposto, Capricórnio, que rege os joelhos. Verificamos que o Ascendente em Câncer é regido pela Lua, sendo mais arredondado e mais maternal, veja-se a posição maternal que Felipe (4) assume na *Última Ceia*.

O Ascendente em Câncer rege também os seios, as glândulas mamárias, o estômago, o esôfago e originalmente o próprio umbigo, por onde vinha essa nutrição da mãe para o filho; mais tarde então passa a ser substituído pelos seios, que a mãe oferece quando a criança está mamando, ingerindo o leite pelo esôfago e pelo estômago. No entanto, não é incomum que as pessoas com Ascendente em Câncer tenham aflições, gastrites e problemas estomacais.

É uma forma, às vezes, de se ter certeza do horário de nascimento investigar se conferem as características do indivíduo com o signo Ascendente calculado, também chamado de signo nascente. Ele é assim chamado porque se desprende da Terra no mesmo instante em que o corpo da criança está se desprendendo do corpo da mãe, correspondendo, por analogia, ao corpo físico que é sua região de influência. Portanto ele está se desprendendo no Horizonte, ascendendo à

Terra ou nascendo, por analogia ao corpo da criança que nasce da mãe naquele mesmo instante.

Muitas pessoas pensam, às vezes, que esses pontos de somatização são arbitrários, mas na verdade as doenças, de um modo geral, não são casuais, mas seguem apenas certas leis da Natureza. O Ascendente em Capricórnio, por exemplo, rege os joelhos em particular e a pele e os ossos em geral. Os joelhos são necessários para subir, para escalar. Símbolo da ambição para conquistar uma posição, é representado pela cabra montesa que sobe a montanha passo a passo até atingir o pico. Podemos observar que Capricórnio é bem mais seco, é um signo de terra, mais austero, cumpridor do dever, é mais magro até na própria expressão do rosto, como a expressão de André (10) na *Última Ceia.*

Câncer já tem uma expressão mais gentil e simpática. Possui também uma imaginação poderosa e um forte instinto materno e paterno. Em Capricórnio teremos um Ascendente mais determinado em atingir seus objetivos, mais prudente, com um certo senso de seriedade, parecendo desde cedo ter mais idade do que as outras pessoas, porque é mais comportado e tem uma expressão de rosto mais séria.

Chegamos então ao signo de Leão. No Ascendente o signo de Leão dá uma expressão solar, muitas vezes os signos de fogo Áries, Leão e Sagitário, do sexo masculino, ficam carecas mais cedo porque, diz a tradição, o elemento fogo queima a raiz dos cabelos. Tiago Menor (5) representa, no mural, o Ascendente em Leão, também de testa ampla, de queixo bem posicionado e olhar bem firme, com uma expressão de comando, como se diz, de um rei.

Enquanto que o signo oposto ao signo de Leão é o signo de Aquário. Aquário já tem um jeito mais errático, criativo, mas também mais difícil de se enquadrar dentro de qualquer sistema disciplinar. Assim o Ascendente em Aquário, às vezes, tem dificuldade de alinhar o cabelo, de penteá-lo, porque o cabelo é mais rebelde, como aliás, evidentemente, o próprio Ascendente em Aquário.

Por conseguinte, nós temos no Leão a ideia do rei que quer exigir disciplina, governo, mas que ao mesmo tempo irradia amor humano, calor de vida e alegria de viver. Possui também um temperamento generoso, magnânimo, entusiasmado, organizador, embora às vezes interferente e dado a uma certa encenação.

Enquanto que o signo de Aquário já tem uma tendência mais a servir, mais humanitária, independente, cordial; no entanto, ele é um pouco excêntrico, rebelde, obstinado nas suas ideias inventivas, tendo um espírito mais renovador ou reformista.

Nós podemos lembrar ainda que Leão rege o Coração e as costas, e Aquário rege as pernas, em particular, a canela, o tornozelo e as panturrilhas. Justamente o lugar que o bailarino desenvolve mais para saltar alto, significa que Aquário quer se desprender da Terra, quer se desprender da gravidade, quer ser livre para voar, pois é um signo de ar. E o coração é a parte que o Leão rege, e de certa forma também as costas, é o ponto onde nós exercemos talvez a irradiação da vida, mas também é o ponto em que pode haver uma certa sobrecarga se as emoções não fluírem adequadamente.

Podemos ver perfeitamente no mural de Leonardo da Vinci que o coração é o ponto de destaque em Tiago Menor (5). Em oposição, temos logo o Aquário, representado por Tiago Maior (11), já querendo quase se esconder no canto da mesa, com mais dificuldade para se enquadrar dentro da disciplina, da posição em que as pessoas estão sentadas.

Em seguida encontramos o Ascendente em Virgem, que é representado também por um signo de terra, que tem mania de limpeza e de pureza, expressão essa característica do rosto de Virgo. Temos também aqui uma necessidade de trabalho, de sentir-se útil. Virgem tem o discernimento prático, analítico, que quer aproveitar todos os minutos, exageradamente minucioso, preocupado com os detalhes, às vezes é um pouco intranquilo. O Ascendente em Virgem tem que aprender a "desligar-se" para dormir melhor, porque às vezes até perde o sono em função de algo que não está suficientemente limpo como ele gostaria, ou tem uma dobra no travesseiro ou no cobertor, que o encomoda, etc. Esse detalhismo pode atrapalhar um pouco o signo de Virgem, que é o mais perfeccionista do Zodíaco, mas costuma ter habilidade manual, especialmente com coisas pequenas. Nós podemos ver essa preocupação com detalhes na própria expressão de São

Tomé (6), olhando para o seu próprio dedo no mural da *Última Ceia*. Virgem rege os intestinos e o fígado, então essa área digestiva é um ponto que precisa de cuidado.

Em oposição a essa parte estão os pés do signo de Peixes, e podemos até dizer que essa mania de limpeza que Virgem possui está relacionada ao intestino, que separa o nutriente do excedente e quer logo se se livrar ou jogar no lixo o que está sobrando. Já o signo de Peixes rege os pés que, por analogia, se sacrificam, pois estando de pés descalços, os pés ficam sujos para que o resto permaneça limpo, nos remetendo à ideia de sacrifício. Então, a expressão do signo de Peixes já é mais mística, mais transcendente, e no Ascendente ela dá uma certa tendência à sonolência e um olhar mais difuso, que se concentra menos.

Na figura pintada por Leonardo da Vinci, Bartolomeu parece não estar olhando especificamente para ponto nenhum, mas tem os olhos grandes e uma tendência humilde, compassiva, simpática, emotiva, impressionável, intuitiva, adaptável e gentil. Para quem queira aprofundar as 144 combinações possíveis entre o signo Solar (do mês) e o signo Ascendente (da hora), eu recomendo o livro de Maria Eugênia de Castro, *O Livro dos Signos* (Editora Campus).

Então, essas são basicamente as doze posições possíveis, e aproximadamente a cada duas horas, por exemplo, das 6 da manhã até as 8 da manhã, normalmente o signo Ascendente coincide com o signo do mês ou signo solar. Evidentemente o oposto também é verdadeiro, das 6 da tarde até as 8 da noite, ou seja das dezoito às vinte horas, aproximadamente, o signo do Ascendente é aquele oposto ao signo solar ou do mês. Por exemplo, se a pessoa é de Áries, ou seja, tem o signo solar em Áries, nasceu às dezoito horas, terá provavelmente Ascendente em Libra, se nasceu às 20 horas, terá Ascendente em Escorpião; se nasceu às 22 horas, terá Ascendente em Sagitário, e assim por diante.

Como com o giro da Terra e do horizonte, se a pessoa nascer no mês seguinte, já terá o signo solar em Touro. Então, se ela nascer às 18 horas, aproximadamente, terá o Sol em Touro oposto ao Ascendente em Escorpião, e assim por diante. Dessa forma ocorre a mudança no signo que se ergue no Horizonte Oriental. Dizia Plutarco: "O Sol dá aos homens a razão, a Lua as paixões e a Terra o corpo". Então, esse seria o signo que pelo *karma*, pelo destino, por Nêmesis, nós vamos receber, caracterizando a vibração do nosso corpo físico, sendo assim um possível ponto de somatização.

No nosso livro *A Tradição-Sabedoria*, acrescentamos no capítulo V, que trata da Lei de Ação e Reação, uma entrevista do Doutor Luiz Chiozza, Psiquiatra, Professor de Psicologia, na Universidade de Salvador, em Buenos Aires, que dizia basicamente o seguinte: "Hoje em dia suspeita-se que todas as doenças têm ligações profundas com o lado emocional. Estudando o enfermo e a enfermidade chega-se à conclusão de que sempre o tipo de doença tem ligação com determinado caráter psicológico. Então, a emoção que beneficia o surgimento do infarto do miocárdio sempre será diferente do fator emocional que conduz ao câncer"[1]. Ou seja, essa tendência de temperamento do corpo, tende a produzir o ponto mais forte e o ponto mais fraco que seria o ponto de somatização do signo. "Não se adoece de tuberculose só por causa dos micróbios. Os micróbios atacaram esse enfermo porque um conjunto de fatores, entre os quais invariavelmente o fator emocional, favoreceram este ataque. Um familiar desse enfermo pode ter morrido na época que o micróbio o atacou, por exemplo"[2].

Vale lembrar que mesmo que tenhamos recebido um certo condicionante genético dos nossos pais, o fato é que temos uma predisposição por temperamento a sobrecarregar mais um órgão do que o outro. Por exemplo, o Leão sobrecarrega mais o coração, o signo de Câncer fecha mais o estômago, etc. Quando a pessoa se entristece, somatiza essa emoção reduzindo a atividade de seus pulmões, então os seus ápices pulmonares tendem a ficar menos oxigenados e o bacilo de Koch provavelmente encontrará condições mais favoráveis para se estabelecer. Portanto, há uma relação entre a pessoa triste, a depressão e a tuberculose, que era até considerada como uma doença romântica, no passado.

Dessa forma, vemos como há pontos de somatização e como a Astrologia trata isso também pelo signo Ascendente ou signo da hora em que a pessoa nasceu, que é o primeiro signo que os outros percebem em nós, em nossa expressão e em nossos gestos, é o nosso cartão de visitas. As pessoas não percebem como nós nos vemos, ou seja, pelo nosso signo solar; ou como nós nos sentimos, ou seja, pelo signo lunar, que expressa os nossos sentimentos; mas os outros veem a nossa casca mais externa. Frequentemente as pessoas não reconhecem a si mesmas pelo signo Ascendente, conforme os outros a veem, elas em geral acham que os outros deveriam vê-las de outra maneira. Esse é um dos grandes problemas dos relacionamentos humanos.

Referências bibliográficas

1) LINDEMANN, R. & OLIVEIRA, P. A Tradição-Sabedoria. Brasília, Ed. Teosófica, 2003. p. 82.
2) Ibidem, p. 82.

Capítulo 12

As Casas I e VII

Vamos agora estudar as Casas Astrológicas ou o Sistema de Domificação. Assim como existem os doze signos do Zodíaco Tropical no céu, também existem, por correspondência, doze casas na Terra.

O Zodíaco Tropical surge do movimento relativo entre a Terra e o Sol, conforme podemos ver no Diagrama As Quatro Estações segundo Copérnico, que explica o ciclo anual das quatro estações. Nele podemos ver duas linhas ou eixos, uma apresenta duas situações extremas que, no Hemisfério Norte, representariam respectivamente o início do inverno, em 21 de dezembro e o início do verão, em 21 de junho, chamada a linha dos Solstícios, e a outra linha, a dos Equinócios, quando a duração do dia e da noite são iguais porque projeção do Sol nos dias 21 de março e 23 de setembro está exatamente sobre o equador. Essa linha dos Equinócios indica o começo do Zodíaco no início do signo de Áries, passando também pelo polo oposto no início do signo de Libra.

Portanto, o Zodíaco Tropical é determinado por essas duas linhas; a linha dos Equinócios que determina o início do Zodíaco que se projeta no equador; e a linha dos Solstícios, ou do verão e o inverno, que caracteriza as situações extremas ou de maior e menor luminosidade, projetando as linhas dos Trópicos de Câncer e Capricórnio.

A palavra Equinócio quer dizer: noite igual subentendendo o dia com duração igual à noite. Tal situação ocorre nos inícios da primavera e do outono, onde nós temos a situação equilibrada de mesma duração entre o dia e a noite.

Por correspondência desse ciclo anual das quatro estações, que determina os 12 signos do Zodíaco Tropical, temos o giro de rotação da Terra em torno do seu próprio eixo, e a determinação das doze Casas Astrológicas, a partir dos quatro quadrantes determinados pelo cruzamento da Linha do Horizonte com a Vertical do lugar. Quando o Sol, em seu movimento aparente no céu, cruza estas linhas ao longo do dia, determinam-se os seus quatro períodos, a saber: madrugada, manhã, tarde e noite. Então, se os Doze Signos são determinados pelo movimento da Terra em torno do Sol, as doze Casas são determinadas pelo movimento da Terra em torno de si mesma, e ela fixa sua defini-

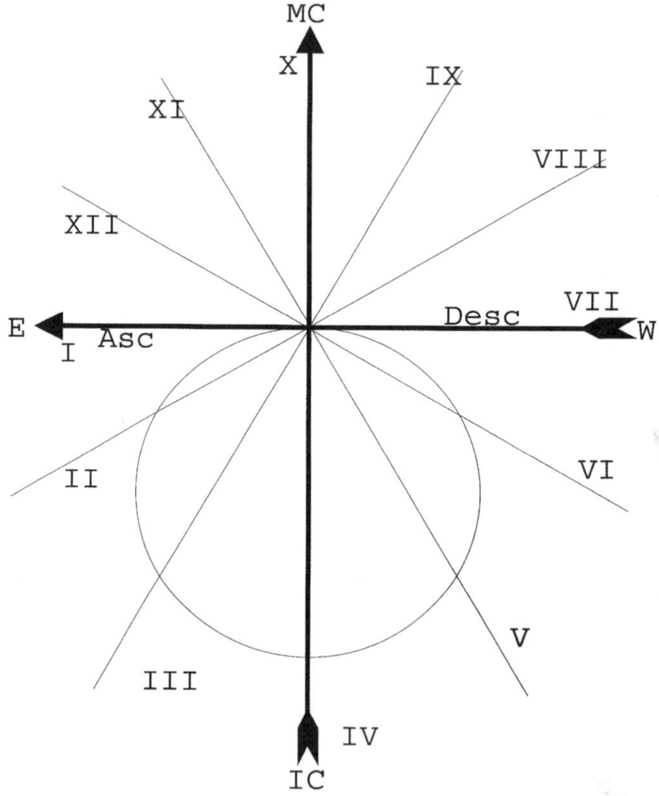

Divisão das 12 Casas na Terra

ção a partir da Linha do Horizonte e da Vertical do lugar em que a pessoa nasce.

Vamos supor, que aqui nós tenhamos desenhado um círculo que represente o planeta Terra, então a tangente que passa apontando a direção Oriental é o horizonte daquela localidade tangenciada, e vai separar o que é visível do que é invisível. O que está acima do horizonte é visível, evidentemente, o que está abaixo da Linha do Horizonte é invisível.

Dessa forma, a linha do Horizonte Oriental tocará o Zodíaco Tropical no céu num ponto no Leste, que seria o signo Ascendente, porque nós temos a impressão de que o céu está subindo no Oriente, quando na verdade é a Terra que ali no seu giro está descendo, ao girar em torno de si mesma ela afunda no Oriente, e nós temos a impressão de que o céu está nascendo ou se desprendendo.

Portanto, aquele signo que se encontra no Horizonte Oriental, no instante do nascimento, é chamado de signo Nascente, ou Ascendente. A partir dele até, aproximadamente, a partir de 30° abaixo da Linha do Horizonte, situa-se a chamada Casa I. Se dividirmos cada um desses quatro quadrantes em três partes, teremos as 12 Casas Astrológicas.

Desta forma, as doze casas Astrológicas são uma espécie de "Zodíaco Terrestre", se bem que essa expressão é usada às vezes também para o Zodíaco Tropical, o que poderia gerar confusão de nomenclatura para o principiante. Assim, no Homem Celeste, como nós chamamos o Zodíaco Tropical no céu, temos os doze signos e a correspondência entre os dois seria como se esse homem se encontrasse nessa posição e esta seria a linha dos Equinócios passando por sua cabeça, enquanto a outra seria a linha dos Solstícios.

E dessa maneira a Casa I corresponde de certa forma à cabeça, a primeira parte do corpo que nasce, e onde se define também o momento do nascimento pela primeira respiração. Então, o instante do nascimento determina o signo Ascendente. Plutarco já dizia que o Sol dá aos homens a razão, a Lua as paixões e a Terra o corpo, então, nós teríamos que o signo onde o Sol se encontra dá a tendência mental, o signo onde a Lua se encontra dá a tendência emocional e o signo onde a Linha do Horizonte Oriental também chamado de signo Ascendente se encontra dá a característica física.

Vamos agora começar a descrever algumas dessas 12 Casas Astrológicas. O Sol vai ocupar a Casa I, em média entre as quatro e as seis horas da madrugada. É o período que antecede ao nascimento do Sol e está relacionado ao nascer da vida, ao nascer do dia, à primeira respiração que cria a existência separada e independente. Então, os planetas que vão ocupar essa Casa I do Mapa Astral serão exatamente aqueles que caracterizarão uma definição especial sobre o tipo de personalidade que a pessoa terá. Assim, além do signo Ascendente, cada planeta que se encontrar na Casa I dará um colorido, uma subtônica, um acréscimo de traços com temperamento específico.

Por isso, a palavra Horóscopo significa observação da hora do nascimento e, mais especificamente, é uma espécie de foto do céu, também chamado de Mapa Astral.

A Profª Emma Costet de Mascheville definia as doze Casas como uma espécie de Zodíaco humano ou uma irradiação do instante do nascimento. Assim, a Casa I caracterizaria uma irradiação de exteriorização. Quando a pessoa nasce ela passa a existir, verbo que etimologicamente significa "estar fora", passa a projetar-se no mundo, a vir à luz. Essa pessoa estruturada assim é o que nós chamamos em geral de personalidade, do latim *personus*, que está relacionado à ideia de onde vem o som e, portanto, era o nome das máscaras que se usavam no teatro greco-romano, simbolizando o papel que eles estavam executando naquela peça. Essa máscara tinha embutida uma espécie de concha acústica amplificadora, lembrando que na época não havia microfones nem alto-falantes para ampliar o som, de modo que todos pudessem ouvir melhor a fala do respectivo ator.

Os antigos gregos tinham também a ideia de que o ator deveria esconder seu rosto para que as influências dos pensamentos daqueles que assistissem a peça não ficassem associadas ou atingissem o ator. Por isso, a máscara simbolizava o papel que estava sendo executado como algo diferente do ator que por detrás dela se encontrava. E além de tudo, *personus*, de onde vem o som, porque era uma espécie de concha acústica que ampliava o som da voz do ator.

Assim, de certa forma, os planetas da Casa I são aqueles que caracterizam mais especificamente a irradiação da personalidade. Nós podemos relacionar também a primeira Casa ao corpo físico que nasceu naquele momento. Aquela parte do céu que começa com o signo Ascendente, que se desprende da Terra no mesmo instante em que a criança nasce e se desprende do corpo da mãe, por isso se associava, já desde os tempos de Plutarco, o corpo físico com o signo Ascendente pelo princípio da correspondência.

O nascer está basicamente associado à primeira respiração, quando nós nos tornamos biologicamente independentes do corpo da mãe e, portanto, é muito comum também associar ao primeiro choro ao momento do nascimento em que pela primeira vez o ar penetra nos pulmões da criança recém-nascida.

Essa ideia física de identificação com o corpo gera o que nós chamamos de eu. Quando uma pessoa apresenta sua Carteira de Identidade, frequentemente nos surpreendemos que a fotografia não corresponde exatamente àquelas imagens que a identificam. Além disso, se formos ver o nome, na verdade a própria pessoa não o escolheu, foram os pais que o escolheram para ela. Da mesma forma, o lugar em que ela nasceu, todas essas circunstâncias do seu nascimento, a data, etc., são fatores que nós podemos até atribuir ao *karma*, mas aquela personalidade, especificamente, não escolheu.

Nós podemos até atribuir a ideia de que foi escolhido em encarnações anteriores por outras personalidades. A nova personalidade surgiria, então, como resultado de escolhas antigas, mas de qualquer maneira, a ideia de identificar-se com o corpo que vem à luz ou se exterioriza no momento do nascimento, está associada à Casa I, ou esta primeira região logo abaixo do Horizonte Oriental ou signo Ascendente, até aproximadamente 30°.

Podemos verificar que as pessoas que nascem entre as quatro e as seis horas da madrugada terão provavelmente o Sol neste setor angular da Casa I, e possuirão um temperamento mais exuberante, mais autoconfiante. Elas geralmente têm uma personalidade muito magnética, carismática, às vezes podem ser atores, ou eventualmente também modelos, pois apresentam um certo magnetismo de liderança e muitas vezes um corpo físico exuberante que pode dar alguma aptidão também atlética.

Por outro lado, depois dessa ideia do "eu" surgirá a Casa II, que é a ideia do "meu", as extensões do corpo. As extensões do corpo são as suas posses, até mesmo coisas como as nossas roupas que não são tão facéis de trocar com outra pessoa porque podem não servir, ou como a escova de dentes, que talvez nós não queiramos trocar com outra pessoa, e aquele sentido de "meu" vai surgindo a partir da identificação com o corpo e com o "eu".

Os *Yoga-Sutras* de Patañjali, no qual se baseia toda a filosofia do *Yoga*, já há 2600 anos atrás, definia, exatamente, que *Avidya*, a ignorância ou a falta de autoconhecimento é a causa de todos os males, "*Avidya* é tomar o não eterno, impuro, mal e *não atman* como sendo o eterno, puro, bem e *atman*, respectivamente"[1], ou seja, uma confusão entre o não eterno e o eterno, entre o impuro e o puro, entre o mal e o bem e entre o não espírito e o espírito. Dessa forma, a falta de autoconhecimento abre espaço para nos identificarmos com o corpo, "*Asmita* é a identificação ou mistura, por assim dizer, do poder da consciência com o poder da cognição"[2], porque nos sentimos identificados através dos sentidos que são a expressão do poder da cognição por meio do corpo, e assim associamos a corporeidade à ideia de eu, e a partir de então tendemos a nos afastar, eventualmente, da nossa natureza espiritual.

A polaridade oposta da Casa I é a Casa VII, conforme a teoria de Luz e Sombra, ou na sua expressão hermética, que é o Princípio da Polaridade. Por isso vamos estudar também as Casas por eixos ou polaridades.

Dessa forma, se a Casa I gira em torno do "eu", que é a identificação com o corpo, a Casa VII, em contraposição, relaciona-se com o "tu". A Casa VII começa, exatamente, no Horizonte Ocidental, ou o que nós chamamos em geral de Oeste ou Poente, estendendo-se até aproximadamente 30° acima do Horizonte Ocidental, sendo, portanto, a primeira acima do Horizonte.

Portanto, se a pessoa, por exemplo, nascer aproximadamente entre as 16 e as 18 horas, muito provavelmente ela terá o Sol na

Casa VII, que é a casa do tu, a casa do casamento, a casa das associações e do relacionamento. Vejam que quanto mais eu me dedicar a mim mesmo, eventualmente, menos tempo eu tenho para me dedicar para a minha esposa e vice-versa. Se a esposa se dedica muito ao seu corpo e a si mesma, muitas vezes ela não encontra tempo para dedicar-se ao marido. Por outro lado, a mulher que não sabe cuidar de si mesma pode ter um marido menos atraído por ela, é uma compensação estranha, mas nós precisamos encontrar um equilíbrio entre o eu e o tu, ou se preferirem, entre o corpo e a dedicação a si mesmo por um lado, e o casamento e a dedicação ao cônjuge por outro lado.

Então, a Casa VII representa o casamento e as associações enquanto célula estrutural da sociedade e, portanto, representa o início do nascimento para o coletivo, ou para tudo que está acima do Horizonte. Por outro lado, a Casa I representa o nascimento do indivíduo, da personalidade e de tudo que está abaixo do Horizonte. A Linha do Horizonte, por assim dizer, separa o sentido de eu e tu, ou o que está dentro de mim e o que está fora de mim. A personificação da Terra como sendo o corpo, dada por Plutarco, que "O Sol dá aos homens a razão, a Lua as paixões e a Terra o corpo", faz com que a pessoa se imaginando como sendo a Terra, particularmente a Casa I logo abaixo do Horizonte, lembrando que a Linha do Horizonte separa o eu do tu, projete o que está fora da Terra, ou seja, acima do Horizonte, passa a ser tu, o outro, a coletividade, particularmente a Casa VII, logo acima do Horizonte.

Então, o sentido de dentro e fora é um dos grandes fatores de identificação com o nosso corpo. Por exemplo: se eu tomo um copo d'água, pergunta-se: esta água já está no meu corpo? Ou a partir de que momento ela passa a fazer parte do meu corpo? Quando ela cruza os lábios? Quando ela cruza os dentes? Quando ela é engolida? Quando ela chega no estômago? Enfim, eu posso bochechar a água ou escovar os dentes e pôr a água para fora, ou pode haver outras reações, se a pessoa vomitar, etc. Portanto, é difícil definir precisamente a partir de que momento a água passa a fazer parte do meu corpo, e nós já sabemos que 70% do nosso corpo é constituído de água.

E a partir de que momento a água não faz mais parte do rio de onde ela veio? E se nós temos um poço artesiano próximo à margem do rio, qualquer produto que entra no rio imediatamente contamina também o poço. Então, até que ponto o meu corpo faz ou não parte daquele rio, até que ponto a água ainda está no rio ou foi assimilada ao meu corpo. Esse conceito é complexo; por exemplo, se houver um micro-organismo, ele está dentro do meu estômago, ele passa até pelo intestino, ele entra na corrente sanguínea, eu posso ter febre. Enfim, onde o corpo começa e onde o corpo termina? Essa é a nossa pergunta.

Podemos notar que há uma contínua interação entre todas as forças da Natureza, e é difícil dar essa determinação porque ela é criada pela mente. O que nós temos num corpo se tirarmos uma chapa de raio X, na verdade, é como uma nuvem atômica, e os raios X penetram os vazios, interatômicos e intermoleculares e nos dão a descrição dos contornos das configurações principais dos ossos e outros órgãos, sem que a gente tenha que abrir o corpo para vê-lo por dentro. Isso é possível justamente porque os raios passam por esses vazios e nós não somos tão sólidos e impermeáveis como poderíamos imaginar.

Essa é uma das grandes ilusões que a filosofia Oriental chama de *Maya*, ou seja, a ideia de que nós pensamos que conhecemos as coisas, quando na verdade não as conhecemos. Na verdade, nós não conhecemos nem sequer o nosso próprio corpo, com o qual costumamos estar profundamente identificados. Portanto, se carecemos de autoconhecimento até no nível físico, será que realmente podemos imaginar quanto nos falta de autoconhecimento nos níveis emocional, mental e espiritual?

Esse sentido da ilusão do corpo faz com que se produza também uma outra ilusão, a das posses do corpo, que está relacionada com a Casa II, a casa do “meu”. Assim como a Casa VII esta relacionada com o casamento e as associações, a Casa VIII passa a ser a casa das posses coletivas, ou se quiserem a casa da administração do nosso. De certa forma, às vezes, a casa VIII é também chamada de casa da morte, porque o eu tem que morrer um pouco para que a Casa VII possa se estruturar.

As casas vão logicamente se desenvolvendo por correlação com os signos do Zodíaco. Então a Casa I tem correspondência com Áries, dá o sentido de individualismo na personalidade; a Casa II está relacionada com o Touro e, portanto, com o sentido de acúmulo. Convém lembrar aqui que o Touro rege, basicamente, o pescoço, a garganta, onde fica a tireoide, que é a glândula que organiza todo o metabolismo do corpo e, portanto, quanto de energia ou matéria vai ser acumulada, energia acumulada em forma de matéria como gordura. A pessoa poderá assim ser mais ou menos gorda, de acordo com o funcionamento da própria tireoide, como se o signo de Touro representasse essa intenção de acumular energia, acumular posses, acumular como se fosse uma despensa num armazém, alguma reserva para dias mais difíceis.

Podemos verificar que a Casa I está relacionada a essa ideia do corpo, onde ele começa, onde ele termina, o que faz parte dele e o que está fora dele. Ele tem uma zona de penumbra, ou de extensão que são as suas posses, mas é importante perceber como todas essas coisas são, na verdade, criadas pela mente, porque nós não conhecemos de fato o nosso corpo.

Nem percebemos, por exemplo, que a cada sete anos todos os átomos do corpo são substituídos, por isso que a ideia religiosa da ressurreição da carne, do ponto de vista literal, é muito complicada, porque vai haver uma disputa pelos átomos no dia do juízo. Dirão alguns, aquele átomo ficou sete anos comigo, ou cinco com o outro, ou três com o outro, quem tem direito a ficar com aquele átomo por toda a eternidade? É bom lembrar que o mesmo átomo é reciclado e passa por diferentes corpos. Costumo fazer essa reflexão porque nós nem sempre temos claramente a ideia do que seja o nosso corpo físico.

Assim, a Casa VII, como é a antítese do corpo físico, é a casa do tu, é a casa do outro, do relacionamento, da cooperação, da participação compartilhada com um propósito ou interesse funcional comum. Essa é a base do surgimento de toda a vida coletiva, seja pelo casamento propriamente dito, seja como uma Associação Comercial, o raciocínio basicamente é o mesmo.

Sabemos que a palavra cônjuge está ligada ao radical sânscrito *yuj*. Pelo indo-europeu há uma ideia de fonte comum, nesses radicais que são também comuns ao latim, assim cônjuge também no espanhol é até escrito com y, *yuj* é o radical de onde vem a palavra *Yoga*, *yuj* quer dizer unir, *Yoga* quer dizer união. Assim também o jugo é exatamente a maneira como se atam dois animais na canga para puxar o carro.

Essa ideia de conviver e compartilhar uma função buscando um objetivo comum aparece assim na Casa VII, em contraposição à Casa I, que é a casa da personalidade, a casa do eu. Aos poucos nós vamos sentindo também a necessidade de refletir sobre a questão, de que toda vez que um planeta cruza a primeira casa, de certa forma, ele produz, relativamente, um sentido de renascimento, ele produz um novo ciclo que ali principia.

Por analogia, assim como Áries corresponde ao primeiro signo e Libra ao sétimo, são signos de início de estação e portanto são chamados signos Cardinais, assim também chamamos as Casas I e VII de Casas Angulares, aquelas que iniciam os quadrantes. Além destas, a Casa II e a Casa VIII são já Casas Sucedentes, porque elas vêm logo depois de uma Casa Angular.

Então, na Casa II, teremos ideia de domínio, de posse, de propriedade e de uso. As posses surgem como uma certa extensão do eu, mas, na verdade, se analisarmos a partir da filosofia platônica, o motivo que dá sentido à posse é exatamente o uso que dela se faz. Existe, por exemplo, um dos conceitos que progressivamente tem sido usado, de alguma maneira, até na questão da reforma agrária, que se as terras não são produtivas, se elas não estão sendo devidamente utilizadas, o sentido da sua posse começa a se descaracterizar.

Talvez até como origem filosófica dessa ideia, nós vamos encontrar em Platão que o que dá sentido à propriedade, é o uso que dela se faz, conforme encontraremos em *A República*, e por isso a Casa II é uma extensão do "eu" e é, portanto, a Casa do "meu", das posses, das propriedades, do dinheiro enquanto que a Casa VIII está relacionada com a casa do "nosso", as posses coletivas como, eventualmente, aprofundaremos no próximo capítulo.

É porém importante citar a ideia de Platão que subentende que o propósito do Ser é que dá sentido ao Ter. Qual é aquela missão, o sentido daquela encarnação? Afinal, no momento do nascimento nós tomamos o corpo para realizar alguma coisa. Do ponto de vista da Astrologia, nada acontece por acaso. Então existe um sentido nesse processo e esse sentido é aquele que atrai a alma ao momento do seu nascimento.

Nós poderíamos até citar aqui a ideia de que no momento do nascimento ou mesmo antes já se delineia toda uma tendência de vida, conforme Platão menciona em *A República*, sobre a questão da escolha das vidas: "Essa é a palavra da virgem Láquesis (que cantava as coisas passadas), filha da Necessidade. Almas efêmeras, eis que começa para vós um novo ciclo de vida mortal. Não é o fado que vos escolhe, e sim vós que escolheis o vosso fado."[3] Ou seja, o vosso destino, quer dizer que no momento em que a alma toma o corpo, que tem um temperamento próprio segundo o signo Ascendente, ela recebe em Nêmesis, que é talvez a ideia de destino na Grécia, equivalente a de *karma* maduro no Oriente, sendo o *karma* também conhecido como lei de ação e reação.

"Que o primeiro indicado pelo sorteio seja o primeiro a eleger o seu gênero de vida, ao qual ficará inexoravelmente unido. A virtude é livre; cada um participará mais ou menos dela conforme a estima ou o menosprezo em que a tiver. A responsabilidade é de quem escolhe: Deus está inocente nisso."[4]

Vejam que, então, o que traz aquela alma ao nascimento, aquele chamado da "música das esferas", para citar a expressão pitagórica, aquelas vibrações que os planetas ao girar, segundo a visão de Pitágoras, em esferas de cristal, emitiriam um som, como quando nós emitimos ao passar o dedo na borda de um cálice de cristal. Nós podemos até combinar cálices diferentes com quantidades d'água distintas e produzir música. Cada Astro ao girar produziria um certo som, isso é a versão pitagórica da irradiação de energia, enquanto que a esfera de cristal seria o símbolo da órbita.

Os antigos gregos não tinham uma linguagem técnica como a nossa, eles tinham uma linguagem poética, pois o que movia aquela cultura, o próprio eixo central da cultura grega, era a beleza. Então nós temos aqui a ideia de que a parca do passado que era Láquesis, representando o nosso próprio passado, onde nós escolhemos o presente, o corpo que nós passamos a merecer, é assim visto como consequências de escolhas do nosso passado. Essa pelo menos era a visão grega da Astrologia, mais particularmente de Pitágoras.

Por isso nós citamos a respectiva passagem que "responsabilidade é de quem escolhe: Deus está inocente nisso"[5], e a escolha é feita sempre no passado, pois o presente é a consequência do passado, embora haja um importante espaço para o livre-arbítrio, como consideraremos em outro capítulo próprio. No presente, nós estamos assim escolhendo o nosso futuro. Vamos refletir sobre essa ideia de que colheremos aquilo que na verdade semeamos, ela também é bíblica, conforme dizia São Paulo: "Não vos enganeis porque de Deus não se zomba, tudo o que o homem semear; isso também ele colherá"[6]. E assim essa ideia do *karma*, essa ideia da ação e reação é um dos princípios básicos das origens da Astrologia nas Escolas de Mistérios.

Referências bibliográficas

1) TAIMNI, I. K. A Ciência do Yoga. Brasília, Ed. Teosófica, 1996. p. 119. [st. II-5]

2) Ibidem, p. 121. [st. II-6]

3) PLATÃO. Diálogos; A República. Rio de Janeiro, Ed. Tecnoprint., s. d. p. 388. [617]

4) Ibidem, p. 388. [617]

5) Ibidem, p. 388. [617]

1) BÍLIA de Jerusalém, A. São Paulo, Paulus, 1995. p. 2195. [Gálatas VI. 7]

Capítulo 13

As Casas II e VIII; III e IX

Lembrando que as Casas Astrológicas estão relacionadas com o movimento de rotação da Terra, e que especificamente a partir da Linha do Horizonte, temos abaixo do Horizonte Oriental as Casas I, II, III até o Nadir, que corresponde à cúspide ou início da Casa IV, depois a V e a VI até novamente chegar ao Horizonte Ocidental em cima do qual temos a VII, a VIII e à IX até o Zênite, correspondendo ao Meio do Céu ou cúspide, que é onde inicia a Casa X, seguidas pela XI e XII, aproximadamente, em divisões de 30° cada uma, variando ligeiramente de um sistema de domificação para o outro.

Veremos que os planetas que caem nestas regiões têm uma profunda influência no Mapa Astral do indivíduo. Podemos observar que o Sol do indivíduo cairá na Casa I, se ele nascer aproximadamente entre 4 e 6 horas da madrugada.

A Casa I é a casa do brilho pessoal, é a Casa do corpo e da personalidade, e costuma caracterizar um temperamento muito radiante, carismático, centrado em si mesmo. Pode também estimular o desenvolvimento de atividades na área física, como por exemplo a profissão de *personal trainer*, ou mesmo de atleta. Podemos também encontrar um temperamento mais exuberante, com relação ao seu carisma, como um político, ou até uma modelo. Basicamente, veste-se de um certo ar de comando, tem presença radiante e um alto astral, mas é geralmente muito centrado em si mesmo e se os ângulos forem afligidos pode apresentar um certo traço de egocentrismo.

O caso oposto, como nós vimos no capítulo anterior, apenas para revisão da ideia, seria a Casa VII que, por exemplo, o Sol ocupa, aproximadamente, entre as 16 e as 18 horas. E, portanto, se a pessoa nasceu nesse horário é muito provável que ela tenha o Sol na Casa VII, próximo então à Linha do Horizonte Ocidental. Com o Sol na Casa VII, teremos um tipo mais pacificador, um tipo que sabe criar associações, que evita constrangimentos, que sabe ser diplomático, que tem o dom ou um certo grau de comunicação conciliatória.

Estes tipos com o Sol na Casa I e na Casa VII são de alguma forma complementares, porque quando a pessoa está centrada em si mesma, ela dá menos atenção para o outro, quando ela está mais centrada no outro ela esquece às vezes de si mesma. Uma mulher muito voltada para o marido pode esquecer de cuidar do seu próprio corpo, ou quando é muito voltada para si mesma, pode esquecer do marido. Então, a dificuldade de equilibrar os dois polos, quando a pessoa se dedica muito a si mesma, dedica-se menos ao companheiro e vice-versa. Porém, apesar da dificuldade, a busca desse equilíbrio é a essência do Princípio da Polaridade

Ora, evidentemente, outros planetas poderão cair também na primeira Casa e sobre isso existe toda uma pesquisa de Michel Gauquelin, tanto referente à Casa I e a Casa XII quanto às casas IX e X; tais planetas são definidores, frequentemente, da carreira profissional do indivíduo.

Com relação à Casa II, lembraríamos que se a Casa I é a Casa do eu, nós dizíamos que a Casa II é a Casa do meu e, por extensão, nós temos a ideia de propriedade, de domínio, de posse, de uso como expressão do Ser. Envolve, portanto, aquele motivo que dá um sentido à posse, é aquele aspecto de exteriorização de uma missão no sentido da vida que representa o propósito do Ser, na medida em que dá sentido ao Ter, em função daquela atividade que a pessoa exerce.

O exemplo que nós podemos dar é: Qual é a necessidade de uma grande enciclopédia para quem só faz um trabalho braçal? Ou também qual a necessidade de pás e picaretas para uma pessoa que só faz um trabalho intelectual? Temos aí extremos de situações em que a posse do utensílio, seja um livro ou seja uma ferramenta, deixam de ser necessárias para um ou para outro. Assim, se algo não está sendo utilizado, a posse carece um pouco de sentido, particularmente se considerarmos que outra pessoa poderá estar realmente necessitada desta posse, e vice-versa. Portanto, segundo Platão, o que justifica a posse é justamente o uso, e o que justifica o uso é a vocação, é a atividade que tem a ver com o estágio de desenvolvimento da alma, como nós vamos encontrar em *A República*, uma das suas magnas obras.

Ora, talvez seja bom lembrar que há uma correspondência entre as Doze Casas e os Doze Signos. Então, Áries representa o signo que tem analogia com a Casa I e rege a cabeça, Touro rege o pescoço, a tireoide e a capacidade de acumular peso no corpo, porque ela é a glândula mestra que rege o nosso metabolismo.

Assim também a Casa II tem a ideia de acumular uma reserva de riquezas para dias talvez não tão prósperos, aquela ideia bíblica das sete vacas gordas ou dos sete anos favoráveis, das quais se deve guardar para as sete vacas magras ou para os sete anos desfavoráveis. Touro incorpora muito essa ideia de acumular a riqueza, como uma espécie de intenção de preservar a vida. E neste sentido, fala-se que, enquanto a Casa I é a Casa do "eu" ou do corpo, a Casa II é a casa do "meu" ou do dinheiro.

Num sentido geral, todas as acumulações, sejam físicas ou até psicológicas, que trazem saúde e acumulam em condições de preservar a vida e, portanto, não só necessariamente a questão estritamente material está, assim, relacionada à ideia da Casa II.

Assim como o corpo tem necessidades básicas, também tem posses que lhe são próprias e necessárias, roupas a gente pode emprestar até certo ponto, mas nem sempre servem em todo mundo, a escova de dente, por exemplo, é uma das posses mais difíceis de emprestar; então, pela própria consequência da dimensão do corpo, existem algumas posses que dificilmente são transferíveis. Nesse sentido, nós encontramos na Astrologia ressonância com a resposta clássica de Platão, ou seja, pelo sentido da genuína posse individual como uma extensão do eu.

Por outro lado, quando a posse vira uma prótese da personalidade, como o carro novo servindo para esconder às vezes as condições psicológicas difíceis do seu motorista, quando a personalidade não está bem trabalhada e quer impressionar pelo dinheiro, aí esse substitutivo é destruidor. Neste caso, ao invés da posse se justificar pelo uso, ela vira uma compensação, uma espécie de pretensão, até de exaltação da personalidade e, portanto, nós encontramos uma área conflitiva no sentido da posse.

Infelizmente na civilização globalizante do capitalismo selvagem essas deformações às vezes acontecem e parecem até ser incentivadas, e depois, obviamente, não deveria nos surpreender por que as pessoas ficam tão apegadas à materialidade.

Por outro lado, o oposto da Casa II é a Casa VIII, que é a Casa da Morte. Sabemos que no momento da morte nós somos obrigados a nos desapegar das nossas coisas. Dizia Krishnamurti que o medo da morte não é exatamente o medo do desconhecido, tendo em vista que muitas vezes o desconhecido é até atraente e desperta nossa curiosidade, mas que o medo da morte está associados à perda do conhecido, ao qual nós estamos apegados. Portanto, se houvesse desapego, não haveria medo da morte.

A Casa VIII corresponde ao signo de Escorpião, que segundo a lenda, se não injetar o veneno no adversário, injetá-lo-á em si mesmo, por isso todas as lutas de Escorpião são de vida ou morte. Assim, a Casa VIII também caracteriza todas as preocupações com o além, com o *post-mortem* e também com a sua regeneração ou ressurreição espiritual, se eu puder assim colocar, como a viam também os antigos egípcios, que ao invés de usar exatamente o Escorpião como símbolo do oitavo signo, usavam a águia que voa mais alto olhando diretamente para o Sol.

Então, a Casa VIII tem sido chamada a Casa da Morte e da Regeneração e representa o uso das posses coletivas; portanto, também apresenta as heranças, porque o que não fica conosco tampouco deveria ser desperdiçado, e terá que passar para alguma outra pessoa. No momento da morte, as posses que eram minhas necessariamente serão repassadas para outra pessoa. A ideia de herança está também associada à administração do que é coletivo. Por isso se a Casa VII é a Casa do "tu", ou do casamento e das associações, a Casa VIII seria a Casa do "nosso", porque é a posse coletiva, é a posse da associação.

Ela está, portanto, caracterizada por conceder às pessoas que nascem sob sua influência, por exemplo, com o Sol na Casa VIII, certos dons administrativos. Tal posição corresponderá, pelo horário de nascimento, ao intervalo entre as 14 e as 16 horas, aproximadamente.

A casa VIII está relacionada ao interesse pela tradição ou herança cultural, mas de alguma forma com o saber administrar, saber lidar com as heranças, e com as posses coletivas. Além disso, é preciso saber lidar com as proibições da Casa VIII, que está ligada à morte e às proibições dos tabus, bem como às limitações que muitas vezes surgem até por superstição do que acontecerá após a morte, isso ou aquilo. Relacionado à Casa VIII temos também as oportunidades coletivas, que o rito social das heranças culturais oferece, uma herança de costumes, e não apenas a herança financeira.

Frequentemente, filhos que têm o Sol na Casa VIII são, de alguma forma, uma herança viva das culturas daquela família, ou puxam mais alguma tradição dos pais ou sua profissão. Por outro lado, é muito comum o Sol na Casa VIII favorecer as pessoas que querem levar alguma luz sobre o ambiente da morte, levar o Sol à Casa da Morte. E, portanto, não é incomum ver essas pessoas ligadas a profissões que lidam com situações terminais, como por exemplo um médico. Também as pessoas que lidam com os tabus e as limitações da mente humana, e aí nós encontramos os psiquiatras, os psicólogos.

Além disso, as atividades da Casa VIII podem ser de natureza religiosa, ética ou assumem a administração do rito social e da herança cultural nessa área. A Casa VIII pode ainda estar relacionada à ideia da passagem de um certo tipo de poder, seja de natureza sexual, seja de natureza financeira, pois o Escorpião rege esses dois assuntos no Zodíaco.

As Casas são, eu volto a lembrar, a materialização do conceito abstrato dos doze temperamentos humanos siderais, ou mesmo tropicais nos doze signos do Zodíaco, quando correspondem nas regiões da Terra, a partir da Linha do Horizonte e da Vertical do lugar, elas se materializam nas Casas que correspondem às áreas da vida humana. É importante perceber que todo o processo da morte é um processo de renascimento num outro plano, numa outra dimensão, que os antigos alquimistas chamavam de astral ou brilhante, porque, para os que tem a clarividência, tudo ali era radiante como uma estrela.

As pessoas que têm o Sol na Casa VIII, são geralmente muito interessadas pelo além-túmulo, pela questão parapsicológica, pela questão do *post-mortem*, e não é incomum que elas dediquem grande parte da sua vida a isso. Nós vamos encontrar também advogados e outros, que trabalham na questão das heranças e do encaminhamento dos bens.

Todas essas áreas de atividade estão, de alguma forma, associadas à Casa VIII, e estão relacionadas com o oitavo signo, mas é pelo ângulo que o planeta faz com a Linha do Horizonte e, portanto, não pelo mês do nascimento, mas pela hora, que essa influência se faz sentir. Eu costumo insistir neste ponto porque as pessoas nem sempre percebem a importância da hora no Horóscopo. A palavra Horóscopo vem de hora. Em grego horoscópio é observação da hora, como telescópio é observação do distante, microscópio é observação do pequeno, do radical *scopein* que quer dizer observar.

Assim, nós temos justamente uma sucessão natural, sendo as Casa II e Casa VIII chamadas de Sucedentes.

Passaremos agora a uma análise de duas Casas Cadentes, que são a Casa III e a Casa IX.

A Casa III está associada basicamente ao signo de Gêmeos, é uma Casa de teste, bem como a Casa IX, por isso elas são chamadas Cadentes, porque o seu teste pode produzir uma queda. A Casa III representa o primeiro limite na expansão da personalidade. Se a personalidade, de alguma maneira, está assim associada ao eu do corpo físico por identificação, e depois ao sentido de meu na Casa das posses, quando chega a Casa III, que é chamada a dos irmãos e do convívio com a vizinhança e com o meio ambiente, então, é evidente que ela terá que enfrentar o desafio de aprender a dividir ou compartilhar com os irmãos as suas posses, como, por exemplo, um brinquedo.

Lembro-me aqui de minha esposa que nasceu numa família de quatro irmãos. Ela era a mais velha e tinha que dividir a bicicleta que era uma só. Então, seja a bola, a bicicleta, a boneca, de alguma forma a pessoa é obrigada a ter um limite. Refiro-me, portanto, a esse sentido de que a vizinhança e o meio ambiente trazem limitações ou desafios e que exigem uma adaptação por meio de um conhecimento empírico.

A Casa III está associada, dessa forma, a aprender a caminhar, a aprender a lei da gravidade, a aprender a lidar com as limitações do meio ambiente, no sentido até de subir numa árvore sem cair. No início da vida, esse conhecimento da terceira casa é totalmente prático, e é por isso associado à ideia do ensino primário, menos abstrato.

As pessoas que têm o Sol na Casa III, por exemplo, são as que nasceram aproximadamente entre a meia-noite e as duas horas da madrugada. São pessoas que, normalmente, têm uma capacidade de ensinar, de comunicar, e não é incomum que se tornem professores. Gostam de conhecer as regras do jogo no desafio da vida e desenvolvem rapidamente o sistema nervoso e uma inteligência rápida. No convívio com o meio ambiente, adaptam-se facilmente às leis da natureza, no seu sentido mais empírico no início, e depois, às regras sociais de comunicação e, portanto, a todo um sentido mais pragmático de convívio com a vizinhança.

A Casa III é por isso relacionada também com as leis do meio ambiente, com o ensino e a aprendizagem dessas leis, seja na escola propriamente dita, seja na escola da vida como uma percepção de limites da expressão do corpo no meio ambiente. A Casa III está ainda de certa forma relacionada àquele processo de desenvolvimento que começa com o impulso original do ideal do Ser na Casa I, que se expressa como "ter" na Casa II, mas precisa se ajustar e adaptar às leis da Natureza, do meio ambiente e do relacionamento com os irmãos e a vizinhança, temas próprios da Casa III.

Esta Casa III é uma casa de relacionamento e contato pessoal direto, de experiências de cooperação com os outros, como o exemplo de uma criança, que assim pela primeira vez enfrenta o desafio de sair da esfera da sua casa e vai almoçar na casa do vizinho, ou de conhecer os costumes da casa do primo, embora ainda esteja num pequeno círculo social.

Não é um grande círculo de relacionamento social, como nós vamos encontrar na Casa VII e principalmente na XI, e as Casas que correspondem aos signos de ar são Casas de relacionamento, a III, a VII e a XI correspondem aos Signos de Gêmeos, Libra e Aquário, respectivamente. Portanto, a Casa III se refere a relacionamentos com um ambiente relativamente mais restrito e está associada à ideia de pequenas viagens ou pequenos deslocamentos.

Observemos, também, as condições da Casa IX, que é oposta da III. O Sol, por exemplo, ocuparia a Casa IX se a pessoa nascesse aproximadamente entre o meio-dia e as 14 horas. A posição dos outros planetas nós teríamos que calcular personalizadamente. O Mapa Astral Natal ou o Horóscopo é calculado a partir da hora do nascimento do indivíduo, considerando também a data completa, a cidade em que a pessoa nasceu, pois nós precisamos da coordenada da Linha do Horizonte, e esse é um trabalho até certo ponto artesanal, um jornal, por exemplo, não poderia fazê-lo, porque tem que ser feito individualmente; principalmente a sua interpretação. Dessa forma, a interpretação da Casa XI está associada a um conhecimento do coletivo, ela vai além daqueles tabus da Casa VIII, ela vai além daquelas preocupações com o que se pode ou não fazer em vida e suas consequências após a morte. A Casa IX vai questionar a busca do significado na vida, na filosofia, na religião, portanto ela busca o significado e a abstração das coisas. Ela está relacionada com o meio ambiente coletivo e o seu conhecimento enquanto tradição e no autoconfronto com outras culturas e por isso associada às grandes viagens.

Desta forma, as pessoas que têm o Sol ou outros planetas importantes na nona casa gostam muito de viajar, seja fisicamente para confrontar outras culturas realmente distantes, e portanto, estamos falando em viagens de grandes distâncias, seja mentalmente pelo estudo das características e pensamento de outras culturas. A Casa IX leva o indivíduo a fazer uma reavaliação do escopo mental, ele terá que abstrair os costumes de uma cultura e de outra e fazer uma reavaliação dos valores da relação com o ambiente coletivo. Assim, esta casa está relacionada a longas viagens ou contatos com outras culturas, e à síntese de diversos dados em relação ao significado da vida e do cosmo. É a Casa que vem depois da Casa da morte, e então a Casa IX é chamada de a casa da religião e da filosofia, porque ela tenta investigar o significado da vida e o que está além, de um ponto de vista racional e filosófico, como é próprio do nono signo que é chamado Sagitário.

Sagitário é o arqueiro e, no seu simbolismo, é um centauro, um quadrúpede da cintura para baixo. Ele é o animal humano que busca o divino, que com a flecha tenta transcender a sua própria condição humana, embora da cintura para baixo ainda seja um animal quadrúpede. Ele é assim projetado a buscar o que está além. O Sagitário aponta para o centro da galáxia, e nesse sentido caracteriza essa busca do significado, do sentido de atingir o alvo num nível mais abstrato e filosófico. Assim, a Casa IX que corresponde ao Sagitário se contrapõe à Casa III, onde a busca do conhecimento é mais restrita à percepção de limites empíricos.

Então, nós vamos verificar que a Casa IX está associada à busca de um significado mais transcendente, está associada, portanto, à Universidade, ao conhecimento abstrato, ao conhecimento da mente superior, ou do ensino superior. Portanto, ela preocupa-se com a preparação de um código ideal de ética, de um código de costumes associado a uma compreensão do sentido da vida. Assim, Kant, por exemplo, definiu o imperativo categórico, que nós somente deveríamos fazer as coisas que fôssemos capazes de aceitar que todos os outros também fizessem. Pode-se notar, na Casa IX, essa ideia de abstrair de uma cultura específica e buscar fazer uma Lei Universal, é uma característica legislativa, por assim dizer, do idealismo desta Casa. A Casa que busca o significado da vida, chamada, assim, de casa da filosofia, da religião, ou das grandes viagens.

Se a pessoa tiver diversos planetas nesta casa, ou que seja pelo menos o Sol, ela será mais focada nessa vocação específica do pensamento abstrato, filosófico, ou de organização de grandes estruturas.

Por outro lado, a Casa III oportuniza um contato mais pessoal e aquela comunicação mais imediata, que favorece mais o professor, talvez, do ensino mais simples, enquanto na Casa IX nós temos o ensino mais rebuscado, mais relacionado a uma pesquisa, mais intelectualizado na abstração.

Os interesses da Casa III que são empíricos e locais, são o conhecimento pelo nível de expressão da personalidade na sua infância, na relação com os irmãos, com o meio ambiente e a vizinhança. Outro conhecimento, vamos dizer, intercultural de diferentes tradições culturais e religiosas, e mesmo de outros continentes, representa a Casa IX. Esses dois conhecimentos, o empírico e o abstrato filosófico, são complementares, e o indivíduo precisa também encontrar o seu ponto de equilíbrio e convergência entre esses dois extremos.

Capítulo 14

As Casas IV e X

As Casas IV e X são, no sistema da Astrologia, respectivamente, a direção do centro da Terra chamada Fundo do Céu e correspondendo ao Nadir; e o Meio do Céu correspondendo ao Zênite.

Nós temos aqui no Diagrama da página 128, exatamente a ideia de como as Casas se relacionam com o planeta Terra num dado local de nascimento. As Casas IV e X são chamadas de Casas Angulares, porque iniciam novos quadrantes a partir da Vertical do lugar, tais quais as Casas I e VII, que iniciam quadrantes a partir da Linha do Horizonte.

Assim podemos dizer que a Casa IV aponta para o centro da Terra, como se fosse um fio de prumo apontando a Vertical do lugar para baixo na direção do prumo, e a Casa X aponta para cima, para o Meio do Céu, para o Meridiano, para a posição do Sol ao meio-dia. Aliás, com isso já fica evidente que o Sol se encontra na Casa IV aproximadamente das 22 horas até a meia-noite. E, reciprocamente, lá em cima fica a Casa X que o Sol ocupa quando, vindo do Leste, ele entra na Casa X mais ou menos às dez da manhã para sair ao meio-dia, quando ele chega exatamente à Vertical do lugar.

As pessoas que nasceram entre dez da noite e meia-noite são mais inclinadas a aspectos domésticos, ou de tomar a família e as raízes muito a sério, enquanto que as pessoas que têm o nascimento entre as dez da manhã e o meio-dia, geralmente têm temperamento mais voltado a sua carreira profissional e a encontrar reconhecimento no mundo. Comparando o Mapa Astral com uma árvore, podemos ver que a Casa IV representa a nossa raiz e a Casa X, exatamente, o lugar onde a árvore dá seus frutos, no sentido da sua profissão. Representa a direção da carreira que a pessoa professa, da sua vocação, do latim *vocare,* representa aquilo que chama a pessoa para contribuir para a vida, a sua estrela guia no Meio do Céu.

Estes símbolos muito antigos estão relacionados com a Astrologia, e nós podemos observar essa relação nos movimentos mais simples de uma única sementinha, que são o geotropismo, que vai em direção ao centro da Terra; e o heliotropismo, que vai na direção do Meridiano Celeste ou do Meio do Céu, ou do Zênite a Casa X. A Casa IV representa a nossa área de segurança, ela tem uma correspondência analógica com o quarto signo do Zodíaco que é o signo de Câncer, que rege a família, o signo de caranguejo que leva a sua casa, a sua casca sempre junto consigo.

Constataremos que isso está relacionado à posição em que o Sol está mais oculto, no antimeridiano, à meia-noite, e em princípio a Casa IV está associada à Lua que é o regente do signo de Câncer. Representa o lugar em que nós vamos querer dormir, é um simbolismo que está associado à busca de segurança, o animal escolhe geralmente durante o dia o lugar onde ele vai dormir, para que à noite ele possa dormir com segurança, por isso demarca o seu território.

Evidentemente que nós só podemos dormir onde e com quem temos segurança porque, durante a noite ao dormir nós estamos inconscientes e menos qualificados para nos defender. Daí o simbolismo da família, das pessoas que dormem na mesma casa, das pessoas que se protegem mutuamente, constituindo, assim, o clã, que está relacionado com a Lua e com a ideia do caranguejo dentro da sua própria casca.

As pessoas que têm o Sol, ou muitos planetas na Casa IV frequentemente são filhos únicos, ou às vezes os caçulas, aqueles que recebem por algum motivo mais atenção na família.

Do ponto de vista astrológico, o conceito de família está associado com uma série de fatores. Por exemplo, às vezes, aparecem aqueles filmes em que por algum motivo inexorável do assim chamado progresso, surge a necessidade de construir uma barragem. Então, existem aquelas pessoas arraigadas à sua terra há várias gerações, e o governo aparece para dar uma grande quantidade de dinheiro para desapropriar aquela terra, mas o dinheiro não entra em questão, porque o valor é afetivo, e a pessoa prefere morrer abraçada àquela casa, mas não larga a sua terra. Esse tipo de filme, que representa o contraste entre o progresso e o sentimentalismo pátrio ou familiar, e certa identificação com a origem e com as raízes, de certa forma tem a ver com o que nós estamos estudando aqui. Na linguagem simbólica da Astrologia, o Estado e suas autoridades, e o progresso eficiente "para o bem da nação", são representados pela Casa X, mais especificamente a carreira perante a sociedade. Contrastantemente, a Casa IV representará a família e uma série de ingredientes sentimentais que estão associados ao passado, à tradição.

É uma casa de água, a Casa IV, por corresponder ao quarto signo, que é um signo de água, o Câncer e, está assim, se contrapondo à Casa X que é, uma Casa de terra, porque está correspondendo ao décimo signo que é Capricórnio. O signo de Capricórnio, que é um signo de perseverança para atingir seus objetivos, está associado à ambição de galgar alturas, por isso é também representado por uma cabra montesa, que sobe os picos das montanhas. Simboliza, assim, a perseverança de cada passo que é dado, às vezes por isso falam que o Capricórnio é calculista, mas ele é perseverante, o Câncer, por sua vez, busca a segurança, e é acusado de ser sentimental.

Nós temos aí os dois extremos dos signos, que representam, exatamente, os signos dos Solstícios, da situação extrema de virada de inverno e verão, nos respectivos Hemisférios. Por isso, eles demarcam os Trópicos, de Câncer no Hemisfério Norte e de Capricórnio no Hemisfério Sul. Também representam os extremos nas Casas Astrológicas, pois as Casas X e IV estão relacionadas aos pontos mais alto e mais baixo do eixo Vertical do lugar, respectivamente, constituindo assim as Casas Angulares, porque iniciam quadrantes.

Quando há uma questão de autoridade por posição ou *status* no Mapa Astral, o ponto culminante é o do Capricórnio, ou da Casa X, enquanto a Casa IV representa o ponto mais embaixo, privativo, interno, é a nossa raiz, talvez o nosso umbigo é o símbolo de Câncer.

Não sei se conhecem aquelas tradições em que a família não só enterra os seus falecidos nas terras que já recebe de herança por muitas gerações. Portanto, ali estão enterrados os ancestrais, como também, eventualmente, quando nasce um novo membro na família, as tradições antigas mandavam enterrar o cordão umbilical quando ele caísse, devidamente debaixo de uma certa árvore. Essa árvore assim se tranforma quase em um tótem da família, porque se supõe que com o tempo ela reabsorva os elementos nutrientes depositados na terra através das suas raízes. Então, aquela ideia bem canceriana de uma coisa bem segura, enraizada, que resiste ao tempo.

Nós vamos encontrar também outros costumes, e nem sempre percebemos a conexão disso, que vem de tradições longínquas, de tradições gregas. Trata-se dos costumes tanto de lançar o arroz, que é o símbolo da prosperidade que vem da terra, sobre os noivos, como também de que depois do casamento o noivo deve carregar a noiva sem que ela toque o chão, até que ela seja apresentada à lareira, aos deuses lares, que são representados pelo fogo que queima em homenagem aos ancestrais que naquele chão foram enterrados. Geralmente ali, perante a lareira, deveriam estar os retratos ou a menção da família, do clã, e, portanto, a lareira é o símbolo disso.

Enquanto a noiva não foi apresentada a esses deuses lares, ou seja, aos ancestrais que estão enterrados ali naquela terra, ela não pode tocar o chão. Por isso o noivo tem que carregá-la nos braços até ela ser apresentada aos deuses lares. Então ela é reconhecida como fazendo parte daquela família, e passa a se chamar, por exemplo, 'de Oliveira', ou seja, já está registrada como patrimônio tombado, passa a ser uma posse da família Oliveira. Ela muda de nome e passa, então, e somente então, a ter direito de caminhar naquela casa. Ela passa a fazer parte daquela linhagem, e supõe-se que uma vez falecida ela também seja enterrada naquela terra.

Todos esses símbolos da cultura popular estão associados à ideia de fazer uma oferenda aos ancestrais que estão na terra, enterrados. Essa ideia de que a terra está associada à nação, à tradição, à família e à propriedade de bens imóveis etc., são ideias bastante conservadoras do signo de Câncer, mas representam o lugar da busca de segurança.

Portanto, a Casa IV e a Casa X são Casas de poder, poder privado da família e poder público do Estado, respectivamente, são Casas angulares em que se inicia um novo quadrante. Da mesma forma que nos respectivos signos de Câncer e Capricórnio iniciam-se novas estações do ano.

Nós já havíamos estudado o primeiro quadrante, ou quadrante da personalidade, que abrange as Casas I, II, III. Em síntese, a Casa I representa o corpo físico, a ideia do "eu" e da identificação com a personalidade; a Casa II é mais centrada no "meu", no dinheiro e nas realizações; a Casa III, a relação com os irmãos, a vizinhança e o meio ambiente. Na casa IV surge, então, um novo poder, o poder privado da família, conforme acabamos de ver, que representa um novo quadrante. Representa os pais, a origem, a família, e está identificado com as suas raízes. Então, a Casa IV é o símbolo de valores estáveis, de tradição, de pátria, de família, de raiz e se refere, em Astrologia, a bens imóveis, à fundação para construir casas ou tirar riquezas do solo.

É, porém, importante enfatizar que as Casas estão relacionadas com a rotação da Terra e, portanto, com o horário em que a pessoa nasceu. As Casas giram muito mais rápido, pois o Sol, no seu movimento aparente, irá percorrer os Doze Signos da Eclíptica ou *Via Solis* em um ano, enquanto que em apenas um dia ela terá percorrido as Doze Casas em um giro completo.

A Linha do signo Ascendente é a tangente à Terra no local em que a pessoa nasceu, apontando para a Linha do Horizonte Oriental. Então, o signo que se eleva no Horizonte Oriental no instante do nascimento representa a personalidade e o corpo físico que está nascendo naquele instante. A origem, de onde ele veio é, exatamente, aquela raiz, aquele Nadir, aquela Vertical em relação ao centro da Terra, ou aquele lugar para onde ele "foi levado".

Esta é uma maneira de traduzir a expressão inglesa *To be born*, que significa "nascer" ou mais literalmente "ser trazido". Essa expressão está provavelmente relacionada à passividade intrínseca ao ato de nascer, bem como à cultura cristã que considera que um anjo ou uma cegonha trazem a alma do bebê para nascer. Ou pela tradição hindu onde ela é trazida, vamos dizer, pelo *karma*, pelo seu destino, para nascer. Representa a cidade onde ela nasce ou é levada aos pais que a recebem, e todo componente sentimental da Lua e do passado estão associados à Casa IV.

Dizem que muitas pessoas que se encontram eventualmente em desespero chamam sempre pela mãe, que é o símbolo astrológico que é a Lua e da Casa IV. A Casa IV é a base da estabilização e integração da nossa personalidade a partir da nossa origem, do próprio cordão umbilical e representa o poder privado do sentimento, é talvez a área mais privativa do Mapa Astral. Representa a sua relação com os seus pais, com a sua família, com as suas fotografias de origem, com as suas memórias intransferíveis, e de uma maneira geral se considera que uma pessoa absorve muito da cultura do lugar onde ela é educada.

A partir do estudo da Casa IV no Mapa Astral se pretende saber algo da estrutura de personalidade da pessoa pelo lugar onde ela passou a sua infância, porque ali ela assimilou como um mata-borrão, como uma esponja, muitas coisas daquela cultura. Depois ela pode trabalhar sobre essas tendências, superar, mas com certeza poderão estabelecer marcas profundas na sua estrutura. Talvez, por isso, muitos países não aceitam que uma pessoa naturalizada ocupe cargos de importância no poder do Estado, tendo em vista que ela poderia ter tendências inconscientes em favor do país onde foi educada. Não estou aqui querendo discutir a lei, mas dando uma demonstração de como o Estado, que representa a Casa X, trata as questões da Casa IV.

Portanto, em oposição à Casa IV encontraremos a Casa X. Do ponto de vista do princípio da polaridade, a Casa IV tende a nos centrar nas nossas raízes, no nosso próprio umbigo, a retornar para o próprio passado, para a nossa origem, enquanto que a Casa X nos projeta no coletivo, na contribuição que nós vamos dar ao mundo. Podemos comparar com a própria árvore, a partir da sementinha, que desenvolve o geotropismo para se enraizar, e o heliotropismo para criar a direção do crescimento do seu caule em busca do Sol, mais tarde lá em cima, na copa da árvore, ela oferecerá os seus frutos. E essa direção da copa das árvores representa, em Astrologia, a Casa X e sua contribuição à sociedade como trabalho, como carreira, como *status*, quando a pessoa consegue alcançar o seu lugar ao Sol, dentro da floresta do convívio que nós temos na sociedade. Pois, por analogia, cada árvore tem o seu lugar e a sua função ou vocação dentro de uma floresta.

A Casa X pode ser vista como uma evolução da Casa IX, assim como a Casa IV representa uma evolução da Casa III. Nós vimos que a Casa III tem relação com a vizinhança e com os irmãos. Ela é uma limitação das Casas anteriores do "eu" e do "meu", e na Casa III, que é uma Casa Cadente, a personalidade da criança é limitada pelas regras de convívio com os irmãos e no relacionamento com a escola primária e com a vizinhança e precisa adaptar-se ao meio ambiente e às suas leis naturais. Já na Casa IV a personalidade da criança se enraíza em identificação com as suas origens e busca apoio na autoridade dos pais para dirimir as questões com os irmãos, com a escola, etc., criando um sentimento de poder privado da família.

Ao contrário, a Casa IX, que é a oposta da Casa III, tem a ver com a filosofia, com o estudo das diversas culturas, religiões, leis. As pessoas com Sol na Casa IX têm a mente mais voltada para esses assuntos do conhecimento abstrato, ou das viagens e conexão com diferentes culturas. Esta é a base a partir da qual irá se construir a Casa X que é o Estado, ou seja, a lei construirá o Estado, surgindo então o que nós vamos chamar de Poder Público que é diferente do Poder Privado da Casa IV. A Casa X é exatamente o oposto, é o Poder Público, é o poder da sociedade e da coletividade, representa o fruto que é oferecido pela árvore no seu ponto mais alto, é a profissão que a alma professa, é o fruto que ela vai entregar do seu trabalho ao coletivo. Desta forma, nós temos aí a ideia de uma força social, um lugar na sociedade, o *status*, um ofício dentro do ritual social, representando nesse sentido o sucesso individual como um mito.

Já questionava Krishnamurti: "Quem pode ser bem-sucedido num mundo como este?" Sabe-se que neste mundo morrem 40.000 crianças por dia de fome enquanto são gastos 1.000.000 de dólares por minuto em armas. Segundo a UNESCO, para cada criança que morre por motivos derivados da subnutrição no mundo em desenvolvimento correspondem 36.000 dólares que estão sendo gastos em armas, sendo que essas armas provavelmente não serão usadas para tiro ao prato em parques de diversões, mas para propósitos bem mais destrutivos...

Estamos querendo mostrar com isso que o Estado é constituído de famílias, mas também é responsável por elas. É essencial porém perceber que há uma oposição, que quanto mais eu me dedico à minha profissão e à minha carreira, menos tempo eu tenho para me dedicar à minha família; e quanto mais eu me dedico à minha família, menos tempo eu tenho para me dedicar à minha profissão. Existe um jogo de contrapesos entre as Casas opostas, a Casa IV e a Casa X, a Casa da família e a Casa da profissão, do *status*, do lugar que se ocupa como oficiante no ritual social.

A Casa X é o atingimento da culminância do Mapa, o seu ponto mais alto, exatamente o Meio do Céu, símbolo assim da autoridade. Quando as pessoas têm muitos planetas na Casa X, elas facilmente se projetam numa posição de autoridade, ou têm facilidade de relação com a autoridade estabelecida. E nós vamos verificar que a Casa X, muitas vezes, nos exige toda uma perseverança, toda uma construção, enquanto a Casa IV já nos é dada de berço, porque é a nossa origem. Na Casa X nós vamos ter que construir uma carreira, é uma ideia capricorniana de subir a montanha, gradualmente, até chegar ao pico.

As pessoas que nascem, por exemplo, aproximadamente entre as 10 da manhã e o meio-dia têm provavelmente o Sol dentro da Casa X, raramente recebem ou aceitam promoções que não sejam oriundas do seu próprio esforço. Elas costumam conquistar os cargos pelo seu próprio trabalho. Existem outras posições no Mapa onde a sorte ajuda, os amigos ajudam quando o Sol está na Casa XI, ou quando Júpiter está na Casa VI, a pessoa consegue colocações, mas quando se trata da Casa X, esta é uma relação com a autoridade apenas na medida em que a pessoa presta serviço e apresenta um resultado, porque ela busca reconhecimento e poder, não apenas salário.

Assim, a Casa X caracteriza uma nova esfera de atuação, o fruto, a missão, que se chama de *dharma* ou dever, se apresenta como uma contribuição que o indivíduo traz para a coletividade onde ele vive. Não deveria ser só como hoje em dia, nesse mundo de capitalismo selvagem, de globalização, às vezes até esmagadora, atropelante, não deveria ser só para ganhar dinheiro.

Na verdade o assunto do dinheiro em Astrologia é regido pela Casa II, o do serviço na Casa VI e o do *status* ou da posição de autoridade na Casa X. Diversas combinações podem surgir dessas três casas e suas influências, dependendo da disposição dos planetas. Uma pessoa, por exemplo, pode ter dinheiro sem ter status, ou sem trabalhar muito, ela pode ter trabalhado muito na Casa VI, mas não ter o *status* e o reconhecimento do dinheiro, ela pode ter reconhecimento social na Casa X sem ter o dinheiro e o serviço. Enfim, combinações interessantes podem surgir, que o estudante de Astrologia deve apreender, gradualmente, se ele assim pretender estudar mais a fundo o assunto.

Acima de tudo a Casa X, portanto, esta representada com esse elemento último da Missão, da vocação da vida de uma pessoa, no sentido do chamado à vida, que a trouxe a nascer. Essa é a sua estrela guia, que se encontra no Meio do Céu. Os planetas que se encontram naquela região do Meio do Céu apontam para a contribuição que a pessoa veio a dar na sua existência. Portanto, a profissão implica um elemento de realização íntima, de cumprir o seu papel; não tanto pelo dinheiro que a partir dela se vá colher.

Assim, dizia também a própria tradição Oriental através do *Bhagavad-Gita*: "Tua missão consiste somente na ação, nunca nos seus frutos; portanto, não deixes que o fruto da ação seja o teu motivo, nem te apegues à inação."[1] Ou seja, simboliza-se aí não buscar uma recompensa para si, mas contribuir para o coletivo, e acrescenta no II/50: "Portanto, aferra-te ao *Yoga*, *Yoga* é habilidade na ação"[2].

A ideia clássica do *Yoga* é a união, é a integração harmoniosa com o todo, e integrar nesse caso também a Casa IV com a Casa X, ou seja, as necessidades da família com a contribuição à comunidade de uma forma equilibrada. A ideia de cidadania também está relacionada a esse equilíbrio, e a menos que nós consigamos encontrar esse equilíbrio em nós, é possível que a nossa contribuição para o meio social seja algo confusa.

Dizia também Krishnamurti: "Vós sois o mundo"[3], ou seja, essas Casas IV e X nos fazem refletir sobre as nossas relações com a nossa origem e também com a contribuição que nós vamos dar ao meio social que por consequência nós estamos criando ao nosso redor por meio de nossos relacionamentos. Afinal, o Estado não é, necessariamente, uma entidade abstrata apenas, mas ele é o fruto das relações entre pessoas num certo país.

E nesse sentido, quanto mais nós conseguirmos introjetar essa ideia de uma Missão, de uma contribuição, e não apenas a busca de um *status* isolado e autoridade para cada um, nós vamos melhor contribuir para o florescimento dessas flores e desses frutos para um país de abundância e uma contribuição equilibrada para a família e para o Estado.

Referências bibliográficas

1) BHAVAGAD-GITA. (Trad. Annie Besant). Chennai (Madras), The Theosophical Publishing House, 2000. p. 35. [st. II-47]

2) Ibidem, p. 36. [st. II-50]

3) KRISHNAMURTI, J. You are the World. New York, Harper & Row, 1973.

Capítulo 15

As Casas V e XI; VI e XII

Nós temos, na sequência da cúspide da Casa V, aproximadamente a 30° da direção Oeste do Fundo do Céu, e a cúspide da Casa XI aproximadamente a 30° na direção Oriental ou para o Leste do Meio do Céu.

A Casa V é chamada a Casa dos filhos e está relacionada à procriação e à criatividade, ela é uma Casa sucedente. As Casas sucedentes estão relacionadas com o uso que se faz da energia que foi gerada na Casa anterior, chamada Casa angular.

Todas as Casas angulares começam naqueles eixos principais que são a Linha do Horizonte e a Vertical do lugar.

No Zodíaco os eixos principais são a Linha dos Equinócios e Linha dos Solstícios, enquanto que nas doze Casas Astrológicas essa divisão corresponderá à Linha do Horizonte da Terra e à Vertical do lugar, respectivamente.

Dessa forma, a Casa V é uma Casa sucedente, e ela está relacionada até com o próprio sentimento da alegria de viver, com aquela questão do amor. Ela está relacionada ao uso do sentimento do poder privado da emoção surgindo da Casa IV, a Casa está relacionada com a família, com a raiz e com o nosso umbigo. Então, a Casa V é o que nós geramos a partir daquela família, e a isso em geral se atribui a ideia dos filhos, mas também é a expressão de tudo que é criativo no ser humano. O indivíduo que nasce aproximadamente entre as 20 e 22 horas terá o Sol na Casa V e será favorecido para o sentimento, a criatividade, a busca de diversão, de prazer, por correspondência com o signo de Leão.

Ao contrário, o Sol estará na Casa XI aproximadamente, desde as 8 horas da manhã, até as 10 horas da manhã que é chamada de Casa dos amigos, da fraternidade e dos ideais, do futuro, por correspondência com o signo de Aquário.

A Casa V, portanto, implica o uso do poder do sentimento, o preenchimento emocional da pessoa, genericamente é chamada de Casa dos filhos, e das paixões, e está relacionada à alegria de viver, aos esportes, aos *hobbys*, com todas as expressões criativas e artísticas e, portanto, não necessariamente à busca de um resultado, mas ao fazer simplesmente por amor ao que está assim sendo feito. Esta casa está relacionada com a paixão pelo esporte, esse entusiasmo de viver. A Casa V corresponde ao quinto signo que é Leão, que é regido pelo Sol, o Astro rei do Sistema Solar e, portanto, a essa vontade de viver, a esse brilho da vida. E as pessoas que têm planetas nesta Casa são pessoas que são afortunadas nesse sentido da alegria de viver, bom humor, e gostam muito de jogos e de atividades de especulação.

É claro que se os planetas mais conflitivos, ou eventualmente desafiadores caírem nesta Casa, como Plutão ou Saturno, poderá haver algumas dificuldades. É importante compreender que naquela Casa, esse assunto da motivação da vida, da alegria de viver, e do verdadeiro esporte depende de nós agirmos por amor à ação, e não tanto pelo resultado.

Se nós começarmos a entrar muito na especulação sobre o resultado em si, se apenas somos motivados por colher uma recompensa, então o verdadeiro espírito da Casa V que era o *hobby*, o esporte, e do amor pelo amar, e não por um resultado específico, começa a se perder. Enfim a verdadeira expressão da Casa V é a alegria de viver, quando fica muito presa apenas ao prazer, a energia já está descendo para um nível meramente procriativo que serve para aumentar a família. É somente quando essa energia é sublimada que outras formas de criatividade propriamente fluem.

Como nós já havíamos dito, as Casas abaixo do Horizonte caracterizam um elemento mais privativo, pessoal, porque o que está abaixo do Horizonte é como se estivesse ainda abrangido pela Terra, que representa o nosso corpo, está dentro de nós, é subjetivo. O que está acima do Horizonte é mais coletivo, tem a ver com a relação social.

Verificaremos que a Casa XI se encontra exatamente oposta à Casa V, mas acima do Horizonte, portanto que o Sol ocupa esta posição aproximadamente entre as 8 e as 10 horas da manhã. De qualquer forma, é preciso ver se não há uma diferença muito grande da longitude em relação à distância entre o eixo referente ao meridiano regente do fuso, que se alinha ao meio-dia na região do fuso. De uma cidade para outra pode haver pequenos ajustes a fazer para obter assim a hora solar ou local, mas de um modo geral, aproximadamente, se a pessoa nasceu entre as 8 e as 10 horas da manhã terá o Sol na Casa XI, chamada então, Casa dos amigos.

É interessante assim observar que a Casa XI está associada a compartilhar e a fazer uso do que nós conquistamos na nossa carreira pessoal profissional, com os outros, com os nossos amigos, talvez fazendo festas num nível mais simples, mas o compartilhar no sentido social está relacionado aos ideais e às esperanças para o futuro. Então, com certeza a Casa XI é a mais preocupada com o futuro. Ela corresponde ao signo de Aquário, que é o signo que está cem anos na frente, como geralmente se diz. Está associada à ideia da busca do futuro, mas de certa forma existe ali um prazer criativo na esfera social, e portanto existe a ideia de compartilhar isso com o próximo. Por outro lado, a Casa V está mais relacionada aos divertimentos, aos amores e às paixões pessoais, e isso é um pouco diferente da Casa VII que é o compromisso do casamento, da associação. Vale ressaltar a diferença entre estas duas casas. Na Casa V, a pessoa pode namorar muito e não querer casar, enquanto que na Casa VII a pessoa pode querer casar sem namorar, ou querer queimar a etapa do namoro, são temperamentos diferentes.

Na Casa XI o que é mais fácil é fazer amigos, a fortuna da pessoa está nas amizades, e às vezes ela tem medo de se ligar mais e se envolver. O Aquário tem um pouco disso, ele não gosta de ficar muito vinculado e perder sua liberdade. As Casas de ar são muitas vezes associadas a isso e principalmente a Casa XI que é considerada a Casa de desfrutar ou revoltar-se a partir do sucesso ou insucesso atingido na Casa X que é a Casa culminante do Mapa, é a Casa que alcança o ponto mais alto, a posição social ou *status*. Na Casa XI nós temos a consequência disso, e a pessoa vai fazer uso da Casa X, vai desfrutar ou revoltar-se com os padrões sociais estabelecidos. A casa XI, portanto, caracteriza aquele idealismo na preocupação com o futuro, de modo que o todo social trabalha através do indivíduo e esse indivíduo, por sua vez, preenche o seu lugar no rito social, na vida em geral.

A casa XI indica uma visão criativa no coletivo, a partir dos meios de expressão conquistados na Casa X, que é a Casa da profissão, e também a partir daquela visão geral das culturas que nós vimos na Casa IX, que está relacionada com os paradigmas filosóficos, e os objetivos de vida de um ponto de vista ético, religioso. Por isso, a Casa IX é chamada também a Casa da religião e da filosofia, das viagens porque ali se confrontam outras culturas. Assim, de certa forma, haverá a soma do movimento da Casa IX e da Casa X, culminando num efeito na Casa XI, que deveria ser a evolução social religiosa, e a possibilidade da reforma que é um ideal bem aquariano de querer renovar.

O Aquário é assim como os ventos, que arrancam fora os galhos velhos e as folhas secas no meio do inverno, arrancando fora o peso morto do que é velho para poder renovar, para dar espaço para o novo poder brotar na nova primavera que se avizinha. Então, essa ideia de deixar só as sementes para florescer novas árvores no futuro, está caracterizada na Casa XI. Ela é uma Casa de criatividade coletiva e, portanto, está relacionada com as amizades, com o compartilhar dos ideais com os outros no mundo social, ou ao planejar a longo prazo, que sementes nós vamos deixar para o futuro.

A partir das Casas V e XI, poderemos compreender de forma mais imediata as consequências desse uso nas Casas seguintes que são Cadentes ou de teste, a saber, as Casas VI e XII. A Casa VI é chamada Casa da saúde e do trabalho e a sua oposta, a Casa XII, chamada de Casa das limitações, do *karma* e das coisas ocultas e místicas.

Dessa forma uma pessoa que nasce, aproximadamente, das 18 horas, que é a posição do Sol no poente, no Oeste, até as 20 horas, terá o Sol na Casa VI. Tal posição carcterizará uma pessoa muito voltada para o trabalho, pois o Sol, o centro da personalidade, o centro da consciência, o sentido de identidade que ela tinha na vida para dar valor à sua existência, está centrado aqui na Casa VI que é a Casa do trabalho.

Por outro lado, o Sol se encontra na Casa XII, aproximadamente, desde as 6 horas da manhã, quando o Sol nasce na Linha do Horizonte Oriental, no signo Ascendente, até aproximadamente as 8 horas da manhã. O Sol na Casa XII dá um temperamento mais introspectivo, uma identidade mais voltada para dentro de si, para a auto-observação, para o isolamento que é outro dos nomes que a Casa XII tem.

As Casas VI e XII são Casas Cadentes. A ideia de queda, associada à palavra cadente caracteriza uma Casa de teste, ou de consequência do que nós geramos nas Casas anteriores. Então, na Casa VI temos a consequência do que geramos na Casa V. Portanto, a Casa VI é chamada a Casa de colheita, vejam que corresponde ao signo de Virgem, que é o sexto signo do Zodíaco, e está relacionado à colheita.

A Casa VI é uma Casa de reajuste pessoal, ou de percepção das limitações. Se uma pessoa não trabalhou bem, não se ajustou bem ao Ciclo da Vida, ela poderá ter dificuldades de autoexpressão que redundarão, eventualmente, na falta de saúde. A saúde nos possibilita sermos úteis. Quando nós dissipamos muita energia no prazer, na Casa V, só em diversões e passatempos, qual é a consequência imediata na Casa VI? Nós podemos ficar sem saúde, e por isso inúteis. Portanto, se perante esse desafio da vida assumirmos uma postura de adequação, nós vamos encontrar trabalho, participação, contribuição, saúde, enfim, nos sentiremos úteis, realizando algo na vida.

Por outro lado, se houver inadequação, em busca de um mero passatempo, apenas como preenchimento escapista, haverá a dissipação de energia e tempo. A palavra passatempo significa que o tempo está pesando nas nossas mãos e nós queremos nos livrar dele, deixar ele passar logo. Diversão tem a ver com distrair-se, divergir do alvo, então, eventualmente se as casas que nós mais gostamos não forem bem trabalhadas, elas não produzirão nada, elas só dissiparão a nossa energia.

Isso indicaria inadequação na relação com a vida, e de certa forma nós colheríamos ou doença e dor, quando do ponto de vista físico tivesse ocorrido uma dissipação de energia física, ou crise, dúvidas e conflitos quando a inadequação fosse de natureza mais psicológica, por não termos conseguido interagir no momento social, por meio de uma profissão adequada para que nos sentíssemos úteis.

As vezes até parece que em nossa civilização escapista, materialista e consumista, profissão virou dinheiro. Estamos querendo enfatizar algo muito além disso, ou seja, que uma pessoa possa sentir-se realizada com o que faz, sentir-se útil, ocupando seu lugar dentro da esfera da vida. Isso é mérito, é muito diferente de apenas ganhar dinheiro, tanto que muitas pessoas que de repente conquistam merecidamente a sua aposentadoria, entram em crise porque não sabem mais o que fazer da vida.

Justo quando estão com a vida ganha, têm tempo disponível, começam a sentir-se deprimidas, entram em crise, porque associaram demais a sua utilidade, a sua necessidade de sentirem-se úteis, somente com uma atividade remunerada. Existem inúmeras maneiras de uma pessoa sentir-se útil neste mundo e talvez a remuneração nem seja a recompensa mais importante.

Ao contrário, a Casa VI é uma casa em que a pessoa sentindo-se útil faz a sua preparação para ingressar na Casa VII, ou seja, há um nascimento no coletivo, a Casa VI é a última Casa individual, onde surge essa necessidade virginiana de servir, de sentir-se útil, e os filhos demandam que nós trabalhemos por eles.

Essa é uma consequência da Casa V para a Casa VI, a Casa dos filhos leva à Casa do trabalho, nós temos que sustentá-los e auxiliá-los a crescer. Assim também a Casa do trabalho abre as portas para o relacionamento do casamento. Portanto, aquela dificuldade de casar sem ter uma profissão, sem estar estabelecido na vida, cria esta situação de correlação também da Casa VI para a Casa VII. Na verdade, a Casa VII também tem o sentido de uma associação, o sentido de trabalhar com outra pessoa como um sócio, não só o casamento no sentido de formar uma família.

A Casa VII é a Casa do Casamento e das Associações, e é importante notar que a Casa VI é a transição da Casa V para a Casa VII. É a transição entre a paixão e o casamento, ela passa pelo trabalho, ela passa por sentir-se útil, que são assuntos da Casa VI. Só então as pessoas alcançam metas comuns e objetivos comuns, típicos da Casa VII, para uma ligação funcional que deveria ser o casamento ou associação. Por isso, muitos entram em crise quando não existe cooperação ou participação compartilhada com um propósito funcional comum, ou um interesse comum, porque já o casamento simboliza a célula da vida social.

Dessa forma, quando nós cruzamos da Casa VI para a Casa VII ocorre esse sentido de nascer socialmente. A própria expressão popular diz que quando a pessoa casa ela entra para o "rol dos homens sérios", ou seja, ela passa a ter uma dimensão social mais nítida na sua vida.

As pessoas que nascem com o Sol na Casa VI ou Casa do trabalho, lá pelas 19 horas, ou mais especificamente, entre 18 horas e 20 horas, têm que se cuidar para não trabalhar demais, enquanto que as pessoas com Sol na Casa V podem querer viver só para prazeres e coisas criativas, e correm o risco de só fazer o que gostam.

Por outro lado, pelo princípio da polaridade é interessante notar que a Casa V representa os nossos filhos de sangue, enquanto a Casa XI representa os nossos amigos, mas também os filhos adotivos e enteados, aqueles que eu escolhi para o meu convívio, não aqueles que o *karma* me trouxe pelo sangue. Todos eles têm o seu lugar na natureza e contribuem para a nossa vida.

Se o indivíduo torna-se muito possessivo e só aceita aqueles do seu sangue, fica restrito à esfera da Casa V e perde a esfera dos amigos, que é a esfera da Casa XI. E, por outro lado, se a pessoa vive só para os amigos talvez tenha pouco tempo para dedicar à sua família, perde, então, a dimensão dos seus próprios filhos, afastando-se e vivendo só para a dimensão social. Portanto, há uma polaridade a ser equilibrada, há um desafio de equilíbrio entre a Casa V e a Casa XI.

Assim também há uma polaridade entre a Casa VI e a Casa XII que é a Casa do isolamento. A Casa XII corresponde ao fim do Zodíaco, no caso, ao fim do ciclo das Casas, pois corresponde ao último signo do Zodíaco, que é Peixes. Por ser o fim do ciclo representa a semente do próximo, ou a causa do próximo ciclo, por isso associa-se no Oriente à ideia de *karma*.

A palavra *karma* quer dizer ação, mas subentende a reação ou consequência da ação, até porque pelo ponto de vista espiritual, como não há tempo, as duas coisas são simultâneas. Somente do ponto de vista material é que primeiro vem a causa, e depois frutifica o efeito; primeiro há a semeadura e depois vem a colheita.

Então, a Casa XII é a Casa da busca do sentido da vida, é a Casa da repolarização social existencial. A Casa XII é uma casa Cadente onde a pessoa acumula não só o *karma* do quadrante, mas de todas as doze Casas anteriores. É o fechamento de todo um ciclo onde a pessoa se confronta com os seus sucessos e fracassos. Sendo uma Casa d'água, é uma Casa psíquica, mais sensível, mais profunda, e somente deixando o pequeno se pode nascer para o grande, por isso temos que sacrificar o eu pessoal em serviço útil ou retornar para pagar o que estamos devendo.

Então, vejam que depois da Casa XII vai se inserir a Casa I que é a Casa do corpo físico simbolizando a ideia de que o *karma* leva à reencarnação. Enquanto houver dívidas pendentes, nós teremos que retornar, este é o ensinamento central do Hinduísmo e do Budismo, isto é, que nós temos que retornar para pagar aquilo que devemos. Assim, porque causamos desequilíbrio à Natureza, a Natureza nos cobra pela lei de ajuste, ou do equilíbrio ou da justiça, alguma compensação.

Dessa forma, a Casa XII também é chamada de Casa do misticismo, das limitações, do isolamento, representa talvez um período entre uma vida e outra, um período um pouco purgatorial para uns, algo celestial para outros, dependendo do tipo de vida que a pessoa teve, se foi uma qualidade mais materialista ou espiritual.

A Casa XII está associada ao isolamento, no sentido de orfanatos, de hospitais, de asilos, de hospícios, de presídios, até de laboratórios de pesquisa ou ambientes fechados, também está associada aos monastérios e ao confinamento. Assim, as pessoas que têm o Sol nesta Casa geralmente nasceram entre 6 horas e 8 horas da manhã, e costumam ser mais introspectivas e voltadas para si mesmas. São algo hipersensíveis e precisam se isolar para recarregar as baterias, elas sentem intuitivamente as dores dos outros como se fossem suas. Portanto, é uma Casa de extrema importância para o crescimento interior.

O Sol na Casa XII pode trazer até uma iluminação espiritual ou um maior autoconhecimento, porque na verdade a maioria dos nossos sofrimentos, particularmente os sofrimentos psicológicos, são ilusórios e desnecessários na medida em que são criados e nutridos pela nossa própria mente, pela identificação com o produto da própria imaginação, portanto surgem de uma confusão, de uma falta de clareza de visão. Então, os planetas na Casa XII levam à introspecção, ao isolamento etc, às vezes produzem uma certa timidez, mas usados de forma adequada trazem a intuição, a compreensão da vida e do sentido oculto das coisas.

É, portanto, uma Casa mística de retorno ao Pai Supremo, de retorno à origem espiritual, é uma Casa de relação com a realidade suprema e transcendente da vida. E, nesse sentido, se nós preenchermos esse objetivo maior de transcendência, nós conseguiremos encontrar na Casa XII a abertura para o Céu ou para o Nirvana, a genuína salvação, ou o fim do ciclo das reencarnações compulsórias, como diz o Apocalipse: "Quanto ao vencedor, farei dele uma coluna no templo de meu Deus, e daí nunca mais sairá"[1].

Assim, a ideia da salvação, nos tempos originais do Cristianismo era de não retornar mais à ressurreição da carne, era de não reencarnar mais, e portanto ir para a ressurreição do espírito, que os Orientais chamam de Nirvana, ao contrário de reencarnar, que seria o ciclo de ressurreição da carne ou de reencarnações na Roda do *Samsara*. Deste modo, estas ideias fundamentais vão simbolizar para nós uma possível libertação, e a Casa XII representa o fechamento do ciclo das Casas. Assim o cenário celeste do Zodíaco e o cenário terrestre das casas estão completos. Falta-nos ainda estudar nos próximos capítulos os planetas que são, por assim dizer, os atores deste teatro da vida. Dessa forma, vamos, aos poucos, aprender a interpretar um Mapa Astral.

Referências bibliográficas

1) BÍBLIA de Jerusalém, A. São Paulo, Paulus, 1995. p. 2305. [Apocalipse III-12]

Capítulo 16

Os Planetas e os Luminares

Vamos agora ingressar no estudo dos planetas, como são chamados genericamente os astros do Sistema Solar envolvidos com a Astrologia, o que quer dizer que não é incomum, na linguagem astrológica, chamar o Sol e a Lua de planetas, embora astronomicamente se saiba que eles na verdade têm outra classificação. Por iluminarem o dia e a noite, o Sol e a Lua são também chamados de Luminares na tradição astrológica. O Sol é uma estrela enquanto que a Lua é um satélite do planeta Terra, e os planetas, por sua vez, são satélites do Sol.

Feitas estas considerações preliminares, talvez fosse bom lembrar que os planetas do nosso Sistema Solar, como estamos tentando sugerir aqui, em termos de proporção, são extremamente diferentes. Imagine-se que o Sol representa 99% da massa do Sistema Solar. Depois nas posições das órbitas, nós temos Mercúrio, Vênus, Terra e Marte, mais próximos relativamente do Sol, e viria, então, um cinturão de asteroides que provavelmente se supõe ter sido um planeta que se decompôs por alguma colisão ou explosão, ainda depois vem Júpiter e Saturno, com seus famosos anéis.

Esses primeiros planetas são chamados ou considerados visíveis a olho nu, enquanto aqueles que estão ainda além, a saber: Urano, Netuno e Plutão necessitam de um telescópio para serem vistos, portanto não são visíveis a olho nu, tendo sido descobertos somente depois da invenção do telescópio. Por isso, os primeiros, excluindo a Terra, mas incluindo a Lua que orbita em torno da Terra, a saber: o próprio Sol, Mercúrio, Vênus, Lua, Marte, Júpiter e Saturno eram os assim chamados sete planetas sagrados na linguagem astrológica desde a antiguidade, feita já a ressalva de que Lua e Sol, embora astronomicamente não sejam planetas, assim são chamados, às vezes, por simplificação da linguagem astrológica.

Portanto, eles fazem parte de toda uma sistemática de correspondência, e a primeira correspondência simples que nós podemos atribuir a eles são os sete dias da semana. Para aqueles que conhecem um pouco da linguagem de outros países, por exemplo, o espanhol talvez seja mais próximo do português, nós encontramos exatamente que segunda-feira é chamada *Lunes*, referente à Lua; terça-feira *Martes*, portanto referente a Marte; quarta-feira, *Miercoles*, portanto, referente a Mercúrio; quinta-feira *Jueves*, portanto, referente a Júpiter; sexta-feira, *Viernes*, referente a Vênus; sábado está relacionado também em inglês, *Saturday*, a Saturno, que é *Saturn*, em inglês; e o domingo, *Sunday*, está ligado ao Sol, dia do Sol, *Sun*. Então, nós temos ali a clássica correspondência dos sete dias da semana com os sete planetas sagrados.

Os outros três foram descobertos mais tarde, são muito mais lentos. Pelas leis de Kepler quanto mais longe do Sol, mais lento é o período de uma revolução completa, ou de uma completa translação em torno do Sol. Vamos ver como é essa questão das distâncias, pois as proporções dessas distâncias são surpreendentes no Sistema Solar, haja visto que, neste pequeno aglomerado de círculos concêntricos, que na verdade são elipses, nós temos a posição de Sol, Mercúrio, Vênus, Terra e Marte, este pequeno grupo. Já depois, Júpiter tem toda essa elipse de perecurso orbital, depois Saturno, depois Urano, que leva já 84 anos para dar uma volta em torno do Sol.

Imaginem que nessa proporção, os planetas internos, a própria Terra, giram em torno do Sol levando aproximadamente um ano para dar uma volta completa no Zodíaco, porque os planetas internos, do ponto de vista Zodiacal, acompanham o Sol, Marte leva 2 anos, Júpiter leva 12 anos, Saturno chega à casa de 28 ou 29 anos, Urano 84 anos, e ainda temos os outros, arredondadamente, Netuno lá pelos 160 anos, Plutão 250 anos, números estes já muito significativos.

Portanto, as proporções de distância em relação ao Sol são muito grandes quando se chega a Plutão, e relativamente pequenas de Marte para dentro do Sistema Solar, enquanto os planetas Urano, Netuno e Plutão precisam de um telescópio para serem vistos dada a distância em que eles se encontram e a pequena dimensão física, proporcionalmente a outros planetas como Júpiter e Saturno que são muito maiores.

Por isso, os Astrólogos chamam em geral os planetas Urano, Netuno e Plutão de geracionais porque envolvem uma geração inteira, seus movimentos são muito lentos, suas posições não mudam de signo por vários anos, são, portanto para gerações. Também é verdade que a tradição os associa ao que é inconsciente, ou impessoal, porque abrange gerações inteiras, e não é tão pessoal como aqueles planetas até Marte, que como geometricamnte se vê, se encontram muito mais próximos do Sol. Eles são chamados de planetas pessoais, que, incluindo o Sol, são Lua, Mercúrio, Vênus e Marte. Depois se encontram dois intermediários que são Júpiter e Saturno, que ainda são visíveis a olho nu, mas já bem mais lentos que os anteriores, Júpiter leva doze anos e Saturno vinte e oito anos para dar uma volta em torno do Sol. Nós temos Júpiter e Saturno como planetas chamados de sociais, que é o uso de uma linguagem para caracterizar como intermediários entre os que são pessoais em relação aos que são transpessoais, ou transaturninos como também são chamados Urano, Netuno e Plutão por se encontrarem além de Saturno.

Feitas essas correspondências básicas, conseguiremos entender melhor por que os planetas têm regências sagradas, e verificar que os antigos corresponderam os sete planetas aos doze signos da seguinte forma: eles duplicaram a regência de cinco planetas e acrescentaram ainda uma regência para o Sol e outra para a Lua. Então, por exemplo, os Luminares, ou seja, o Sol e a Lua podem ser correspondidos ao braço e antebraço, e os outros cinco planetas aos dedos de uma mão, completando a Trindade. Assim, seria como se fosse o Pai, o Filho e o Espírito Santo, correspondendo ao braço, antebraço e mão, respectivamente.

Dessa forma, os antigos egípcios chamaram a Trindade de Osíris, Hórus e por último em Ísis ou Virgo havia multiplicidade ou diversificação. Então, a ideia de que duas vezes cinco daria dez, mais os dois Luminares originais, o Sol e a Lua, nós teríamos os doze.

Assim, o Sol é o regente do signo de Leão e a Lua é regente do signo de Câncer.

O que é ser regente? É estar em casa, é sentir-se em casa, no seu domicílio, é quando a energia do planeta é mais forte porque vibra em ressonância, em sintonia com aquele signo.

Depois temos o Mercúrio, regendo tanto o lado Gêmeos, na regência chamada diurna, quanto Virgem na regência chamada noturna. Ainda temos Vênus regendo tanto Touro na regência chamada noturna, quanto Libra na regência diurna, e temos Marte regendo Áries na regência diurna e Escorpião na regência noturna. Depois temos Júpiter regendo tanto na regência diurna a Sagitário e na noturna a Peixes, e por último Saturno, o limite dos planetas visíveis, na regência noturna em Capricórnio e na diurna em Aquário.

Então, temos aí os doze signos com as suas regências clássicas, e anexaríamos então com as descobertas posteriores as regências específicas pela ordem de descobertas, Urano regente de Aquário, Netuno regente de Peixes e por último Plutão, regente de Escorpião. Portanto, temos planetas com dupla regência, uma vez que têm uma sintonia específica com um planeta e uma sintonia secundária com outro.

Regências dos Planetas e Luminares

Nome	Símbolo	Domicílio	Exílio	Exaltação	Queda	Metal
Sol	☉	♌	♒	♈	♎	Ouro
Lua	☾	♋	♑	♉	♏	Prata
Mercúrio	☿	♊ ♍	♐ ♓			Mercúrio
Vênus	♀	♉ ♎	♏ ♈	♓	♍	Cobre
Marte	♂	♈ (♏)	♎ (♉)	♑	♋	Ferro
Júpiter	♃	♐ (♓)	♊ (♍)	♋	♑	Estanho
Saturno	♄	♑ (♒)	♋ (♌)	♎	♈	Chumbo
Urano	♅	♒	♌			
Netuno	♆	♓	♍			
Plutão	♇	♏	♉			

Toda essa concepção é baseada na ideia das correspondências setenárias que se mantêm das tradições antigas. Assim, cada um desses planetas corresponderia, por exemplo, como já vimos, aos sete dias da semana, que poderíamos corresponder, por exemplo, aos sete pecados mortais, porque dizem que matam a alma, e que a alma fica impedida de manifestar-se enquanto eles estão presentes, não no sentido do inferno eterno, essa não é a interpretação clássica da Astrologia, mas sim que eles obstaculizam como nuvens a passagem da luz do Sol ou da alma.

Talvez também seja interessante aqui apresentar a correspondência com a luz, como a luz branca vai se decompor em sete cores quando atravessar o prisma. Temos um exemplo de um prisma piramidal, e eventualmente qualquer prisma quando ele é devidamente trans-

TABELA DE CORRESPONDÊNCIAS SETENÁRIAS

CORES DO ESPECTRO	NOTAS MUSICAIS	PLANETAS SAGRADOS	PECADOS MORTAIS	SACRAMENTOS	DIAS DA SEMANA	ARCANJOS
VIOLETA	Si	Lua	Preguiça	Batismo	Segunda-feira	Jophiel*
ÍNDIGO	Lá	Vênus	Luxúria	Matrimônio	Sexta-feira	Uriel*
AZUL	Sol	Júpiter	Guia	Eucaristia	Quinta-feira	Zadkiel
VERDE	Fá	Saturno	Avareza	Extrema Unção	Sábado	Chamuel*
AMARELO	Mi	Mercúrio	Inveja	Crisma	Quarta-feira	Gabriel
LARANJA	Ré	Sol	Orgulho	Ordens Sacras	Domingo	Raphael
VERMELHO	Dó	Marte	Ira	Absolvição	Terça-feira	Michael

* Pode haver incerteza, por serem incompletas algumas informações esotéricas indicadas por C. W. Leadbeater (*Os Mestres e a Senda*. São Paulo, Ed. Pensamento, 1977. p. 236.) e H. P. Blavatsky (DS, v. 5, p. 316-7.), conforme consta em *A Doutrina Secreta* (DS - São Paulo, Ed. Pensamento, 2008.): "Segundo a Cabala e a religião cristã[s], os Anjos regem [exotericamente] os astros na seguinte ordem: Miguel, o Sol; Gabriel, a Lua; Samuel [Samael], Marte; Anael, Vênus; Rafael, Mercúrio; Zacariel, Júpiter; e Orifiel, Saturno. Astrológica e esotericamente, diferem os lugares dos 'regentes'; como também diferem na Cabala judaica, ou melhor, na verdadeira Cabala caldeia." (DS, v. 5, p. 301.). Além disso, há divergência entre qual arcanjo corresponde a cada planeta entre diversas fontes.

parente e a luz branca o atravessa produzirá uma decomposição num certo ângulo, como foi descoberto por Newton, das sete cores do chamado arco-íris. E estas sete cores têm espectro em mícrons, em comprimento de onda, temos aqui exatamente desde o violeta até o vermelho, uma análise espectográfica representando o violeta, índigo, azul, verde, amarelo, laranja e vermelho.

Essas correspondências são muito importantes. Marte é classicamente chamado o deus da guerra, na tradição greco-romana, e a ele corresponde o pecado da Ira. Então, quando a energia de Marte que é de iniciativa, de força, de ação, de coragem, é mal conduzida, é mal trabalhada, costuma gerar a Ira, daí ele ser o deus da guerra, e ainda por cima ser vermelho. Curiosamente ele rege o ferro na tradição antiga e as sondas espaciais lá chegando descobriram que realmente a composição predominante dele é de ferro.

Logo depois o laranja corresponderia ao Sol e o pecado correspondente seria o Orgulho. Ainda nessa sequência nós teríamos o amarelo correspondendo a Mercúrio e à Inveja. Então vejam que cada um dos signos está correlacionado a um pecado capital. Por exemplo, o ponto fraco do Leão poderia ser classificado como o Orgulho; o ponto fraco talvez de Gêmeos ou de Virgem, na sua excessiva preocupação em comparar detalhes e comentá-los poderia vir a ser classificado como sendo a Inveja.

Depois temos o verde correspondendo exatamente a Saturno e à Avareza, que seria o ponto fraco do Saturno, a tendência a querer reter, ele é chamado entre os gregos de Kronos, o deus do tempo. Saturno já é o nome romano. Era representado, muitas vezes, por um velho com uma foice que cortava as vidas, era o símbolo da morte, pois ele é o tempo que na mitologia grega comia os próprios filhos. Está relacionado a querer conter ou controlar o tempo através das posses, está representando o ponto fraco de Saturno que é a Avareza.

Depois nós teríamos o azul, correspondendo a Júpiter que é a tendência à Gula ou à cobiça, a querer mais do que é necessário, é uma tendência tanto em Sagitário como em Peixes, ambos regidos por Júpiter, a ter uma tendência a um certo exagero, a expandir além da dimensão original, e a ter também uma tendência mística, de querer o grande, o maior, de querer o divino. E por último, nessa sequência clássica, o violeta corresponderia à Lua, sua tendência ao sonho, e o pecado correspondente que seria a Preguiça.

Temos assim sete correspondências clássicas. Vale lembrar que a Astrologia está baseada no Princípio da Correspondência, proveniente da Tábua de Esmeralda de Hermes Trimegisto, expresso da seguinte forma : "Como em cima, assim embaixo", ou na interpretação hermética também feita por Blavatsky, em seu magnífico livro *Fundamentos da Filosofia Esotérica*: "Como o Interno, assim é o Externo; como o Grande, assim é o Pequeno; como é em cima, assim é embaixo, só existe uma vida e uma Lei, e o que atua é o Uno. Nada é Interno, nada é Externo, nada é Grande, nada é Pequeno, nada é Alto, nada é Baixo na Economia da Divina".[1]

Então, desta visão de uma vida Una, que seria o primeiro de todos os axiomas herméticos, decorre o segundo, a lei de correspondência é o princípio em que se baseia a Astrologia. Assim, pelas posições dos planetas nos céus se pretende conhecer algo do que acontece na Terra.

Se nós formos, assim, usar este simbolismo aplicado, já vimos aqui as Doze Casas, também, caracterizando os tipos de posições em relação à Linha do Horizonte que os planetas podem assumir. Nós exemplificamos aproximadamente com o Sol que às seis horas da manhã está no Signo Ascendente ou no Horizonte Oriental, depois às oito horas está na cúspide da Casa XII, às dez horas da manhã na cúspide da Casa XI, ao meio-dia na cúspide da Casa X ou Meio do Céu. Na parte da tarde, às quatorze horas na cúspide da Casa IX, às dezesseis horas na cúspide da Casa VIII, às dezoito horas na cúspide da Casa VII ou Descendente, quando o Sol se põe. À noite, segue às vinte horas na cúspide da Casa VI, às vinte e duas horas na cúspide da Casa V, e à meia-noite na cúspide da Casa IV, às duas horas da madrugada na cúspide da Casa III, e às quatro horas da madrugada na cúspide da Casa II, abrangendo assim, aproximadamente, todos os períodos intermediários possíveis.

Dessa forma, nós podemos encontrar a correspondência dos Doze Signos do "lado de fora", que seria o Zodíaco na Abóbada Celeste, com

Doze Casas na Terra, pelo "lado de dentro" a partir da Linha do Horizonte e do Meio do Céu. Por exemplo, podemos acompanhar o Sol a percorrer os quatro quadrantes desde as seis horas da manhã, meio-dia, seis horas da tarde e meia-noite, e assim também depois nós poderemos começar a corresponder o cálculo da posição dos diversos planetas.

É necessário calcular o Horóscopo, ou Mapa Astral do indivíduo, lembrando que a palavra Horóscopo vem do grego *Horoskopeo* que quer dizer observação da hora de nascimento, para poder localizar com precisão um planeta qualquer no Zodíaco e nas Casas.

Vamos supor que Marte está em Libra, Leão ou Escorpião, enfim, para saber em que signo se encontra Marte, eu tenho que olhar na tabela de Efemérides ou usar um *software* no computador, ou um telescópio, e isso exige um cálculo, ou uma verificação direta, para chegarmos a encontrar Marte em Peixes, por exemplo, quando visto da Terra. Enfim, os cálculos podem ser feitos para todas as posições possíveis. Vejamos a Lua. Ela é muito rápida, leva dois dias em cada signo, aproximadamente, e em 27 dias ela dá a volta completa no Zodíaco (mês sideral); assim, aos poucos, nós vamos constituindo o Mapa Astral.

Na verdade, a Lua dá uma volta no Zodíaco em 27, 32 dias, período conhecido como mês sideral, ficando aproximadamente dois dias e um quarto em cada signo. Dessa forma, já não é exatamente o signo do dia, mas, em média, de dois dias e um quarto. Não se deve, porém, confundir o mês sideral com Lunação ou mês sinódico de 29, 53 dias; a Lunação está relacionada às fases da Lua, envolvendo também a relação da Terra com o Sol, e abrange o período entre duas Luas Novas.

Para interpretação do Mapa Astral individual, temos que compreender as características de cada um dos planetas, e talvez a forma mais simples seja começar pelo Sol. O Sol, como nós já vimos, até por sua própria massa, tem a maior dimensão, pois mais de 99% da massa do Sistema Solar se encontra no Sol.

O Sol representa para nós a vitalidade e o senso de individualidade, fisicamente ele é a fonte de luz de todo o sistema, e representa a sua energia criativa; portanto, reflete nele o interior radiante, aquilo com o que nós nos identificamos, a afinação dos valores essenciais da nossa própria alma. Então, o signo solar, que é o tal signo do mês de nascimento, é aquele que nós mais estudamos até aqui, analisando a *Última Ceia* de Da Vinci. Porém, aquela mesma análise pode ser aplicada a outros signos como os da Lua, de Mercúrio, de Vênus, de Marte, etc. Eles vão ser descobertos de acordo com o cálculo que precisa ser feito em cada caso.

O signo solar ou do mês de nascimento dará a característica da alma, com o que ela se identifica, intelectual e mentalmente, ou seja, a sua autoimagem consciente.

O signo da Lua já vai caracterizar, especificamente, aquilo que a pessoa traz mais como uma autoimagem inconsciente, porque é uma luz indireta do Sol refletida pela Lua, representando um temperamento de como a pessoa gostaria que os outros a vissem. A Lua já simboliza uma reação ou predisposição subconsciente e, portanto, sentimentos de autoimagem e assuntos correlacionados.

Sendo a Lua o Luminar de característica mais feminina, pois o Sol tem característica mais masculina, a influência do signo da Lua (ou "signo do dia") pode predominar, no Mapa Astral das mulheres, em relação ao signo do Sol (ou "signo do mês").

A Lua representa o nosso lado inconsciente, como quando nós vamos dormir, ficando mais vulneráveis e, portanto, o lugar onde nós buscamos segurança. Um animalzinho vai dormir na sua toca, sendo que ele já escolhe aquele lugar durante o dia, porque à noite ao dormir ele sabe que ficará mais vulnerável aos seus possíveis inimigos. Daí decorre também a sua noção de territorialidade, porque ali é o ambiente que ele domina, que ele rege e que ele protege, e onde ele se sente também protegido, é a sua casa.

Os planetas também têm signos regentes onde eles se sentem em casa ou mais fortes, como é o caso do Sol quando se encontra, por exemplo, no signo de Leão. Os planetas, assim, são intermediários entre o céu, a Abóbada Celeste com os Doze Signos, e a Terra com as Doze Casas ou divisões a partir do Horizonte.

Vale lembrar que o Zodíaco Tropical é decorrente dessa relação da Terra com o Sol, cuja linha central é chamada eclítica, linha que ele percorre aparentemente, ou Via Solis como era chamada pelos antigos. E, portanto, o Sol ficará aproximadamente um mês em cada uma dessas 12 regiões do céu, mas a Lua já irá exigir um cálculo mais detalhado porque ela ficará apenas dois dias e seis horas, em média, e o signo Ascendente fica, aproximadamente, apenas duas horas em cada signo, sendo por isso chamado de signo da hora, como já vimos. O signo Ascendente está relacionado à projeção do nosso corpo físico, é a projeção da Terra no Horizonte, tocando assim praticamente o céu.

Além destes, teremos Mercúrio que é o planeta da comunicação e da fala. Depois Vênus que é o planeta do amor. Marte que está relacionado à autoafirmação, e ainda vamos para completar os sete sagrados acrescentando Júpiter, que é o planeta da graça, e Saturno, que é o planeta do sacrifício.

Deste modo, essas correspondências clássicas nos levarão, aos poucos, a compreender que cada um terá no seu Mapa Astral, numa determinada posição, o planeta Júpiter, e aquele será o ponto da sua sorte, por assim dizer. Por outro lado, onde nós encontrarmos Saturno, já serão provavelmente pontos em que a pessoa terá que se esforçar mais, são pontos em que o *karma* é mais exigente conosco, é onde nós temos talvez dívidas; enquanto que no Júpiter nós temos créditos, representa os nossos haveres. Os planetas são os intermediários, os mensageiros, planeta literalmente quer dizer errante, mas se refere aos ângulos que são justamente intermediários da relação do Céu sobre a Terra, como interpretavam os antigos. Isso tudo será interpretado mais detalhadamente nos próximos capítulos, analisando planeta por planeta, e buscando situar sua influência no Mapa Astral Natal da pessoa.

Referências bibliográficas

1) BLAVATSKY, H. P. *Fundamentos da Filosofia Esotérica.* Brasília, Ed. Teosófica, 1993. p. 84.

Capítulo 17

Mercúrio, Vênus e Marte

A palavra Astrologia só tem propriamente sentido enquanto estudo da correlação ou influência dos astros sobre nós, e não só do Sol, ou do signo do mês. Neste caso deveríamos talvez chamá-la de "Heliologia", criando assim um neologismo para o estudo somente da influência do signo solar, a partir da descrição da projeção da órbita aparente do Sol em torno da Terra, determinando a Via Solis, a eclítica e os doze signos do chamado Zodíaco. Para estudar verdadeiramente a Astrologia, precisamos também verificar a posição dos outros astros, a saber: Lua, Mercúrio, Vênus, Marte, Júpiter, Saturno, Urano, Netuno e Plutão para configurar o Mapa Astral.

O Mapa Astral, e aqui nós temos simbolicamente distribuídos os doze signos, as diversas opções. Já vimos os Luminares, a saber: o Sol e a Lua, e neste capítulo estudaremos um pouco mais Mercúrio que é o regente de Gêmeos e também de Virgem, Vênus que é o regente de Touro e também de Libra, e Marte que é o regente de Áries e também de Escorpião.

Evidentemente que eles podem girar livremente ao redor do Zodíaco ao longo do tempo, e no caso do nascimento de cada pessoa nós somos obrigados a calcular qual a posição que o planeta respectivo ocupava. Tal dificuldade não acontece com o signo solar, que é chamado signo do mês, uma vez que nós usamos um calendário solar, então, evidentemente, a cada mês o Sol se encontra no mesmo signo de sempre.

Assim, porque a posição do Sol dispensa o cálculo, geralmente um signo solar abrange desde o dia 21 de um mês até 20 do mês seguinte, aproximadamente, com variações ao longo do ano, e também por causa do ano bissexto, eventualmente, mas o fato é que as variações são pequenas e mais ou menos de 21 de um mês até 20 do mês seguinte, o Sol se encontra num determinado signo Zodiacal.

Não podemos dizer necessariamente a mesma coisa a respeito dos outros planetas nos signos, tendo em vista que já para calcular a posição da Lua teremos que usar uma tabela própria, ou uma tabela de Efemérides, ou precisaremos de um *software* no computador, mas a complexidade aumenta muito nesse sentido porque até os calendários têm pelo menos as fases da Lua, mas de Mercúrio, Vênus, Marte, Júpiter, Saturno, Urano, Netuno e Plutão, a referência no calendário comum tende a zero. Então precisaremos de tabelas especializadas chamadas de Efemérides ou de programa de computador específico, é por isso que o Mapa Astral individual, antes do uso do computador, era um pouco mais complicado.

Quanto à dimensão das órbitas no Sistema Solar nós vamos encontrar o Sol no centro, estando Mercúrio, Vênus, Terra e Marte dentro do cinturão de Asteroides, e somente depois, proporcionalmente, nós veremos Júpiter, Saturno, Urano, Netuno e Plutão. Urano Netuno e Plutão são os últimos três planetas que são invisíveis a olho nu, e por isso fazem parte da Astrologia dita moderna, mas não eram conhecidos pelos antigos, pois só com o telescópio é que se torna possível encontrar os outros planetas. Ainda assim, foram descobertos com cálculo, Galileu só inventou o telescópio ou pelo menos o aperfeiçoou, e o aperfeiçoamento progressivo tornou possível para Herschel e sucessivamente outros a descobrir os planetas restantes do nosso Sistema Solar. Urano, Netuno e Plutão são chamados impessoais, porque estão além da visão e representam o nosso inconsciente. Já aqueles que são visíveis a olho nu, de Saturno para cá, Saturno, Júpiter, Marte etc, cada vez mais próximos do Sol, é que são chamados de planetas sagrados, que nós usamos na Astrologia antiga ou clássica.

É bom também lembrar que regente é aquele planeta que rege, ou que é dono de uma certa casa ou signo, se diz que ele está no seu domicílio. Isso quer dizer que ele ali se sente em casa, que ele está em plena sintonia com aquela vibração.

O planeta Marte é vermelho, assim pelo menos a tradição fala e também as imagens das sondas espaciais confirmam pela grande quantidade de ferro. Aliás, na Astrologia antiga já se dizia que ele era regente do ferro e deus da guerra, etc. Então, coincidência ou não, o fato é que ele é vermelho. Vamos supor que o signo de Libra fosse representado por uma luz verde. Quando a energia de Libra fosse atravessar o planeta Marte, essas duas energias não se somariam e iriam gerar um ponto preto, porque uma cor nada tem a ver com a outra.

Por outro lado, quando Marte que é vermelho entra no signo de Áries que é vermelho, aí aquela cor se expande, como se uma lâmpada vermelha ainda tivesse que passar através de um filtro vermelho e aí a vermelhidão se soma e intensifica. Nós estamos querendo dizer que quando Marte está em Áries, ele estaria com a sua força máxima. Quando, por outro lado, se encontra no signo oposto, Libra, ele estaria no exílio, ou na sua menor força, porque estaria mais fora da sintonia da sua vibração.

Mencionamos agora um exemplo do conceito de regência. Marte é o regente de Áries, como também de Escorpião. Conforme a *Última Ceia* de Da Vinci, Simão representava Áries e Judas Iscariotes representava Escorpião, mais tarde substituído também por Paulo.

Paulo, por sua vez, é a transmutação de Saulo, dado que Judas Escariotes se suicida, representando o lado negativo de Escorpião, e é substituído pelo Apóstolo que conheceu a Jesus no espírito sem ter conhecido na carne, que é justamente Paulo. Este, simbolicamente, na Astrologia representa o lado superior do Escorpião, é a Fênix que renasce das cinzas, ou a águia dos egípcios que olha diretamente o Sol voando mais alto que os outros. É o símbolo da ressurreição, assim como a águia, porque a morte, representada estritamente pelo Escorpião, está associada à ressurreição através deste signo.

Áries representado por Simão, e Escorpião representado por Judas Iscariotes são ambos regidos por Marte, o deus da guerra, só que Marte rege diurnamente Áries e noturnamente Escorpião. Esta é a maneira pela qual os antigos explicavam e dividiam o Zodíaco em signos masculinos ou de regência diurna relativos ao Sol e femininos ou de regência noturna ou da Lua. Considerando que no último capítulo nos referimos ao Sol e a Lua, agora mencionaremos Marte, Vênus e Mercúrio.

Mercúrio, por exemplo, é o planeta mais próximo do Sol e representa uma espécie de capacidade de refletir a sua luz, por isso ele é associado à ideia da inteligência. Mercúrio na tradição grega é representado com asinhas no seu capacete, e nos seus calcanhares tem também um báculo, que se tornou o símbolo da medicina. É um caduceu, com duas serpentes enroscadas, e no topo tem duas asas, que lhe permitem descer aos infernos e subir aos céus. Assim, ele é o único dos deuses que comunica todos os planos da natureza, na tradição grega, ele é por isso o planeta da comunicação, e também do comércio e dos mercadores. Em latim, portanto, Mercúrio e *mercare*, têm o mesmo radical.

Mercúrio representa assim todo elemento de comunicação da mente consciente e aquela lógica racional, aquela habilidade do signo de Gêmeos que ele rege. Gêmeos é aqui representado por Mateus, que alguns chamam de repórter da vida de Cristo, pois teria feito o mais prolixo dos evangelhos.

Nós temos exatamente a ideia de que Mercúrio é, assim, o planeta da comunicação, da expressão, da versatilidade oral e escrita, do uso criativo daquela habilidade que nós chamamos de inteligência, de raciocínio, mas que teria mais propriamente a ver com a capacidade de comunicação e entendimento pelas línguas.

Representa a habilidade em todos esses sentidos de usar ou servir-se das ideias como instrumento de comunicação. E o mau uso dessa habilidade poderia gerar então as formas mais astutas, às vezes até relacionado ao famoso pecado da Inveja, que faz comparações ou comunica uma coisa maledicente, ou ainda desvia a reta comunicação para o mau jornalismo ou uma comunicação que deforma a verdade. Essa amoralidade produzida pelo mau uso da comunicação pode estar associada a falsificações, aos crimes de colarinho branco, etc, representando o lado sombrio do planeta dos mercadores. O fato é que Mercúrio está ligado à imitação, à comunicação e todas essas habilidades, e, como tudo na vida, pode ser usado para o bem ou para o mal.

Mercúrio também é regente de Virgem. Na verdade, Mercúrio é regente diurno de Gêmeos e regente noturno do signo de Virgem, representado aqui por São Tomé. Em Virgem encontraremos a ideia da versão mais feminina e discriminativa, detalhista, purificadora. O signo de Virgem representa a colheita, é a atividade fundamental de Virgem representada por Démeter, a deusa grega da agricultura.

Por isso que Mercúrio nessa expressão, como regente de Virgem, está associado à mente discriminadora que separa o joio do trigo, pois que a colheita, justamente, está a caracterizar o ato de separar o grão, a ideia de separar o joio do trigo como um processo de destrinça, de discriminação associado ao signo da colheita que é Virgo, e por isso a estrela Alpha de Virgo é chamada Spica, ou referente à espiga que é colhida. E a própria Virgem seria Déméter na tradição grega, a deusa da agricultura, mais tarde na tradição romana substituída por Ceres, que lhe corresponde, ou antecedida por Ísis na tradição egípcia que também lhe corresponde.

Então essas ideias estão associadas à parte feminina, mais habilidosa, discriminativa, higiênica etc, como se expressa no signo de Virgem que rege os intestinos, tendo a função de separar o nutriente do excedente. Tem mania de limpeza no corpo e está, por assim dizer, sempre purgando o que não interessa.

Por outro lado, nós vamos encontrar a ideia de Gêmeos com aquelas possibilidades de adaptabilidade das duas criancinhas, Castor e Pólux. É a expressão mais tradicional do Mercúrio que quer conciliar, comungar, chegar a um preço comum, comercializar e, desta forma, ele relaciona tudo ao mercado.

Vênus é a deusa do amor e da beleza na antiga mitologia grecoromana e, portanto, caracteriza a capacidade de dar-se ou receber dos outros, compartilhar o afeto, a generosidade no impulso de expressar o afeto.

Na sua expressão negativa pode cair na luxúria, que é uma espécie de gula na busca do prazer como substitutivo do verdadeiro amor, e todas as exigências emocionais e ambições nessa área da afeição. A luxúria pode ser, também, comparada a algum tipo de cobiça, seja do homem ou da mulher do próximo, e está associada a uma ideia da busca de prazer que pode se desconectar da necessidade original da natureza, que seria da procriação.

Na verdade existem instintos básicos com necessidades finitas e de origem animal no ser humano; quando, porém, o ser humano projeta neles suas expectativas mentais pelo infinito, tais instintos que eram naturais nos animais podem sofrer deformações. Semelhantemente, a comunicação entre os animais existe, mas é objetiva e tem uma função estratégica. Quando a comunicação chega pelo desenvolvimento da mente, ao estágio humano, começa a aparecer a mentira, o enganar, a falsificação, que são problemas de Mercúrio. A procriação é uma necessidade de sobrevivência da espécie, e o prazer é um atrativo para que ela seja realizada, é instintivo entre os animais. Mas quando o ser humano deforma esse instinto natural e busca o prazer pelo prazer, completamente desvinculado do objetivo da procriação e mesmo da relação com a própria pessoa, que passa a ser usada como mero objeto, aí nós chegamos no reino da luxúria, que é o mau uso de Vênus. A Luxúria vai muito além da necessidade fisiológica e caracteriza uma deformação daquilo que no animal é belo, por ser ecológico e necessário, e que no ser humano pode dar espaço a todos os tipos de taras e deformações. Rios de tinta foram escritos por diversas escolas de psicologia para curar os seres humanos de uma série de deformações nessas áreas.

Então, se nós formos ver originalmente, Vênus pode estar relacionada a uma certa ideia de sedução, enquanto que Marte, o deus da guerra e da conquista, representa o lado mais masculino da expressão desse instinto. Marte está ligado à coragem, à iniciativa, ao poder muscular, e a uma força de vontade conscientemente dirigida, e da autodeterminação.

Essa ideia da conquista é talvez uma expressão também relacionada à sexualidade, eventualmente, numa visão mais territorialista e possessiva no aspecto da força de Marte que é muscular, e portanto o lado mais masculino dessa expressão.

É notável que, dentre esses três planetas, Mercúrio é considerado neutro, pois está relacionado com a inteligência, mas Vênus é considerado feminino, e Marte é considerado masculino. Esse é um ponto interessante em Astrologia, os planetas geralmente são sexuados e dependendo da sua posição dentro do Mapa Astral podem inclinar com uma tônica mais para um sexo ou para o outro.

No seu lado negativo, Marte irá caracterizar a impaciência, eventualmente a obstinação e o uso impróprio da força, com ameaças, com brigas, e de natureza belicosa. Sendo o deus da guerra, na mitologia greco-romana, o pecado tradicional associado a Marte, obviamente, é o da ira, da raiva, do ódio. Geralmente, nos sentimos irados porque nos consideramos muito mais purificados que os outros. Não percebemos a nossa ira e então dizemos que temos impaciência. Se fizermos uma enquete ninguém costuma assumir que tem ira, mas impaciência talvez alguém tenha...

Mas quando nós estamos caracterizando a expressão da ira na expressão de índole masculina, encontramos a regência diurna de Marte em Áries, cujos os crimes mais comuns têm essa força bruta associada a tiros, facadas, etc. Quando ela está associada a Escorpião, que é uma regência noturna de Marte, feminina, verifica-se que a maior parte dos crimes femininos por homicídio se dão por envenenamento, que é uma coisa escorpiônica, algo desse animal peçonhento que injeta o veneno para defender-se. Quando a mulher mata, geralmente o crime é mais discreto e é por veneno, quando é o homem quem mata, geralmente o caso é mais ariano, por meio de tiro, facada, etc. Tal expressão sexuada no crime pode-se verificar estatisticamente, são problemas relacionados à criminologia.

Já os problemas relacionados a Touro, que são a regência noturna ou versão feminina de Vênus, estão geralmente relacionados à possessividade. A luxúria ali se expressa de uma forma ciumenta e possessiva, enquanto que em Libra, que é a regência diurna de Vênus, encontramos uma expressão mais masculina da luxúria. É um signo de ar, que gosta de estar livre para voar, e por isso pode haver uma tendência à multiplicidade e à infidelidade.

Esse simbolismo quando direcionado para o lado masculino é usado como a dúvida da balança que quer agradar os dois pratos, e não consegue se posicionar por um só no sentido de definir as suas relações afetivas, caracterizando os problemas que às vezes se associam ao lado negativo de Libra. Mas ele tem o sentido do equilíbrio, da beleza, então o seu lado positivo é o lado sedutor, o pecado de Vênus pode estar associado justamente à sedução e à luxúria; e no lado masculino pode estar associado a uma certa dualidade nos pratos da Libra; já no lado feminino, pode representar a possessividade e uma possível reação mais violenta quando houver o sentido da traição.

Assim, aos poucos nós vamos entendendo porque a Mitologia greco-romana dá feições tão humanas aos deuses, na medida em que estas histórias apenas simbolizam o efeito produzido pela influência de cada planeta no ser humano, representado por um deus mitológico. Entretanto, alguns acham que isso seria algo como um antropomorfismo de vários deuses, quando na verdade, numa época em que não havia imprensa, pois Gutenberg ainda não havia nascido, os textos eram manuscritos em pergaminhos ou papiros, ou eram transmitidos por historinhas mitológicas. A Mitologia era uma maneira de transmitir de boca a ouvido, de modo que ficasse no fundo da cultura um conhecimento de como cada planeta atuava no ser humano.

Não é o planeta nem o espírito que o anima que tem aquela característica, mas é o ser humano quem geralmente apresenta aquela característica quando influenciado por aquele planeta. Quando Marte o influência, por exemplo, ele pode apresentar justamente o lado positivo da iniciativa, da força e da audácia ou o lado negativo da ira, da destruição e da guerra. Então, nós vemos ali um deus belicoso, que na Mitologia tem a imagem do conquistador e competitivo, sendo o seu símbolo e temperamento tipicamente masculino, representado por um legionário segurando um escudo e uma lança.

Vênus é tipicamente feminina, como se pode ver pelo próprio símbolo que lembra um espelho. Na verdade, é uma adaptação do espelho de Ísis da tradição egípcia, também chamado de cruz ansata ou cruz alada, que aparece frequentemente nas múmias como símbolo da espiritualidade, ou da descida do espírito na matéria, e seu possível retorno.

O próprio símbolo de Mercúrio também representa exatamente as asinhas que ele tem na cabeça, então, é o símbolo de Vênus com asas, significando aquela comunicabilidade que Mercúrio apresenta. Marte é representado pelo escudo com a lança, o símbolo do guerreiro, visto que a lança é o símbolo do masculino e Vênus é o símbolo do feminino, geralmente usados na biologia.

Para começar, a mitologia descreve Vênus como uma deusa muito namoradeira, que seduz, faz e acontece. Marte é como um deus guerreiro, frequentemente cruel e dominado pela ira. Então, alguém diria, mas como que os romanos poderiam acreditar em deuses com essas características? É que eles estavam se referindo, na verdade, ao comportamento de uma determinada irradiação de um planeta, quando afetava os seres humanos, seja do lado positivo do amor, ou do lado talvez negativo da luxúria e da sedução no caso de Vênus. No caso de Marte, pode representar a coragem pelo lado positivo, ou a ira e a crueldade pelo lado negativo. Na verdade, em Astrologia, nós precisamos encontrar a versão positiva dos planetas, e aprender a vencer essa tendência negativa dos Sete Pecados Capitais.

Mercúrio era um deus andrógino, e na verdade isso simboliza que a inteligência ou sabedoria não tem sexo, e ora irá se apresentar numa versão masculina ou feminina. Os gregos pareciam estar além da visão limitada de pretender que um sexo fosse mais inteligente do que o outro. Antes caracterizavam que quando houvesse o equilíbrio, quem sabe, entre o hemisfério direito e o esquerdo do cérebro, o lunar e o solar, o intuitivo e o lógico, ou também, se nós quisermos, entre Vênus e Marte, quando todas essas esferas polarizadas da nossa Natureza se equilibrassem, a verdadeira inteligência espiritual abriria as portas para uma sabedoria divina que não é sexuada, mas sim que transcende nosso próprio corpo.

Aos poucos, veremos como a Astrologia trata esse assunto e as suas funções, e por isso mesmo Jung tinha uma frase lapidar ao interpretar a Astrologia. O grande psicólogo Carl Gustav Jung dizia: "A

Astrologia merece o reconhecimento da Psicologia, sem restrições, porque a Astrologia representa a soma de todo conhecimento psicológico da antiguidade".[1] Isso ele apresenta no prefácio do *Segredo da Flor de Ouro.*

Nós gostaríamos, então, que pudéssemos resgatar a visão da Mitologia não como uma mera historinha ou uma fábula para crianças, mas como uma maneira que os antigos tinham de reproduzir arquétipos da psicologia humana dentro do contexto de como os astros nos influenciam. Assim foi preservada ao longo de milênios toda a sabedoria da Astrologia, que aqui nós estamos tentando manter atualizada nos termos da linguagem da psicologia contemporânea, particularmente dentro da visão da escola junguiana.

Referências bibliográficas

1) ARROYO, Stephen. Astrologia, Psicologia e os Quatro Elementos. São Paulo, Pensamento, 1987. p. 8.

Capítulo 18

Júpiter e Saturno

Júpiter e Saturno são dois importantes planetas do nosso Sistema solar que se encontram numa região de transição, e são os últimos planetas visíveis a olho nu. Portanto, Júpiter e Saturno não necessitam de telescópio para serem vistos, porém, evidentemente, todos os que estão além de Saturno, chamados trassaturninos, já necessitam de telescópio, pois o olho humano não consegue distingui-los sem uma extensão da sua capacidade através das lentes do telescópio.

É importante compreender porque eles são chamados por Arroyo de planetas sociais uma vez que eles estão no limite dos planetas pessoais, indo em direção aos transaturninos que são também chamados planetas impessoais ou geracionais, pois seus movimentos lentos abrangem gerações inteiras.

Imaginem que o mais rápido deles, que é Urano, tem uma órbita em torno do Sol de mais de 84 anos, e o mais lento, que é Plutão, da ordem de 250 anos. Nós estamos assim a verificar que sendo tão lentos afetam gerações inteiras da mesma maneira, enquanto que Sol, Lua, Mercúrio,Vênus e Marte, são muito mais rápidos, mudando de posição frequentemente. Marte por exemplo, levará dois anos para dar uma volta em torno do Sol. Portanto, as variações de tempo de 2 anos para 84 ou 250 são muito grandes.

O ciclo de Júpiter se completa em 12 anos, e o de Saturno em 28 ou 29 anos, e por isso eles estão numa região intermediária entre os planetas mais rápidos chamados pessoais, e os mais lentos chamados transpessoais. Já é mais difícil classificar nos planetas sociais as polaridades masculina e feminina, como se tivessem um gênero, pois já estão um pouco distantes da personalidade.

Entretanto, se quisermos considerar uma certa simetria nas regências, talvez Júpiter seja mais masculino, representando a expansão, e Saturno mais feminino, representando a contração, embora na Mitologia, ambos sejam considerados masculinos. Porém, Saturno já é um planeta de velhice, já descaracterizando um pouco a expressão mais sexuada, porque digamos que na velhice como na infância, nos extremos da vida, os seres ficam menos sexuados, ou mais distantes da idade da procriação.

Assim encontramos Júpiter representando o lado da expansão ou confiança masculina, e talvez Saturno como o símbolo da contração, representando talvez até as dores do parto, símbolo do sacrifício pela segurança, pois o próprio símbolo de Saturno é a cruz e a raiz.

Arroyo refere-se à ideia fundamental que está subjacente no princípio que diz que Saturno pode ser representado pela "contração e o esforço", enquanto que o de Júpiter pela "expansão e graça", como uma graça recebida, representando Júpiter "um impulso no sentido de uma ordem maior ou no sentido de se ligar a algo maior do que a própria pessoa".[1]

Portanto, existe a tendência a uma expansão no ciclo de Júpiter, enquanto que Saturno representa o "impulso para defender a estrutura e a integridade do eu e o impulso no sentido da segurança e da defesa, por meio de realizações tangíveis".[2] Querendo, portanto, resultados mais concretos, Saturno está a simbolizar todo o aspecto do sacrifício em busca da segurança, procurando enraizar-se ou ancorar-se.

Dona Emy dizia que o símbolo de Saturno era parecido com uma âncora, que representa a busca de segurança ou estabilidade. Se observarem, Saturno é o regente clássico tanto de Capricórnio quanto de Aquário, ele é o regente e noturno de Capricórnio como sua expressão mais feminina, e na sua expressão masculina ou diurna ele é o regente de Aquário, dentre as regências clássicas dos sete planetas sagrados.

Júpiter também apresenta essa bipolaridade, como todos os cinco planetas do nosso Sistema Solar visíveis a olho nu. Júpiter é regente masculino ou diurno de Sagitário e noturno de Peixes. Assim, expressará o lado masculino em Sagitário e o lado feminino em Peixes.

Isso pertence à Astrologia clássica, quando só se tinha a visibilidade dos sete primeiros planetas e luminares, considerando três mais inclinados à energia masculina, três mais inclinados à energia feminina, e o Mercúrio neutro no centro, expressando mais a inteligência, que não é sexuada, mas depende do equilíbrio das outras polaridades para poder encontrar a sua expressão, reforçando a necessidade de compreender o Princípio da Polaridade.

Deste modo, de um lado nós temos Júpiter que representa a expansão e do outro temos Saturno que representa a contração. Se formos olhar o Mapa Astral de uma pessoa, a casa onde está o Júpiter representa, segundo a interpretação tradicional, a área de atividade onde a pessoa tem sorte. Então, a Casa em que o Júpiter estiver representa o lado da fortuna, em que as coisas vem de graça, sem maior esforço e, ao contrário, onde estiver o Saturno será onde a pessoa muitas vezes sofrerá as dores, tendo que se esforçar para obter um resultado, e às vezes, ainda assim, um pouco minguado.

Júpiter simboliza um crédito de encarnações anteriores, e Saturno um débito, uma conta a pagar, um *karma* a resgatar. Por isso, às vezes Saturno é chamado o planeta do *karma*, mas talvez essa seja uma interpretação um pouco ingênua porque o *karma* se expressa em todo Mapa Astral. Vamos considerar essa ideia oriental ou a ideia grega de Nêmesis, toda a ideia de fado ou destino como apenas uma consequência do produto de encarnações anteriores. A ideia do *karma* é uma colheita de algo que foi semeado antes, como diz São Paulo: " Não vos enganeis porque de Deus não se zomba, tudo que o homem semear isso também colherá".[3] Por outro lado, veremos que a necessidade simbolizada pelo Júpiter é "de fé, de certeza, de confiança na vida e em si mesmo", ou necessidade de autoaperfeiçoamento no sentido expansionista, enquanto que Saturno já necessita mais "de aprovação social ou necessidade de apoiar nos próprios recursos e no próprio trabalho". Eu recomendo este livro de Stephen Arroyo, *Astrologia, Psicologia e os Quatro Elementos*, (Ed. Pensamento) que sintetiza com especial capacidade esses princípios básicos.

Também, Dona Emy, no seu magnífico livro *Luz e Sombra*, nos dá uma síntese de Júpiter e Saturno quando ela diz, especificamente, que Júpiter é o desenvolver do fruto e Saturno é a perpetuação através do tronco, da raiz ou da semente. Então, Saturno está disposto a fazer uma abnegação, uma conservação através do sacrifício, a busca de uma reserva, a busca de uma austeridade, para obter através disso a segurança, o raciocínio, uma razão mais fria.

Júpiter caracteriza a proteção e a saúde abundante, uma justiça por merecimento, ele recebe por crédito, ele representa o haver; enquanto que Saturno representa o dever. Júpiter representa a fortuna, a fartura, a colheita, a abundância, e o valor de crédito e oportunidades de talento.

Infelizmente, às vezes até não se usa bem o que o Júpiter nos traz no Mapa Astral, porque há uma tendência a achar que a Natureza não nos dá mais do que a obrigação, e às vezes ele cai numa esfera de querer receber tudo sem esforço. Pensamos então que o mérito dele talvez não seja tão grande assim, e ele começa a deixar a desejar perante o desafio da vida.

Por outro lado, Saturno é o dever, a responsabilidade, o sacrifício, o firmar, o construir, o calcular para atingir resultados através de uma experiência concreta, ele quer resultados palpáveis. Assim, todos esses símbolos estão associados.

Como Dona Emy considerava, nós podemos encontrar a ideia de Sol e Lua ainda na esfera da origem da vida, ou da matéria viva e depois dos cinco planetas visíveis, Mercúrio, Vênus, Marte, Júpiter e Saturno representando os cinco sentidos e o Universo concreto, consciente. Por último, segue o inconsciente propriamente dito, no abstrato invisível, correspondendo aos três planetas que nós verificaremos no próximo capítulo: Urano, Netuno e Plutão. Eles são os três planetas ditos invisíveis ou transaturninos, transpessoais ou geracionais.

Este equilíbrio entre o haver e o dever é a base do equilíbrio social, das relações entre os homens, e por isso Júpiter está associado também à ideia da justiça, enquanto que Saturno, à ideia dos limites que a lei impõe sobre nós, ele é o último planeta visível e representa o limite da nossa própria visão normal, a menos que nós recebamos as lentes do telescópio para expandir a nossa visão. Então, Saturno representa a questão do limite e do tempo, pois seu nome grego é Kronos, e não é incomum, principalmente entre os antigos, associar-se a ele também a forma da foice e, portanto, da morte.

O signo de Capricórnio, que é regido por Saturno, começa, no Hemisfério Norte, no início do inverno, no período de limitação máxima e recesso da Natureza quando se arrancam fora, por meio das tempestades invernais, os galhos velhos e as folhas secas para dar espaço para o novo brotar.

Portanto, o período de processo máximo de extermínio do peso morto ocorrerá exatamente no meio do inverno, no signo de Aquário, que é o outro signo também regido pelo planeta Saturno. Somente mais tarde se anexou também a expressão de Urano a esta regência. Deste modo, a regência de Aquário já é dupla porque além de Saturno há um planeta novo chamado Urano que ali irá se inserir.

Da mesma forma, em Peixes encontraremos uma regência dupla, tanto de Júpiter, que é a regência clássica, como de Netuno, chamada de regência moderna. Conclui-se assim a correspondência clássica das regências dos doze signos zodiacais pelos assim chamados sete planetas sagrados.

Nossa intenção é mostrar mais uma vez o equilíbrio que existe na Natureza, polo a polo, então Sol e Lua representam o contraponto da razão masculina e da intuição feminina.

Júpiter representa mais a autoconfiança masculina em contraposição à busca de segurança através do sacrifício que eu atribuo como uma característica saturnina mais feminina, até porque depois que a mulher engravida é ela quem tem que arcar com as primeiras responsabilidades da criança dela tão dependente.

Na verdade, muito mais dependente até do que do pai, porque a própria conformação do corpo da mulher, terá que substituir através dos seios a alimentação que antes chegava dentro do seu ventre através do cordão umbilical. Até que a criança adquira uma certa independência é óbvia a maior relação de dependência para com a mãe do que para com o pai. Por tudo isso, o sentido de Saturno de buscar a segurança, o sentido da fidelidade, do compromisso, de uma austeridade pelo resultado, da contração, me parece muitas vezes mais associado a uma ideia feminina.

Júpiter é mais expansionista, mais multiplicador, mais autoconfiante, e às vezes, principalmente na juventude, ele simboliza um traço um pouco irresponsável, enquanto que Saturno, ao contrário, pode se tornar demasiado possessivo, ou até avarento na sua expressão mais negativa, podendo se tornar frio e calculista.

No lugar em que Saturno está no Mapa, dentro das doze Casas, será o ponto onde muitas vezes a pessoa sente a necessidade de se sacrificar. Saturno também está associado de alguma forma à qualidade oposta à confiança, que é o medo, daí a sua constante busca pela estabilidade e segurança, mesmo que esta busca exija o sacrifício. Onde aparece Saturno no Mapa Astral de uma pessoa, aquela Casa ou área de atividade é levada muito a sério.

Por exemplo, verificaremos que Saturno em posição G, como dizia Gauquelin, da nona para a décima casa ou da décima segunda para a primeira, pode orientar a pessoa a profissões mais sérias de pesquisas científicas, de disciplina, ou de autosacrifício e de aprofundamento. Por outro lado, Júpiter nessas mesmas posições é o indicativo de profissões mais expansivas como a dos atores, a dos políticos ou de relacionamento em geral que depende dessa confiança no envolvimento com as pessoas, às vezes relacionado também à ideia da justiça.

Saturno, por outro lado, come os próprios filhos na mitologia grega, querendo caracterizar o seu apego à segurança, de modo a não deixar que ninguém lhe tome o trono, mas Júpiter foi salvo pela estratégia de substituí-lo colocando uma pedra no berço. Então Saturno come a pedra e acredita ter comido Júpiter que era seu filho, porque Saturno representa o tempo que consome todas as coisas. Até as que ele mesmo gera.

Júpiter, diferentemente, tem a busca da transcendência, a busca da divindade e, de certa forma, de driblar o tempo e a mortalidade. Por isso, o Sagitário lança a flecha, querendo transcender o Centauro, o animal humano que assim busca o divino, na sua expressão masculina de autoconfiança, de fé.

Já na expressão feminina em Peixes nós vamos encontrar Júpiter mais receptivo, mais transcendente pela contemplação passiva; e não tanto por uma expressão de vontade entusiástica ativa, como se expressa no signo de Sagitário. Esses dois signos são aqueles que classicamente são regidos por Júpiter, isso porque ele está em sintonia vibratória com a energia desses signos, ou porque, quando num deles ele se encontra, sua irradiação é mais intensa. Ele se encontra assim em domicílio, ou em casa.

Diferentemente, nós vamos verificar que Saturno sentir-se-á mais em casa em Capricórnio e em Aquário, isso quer dizer que ele é regente desses signos, só que a variante é que Saturno ao se expressar no signo de Capricórnio apresentará a sua expressão feminina ou noturna, enquanto que ao se expressar no signo de Aquário ele apresentará sua expressão masculina ou diurna.

Na expressão masculina ele parece mais criativo, ele parece mais pensador, ele parece mais filosófico e idealista. Apresenta, inclusive, inclinações a uma renovação, pois irá sacrificar o velho pelo renascimento, pela evolução, porque só através da morte pode haver a evolução, só através da mudança nós podemos ter uma renovação com crescente desenvolvimento.

A expressão de Saturno, porém, no signo feminino de Capricórnio, na sua expressão, portanto, noturna, já está caracterizando talvez aquele traço mais controlador da busca de segurança, uma expressão de menos confiança e mais medo, que calcula milimetricamente cada passo para atingir o resultado.

Quando nós definimos o signo, até comparamos, por meio de uma situação hipotética, a característica do signo de Capricórnio como se ele estivesse com um cantil no deserto de Saara e visse que o cantil já está no fim, tendo pouca água, mas ainda avistasse à distância um oásis. Então, ele iria programar cada passo, sem nenhum desperdício, porque um erro no planejamento poderia significar não chegar a tempo ou com vida naquele oásis avistado, onde então ele teria a chance de recarregar o seu cantil.

Dessa forma, aquele sentido calculista, planejador, do signo que representa o início do inverno no Hemisfério Norte, pois tal é a referência do Zodíaco greco-romano, até porque Grécia e Roma ficavam no Hemisfério Norte, indica a ideia de preparo para um longo período de inverno ou de limitação e carência de alimentos.

E este sentido econômico, racional, calculista, planejado, frio, de atingir resultado é a característica da expressão de Saturno no signo de Capricórnio. E neste sentido, como a regência fundamental de Saturno é mais em Capricórnio, até porque Aquário já recebeu também uma regência moderna de Urano, nós vemos que Saturno é mais específico nessa regência feminina ou noturna.

Assim também a regência fundamental de Júpiter é mais específica de um signo masculino que é Sagitário, visto que, na sua expressão noturna ou feminina em Peixes, uma vez que Peixes recebe também a regência moderna de Netuno, o deus dos mares, Netuno passa a ser uma regência mais específica do signo de Peixes, o que não quer dizer que a regência antiga tenha perdido o seu valor, apenas se acrescenta uma regência mais específica de um planeta que está ainda mais em sintonia, que é assim, a regência moderna.

Com isso nós temos a intenção de caracterizar a polarização desses planetas e lembrar que Júpiter representa como a pessoa procura desenvolver e sentir confiança em si mesma ou com fé na vida. Saturno representa o lugar onde ela tende a se estabelecer e se preservar através do esforço perseverante, assumindo uma postura mais defensiva.

É também importante mencionar que a expressão positiva de Júpiter manifesta confiança num poder maior, ou no plano superior de receptividade para a graça de otimismo, ou receptividade para necessidade de aperfeiçoamento do eu.

Já a expressão negativa é um pouco irresponsável, pela dispersão de energia, pela confiança exagerada no sucesso, não se aplica com todo o esforço que poderia, e isso resulta às vezes numa certa preguiça. É semelhante a uma criança mimada, acostumada a receber o resultado sem maior esforço, e daí a irresponsabilidade quando promete demais. Vejam que isso está associado ao lado negativo do político, quando ele promete mais do que pode cumprir.

Júpiter está associado a certo otimismo ou carisma para lidar com as massas ou àquela tendência a trabalhar o conceito de uma forma mais ampla e universal. Ele acha o elemento multiplicador favorável, ele é quase uma cornucópia capaz de fornecer generosamente as coisas da vida. Ele é o símbolo, aliás, da generosidade. Enquanto que talvez o seu defeito associado aos Sete Pecados Capitais seja a Gula, querer mais, ambicionar mais do que é necessário ou razoável, daí uma tendência perdulária. Júpiter negativo tende ao exagero, aos gastos, à megalomania, aos excessos.

Quando nós vemos Saturno na sua expressão positiva, ele estimula o esforço disciplinado, a aceitação dos deveres e responsabilidades, paciência, realização, confiabilidade e todo o sentido do compromisso que estabelece os vínculos das relações humanas. No lado negativo, porém, ele pode chegar ao excesso disso.

Todas as vezes, aliás, que nós queremos encontrar o defeito de alguma coisa em Astrologia, é só tomar uma virtude e extrapolar a um nível excessivo, porque como dizia Aristóteles: "*In medio stat virtus*", " A virtude está no meio", e os extremos representam o ponto onde a virtude sai fora do plano de equilíbrio e começa a causar, então, o vício, os problemas, os excessos.

A autolimitação proveniente da falta de confiança em si mesmo e da falta de fé no todo é um dos aspectos hipercontroladores de Saturno na sua expressão negativa. Existe, também, uma tendência à rigidez e uma frieza nutrida pelo instinto de defesa. Pode haver uma certa inibição e uma incapacidade provocada pelo medo, pela negatividade, pelo pessimismo, pela falta de fé. Assim o lado negativo eventual do Saturno, na expressão clássica dos Sete Pecados Capitais, seria a Avareza. A expressão favorável de Saturno que é mais demarcada seria a concentração, a austeridade, a capacidade de sacrificar o supérfluo pelo essencial, a sacrificar o fruto pela semente, a buscar perpetuar além da morte pelo que é a essência, renunciando assim à aparência externa.

Desta forma, temos um símbolo dos respectivos pontos de equilíbrio a encontrar entre Júpiter e Saturno e somente quando essas polaridades, do Sol e da Lua, de Júpiter e Saturno, de Marte e Vênus estão equilibradas é que a sabedoria de Mercúrio, com seu aspecto libertador que, segundo a Mitologia, pode descer aos infernos e subir aos céus através do seu caduceu. Esse símbolo do caduceu de Mercúrio representa, assim, *Kundalini* livremente manifesta entre um extremo e outro, ela pode ascender e dar as asas a esse caduceu, revelando o aspecto libertador desse antigo tirso iniciático.

Estas tradições dos Mistérios de Eleusis, dos Mistérios Órficos, das Escolas de Mistérios, irá perpetuar-se através da Astrologia greco-ro-

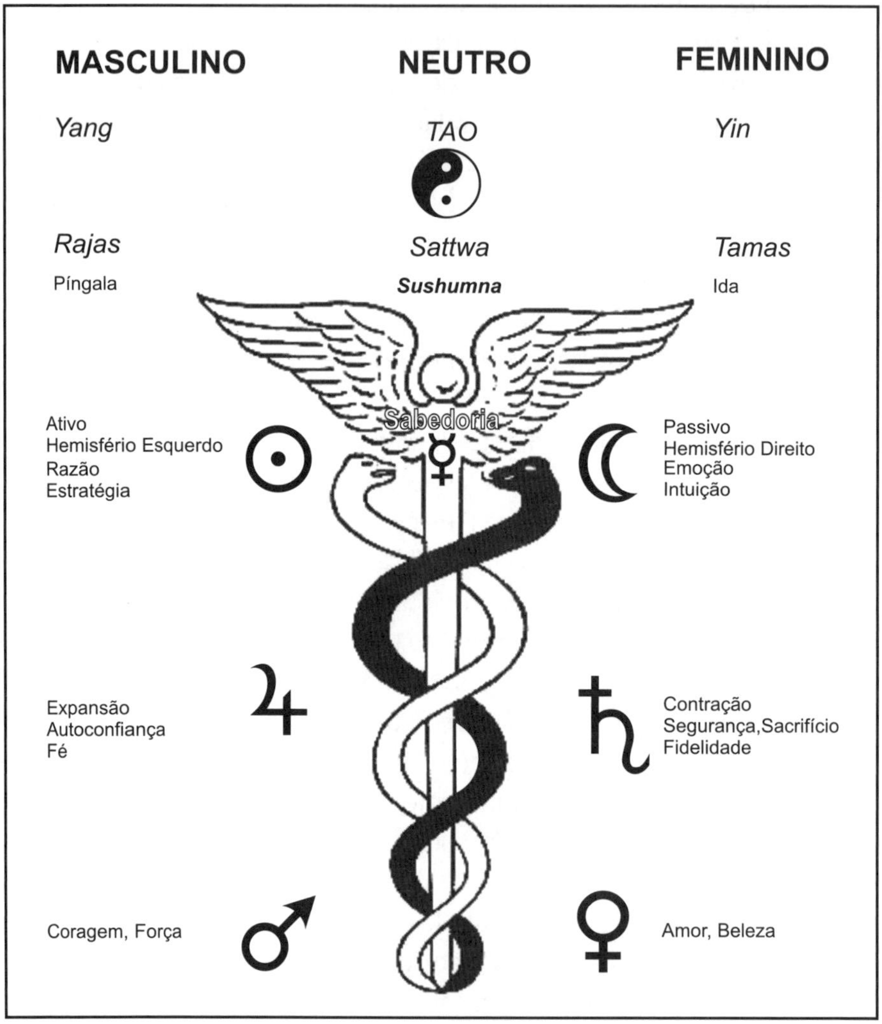

O caduceu e as Polaridades dos Planetas

mana. Dessa forma, pela posição dos astros os antigos buscavam o autoconhecimento das suas próprias limitações e a sua transcendência para a libertação final da consciência. Tornando-se o homem senhor de si mesmo, através do autoconhecimento, ele se liberta das dores humanas.

Referências bibliográficas

1) ARROYO, Stephen. Astrologia, Psicologia e os Quatro Elementos. São Paulo, Pensamento, 1987. p. 94.
2) Ibidem, p. 94.
3) BÍBLIA de Jerusalém, A. São Paulo, Paulus, 1995. p. 2195. [Gálatas VI. 7]

Capítulo 19

Urano, Netuno e Plutão

Os chamados planetas transpessoais ou transaturninos são aqueles que estão evidentemente além da órbita de Saturno e, portanto, não são mais visíveis a olho nu, pois as órbitas no sistema solar em tamanhos proporcionais, contando o Sol no centro, temos Mercúrio, Vênus, Terra e Marte proporcionalmente muito próximos.

Tanto que o ciclo sideral dos planetas internos, de um modo geral, até mesmo a Terra, é de aproximadamente um ano para uma volta em torno do Sol, e depois ainda nós temos Marte levando dois anos, mas aí vemos Júpiter com uma elipse bem maior, tomando doze anos para dar uma volta em torno do Sol, e Saturno chega a tomar 29 anos. E depois nós temos Urano com 84 anos, Netuno aproximadamente com 160 anos e Plutão com 250 anos, em números redondos, apresentando assim números muito maiores.

O fato é que sem o telescópio nós não seríamos capazes de ver Urano, Netuno e Plutão, por isso eles são chamados planetas modernos, descobertos depois da invenção do telescópio, ou planetas transaturninos. Na comparação de Arroyo com Astrologia Psicológica sob influência Junguiana, eles são chamados de planetas transpessoais, porque são geracionais e estão além da influência da mera personalidade. Vão incidir numa duplicação ou superposição das regências e signos, como eram conhecidos pelos antigos.

Fazendo uma breve revisão, nós temos a regência clássica dos sete planetas sagrados e, nos Doze Signos do Zodíaco, a saber: o Sol com regência diurna em Leão e a Lua com regência noturna em Câncer.

Esses são os luminares, os únicos que não têm regência dupla na tradição clássica.

Assim, para que os chamados sete planetas pudessem reger os Doze Signos, portanto, significaria que pelo menos cinco teriam que ter regência dupla. Dessa forma, duas vezes cinco resulta em dez, mais os luminares já mencionados e alcança-se o total dos Doze Signos do Zodíaco.

Conforme já explicado, Mercúrio tem regência diurna em Gêmeos e noturna em Virgem, Vênus tem regência noturna em Touro e diurna em Libra, Marte tem regência diurna em Áries e noturna em Escorpião, Júpiter tem regência diurna em Sagitário e noturna em Peixes e, por último, Saturno tem regência noturna em Capricórnio e diurna em Aquário.

Agora acrescentaremos as novas regências chamadas modernas, a saber: no caso, Plutão em Escorpião, Netuno em Peixes e Urano em Aquário. Temos assim simbolizada a ideia de que além dos sete planetas chamados sagrados, ou sete astros clássicos da Astrologia antiga, foram descobertos três novos.

E esta regência significa o quê? Um grau de sintonia vibratória; portanto, eles têm afinidade, respectivamente, Urano com Aquário, Netuno com Peixes e Plutão com Escorpião. O que não significa, vejam bem, que tenha desaparecido a sintonia de Júpiter com Peixes, de Saturno com Aquário, ou mesmo de Marte com Escorpião, senão que se encontraram planetas com maior afinidade ainda em vibração com aquele signo. Portanto, quando eles lá se encontram, estão em domicílio, ficam de alguma forma com a sua irradiação mais intensa. Ali esses planetas se sentem em casa, daí a ideia do domicílio.

Desta forma, esses signos: Peixes, Aquário e Escorpião ficam, assim, com dupla regência. Uma parte que é antiga, talvez não tão específica, e outra moderna que tem afinidade mais específica, porém de planetas transpessoais. Portanto, estes três últimos planetas já estão uma oitava acima ou fora da esfera da personalidade, afetando mais gerações inteiras. Por exemplo, Plutão dá uma volta em 250 anos e não haverá tempo suficiente numa vida para a pessoa ver o retorno do Plutão na sua posição original.

Estudaremos um pouco mais desses três planetas que nos faltam para ter assim a completa visão desses ingredientes Zodiacais. E nós poderíamos até lembrar que Urano é o deus dos céus, na Mitologia, representando todo um traço de liberdade, afinal, ele é o regente do Aquário, representa o infinito do espaço no céu e busca a libertação do eu.

O impulso de Urano é representado, conforme Arroyo considera, no sentido da diferenciação, da originalidade, da independência da tradição. Ele quer ficar livre da prisão das amarras tradicionais, ou de padrões sociais, que muitas vezes são apenas convenções; e ao contrário, ele quer criar, ele quer renovar.

Isso é próprio do signo que ele rege, o signo de Aquário, que é representado por Ganímedes trazendo uma ânfora e simbolizando assim a ideia de trazer a água, trazer o elemento fertilizador. Porém ele é o transportador da água, mas não é um signo de água. Ele é um signo de ar, transportando a água como os ventos, que levam as nuvens d'água e, nas tempestades, arrancam fora os galhos velhos e a folhas secas para dar espaço para o novo brotar. Aquário é assim o signo da renovação da Natureza.

Além disso, o ar representa o pensamento, caracterizando a necessidade também de uma mudança de excitação e expressão sem repressão, e o maior grau de liberdade como um traço básico.

Conforme já analisamos, entre os sete planetas sagrados apenas um é neutro, corresponde no caduceu de Mercúrio ao canal central *Sushumna*, a inteligência espiritual ou sabedoria, que é Mercúrio, chamado hermafrodita. Os outros seis podem ser classificados como masculino ou feminino, como também já vimos.

Assim, pelo princípio da correspondência encontram-se todos os tipos de correlações. Os sete dias da semana, os sete planetas sagrados, as sete cores do arco-íris, todos esses símbolos clássicos da Astrologia, e também as sete notas musicais, mas nós gostaríamos de enfatizar neste capítulo aqueles planetas que estão exatamente além destes sete.

Netuno, que vem logo depois do Urano, representa, como regente de Peixes, a liberdade transcendente no sentido de se unir, de se unificar como a gota retorna ao oceano no signo de Peixes, de se dissolver num todo mais amplo, ele é de alguma forma uma oitava acima do amor de Vênus, assim como alguns entendem o Urano como uma oitava de Mercúrio que é a inteligência. Desta forma, verificaremos o impulso para escapar das limitações do eu, ou do mundo material.

Por outro lado, isso pode dar uma tendência de fuga da realidade. No signo de Peixes, quando ele está com o seu lado negativo, claro que ele tem o seu lado positivo que é místico, que é o perdão, mas ele pode escorregar às vezes para o lado sombrio das drogas, da bebida, da fuga da realidade prática, etc., e assim nós vamos começar a entrar na expressão positiva e negativa do planeta.

A expressão de Netuno como uma necessidade de experimentar a unidade com a vida e de imergir completamente no todo é exatamente essa gota que retorna ao oceano, símbolo também em *A Voz do Silêncio,* do Budismo, do retorno do ser individual ao Nirvana. Aquela expansão plena da consciência como se quase, reversamente, o oceano entrasse dentro da gota.

Nós veremos que Netuno, nesse sentido pode, no lado positivo, simbolizar a sintonia com o todo e a compreensão de uma dimensão espiritual da experiência, a compaixão que tudo abrange, a intuição, a clareza, a vivência de um ideal com uma visão de longo alcance. Porém, se ele cria neblina, ele pode representar o escapismo, o lado negativo, da autodestruição, da evasão, da fuga das responsabilidades, e a recusa em encarar os mais profundos motivos do eu a se comprometer com qualquer coisa, ou seja, um processo de certa forma de escape.

É talvez mais intenso esse processo de fuga no Urano, só que ali se dá como impaciência, inquietação, necessidade constante de excitação, e mudanças sem objetivo, rebeldia, extremismo, porque Urano é mais revolucionário. Netuno é mais de fugir da realidade, de cair no mundo do sonho e se desligar como um autista, ou se alienar com as drogas, quando no lado negativo. O lado positivo de Urano representa a originalidade criativa, a sintonia com a verdade e a experimentação direta, não dirigida, com respeito à liberdade.

Esses dois planetas, o Urano regente do Aquário, e o Netuno regente do Peixes, estão justamente a nos dar informações sobre níveis de camadas muito mais profundas do nosso ser. Assim, também, o último nível, a última órbita que é de Plutão, representa a força mais profunda do inconsciente, até então descoberta na Astrologia, que é o regente de Escorpião.

Na mitologia, Plutão é o deus dos infernos, enquanto que Netuno era o deus dos mares, e por isso a correlação com o oceano. Netuno também reflete o céu sobre a Terra através da superfície das águas, daí sua correlação com o sonho. Por outro lado, Plutão, ou Hades na tradição grega, irá se aprofundar, entrar nas profundezas. Ele tem uma Natureza vulcânica que eventualmente emerge explodindo. Aí temos o símbolo de uma necessidade de transformação, regeneração ou transmutação, um novo nascimento como a fênix que renasce das cinzas, o impulso em direção ao renascimento total para ir até o âmago da própria experiência.

Podemos comparar esse simbolismo de Plutão ao que se poderia chamar de polícia de choque do Zodíaco. Quando todas as outras tentativas de ensinar uma pobre alma com uma certa experiência não foram ainda suficientes, ou suficientemente marcantes, sob o ponto de vista educativo pedagógico, aí parece que a Natureza aplica o Plutão como a última carga. Só que ele já chega batendo, como a polícia de choque, ele não vem para dialogar, já vem direto trazendo marcas de restrição e dor. Por isso Plutão representa a necessidade de aprimorar-se ou de abandonar o velho através da dor.

Esse símbolo do Plutão e que está correlacionado a Escorpião, que segundo a lenda se não injetar o veneno no adversário irá injetá-lo em si mesmo, então todas as lutas de Escorpião são de vida ou morte, tudo ou nada, oito ou oitenta, vai ou racha, e frequentemente racha.

Então, se não houver aquela capacidade de administrar, um traço assim mais libriano, diplomático, de pôr um lubrificante para não atritar, e de deixar equilibrar os pratos da balança, com Escorpião as coisas podem às vezes ir para os extremos trazendo consequências radicais.

Por isso compreender o Plutão é também muito importante, mesmo que a pessoa não seja de Escorpião, pois onde estiver o Plutão no Mapa estará, por assim dizer, um embaixador do signo de Escorpião. Da mesma forma, onde estiver o Netuno estará um embaixador do signo de Peixes, e onde estiver o Urano estará um embaixador do signo de Aquário. Por isso o estudo do Mapa Astral individual é tão importante, porque só olhando caso a caso nós podemos saber, pela hora de nascimento, onde se situa exatamente, no Horóscopo daquele indivíduo, essa influência.

Urano irá simbolizar onde nós necessitamos liberdade, Netuno onde nós temos os sonhos e ideais mais arraigados que nós queremos vivenciar numa unidade, e Plutão onde nós temos a necessidade de ir às últimas consequências, ao cerne da questão. É uma ideia de separar a casca e chegar ao miolo, aquela necessidade de chegar ao âmago, de não se contentar com a superfície.

Então, veremos na expressão positiva quando Plutão chega à aceitação da necessidade de focalizar a mente, quando desenvolve o poder da vontade na própria transformação e a coragem de encarar os próprios desejos e compulsões mais profundas, resolvendo transmutá-las através do esforço e da necessidade e da experiência.

Essa ideia escorpiônica de morrer para renascer, da Fênix que renasce das cinzas, do ter que chegar ao fim da experiência para encontrar o novo começo, é uma ideia de natureza reencarnacionista, porque nós vamos dizer que o fim de um ciclo é o início de um novo ciclo. Então, nada tem uma morte total, sempre há o ressurgimento de uma nova expressão de vida.

Encontraremos isso também no mito de Narciso. Ele se apaixona por sua própria imagem refletida nas águas, mergulha nas águas e se afoga. Assim, de alguma forma ele morre, mas sendo ele um deus e, portanto, imortal, ele é transmutado numa flor de Narciso, ou, como simbolizado também no Oriente, numa flor do Lótus.

Ela renasce no fundo do tanque no lodo e simboliza o elemento terra, que representa, então, o físico; atravessa a água, que representa o emocional; e depois atinge o ar, que representa o mental. Ali o Lótus desabrocha sobre as águas voltando-se para a luz do Sol, símbolo do espírito e da autoconsciência humana, representado pelo fogo que é o quarto elemento. Assim o Lótus ou Narciso representa o espírito que transcende as limitações deste planeta e consegue ir em direção a uma luz que vem do centro do Sistema Solar.

Deste modo, o símbolo do resgate do que foi perdido na morte, para uma nova expressão transmutada numa energia superior, está também ligado à expressão do renascimento da Fênix na Grécia, que é outra expressão do Escorpião greco-romano.

O Escorpião também se apresenta na versão egípcia como a águia que voa mais alto olhando diretamente o Sol, por isso os quatro signos fixos que se apresentam em Gizé, na respectiva Esfinge, a saber: o Touro que é o corpo da Esfinge, as patas do Leão, as asas da Águia e o rosto humano que representa Ganímedes, ou seja, o Aquário transportando assim a ânfora da água, como já explicamos anteriormente.

Então, as asas da Águia representam o lado libertador, e assim nós vamos ter a ressurreição que é o símbolo que também aparece na ressurreição de Osíris, independentemente disso ele se torna o juiz dos mortos, lembrando muito a figura do Hades grego ou Plutão. A expressão negativa do Plutão, portanto, passa a ser a compulsão dos anseios subconscientes, porque representa o que está enterrado, aquelas coisas debaixo do tapete, aquelas coisas que nós pensamos que resolvemos só porque escondemos e que, de repente, por assim dizer, vem um vento, vira o tapete e expõe a sujeira que estava oculta.

Outra característica do Escorpião é a obstinação, e também a manipulação dos outros para servir aos seus próprios fins, pois ele quer ter o controle daquela força inconsciente. É como se uma pessoa quisesse sufocar um vulcão e, então, aquela panela de pressão de repente explode, e aí sim é que vai feijão até no teto. Pode utilizar-se impiedosamente de qualquer meio para evitar o esforço de encarar o próprio eu em função de sua fascinação pelo poder. O lugar onde o Plutão aparece costuma estar ligado a pontos em que a vida, às vezes, nos humilha, ou como se diz na expressão popular, nos obriga a baixar a crista. Ali nós somos obrigados a aceitar as nossas limitações e trabalhar mais dignamente a profundidade do nosso ser, reconstruindo, a partir de uma morte psicológica, um novo começo. Esse é o sentido da transmutação plutoniana, mas ele não nos deixa fugir do confronto com a nossa própria natureza. Dona Emy, em seu magnífico livro *Luz e Sombra*, que é uma interpretação dos elementos básicos de Astrologia, nos deixou comentários sobre a teoria das oitavas, associando diferentemente as correspondências planetárias tradicionais. Ela entende Urano como uma oitava do Sol, Netuno como a oitava da Lua e Plutão como a oitava de Mercúrio. Dessa forma, nas suas definições, ela escolhe para Urano o símbolo do impulso dinâmico da Natureza, da própria semente que salta longe e vai nascer noutro lugar. A semente é um novo começo e busca um novo lugar no espaço para se estabelecer, pois se ela ficar no mesmo lugar em que a semente-mãe gerou aquela árvore, ou aquela planta, evidentemente ela terá dificuldade de se expandir, porque já terá a planta anterior tomando seu lugar ao Sol. Então, se ela saltar um pouco mais longe, encontrará uma maior facilidade de conseguir espaço para si mesma.

Urano representa onde temos de romper os nossos cordões umbilicais, onde precisamos ser livres e começar novamente, representa também uma liberdade universal ou fraternidade universal, no sentido de renovar, de inspirar com inventividade, revolução ciência e tudo que é súbito. Urano é o céu e o raio, a energia elétrica repentina.

O lado negativo do Urano, nós voltamos a dizer, é a impaciência, o lado positivo é o sentido de esperança e entusiasmo no futuro, porque quem aposta na renovação está sempre a apostar no futuro.

Veremos Netuno representando o absorver a água e fluidos, a visão de um amor universal por unidade mística e transcendente. Também representa a sensibilidade na percepção e faculdades psíquicas, o sonho, a imaginação e um mundo melhor, a fé, a intuição, a iniciação.

Então, esse aspecto abstrato, invisível, irá se complementar no último dos planetas transpessoais que é Plutão, representado muitas vezes por um vulcão. Eu tinha essa indagação na minha infância, quando saíam aquelas notícias de erupções vulcânicas onde sempre morriam tantas pessoas. Eu me perguntava por que aquelas pessoas moravam logo no sopé do vulcão, tão próximos de um perigo que a qualquer momento poderia destruir a vida deles. Mas acontece que no sopé do vulcão e nas terras ao redor nós temos a maior fertilidade dos elementos que se encontram nas profundezas e o vulcão, por sua vez, traz à superfície elementos, de uma forma destruidora no início, mas fertilizante, a longo prazo, renovadora.

E assim nós temos como o Escorpião, na Astrologia, tanto está ligado à morte como à procriação. Ele é o signo do sexo, da paixão e da morte, mas também da renovação da espécie pela procriação. Também encontraremos a sua relação com a ideia de *Kundalini*, a mente é um dos poderes latentes a desabrochar nas profundezas do ser, as energias que estão no nosso inconsciente, e representam a consciência e a sua capacidade de despertar novos talentos e renascer perante os desafios da vida. Portanto, também a capacidade de organizar, de criar e de renascer, curar e transmutar, simbolizando assim a regeneração.

Em outro livro nosso, *A Tradição-Sabedoria*, dedicamos um capítulo a essa ideia com o nome de Regeneração e o Significado da Vida, e dizíamos exatamente, citando Sri Ram: "Quando realmente compreendemos o problema, quão completa é a natureza da transformação que é requerida, nós deixamos de ser impacientes. Não importa quanto tempo ela levará, nós sabemos a direção e devemos segui-la; e haverá muitos problemas e nós podemos dar um jeito neles"[1]. De certa forma, esse é o Plutão nas nossas vidas, e a regeneração ocorre através do silêncio, chamam-no também de meditação. Ela é o caminho para encontrar o significado da vida. A morte psicológica é apenas a ruptura do conhecido para que nós possamos realmente ouvir o desconhecido e aprender com ele numa nova dimensão, renascendo para uma nova vida. Esse simbolismo que se encontra em todas as religiões, se apresenta também na linguagem da Astrologia.

Nota sobre Plutão:

A recente notícia de que Plutão foi excluído da classificação científica de planeta, por votação da União Astronômica Internacional em 24 de agosto de 2006, não afeta de modo algum a sua influência e interpretação na Astrologia, que vem sendo observada e comprovada por mais de 70 anos, desde sua descoberta em 1930.

Por muitas décadas, outros astros do Sistema Solar vem sendo também observados e utilizados por muitos astrólogos na interpretação do Mapa Astral, como o asteróide Ceres, descoberto em 1801; e o cometa Quíron, descoberto em 1977; mas talvez a investigação feita ainda seja algo insuficiente.

Mais recente foi a descoberta do planetóide 2003UB313, apelidado de Xena, localizado numa órbita muito além de Plutão, cuja investigação recém começou em 2003. Ele poderia vir a ser o regente de Libra, às vezes chamado de Perséfone, tão esperado pela Profª. Emma Costet de Mascheville, como dizia em seu livro *Luz e Sombra:* "O próximo planeta a ser descoberto será então provavelmente a oitava de Vênus".[2] Xena, atualmente localizado em 21° do signo de Áries, tem uma órbita de 560 anos ao redor do Sol, ficando por mais de 45 anos no mesmo signo, e como todos os planetas transaturninos terá, por sua lentidão, um efeito sobre gerações.

O que realmente me parece essencial que o leitor compreenda como regra geral neste importante tema dos planetas é que somente os planetas rápidos podem estar em diferentes posições em nossos Mapas Astrais Natais, de modo a individualizar a sua influência, e por isso eles são chamados de planetas pessoais.

Sem o estímulo catalizador dos aspectos dos planetas pessoais ou rápidos, a influência dos planetas geracionais, também chamados transaturninos ou lentos fica sensivelmente reduzida. Por esse motivo Arroyo enfatiza a importância destes aspectos quando diz: "Dedicaremos particular atenção aos aspectos com os transaturninos que envolvem um dos planetas pessoais, pois esses aspectos são, de longe, os mais importantes, já que indicam dinâmicas interiores, invulgarmente imediatas e compulsivas".[3]

Referências bibliográficas

1) LINDEMANN, R. & OLIVEIRA, P. *A Tradição Sabedoria.* Brasília, Ed. Teosófica, 2003. p. 159.

2) MASCHEVILLE, Emma Costet de. *Luz e Sombra.* Brasília, Ed. Teosófica, 1997. p. 76.

3) ARROYO, Stephen. *Astrologia, Karma e Transformação.* Lisboa, Publicações Europa-América, [1978]. p. 170.

Capítulo 20

Os Aspectos e o Zodíaco

Estudando os aspectos compreenderemos porque o Zodíaco Tropical é composto de 12 signos de 30° cada um.

Os aspectos, em Astrologia, são ângulos longitudinais que os planetas fazem entre si no céu, tendo a Terra como vértice, porque queremos medir sua influência sobre nós que nela vivemos. São cinco os principais aspectos chamados ptolomaicos, a saber: a conjunção, com um ângulo de zero grau; o sextil, com um ângulo de 60°; a quadratura, com um ângulo de 90°; o trígono, com um ângulo de 120°; e a oposição, com um ângulo de 180°. São assim chamados porque foram classificados por Cláudio Ptolomeu na sua mencionada obra clássica da Astrologia antiga: *Tetrabiblos.*

São exatamente dois destes aspectos fundamentais, o trígono e a quadratura, que determinam a divisão do Zodíaco em doze partes iguais chamadas signos. O trígono, de 120°, divide o círculo em três

Trígono (120°)

Quadratura (90°)

partes iguais; enquanto a quadratura, de 90°, divide-o em quatro partes iguais. Portanto, o mínimo múltiplo comum destas partes é doze.

O Zodíaco Tropical é, portanto, um gigantesco ábaco, construído pelos antigos, que facilita o cálculo dos aspectos entre os planetas no céu, lembrando sempre que o vértice de influência incide sobre nós aqui na Terra. A Terra é, obviamente, o centro do ângulo porque queremos medir a influência dos planetas sobre nós que nela vivemos.

Dessa forma, o triângulo e o quadrado são as figuras fundamentais que determinam o Zodíaco e a pirâmide, símbolo máximo da cultura egípcia. Os quatro trígonos fundamentais constituem os quatro elementos e as três quadraturas fundamentais as três qualidades, conforme já dedicamos todo um capítulo para enfatizar a importância fundamental deste tema.

Talvez a primeira coisa que nós deveríamos de novo situar seria o que é exatamente o Zodíaco. Ele fica situado no céu, mais precisamente ele é um cinturão da Esfera Celeste.

Então, quando nós temos a percepção da Esfera Celeste, ela é a apenas uma extensão do Globo Terrestre no céu, onde o Equador da Terra, expandido no céu corresponde ao Equador Celeste. Os polos Norte e Sul do Globo Terrestre expandidos no céu vão formar respectivamente o polo Norte e o polo Sul da Esfera Celeste. Lembrando que o eixo da Terra tem uma inclinação de 23° e 27° em relação ao plano de órbita em torno do Sol, e essa inclinação, pela diferença de luminosidade que dela decorre, irá estabelecer as quatro estações do ano.

Nos dias 21 de março e 23 de setembro, que constituem os equinócios, como já vimos, a luz do Sol chega indiferentemente na Terra, em relação ao chamado Hemisfério Norte ou Sul. Portanto, a duração do dia e da noite é exatamente igual. Essas datas determinam o início dos signos de Áries e Libra, respectivamente.

Por outro lado, quando nós encontramos a posição dos Solstícios, o Sol irá iluminar preferencialmente o Hemisfério Norte quando for o dia 21 de junho, aí o Sol ficará exatamente projetado no Trópico de Câncer, ou quando a posição oposta incidir mais debaixo para cima, teremos o Sol exatamente no Trópico de Capricórnio no dia 21 de dezembro, datas em que iniciam respectivamente os signos que dão nome aos citados trópicos. Por isso eles constituem o chamado Zodíaco Tropical. Então, vamos dizer que é verão no Hemisfério Sul e inverno no Hemisfério Norte em 21 de dezembro, ou o contrário, em 21 de junho é verão no Hemisfério Norte e inverno no Hemisfério Sul.

Neste contexto, verificaremos que há uma inclinação de eclíptica, também chamada Via Solis, ou trajetória do Sol, pela qual o Sol projetado avança diária e aparentemente na Esfera Celeste. Na verdade é a Terra que gira em torno do Sol, mas a Via Solis vai descrevendo a posição aparente do Sol projetado a cada dia, definindo, assim, uma linha inclinada que é exatamente o centro do Zodíaco ou Cinturão Zodiacal que se extende latitudinalmente cerca de oito graus ao Norte e oito graus ao Sul dessa linha central.

É importante, porém, distinguir o Zodíaco Sideral, – mais usado pela Astrologia Hindu, que também é chamado de Zodíaco Fixo, e que é definido pelas doze constelações de estrelas fixas na Esfera Celeste – do Zodíaco Tropical que é mais usado pela Astrologia Ocidental. O Zodíaco Tropical, também chamado de Zodíaco Móvel porque desliza em relação às estrelas fixas, é uma abstração do céu dividido em doze signos de igual dimensão, ou seja, trinta graus cada, a partir do ponto vernal ou equinócio de primavera no Hemisfério Norte, também chamado de zero grau Áries.

Cláudio Ptolomeu, em sua obra *Tetrabiblos,* foi muito cauteloso ao afirmar que o Zodíaco Tropical deveria começar no ponto em que o Sol se localiza durante o equinócio de primavera no Hemisfério Norte (21 de março).

Portanto as datas aproximadas para a posição do Sol nos signos são: (000° a 029°) Áries – de 21 de março a 19 de abril; (030°a 059°) Touro – de 20 de abril a 20 de maio; (060° a 089°) Gêmeos – de 21 de maio a 20 de junho; (090° a 119°) Câncer – de 21 de junho a 21 de julho; (120° a 149°) Leão – de 22 de julho a 22 de agosto; (150° a 179°) Virgem – de 23 de agosto a 22 de setembro; (180° a 209°) Libra – de 23 de setembro a 22 de outubro; (210° a 239°) Escorpião – de 23 de outubro a 21 de novembro; (240° a 269°) Sagitário – de 22 de novembro a 20 de dezembro; (270° a 299°) Capricórnio – de 21 de dezembro

GRAUS DO ZODÍACO (referência 00° ♈ = Ponto Vernal)

SIGNOS / GRAUS	♈	♉	♊	♋	♌	♍	♎	♏	♐	♑	♒	♓
00	000*	030	060	090	120	150	180	210	240	270	300	330
01	001	031	061	091	121	151	181	211	241	271	301	331
02	002	032	062	092	122	152	182	212	242	272	302	332
03	003	033	063	093	123	153	183	213	243	273	303	333
04	004	034	064	094	124	154	184	214	244	274	304	334
05	005	035	065	095	125	155	185	215	245	275	305	335
06	006	036	066	096	126	156	186	216	246	276	306	336
07	007	037	067	097	127	157	187	217	247	277	307	337
08	008	038	068	098	128	158	188	218	248	278	308	338
09	009	039	069	099	129	159	189	219	249	279	309	339
10	010	040	070	100	130	140	190	220	250	280	310	340
11	011	041	071	101	131	141	191	221	251	281	311	341
12	012	042	072	102	132	142	192	222	252	282	312	342
13	013	043	073	103	133	143	193	223	253	283	313	343
14	014	044	074	104	134	164	194	224	254	284	314	344
15	015	045	075	105	135	165	195	225	255	285	315	345
16	016	046	076	106	136	166	196	226	256	286	316	346
17	017	047	077	107	137	167	197	227	257	287	317	347
18	018	048	078	108	138	168	198	228	258	288	318	348
19	019	049	079	109	139	169	199	229	259	289	319	349
20	020	050	080	110	140	170	200	230	260	290	320	350
21	021	051	081	111	141	171	201	231	261	291	321	351
22	022	052	082	112	142	172	202	232	262	292	322	352
23	023	053	083	113	143	173	203	233	263	293	323	353
24	024	054	084	114	144	174	204	234	264	294	324	354
25	025	055	085	115	145	175	205	235	265	295	325	355
26	026	056	086	116	146	176	206	236	266	296	326	356
27	027	057	087	117	147	177	207	237	267	297	327	357
28	028	058	088	118	148	178	208	238	268	298	328	358
29	029	059	089	119	149	179	209	239	269	299	329	359

* Ou 360°, quando for o caso.

DIAS DO ANO (em Ordinais)

Mês / Dia	JAN	FEV	MAR	ABR	MAI	JUN	JUL	AGO	SET	OUT	NOV	DEZ
01	001	032	060	091	121	152	182	213	244	274	305	335
02	002	033	061	092	122	153	183	214	245	275	306	336
03	003	034	062	093	123	154	184	215	246	276	307	337
04	004	035	063	094	124	155	185	216	247	277	308	338
05	005	036	064	095	125	156	186	217	248	278	309	339
06	006	037	065	096	126	157	187	218	249	279	310	340
07	007	038	066	097	127	158	188	219	250	280	311	341
08	008	039	067	098	128	159	189	220	251	281	312	342
09	009	040	068	099	129	160	190	221	252	282	313	343
10	010	041	069	100	130	161	191	222	253	283	314	344
11	011	042	070	101	131	162	192	223	254	284	315	345
12	012	043	071	102	132	163	193	224	255	285	316	346
13	013	044	072	103	133	164	194	225	256	286	317	347
14	014	045	073	104	134	165	195	226	257	287	318	348
15	015	046	074	105	135	166	196	227	258	288	319	349
16	016	047	075	106	136	167	197	228	259	289	320	350
17	017	048	076	107	137	168	198	229	260	290	321	351
18	018	049	077	108	138	169	199	230	261	291	322	352
19	019	050	078	109	139	170	200	231	262	292	323	353
20	020	051	079	110	140	171	201	232	263	293	324	354
21	021	052	080	111	141	172	202	233	264	294	325	355
22	022	053	081	112	142	173	203	234	265	295	326	356
23	023	054	082	113	143	174	204	235	266	296	327	357
24	024	055	083	114	144	175	205	236	267	297	328	358
25	025	056	084	115	145	176	206	237	268	298	329	359
26	026	057	085	116	146	177	207	238	269	299	330	360
27	027	058	086	117	147	178	208	239	270	300	331	361
28	028	059	087	118	148	179	209	240	271	301	332	362
29	029	*	088	119	149	180	210	241	272	302	333	363
30	030		089	120	150	181	211	242	273	303	334	364
31	031		090		151		212	243		304		365

* Ou 060, quando for o caso de ano bissexto (366 dias)

a 19 de janeiro; (300° a 329°) Aquário – de 20 de janeiro a 18 de fevereiro; (330° a 359°) Peixes – de 19 de fevereiro a 20 de março.

Estas datas podem sofrer variações de até um dia dependendo do ano ser bissexto ou não, variações de fuso horário, hora de verão, etc...

Estou anexando também duas tabelas simples. Uma trata dos *Graus do Zodíaco* com referência ao Ponto Vernal ou zero grau Áries, de modo a facilitar para o principiante a visualização do Zodíaco Tropical como um todo. Ela também facilita a visualização dos aspectos, a partir do cálculo das diferenças de longitude, possibilitando facilmente determinar o ângulo entre quaisquer posições planetárias. Tal cálculo é tão simples quanto descobrir quantos dias separam duas datas do ano, que é o tema da outra tabela dos *Dias do Ano* em ordinais, que pode ser útil para cálculo de Progressões Astrológicas.

É importante, porém, perceber que o Zodíaco Tropical é uma abstração matemática, com referência no ponto vernal ou zero grau Áries, onde todos os doze signos têm rigorosamente trinta graus, enquanto que o Zodíaco Sideral está baseado em doze constelações ou agrupamentos de estrelas fixas. Há, portanto, um constante questionamento, principalmente por parte de alguns astrônomos que não parecem ter estudado Astrologia, de querer inserir novas constelações no Zodíaco Sideral, tais como *Ophiuchus* (ou Serpentário), *Cetus* (ou Baleia), etc.

Na Astrologia Ocidental, o Zodíaco Sideral ou Fixo só e usado para o cálculo das Eras, que são períodos de 2.150 anos que afetam a humanidade como um todo, mas não para o cálculo do Mapa Astral de Nascimento de um indivíduo, que é baseado no Zodíaco Tropical ou Móvel.

Deve, portanto, ficar claro que os signos não coincidem com as constelações, seja porque algumas delas têm mais ou menos de trinta graus de extensão, seja porque devido ao movimento de precessão dos equinócios, descoberto por Hiparco no século II a.C., que tem um ciclo de 12 Eras ou um Grande Ano cerca de 26.000 anos terrestres, o ponto do equinócio vernal desliza em relação às constelações das estrelas fixas aproximadamente um grau a cada 72 anos, ou, mais precisamente, 50,26" por ano.

Assim, nós fazemos uma abstração do céu, que é o Zodíaco Tropical ou Matemático dividido exatamente pelas linhas básicas nos Equinócios, que são os dias 21 de março e 23 de setembro, quando os dias e as noites têm a mesma duração, e a linha dos Solstícios que vai de Câncer a Capricórnio, pois o Sol se projeta no Trópico de Câncer no dia 21 de junho e no Trópico de Capricórnio em 21 de dezembro.

Portanto, o Zodíaco Tropical ou Móvel está estabelecido nas relações de movimento da Terra com o Sol e não com as estrelas do Zodíaco Sideral ou Fixo que permanecem ao fundo. E assim nós temos a simbologia básica da Astrologia baseada nos aspectos de trígono e quadratura, que podem ser considerados como leis de fluxo de energia na Natureza, que determinam inevitavelmente a divisão em 12 partes iguais, como já vimos e, por decorrência, com 30° para cada signo.

Mas alguém, com toda razão poderia perguntar por que nós trabalhamos com um Zodíaco de 12 partes, questionando, assim, os próprios aspectos de trígono e quadratura enquanto leis da Natureza. Então, é no mínimo interessante considerar a grande descoberta feita por John Nelson, um importante engenheiro eletrônico da RCA Communications Incorporation, que trabalhava com pesquisa na comunicação de ondas curtas de Rádio, conforme a *Enciclopédia de Astrologia* de Lewis no verbete John Nelson: "Engenheiro de rádio americano que se especializou na análise de propagação de rádio de ondas curtas. Nos anos (19)50 e (19)60, foi empregado da RCA Communications e trabalhou no problema de como prever as flutuações no campo magnético da Terra, que interrompiam a radiocomunicação. Sabia-se que essas flutuações eram afetadas pela atividade das manchas solares, entre outras coisas. Utilizando esta pista como ponto de partida, Nelson começou a investigar as correlações entre configurações heliocêntricas dos planetas e distúrbios nas ondas de rádio. Suas descobertas foram tão notáveis que posteriormente ele foi capaz de prever tais distúrbios com uma precisão de mais de 93%.

Suas descobertas validaram determinados elementos da Astrologia tradicional a uma proporção extraordinária. Por exemplo, ele descobriu que haveria um distúrbio quando dois ou mais planetas se alinhassem ao Sol (formando assim um aspecto de oposição de 180°) ou formassem um ângulo de 90° (um aspecto de quadratura) em relação a ele. Também descobriu, novamente em coerência com os princípios da Astrologia tradicional, que, se outro planeta formasse trígono exato (ângulo de 120°) a qualquer dessas configurações, o distúrbio rapidamente se enfraqueceria. Como Nelson também pôde prever as regiões no mundo onde os distúrbios seriam mais severamente sentidos, a RCA pôde reenviar as transmissões sem perda de serviço.

As comunidades astronômica e acadêmica receberam essas descobertas com um enorme silêncio. Porém, Richard Head do Electronics Research Center da NASA investigou os estudos de Nelson e considerou-os precisos. A NASA estava interessada nas implicações de sua pesquisa na previsão da atividade de manchas solares, para que conseguisse evitar o risco de expor os astronautas à excessiva radiação solar. Desse modo, a NASA veio a adotar os métodos de Nelson sob o nome de vetorização gravitacional.

Fontes: BRAU, Jean-Louis, WEAVER, Helen, EDMANDS, Allan. Larousse Encyclopedia of *Astrology*. Nova York: New American Library, 1980. OSTRANDER, Sheila & SCHROEDER, Lynn. *Astrological Birth Control.* Englewood Cliffs. N.J.: Prentice-Hall, 1972."[1]

Sextil (60°)

Superposição dos aspectos ptolomáicos

É inadmissível que um trabalho de pesquisa desta envergadura, com resultados objetivos de previsão com 93% de acerto, representando a descoberta de uma lei da Natureza, seja abafado ou caia no esquecimento somente por causa do preconceito que existe contra a Astrologia. Obviamente, o problema da grande descoberta de John Nelson é que ela corrobora pelo fluxo das ondas curtas de rádio os ângulos clássicos catalogados por Cláudio Ptolomeu no *Tetrabiblos*.

Esses ângulos que os astrólogos conhecem a milênios e chamam de aspectos caracterizam uma lei da Natureza no fluxo da energia, por menos que se saiba exatamente qual é a Natureza da energia com a qual a Astrologia trabalha, pois o fato é que essa lei funciona e pode ser comprovada pela pesquisa séria, rigorosa e desprovida de preconceito.

O Zodíaco Tropical ou Móvel pode, portanto, ser definido como uma relação angular de fluxos de energia baseados nos aspectos orientados pelo ponto vernal e independentes das estrelas do Zodíaco Sideral ou Fixo. Por ser derivado dos aspectos de trígono e quadratura, que dividem respectivamente o círculo em três e quatro partes, e precisa ser dividido minimamente em doze partes, pois este é o mínimo múltiplo comum dos divisores envolvidos.

Essa é uma lei da Natureza que divide a energia em doze campos, como se fosse uma laranja de doze gomos, pois, como dizia Platão, "Deus geometriza".

Os aspectos ptolomaicos, portanto, podem ser classificados em duas categorias predominantes: harmônicos e desarmônicos. Na prática admite-se um orbe de tolerância de seis graus antes e depois, em relação ao aspecto exato ou partil, para adotar um valor padrão simplificado para o principiante.

Então, os aspectos ptolomaicos desarmônicos são a quadratura de 90°, que abrangeria desde 84° até 96°; e a oposição de 180°, que abrangeria desde 174° até 186°. Os aspectos ptolomaicos harmônicos são o sextil de 60°, que abrangeria desde 54° até 66°; e o trígono de 120°, que abrangeria desde 114° até 126°.

O último e mais intenso e imprevisível dos aspectos ptolomaicos é a conjunção de 0°, que abrangeria desde 354° até 6°, mas é o mais difícil de classificar, constituindo quase uma terceira categoria por ser neutro ou ambíguo por natureza, dependendo essencialmente da afinidade dos planetas envolvidos. Podemos, assim, representar a conjunção algo neutra em preto, os aspectos harmônicos em azul, e os desarmônicos em vermelho, como é tradicional, sintetizando tais conhecimentos milenares na seguinte Tabela de Aspectos, contendo o símbolo, o ângulo, a sigla em inglês, o intervalo de tolerância para orbe de seis graus, e o número múltiplo inteiro de Signos contidos no afastamento angular entre os astros:

Tabela de Aspectos			ING	[Orbe + - 6º]	{nº Sg.}
☌	Conjunção	000º	CNJ	[354º a 006º]	{0}
⚺	Semi-sextil	030º	SSX	[024º a 036º]	{1}
⚹	Sextil	060º	SXT	[054º a 066º]	{2}
□	Quadratura	090º	SQR	[084º a 096º]	{3}
△	Trígono	120º	TRI	[114º a 126º]	{4}
⚻	Quincôncio	150º	QCX	[144º a 156º]	{5}
☍	Oposição	180º	OPP	[174º a 186º]	{6}

Consideremos, por exemplo, os signos Cardinais: Áries, Câncer, Libra e Capricórnio. Suponhamos que uma pessoa tenha o Marte em Áries no grau zero (posição 000°♈) e a Lua em Capricórnio no grau zero (posição 270°♈), obviamente esses dois planetas estão fazendo um ângulo exato ou partil de 90° ou uma quadratura (360°-270=90°). Se por outro lado, Marte estiver em 1° de Capricórnio (posição 271°♈) e a Lua em 1° de Câncer (posição 91°♈), teremos uma oposição, um ângulo de 180° (ou seja, 271°-91°=180°) entre o Marte e a Lua.

Fato semelhante aconteceu, por exemplo, naquele trágico ataque terrorista de 11 de setembro nos Estados Unidos quando derrubaram as Torres Gêmeas em Nova Yorque. Naquele dia que dificilmente sairá da nossa memória, Marte, o deus da guerra, naquela hora se opunha à Lua, que no caso não estava exatamente no signo de Câncer, mas sim em 28° de Gêmeos (posição 88°♈), e o Marte em 1° de Capricórnio. Assim, pode-se ver no Mapa Astral da colisão da primeira aeronave

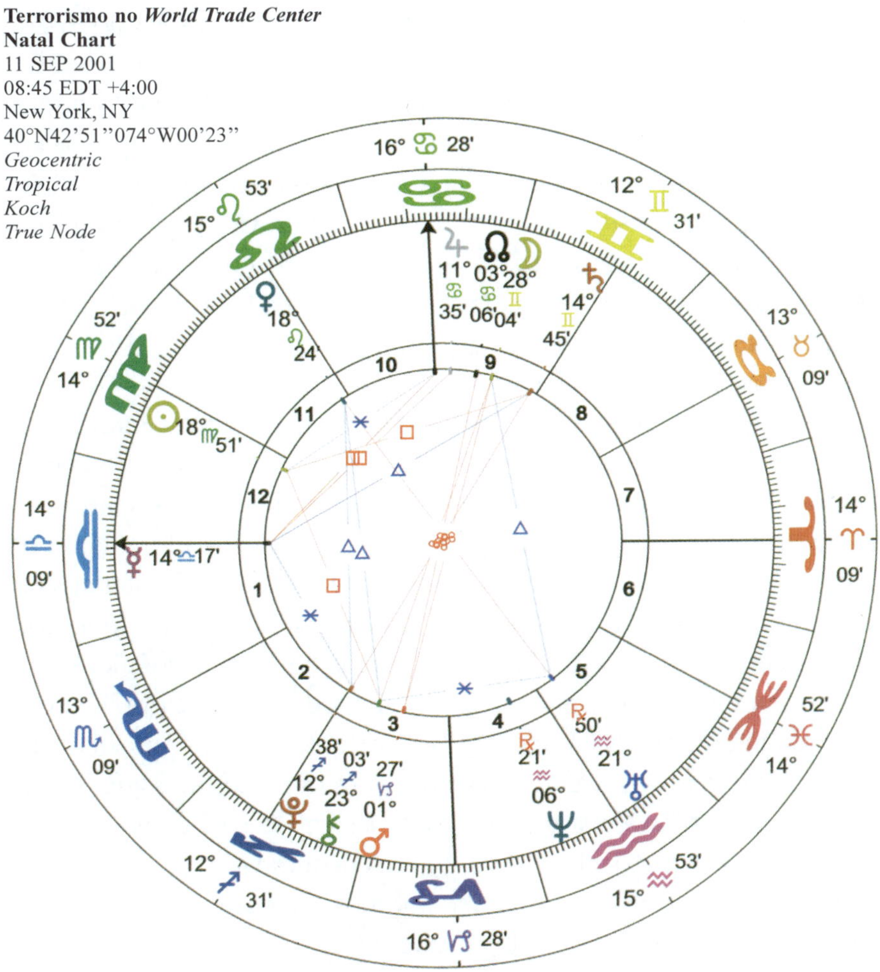

exatamente o ângulo em oposição (ou seja, 271°-88°=183°, dentro da tolerância de 6°) aqui demonstrado.

A Lua é a deusa do lar, e Marte é o símbolo do deus da guerra, como já estudamos na Mitologia, portanto aqui nós temos uma guerra no lar. Foi a primeira vez que os Estados Unidos da América foram atacados em seu próprio território desde a II Guerra Mundial. Além disso, poderíamos considerar como curiosidade que se trata de uma guerra com material de cozinha, pois na verdade os instrumentos usados como armas foram faca e garfo de bordo. Por ironia do destino, os norte-americanos estavam preparando um sistema de defesa para mísseis transatlânticos e foram atacados dessa forma doméstica por Marte contra a Lua. Nós estamos aos poucos tentando mostrar como estava a configuração daquele dia 11 de setembro de 2001 em Nova Iorque. A causa do atentado, porém, está mais relacionada a Plutão que se encontrava no signo de Sagitário, cujo ponto fraco é o fanatismo religioso, fato que nós já estudamos. Plutão se encontrava no signo de Sagitário no grau 12 (posição 252°♈), e nós vamos encontrar aqui esse ângulo em oposição (ou seja, 252°-74°=178°, dentro da tolerância de 6°) com Saturno que estava ocupando a posição do grau 14 do signo de Gêmeos (posição 74°♈).

As Torres Gêmeas foram assim derrubadas quando Saturno em Gêmeos se encontrava em oposição com Plutão em Sagitário. Sagitário está relacionado, como nós vimos, à questão religiosa, e quando Plutão, o deus dos infernos, ali se encontra, ele produz o afloramento do lado obscuro dessa vibração, que nós chamamos em geral fanatismo. Além disso, Saturno é o planeta das perdas, ele é o limite do tempo, Kronos entre os gregos. Então houve perdas em área de Gêmeos, que é regido por Mercúrio; daí vem *mercare*, a ideia do mercado. Então, o mercado internacional (World Trade Center) foi abalado em suas perdas por esse motivo. A Linha do Horizonte Oriental ou Signo Ascendente se encontrava apontando para o signo de Libra no grau 14 (posição 194°♈) e o Meio do Céu se encontrava a 16° de Câncer (posição 106°♈), então, as Casas, como nós estudamos, vêm da Linha do Horizonte e a Vertical do lugar que, no caso, se encontram marcadas por essas duas flechas.

Observando o Mapa Natal daquele instante, podemos sentir como a influência estabelecia também uma quadratura (194°-101°=93°, dentro da tolerância) entre o Mercúrio a 14° de Libra (posição 194°♈) que se encontrava em conjunção exata ou partil com o ascendente e Júpiter no signo de Câncer a 11° (posição 101°♈) que se encontrava em conjunção (106°-101°=5°, dentro da tolerância de 6°) com o Meio do Céu. Assim, um ângulo negativo ou desarmônico entre Mercúrio e Júpiter. Talvez por isso tenha sido exageradamente televisionado, pois Mercúrio é o planeta da comunicação e Júpiter da grandeza, então foi uma tragédia que assumiu, grandes proporções.

Havia porém um trígono (194°-74°=120°) exato ou partil de Saturno em 14 de Gêmeos (posição 74°♈) com Mercúrio em 14 de Libra (posição 194°♈) que deve ter favorecido a perseverante concentração da imprensa no tema, sem que qualquer outro pudesse desfocá-lo. O Sol também assumiu naquele momento um papel muito importante, pois no dia 11 de setembro ele estava no grau 18 de Virgem (posição 168°♈), portanto, a meio caminho entre Gêmeos e Sagitário. Se o problema já era o fanatismo *versus* o mercado, Plutão (posição 252°♈) em oposição com Saturno (posição 74°♈), o Sol, que se encontrava no ponto médio entre ambos, fazendo uma quadratura em "T" para os dois lados, para um lado, Plutão quadratura (252°-168°=84°, dentro da tolerância de 6°), Sol para o outro lado, Saturno em quadratura (168°-74°=94°, dentro da tolerância de 6°) com o Sol, só agrava muito mais a situação. Então, o resultado disso é que o Sol catalizou, intensificou a dificuldade que já havia entre Saturno e Plutão.

Havia assim dificuldades que se encontravam naquele instante no céu, e exemplificando os aspectos e o próprio Zodíaco, que são justamente derivados do triângulo e do quadrado. Só no quadrado existem diagonais de oposição para dividir a energia, num triângulo não surgem diagonais.

Dessa forma, naquele prefácio do livro *Luz e Sombra* de Emma Costet de Mascheville, que tivemos o prazer de redigir em homenagem à nossa Professora, nós comentávamos: "A genuína Astrologia baseia-se essencialmente nos aspectos que são ângulos geocêntricos formados pelos astros no céu, dividindo-se em desarmônicos quando derivados do quadrado, que oferece diagonais de oposição,"[2] e aqui nós exemplificamos a partir do 0 para vocês como os ângulos de, 90°, 180°, 270° configuram, respectivamente, duas quadraturas a 90° e 270°, e uma oposição de 180°, e harmônicos quando derivados do triângulo equilátero,"[3] a saber: a partir do 0° deu 120° e 240°, "que não apresenta diagonais de oposição"[4], pois não se consegue fazer uma diagonal dentro de um triângulo, porque ao passar pelo centro ela não chega no polo oposto. O caso do quadrado é diferente, pois ao passar pelo centro ele cria uma cruz de diagonais, a linha cruza o centro e chega no polo oposto dividindo ou polarizando a energia.

Então, de um ponto de vista astrológico, nós temos energias conflituadas no quadrado, como nós jamais teremos no triângulo, e o aspecto que surgirá da superposição (vide diagrama p. 218), levará exatamente a um ângulo de 30°, que é a dimensão de um signo. Isso representa, geometricamente, que o mínimo múltiplo comum de 3 e 4 é 12, ou seja, dessa figura irá derivar uma estrela de 12 pontas espaçadas 30° entre si, que é o Zodíaco. Assim, também, em 60° nós temos 6 pontas (vide diagrama p. 218), que são os sextis. Dessa forma, nós vamos melhor compreender por que o Zodíaco tem de ser constituído de 12 partes. Aqui nós temos o Zodíaco: Áries, Touro, Gêmeos, Câncer, Leão e Virgem, caracterizando o caminho de um Equinócio (posição 000°♈) até o outro (posição 180°♈) pelo Hemisfério Norte, e no outro Hemisfério, que seria no caso o Hemisfério Sul: Libra, Escorpião, Sagitário, Capricórnio, Aquário e Peixes.

Quando o Sol está em 0° de Câncer (posição 90°♈) caracteriza um solstício, ele está projetado no Trópico de Câncer no Hemisfério Norte e, portanto, haverá mais luz e, também calor no Hemisfério Norte do que no Sul, então aqui será verão no Hemisfério Norte e inverno no Hemisfério Sul. Pelo contrário, quando o Sol está em 0° de Capricórnio (posição 270°♈) caracteriza outro solstício, ele está projetado no Trópico de Capricórnio e existe mais escuridão no Hemisfério Norte, e portanto mais luz e calor no Hemisfério Sul, será verão no Hemisfério Sul e inverno no Hemisfério Norte. Então, esse é o eixo chamado dos solstícios (com o sol nas posições 090°♈ e 270°♈), enquanto que o eixo dos Equinócios (com o Sol nas posições 000°♈ e 180°♈) vai justamente determinar o contrário, caracterizará o período em que a duração do dia e da noite é igual.

É importante, porém, notar que a Astrologia não está lidando com luz e calor, mas algum outro tipo de energia que nos influencia indiferentemente em qualquer Hemisfério. Da mesma forma, no caso da eletricidade, o fato de que ainda hoje não sabermos exatamente como a carga elétrica se desloca, não nos impede de obter benefícios do resultado e até mesmo planejar por cálculo um sistema elétrico qualquer, por exemplo, o circuito elétrico de nossa própria residência. Portanto, a Astrologia deve ser pesquisada justamente porque ela vem apresentando resultados objetivos ao longo dos milênios, apesar de ainda não ser totalmente conhecida a natureza das energias com as quais ela trabalha. Sem pesquisá-la como poderemos descobrir mais a respeito?

Lamentável, porém, é notar como uma grande descoberta com resultados objetivos, sobre os aspectos, derivada de longo trabalho de séria pesquisa, como a de John Nelson, que há pouco citamos, é abafada e silenciada pelo preconceito de alguns cientistas contra a Astrologia.

O fato é que os aspectos astrológicos exprimem leis angulares do fluxo de energia na Natureza, afetando até as ondas de rádio, e essas leis constituem o coração da Astrologia. Então, toda vez que nós temos ângulos ou aspectos favoráveis no Mapa Astral, aquele período facilitará a expressão de uma determinada energia, e quando os ângulos forem desfavoráveis é como se a energia não fluísse. Não que o planeta irradie algo negativo, mas seremos obrigados a gerar nossa própria energia, desenvolvendo nossa autossuficiência, porque nos faltará a irradiação de apoio da Natureza naquele momento em função de o fluxo de energia estar interrompido temporariamente, da mesma forma como John Nelson detectava a perda de sinal de rádio durante o período desses aspectos desarmônicos.

Eu lembro quando meu pai me ensinava a andar de bicicleta. Eu havia ganho, quando eu tinha uns seis anos, uma monareta vermelha de Natal, e ele, é claro, me conduzia na beira da praia porque a areia é mais fofa que o asfalto... Naquela época não havia aqueles apoios laterais com rodinhas; o resultado é que se caía com muito mais frequência até aprender a andar de bicicleta. Enquanto eu pedalava, ele me equilibrava correndo atrás de mim e segurando o bagageiro, até que eu pegasse algum equilíbrio. Porém, quando pela primeira vez eu realmente me senti veloz na beira da praia, e olhei para trás e vi meu pai lá longe, eu caí. E eu caí justamente por perceber que eu estava andando de bicicleta sozinho. Então, a autoconsciência de que eu estava só foi, naquele momento, demais para mim. Mas o fato é que se meu pai não tivesse largado o bagageiro, se ele não tivesse largado a bicicleta e me deixado por conta própria, eu nunca teria aprendido a andar de bicicleta.

No início nós vamos segurando a criança até que ela, trôpega, consiga conquistar o equilíbrio, mas em um certo momento nós temos que largá-la para que ela possa andar por si mesma. Talvez os planetas façam também isso conosco, em ângulos favoráveis eles nos apóiam, eles nos dão sua energia, ela chega a nós, nos banha e nos protege. Porém, quando os ângulos são desfavoráveis, quando os ângulos são de 90° ou 180°, a energia não chega a nós, ela fica bloqueada ou o fluxo fica interrompido. É como se o nosso pai não segurasse o bagageiro da bicicleta e aí, eventualmente, nós estaremos por conta de nós mesmos.

Se nós observarmos o Diagrama de Superposição dos Aspectos (p. 218), notaremos que ali existem quatro pontas azuis ou fluentes (60°, 120°, 240°, 300°) e quatro pontas vermelhas ou desafiadoras (0°, 90°, 180°, 270°) das linhas diagonais do quadrado branco. Quando a Lua, por exemplo, gira ao redor da Terra em apenas 29 dias, aproximadamente, ela passará por todas as fases lunares ou aspectos com o Sol (as quatro pontas vermelhas, a saber: 0° Lua Nova, 90° Quarto Crescente, 180° Lua Cheia, e 270° Quarto Minguante) completando o ciclo do mês sinódico, ou de Lunação. Mas isto também quer dizer que ela também percorreu 4 posições fluentes (as quatro pontas azuis, a saber: 60°, 120°, 240°, 300°) ao longo do mesmo giro.

Então, nós temos o jogo empatado, como dizia Platão, "a responsabilidade é de quem escolhe: Deus está inocente nisso"[5], ele também dizia que: "Deus geometriza", esse então é o ciclo da vida, ela vai dar momentos de bloqueio e momentos de estímulo, como a dor e o prazer. Nós poderíamos sumariamente dizer que os ângulos vermelhos são dolorosos e que os ângulos azuis são prazerosos. E é nesse processo do giro da roda da vida, tanto pelos aspectos desafiadores quanto pelos fluentes, que nós somos estimulados a prosseguir na aprendizagem da existência. Ambos são, na verdade, benéficos para o crescimento de nossa alma na Escola da Vida. Por isso eu não considero correto, filosoficamente, chamar de aspectos maléficos e benéficos, embora eu não possa negar que a tradição astrológica antiga em grande parte assim o faz.

Tudo parece indicar que esse é o método pelo qual a Natureza ou o *Karma* nos educa, e a tradição esotérica clássica diz que a alma busca três coisas ao encarnar, que seriam o autodomínio, a autoentrega e o autoconhecimento. O primeiro nós chamamos de vontade espiritual, o segundo de amor espiritual e o terceiro de inteligência espiritual, ou talvez sabedoria. Na verdade, o mundo externo é apenas um espelhamento que nos induz a descobrir por nós mesmos quem nós de fato somos.

A Astrologia, porém, nos ajuda pelo conhecimento dos aspectos ou ângulos dos trígonos e das quadraturas a descobrir a nossa própria natureza, e quais as influências favoráveis e desfavoráveis em certos períodos, de modo que nós possamos antecipar se há uma probabilidade de cair, ou se é o momento de fazermos um esforço a mais para aproveitar uma circunstância favorável.

Quando, é claro, há uma previsão de chuva, nós já pegamos o guarda-chuva porque a tendência é que possamos nos molhar, ou talvez seja melhor nem sair de casa se a circunstância for muito desfavorável e nós pudermos evitar sair. Mas, quando precisamos sair de casa, pelo menos levamos o nosso guarda-chuva, preparando-nos para as circunstâncias mais difíceis. Se nós tivermos uma situação mais favorável de céu azul, de trígono, então podemos dizer: esse é o momento que eu tenho que aproveitar para fazer as coisas, porque este é o momento em que os astros estão me apoiando.

Todavia, os ângulos desfavoráveis não existem para nos fazer mal, mas sim para que nos exercitemos com o desenvolvimento das nossas próprias potencialidades, e assim dizia a Dra. Annie Besant, que citamos em nosso livro *A Tradição-Sabedoria*: "A direção do navio depende da relação das velas com o vento, e, por meio de um bordejo cuidadoso, pode-se quase que navegar contra um vento adverso, e com um pequeno trabalho a mais chegar ao porto desejado. Isso é uma parábola a respeito do *karma*. Se você não pode mudar a sua sorte, mude a si mesmo e encontre-a num ângulo diferente, você irá deslizando com sucesso onde o fracasso parecia inevitável. '*Yoga* é a habilidade na ação', e esta é uma maneira pela qual o homem sábio governa os seus astros ao invés de ser governado por eles."[6]

É assim que, desenvolvendo vontade, amor e sabedoria, nós podemos com antecipação prever e mesmo gerar condições mais favoráveis, mas o conhecimento da Astrologia nos auxilia a antecipar e acima de tudo verificar quais são nossas potencialidades em tempo hábil de empregá-las da forma mais sábia possível, auxiliando, assim, o nosso autoconhecimento, a nossa autoentrega e o nosso autodomínio que são o objetivo de desenvolvimento da vida.

Referências bibliográficas

1) LEWIS, James L. *Enciclopédia de Astrologia.* São Paulo, Makron Books do Brasil, 1997. p. 380.
2) MASCHEVILLE, Emma C. *Luz e Sombra.* Brasília, Ed. Teosófica, 1997. p. 8.
3) Ibidem, p. 8.
4) Ibidem, p. 8.
5) PLATÃO. Diálogos; *A República.* Rio de Janeiro, Ed. Tecnoprint, s. d. p. 388. [617]
6) LINDEMANN, R. & OLIVEIRA, P. *A Tradição-Sabedoria.* Brasília, Ed. Teosófica, 2003. p. 95

Capítulo 21

O Mapa Astral

Iniciaremos neste capítulo a construir um Mapa Astral, mais ou menos item por item, a partir do Mapa Astral Natal de Ayrton Senna da Silva, que é uma personalidade tão conhecida no nosso querido Brasil.

O nosso primeiro objetivo é encontrar o signo Ascendente a partir da Linha do Horizonte do lugar de nascimento que, no caso, é a cidade de São Paulo no Estado de São Paulo. Então, temos que ter a informação do horário em que ele nasceu. No caso, foi no dia 21 de março de 1960 às 2 horas e 35 minutos da madrugada. Verificar que o Ascendente, o signo que se erguia no Horizonte Oriental no instante do nascimento era Aquário.

Por isso, observando o cinturão Zodiacal, a faixa do Zodíaco aqui representada, nós vamos encontrar a Linha do Horizonte com o Ascendente em Aquário no grau 11° (posição 311°♈) e o Descendente em Leão, também no grau 11° (posição 131°♈). Tradicionalmente, isso está indicado pela flecha apontando para a esquerda na direção do Signo Ascendente ou Horizonte Oriental, enquanto a outra flecha está apontando para cima, no Meio do Céu, que é a Vertical do lugar. São essas duas flechas uma Horizontal e outra Vertical que orientam as 12 casas, e portanto, o Mapa Astral. Assim nós vamos constituir o Mapa Astral, o Meio do Céu em Escorpião no grau 08 (posição 218°♈) e o Ascendente em Aquário.

Ele nasceu no dia do Equinócio que é o dia 21 de março, quando o Sol se encontrava no grau zero do signo de Áries. Naquele horário, a posição do Sol em relação à Linha do Horizonte determinará que o Ayrton nasceu com o Sol na segunda Casa, que é uma Casa que favorece o dinheiro e a acumulação, como nós já estudamos. Também é fato que a Lua se encontrava no signo de Capricórnio, naquele momento, mais especificamente no grau 13 de Capricórnio (posição 283°♈).

Talvez seja bom lembrar que nossa intenção aqui não é ensinar a calcular, porque se fôssemos entrar na parte de cálculo de posição dos astros, perderíamos talvez muito tempo. Hoje em dia raramente se usa a tabela de Efemérides para calcular a mão, pois na verdade o que se

Ayrton Senna da Silva
Natal Chart
21 Mar 1960
02:35 BZT2 +3:00
São Paulo, BRZ
23°S32' 046°W37'
Geocentric
Tropical
Koch
True Node

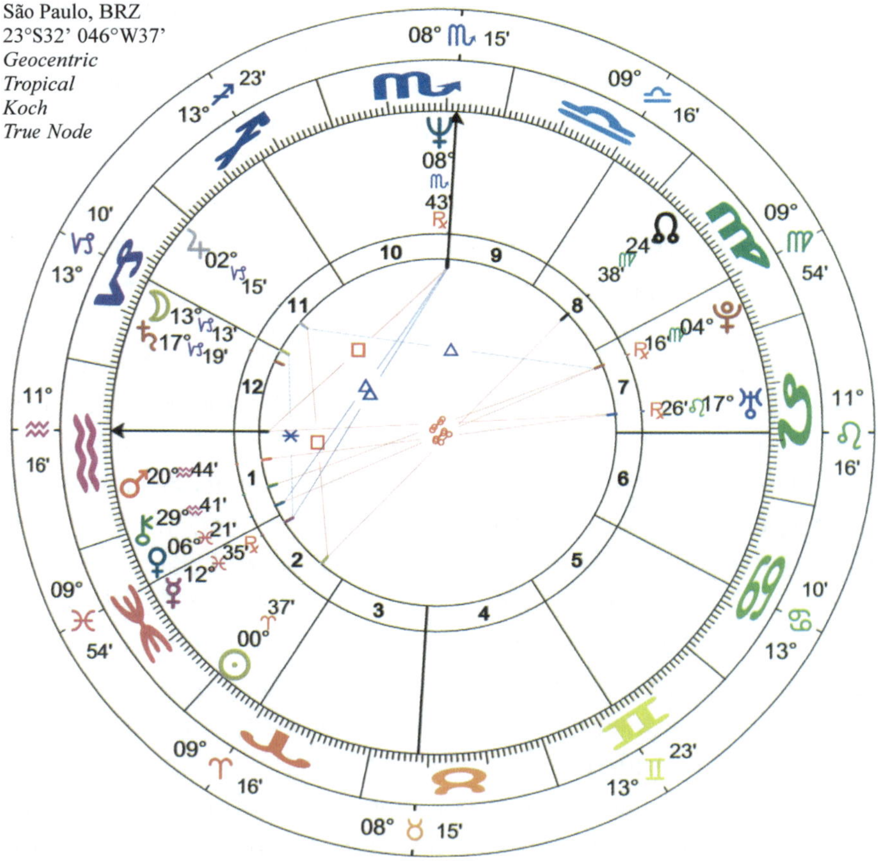

usa mesmo é o *software* (geralmente em inglês), e tudo é feito pelo computador, caminho que recomendaríamos também ao leitor.

Assim, também, nós dizíamos, no prefácio do livro *Luz e Sombra* de Emma Costet de Mascheville: "As dificuldades do cálculo astronômico sempre tornaram a verdadeira Ciência milenar da Astrologia inacessível ao grande público, mas a era da informática vencerá este obstáculo, facilitando o estudo de Mapas Astrais individuais e produzindo evidências em um volume estatisticamente irrefutável. Desta forma obrigará a Ciência contemporânea a adequar seus paradigmas pelo peso dos fatos, dignando-se a investigar imparcialmente a Astrologia"[1]. O fato é que não vamos enfatizar o cálculo, mas priorizar a compreensão e interpretação do Mapa Astral. Em nosso exemplo o Mercúrio se encontrava no signo de Peixes a 12°(posição 342°♈), portanto, ele se encontrava no início da segunda Casa e essa é uma Casa relacionada também à questão do dinheiro, ele tinha certa generosidade e também habilidade para tratar com o dinheiro, de um modo geral.

Vênus se encontrava em 6° graus (posição 336°♈) de Peixes, era um tipo também bastante romântico, Peixes é um signo sonhador, e Vênus a deusa do amor. Também Mercúrio em Peixes, às vezes fala pouco, não é dado a muita expressão, porque é mais introspectivo.

Marte se encontrava em 20° de Aquário (posição 320°♈), esse é um ponto muito importante, indicativo da masculinidade ou da força e da coragem. Marte se encontrava muito próximo da linha do Ascendente, e isso é muito comum naqueles que se dedicam a viver perigosamente ou a buscar emoções nos esportes. E nós vamos sustentar que essa posição de Marte também está relacionada ao seu acidente fatal, como em breve veremos. O Júpiter se encontrava a 2° de Capricórnio (posição 272°♈). Portanto, Júpiter, que é pela antiga tradição chamado deus dos deuses, se encontrava na Casa XI em uma posição de destaque em relação aos amigos e aos ideais.

Encontraremos também o Saturno em 17° de Capricórnio (posição 287°♈) na Casa XII. Essa posição já não é tão interessante, embora muito forte, mas Saturno em conjunção (287°-283°=4°, dentro da tolerância de 6°) com a Lua na Casa XII, que é a Casa do isolamento, já dá um temperamento tímido, particularmente com as mulheres, mais difícil de estabelecer um relacionamento. Parece-me que ele não teve muita sorte ou estabilidade nessa área, e provavelmente fosse um pouco tímido. Precisava conquistar as mulheres pelo carisma da sua masculinidade esportiva, mais do que pela expressão natural do afeto.

Também, nós encontramos Urano na Casa VII, a 17° de Leão (posição 137°♈). Portanto, Urano, que é o planeta da liberdade, se encontrava na Casa do casamento, esse não é um Mapa que predispõe a pessoa a prender-se ao casamento. O ponto mais grave que nós vimos aqui até agora é a oposição (320°-137°=183°, dentro da tolerância de 6°) de Marte com Urano, que predispõe a acidentes, e ela se encontra muito próxima da Linha do Horizonte, portanto, pode afetar o corpo físico.

Assim como nós vimos, Plutarco sustentava que o Sol dá aos homens a razão, a Lua as paixões e a Terra o corpo. E, portanto, o signo Ascendente ou a Linha do Horizonte Oriental representa a projeção da Terra no céu afetando o corpo físico e sua maneira de agir.

E tinha um Ascendente em Aquário que gostava das coisas modernas. Por isso seu esporte não era um esporte tão tradicional do passado, mas antes um esporte que dependia das maiores tecnologias, que até chegou a abranger a informatização na corrida em Fórmula 1.

Além disso, o Netuno se encontrava a 8° de Escorpião (posição 218°♈) em conjunção exata (218°-218°=0°) com o Meio Céu, que dava a ele um caráter genuinamente generoso e místico. Há quem diga que ele pressentiu alguma dificuldade no dia da sua morte, e que nem desejava correr, etc.

Plutão se encontra no Mapa do Ayrton a 4° do signo de Virgem (posição 154°♈), portanto, também não muito favorável para o relacionamento afetivo, porque em oposição (336°-154°=182°, dentro da tolerância de 6°) com Vênus.

Por outro lado, nós vamos verificar que o Ayrton tinha esse belíssimo trígono (342°-218°=124°, dentro da tolerância de 6°) de Mercúrio com Netuno e outro trígono (336°-221°=118°, dentro da tolerância de 6°) de Vênus com Netuno, vejam aqui Vênus e Mercúrio muito próximos, em conjunção, que trazia toda uma tendência algo devocional e mística indicada por Mercúrio e Vênus trígono Netuno.

Também nós encontramos aquele ângulo que entendemos ter sido o mais problemático para ele, o Marte na oposição do Urano, que predispõe a acidentes, a gostar de viver perigosamente, pois Marte é o deus da guerra e Urano é o deus do céu, é o planeta da liberdade que está além dos limites, está além do limite visível. Ele é o primeiro planeta além de Saturno, representando, assim, que o céu é o limite, ele representa o céu, o raio, a tempestade. Segundo Dona Emy, Urano é a dinamite do Zodíaco, e Marte é o fogo, e toda tecnologia avançada e toda tendência impaciente de Marte e Urano está carregada no Mapa dele.

Agora vamos fazer um exercício básico de Progressão, acrescentando um grau por ano que é o sistema mais simples de Progressão Simbólica. Para maiores detalhes sobre este tema, recomendo o livro *A Evolução através das Progressões* de Celisa Beranger (Rio de Janeiro, Espaço do Céu, 2001). Tomemos por exemplo o Saturno de nascimento que se encontra a 17° de Capricórnio (posição 287°♈), e o Marte de nascimento em 20° de Aquário (posição 320°♈ 44'), então se eu for fazer uma Progressão de 17° de Capricórnio até o 0° de Aquário, são portanto 13°, e nós vamos precisar, e mais 20° para alcançar o Marte, e essa soma resultará nos 33 anos de idade, sendo mais preciso (320°♈ 44'-287°♈ 19'=33°25'=33,42°) 33,42 anos de idade. Com um tradicional orbe de tolerância de 1° para Progressões, o período abrange de 32,42 a 34,42 anos de idade. Ocorre que tal período inclui o seu acidente fatal, quando se chocou a 300km/h contra um muro de proteção, na sétima volta do grande prêmio de San Marino, em Ímola, Itália, no dia primeiro de maio de 1994. Portanto, ele faleceu com 34,11 anos de idade [121° dia – 80° dia (aniversário)= 41 dias depois do aniversário=41/365=0,11].

Aqui nós temos exatamente o período de seu acidente fatal. Portanto, fazendo uma Progressão, de 1° por ano, nós vemos que o Saturno alcança em Progressão justamente aquele Marte, que já de nascimento era como uma bomba-relógio. Esse estopim estava já acendido, por assim dizer, na oposição de Marte com Urano. Nós vamos melhor compreender por que é uma progressão vinda da Casa XII, chamada Casa do *karma*, onde Saturno ou Kronos, o planeta do tempo, das limitações e das perdas, representa um tique taque, uma bomba-relógio a detonar quando Saturno alcançar o Marte. Isso caracteriza que naquela idade ele corria risco de vida.

É importante verificar também outras questões dos trânsitos e progressões que acentuam isso, pois fatos marcantes devem ser confirmados por diversas indicações. Outro ponto que reforça essa tese é que o Nodo Lunar , ou o ponto de eclipse, no Mapa Natal de Ayrton Senna se encontra na Casa da Morte, que é a Casa VIII, a 24° de Virgem (posição 174°♈ 38').

Se verificarmos a posição do Marte de nascimento era 20° de Aquário (posição 320°♈ 44'), se nós acrescentarmos a idade dele, 1° por ano, veremos que o Marte progredido em Progressão Simbólica, resultando em 20°+34°, dará exatamente 54°. Portanto, se eu subtrair os 30° da passagem de Aquário para Peixes e começar a zerar de novo, a cada 30° nós temos que começar um signo novo, e teremos 54°-30° = 24° de Peixes. O Marte progredido no ano em que ele tinha 34 anos estará em oposição (180°) com o Nodo Lunar na Casa da Morte em 24° de Virgem, sendo mais preciso, a oposição exata ocorre aos 33,90 anos de idade (174°♈ 38'+180°-320°♈ 44'=33°54'=33,90°), abrangendo um período de 32,90 a 34,90 anos de idade.

Desta forma, se apresentavam em posição de risco de vida. Para quem já nasceu com Plutão em conjunção (159°-154°=5°, dentro da tolerância de 6°) cúspide da Casa VIII ou da Morte que se encontra em 09° de Virgem (posição 159°♈), sendo Plutão o deus dos infernos, todas essas considerações antigas sugerem uma inclinação a acidentes e riscos de morte. Marte é o regente de Áries que rege a cabeça, ele nasceu em Áries, e o acidente fatal envolveu a batida da cabeça, pois o Marte se encontra na Casa I, próximo ao Ascendente no instante do nascimento. E o Marte também estava progredido na oposição do Nodo Lunar em Virgem no período do acidente. Porém, eu insisto em enfatizar que o astrólogo não deve fazer previsões inexoráveis de morte, como veremos no próximo capítulo a respeito do livre–arbítrio.

Faremos agora uma interpretação de Mapa Astral Natal de outra pessoa também famosa que faleceu quatro dias depois, que era o grande poeta Mário Quintana. Vamos encontrar no Mapa Astral de

Mário Quintana algumas semelhanças em relação ao de Ayrton Senna quanto ao aspecto de uma certa timidez, mas também diferenças, porque bem ao contrário, ele faleceu com 87 anos, uma idade bem mais avançada. Mário Miranda Quintana nasceu no dia 30 de julho de 1906, na cidade de Alegrete, no Rio Grande do Sul, no horário local ou solar de 20 horas e 30 minutos. Faleceu em 05 de maio de 1994 em Porto Alege-RS. Talvez seja bom lembrar para o estudante que o sistema de fusos horários só entrou em vigor no Brasil a partir de 1 de janeiro de 1914. Então o Sol naquele dia 30 de julho se encontrava em Leão no grau 6° (posição 126°♈). Vamos também nos reorientar em relação à

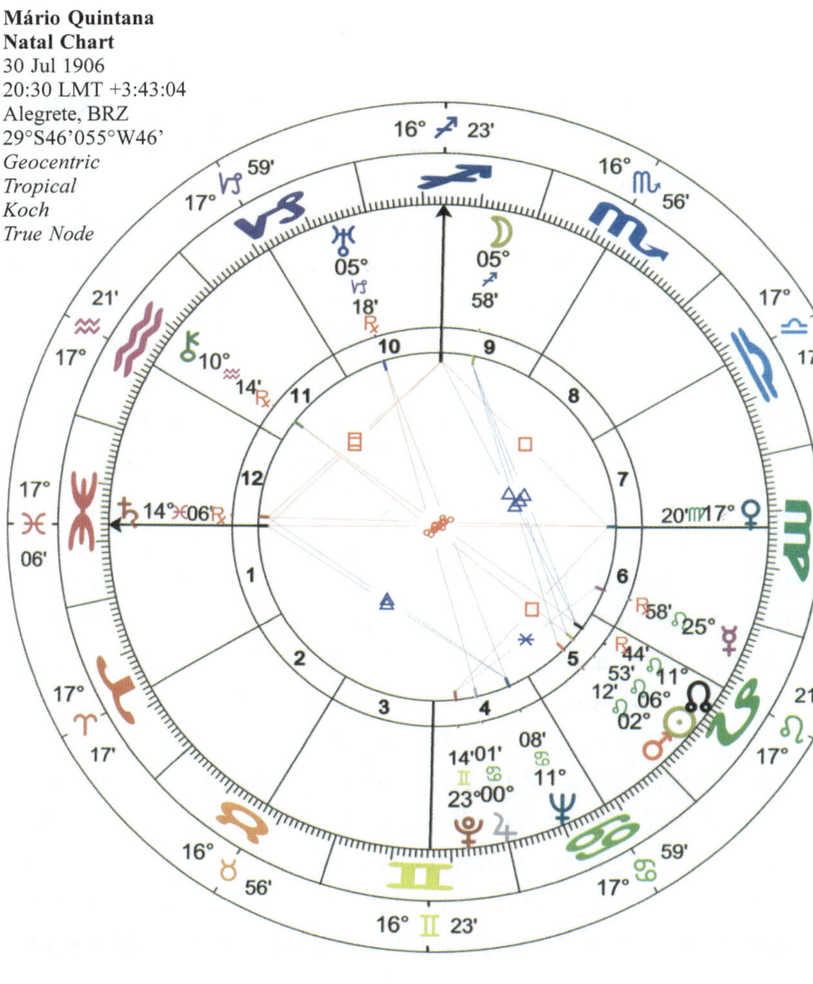

Linha do Horizonte, pois ele tinha o Ascendente em 17° de Peixes (posição 347°♈) e o Meio do Céu estava em Sagitário no grau 16° (posição 256°♈).

Eu gostaria de lembrar, porém, que agora a Linha do Horizonte é a da cidade de Alegrete, no Rio Grande do Sul, no horário em questão, que era às 20h30min, então se vê que o Sol se encontra abaixo da Linha do Horizonte, que está representada por uma flecha, apontando para o signo de Peixes no grau 17°, e o Meio do Céu por outra flecha que se encontra apontando para Sagitário no grau 16°.

O Ascendente em Peixes dá um temperamento já bem diferente do de Ayrton Senna, porque é um temperamento recolhido e contemplativo, e ele apresenta o Sol numa Casa mais artística que é a Casa V, bem diferente da posição do Sol na casa do dinheiro ou Casa II de Ayrton Senna. Aliás, diga-se de passagem, Mário nunca soube fazer dinheiro, embora as Editoras continuem a fazer dinheiro com suas magníficas obras até hoje...

E a Lua, em 05° de Sagitário (posição 245°♈), por outro lado, se encontrava próxima ao Meio do Céu, mas pela Casa IX, o que Gauguelin chama de posição G, trazendo a ele uma tendência profissional mais poética e sensível, o que lhe proporcionou a notoriedade e a fama, apesar de que a poesia no Brasil raramente é reconhecida. Basta dizer que ele perdeu sua indicação para a Academia Brasileira de Letras para o ex-presidente José Sarney. Nós vamos também encontrar no Mapa de Mário Quintana, que foi meu amigo pessoal, o Mercúrio que é próprio de um poeta, a 25° de Leão (posição 145°♈) na Casa VI que é a Casa do trabalho, ele trabalhava com a palavra, Vênus se encontrava a 17° de Virgem (posição 167°♈) e, portanto, dentro da sétima Casa, a Casa do Casamento. Ele era um romântico assumido, idealizava muito as relações, tinha posteres da Greta Garbo no seu quarto e chamava a Bruna Lombardi de musa. Ele viveu de poesia.

O Marte se encontrava a 2° de Leão (posição 122°♈), na conjunção (126°-122°=4°, dentro da tolerância de 6°) do Sol na Casa V, e eu creio que a sua paternidade leonina foi sublimada na arte e na poesia dessa casa artística. Júpiter se encontrava a 0° de Câncer (posição 90°♈) dentro da quarta Casa, por isso ele foi de alguma forma protegido na questão do lar até o fim da sua vida. Ele não tinha casa própria, provavelmente porque o Plutão também se encontrava na Casa IV, mas Júpiter ali o protegia, pois morava no hotel do Falcão, o grande jogador de futebol. Falcão tinha um hotel, o Residence Hotel Porto Alegre, na Rua Des. André da Rocha, 131, e concedia hospedagem gratuita a Mário Quintana.

Mário costumava me chamar ao seu aposento no hotel para conversar sobre assuntos metafísicos. Ele gostava particularmente do tema da vida após a morte, embora, no início, ele tenha me chamado por causa da Astrologia, porque uma das minhas alunas de Astrologia era a secretária pessoal dele. Ele era realmente uma pessoa doce, criativa e cheia de vida como uma criança, deixando em mim muita saudade.

E o Saturno de Mário Quintana se encontrava a 14° de Peixes (posição 344°♈), isso propicia um temperamento bastante tímido na conjunção (347°-344°=3°, dentro da tolerância de 6°) do Ascendente, e vejam que nesse caso, a oposição (344°-167°=177°) na Linha do Horizonte é de Saturno com Vênus, então, encontra-se o contrário, encontra-se uma dificuldade de expressar o afeto. Mário Quintana nunca casou, e nós chegamos a escrever a partir da interpretação do seu Mapa Astral, que afixamos na Casa de Cultura Mário Quintana, que esta oposição não favorecia ao casamento e às associações.

A Lua em Sagitário em trígono partil (245°♈58'-126°♈53'=119°05') com o Sol e próxima ao Meio do Céu é um sinal de popularidade, boa fortuna, e inclina a uma mente profunda. Nós também deveríamos acrescentar o fato de que o Urano se encontrava no Mapa de Mário Quintana a 5° de Capricórnio (posição 275°♈), o Netuno em 11° de Câncer (posição 101°♈), e o Plutão se encontrava em 23° de Gêmeos (posição 83°♈).

Essa era a configuração dos planetas no instante em que Mário Quintana nasceu, e por extensão, nós vamos chegar aqui à conclusão de que uma vez tendo o Nodo Lunar a 11° de Leão e muitos planetas concentrados da Casa V para a Casa VI, tudo girava em torno de arte e trabalho como meio de sublimação. A Lua, em posição G por Gauguelin, na Casa IX próxima ao Meio do Céu, traz popularidade e mente poética, pois também está em Sagitário, sendo curiosa, inquisitiva. A poesia dele se mostrava filosófica, metafísica e se ligava frequentemente ao *post-mortem*.

Saturno na Linha do Horizonte já caracteriza um temperamento tímido, disposição algo melancólica e também algo mística, por estar em Peixes, porém de poucas posses, inclinado à solidão e à longevidade.

É a situação oposta do Ayrton Senna, que tinha Marte na Linha do Horizonte, que é mais ousado, porém expõe a acidentes e a uma vida mais intensa, mas, às vezes, de curta duração, particularmente quando é oposto a Urano que é o planeta dos acidentes.

Porém, voltando ao Mapa de Mário, essa conjunção de Marte com o Sol na Casa V oferece uma criatividade destemida. Saturno na conjunção do Ascendente não favorece o casamento ou as associações, porque está oposto a Vênus, que por sua vez está em quadratura (167°-83°=84°, dentro da tolerância de 6°) com Plutão, dificultando muito os relacionamentos afetivos estáveis.

O Marte apresentava-se cheio de vigor criativo, porque ele tinha o trígono (245°-122°=123°, dentro da tolerância de 6°) de Marte com a Lua. O Sol e o Marte fazendo trígono com a Lua próximo ao Meio do Céu e predispõe a toda essa característica de vigor criativo, que encanta as multidões, porque a Lua representa as massas e as marés. Também apresenta esta disposição timidamente mística, porque Saturno, além de estar em Peixes, se encontrava em trígono (101°+360°-344°=117°, dentro da tolerância de 6°) com Netuno, e por isso a poesia de Mário é preocupada com o tempo, a transitoriedade e a morte, mas também irreverentemente criativa em busca de liberdade, porque Urano na Casa X se encontra na oposição (275°-90°=185°, dentro da tolerância de 6°) do Júpiter.

Como o próprio Mário me contou, o prefeito da cidade de Alegrete quis fazer-lhe uma homenagem e colocar um busto de bronze com uma placa na praça central de Alegrete, pedindo-lhe apenas a frase que deveria ser gravada na placa. Mário que era irreverente a essas questões políticas e vendo que havia um interesse do prefeito em ganhar algum fruto político com aquela homenagem, respondeu na sua irreverência, típica de Urano oposição Júpiter: "Um erro em bronze é um erro eterno", e assim está gravado na placa da praça até hoje.

É interessante também notar que isso faz a poesia de Quintana filosófica e profunda, e ao mesmo tempo humorística, e com a leveza de uma criança, algo sempre novo para a vida. E também com esse interior forte e orgulhoso dos signos de fogo, pois ele tinha Sol e Lua em fogo, e a expressão exterior emotiva e poética da água, com Ascendente e Saturno em Peixes, Júpiter e Netuno em Câncer, nós podemos dizer que ele conquistava a simpatia das pessoas com uma fragilidade vigorosa. Tal é, em síntese o horóscopo de meu amigo e poeta Mário Quintana, um tímido que pela poesia abraçou o mundo.

Deixo aqui a minha homenagem a essas duas personalidades que marcaram a História brasileira, e que de alguma forma tiveram suas trajetórias aproximadas pelas datas de suas mortes.

Por outro lado, servem-nos de instigante exemplo para pesquisar e refletir um pouco sobre o destino das pessoas, que pode nos parecer estranho, mas está de alguma maneira orientado desde o instante do nascimento.

Em nosso próximo capítulo nós aprofundaremos esse estudo, bem como as possibilidades do livre-arbítrio, se o destino nos prende, ou se nós temos liberdade de alterá-lo, e em que medida isso é possível, a partir da uma tese que apresentei à SARJ – Sociedade de Astrologia do Rio de Janeiro em 1993 com relação ao estudo de Mapas Astrais de irmãos gêmeos, portanto, de crianças que nasceram praticamente com o mesmo Mapa Astral Natal.

Referências bibliográficas

1) MASCHEVILLE, Emma C. *Luz e Sombra.* Brasília, Ed. Teosófica, 1997. p. 8.

Capítulo 22

Astrologia, *Karma* e Livre-Arbítrio

Considera-se, em geral, que se a Astrologia fosse realmente uma ciência ela deveria ser capaz de prever qualquer coisa. Para muitos, admitir a eficácia da Astrologia implicaria aceitar que tudo está predeterminado por um destino rígido ou por uma lei do *Karma*, frequentemente compreendida como sendo uma lei inexorável onde não haveria espaço para o livre-arbítrio. Em outras palavras, é muito comum considerar como incompatíveis os três conceitos aludidos no título. Este trabalho pretende demonstrar que não existe tal incompatibilidade.

Por outro lado, ele não tem propriamente a pretensão de ser uma tese que esgote o tema num sentido acadêmico, mas antes aponta uma direção de pesquisa, que séria e sistematicamente aprofundada, atrairia uma maior atenção do público em geral para o estudo da Astrologia como ciência.

O grande pecado, se assim posso me referir, no qual muitos astrólogos caem, refere-se a uma pretensão de certeza absoluta de suas previsões. Tal atitude, além de expor a Astrologia ao ridículo, pois eventualmente as previsões não se concretizam, pressupõe que não haja qualquer tipo de livre-arbítrio, negando a própria possibilidade de evolução para o ser humano na busca para descobrir o sentido da vida.

Pretendo aqui demonstrar, a partir de evidências, que deve existir espaço para o livre-arbítrio dentro do campo da Astrologia e, portanto, que é possível demonstrar que a Astrologia não é determinista. Caberia inclusive perguntar: que utilidade teria a Astrologia caso ela fosse totalmente determinista? Seria, por acaso, apenas o propósito de perturbar as pessoas causando preocupação e ansiedade com previsões de eventos futuros irremediáveis e inexoráveis? Que sentido teria a própria vida se tudo já estivesse rigidamente predeterminado?

Na verdade, os grandes e polêmicos problemas que surgem da prática da Astrologia dependem, para sua solução, de uma clara perspectiva destas questões essenciais. Portanto, em busca desta clareza, parece-me indispensável que tenhamos, antes de mais nada, uma compreensão minimamente nítida do que seja Astrologia, *Karma* e Livre-Arbítrio.

Astrologia literalmente significa "o estudo (ou ciência, dependendo como traduzimos a palavra grega *logos*) dos astros" (*astron*). Seu objetivo é estudar a relação entre os fenômenos celestes e terrestres, incluindo todos os seres nesta Terra. Essa relação pode ser por influência direta, por sincronicidade ou de qualquer outro tipo. Eu gostaria de enfatizar que não é uma crença mas um estudo, como fez Sir Isaac Newton, quando questionado sobre as bases da Astrologia, respondendo ao descobridor do Cometa de Halley: "Senhor, eu a tenho estudado, o senhor não!"[1]

Livre-arbítrio refere-se à capacidade do ser humano de escolher livremente e de poder agir coerentemente com tal escolha, de modo a poder alterar certo estado de coisas ou mantê-lo intacto, segundo sua livre eleição.

A palavra *Karma*, devido à sua origem na filosofia oriental, exigir-nos-á uma definição mais detalhada dentro de seu contexto. Dizia a Dra. Annie Besant, ex-Presidente Internacional da Sociedade Teosófica, que: "Poucas coisas, talvez, são tão perigosas como um pequeno conhecimento da lei do *Karma*. E infelizmente muitos de nós paramos no ponto do pequeno conhecimento."[2]

Karma é uma palavra sânscrita que literalmente quer dizer "ação", mas que subentende, no Oriente, a reação que é decorrente daquela ação. Em verdade, o *Karma* não é propriamente uma lei espiritual no contexto da Filosofia Oriental. De fato, a escola Samkhya, por exemplo, afirma até mesmo o oposto: que a lei do *Karma* atua e pertence ao reino de *Prakriti*, ou seja, da matéria, do tempo e das coisas mutáveis, e não ao reino de Purusha, ou espírito, onde se encontra a libertação (*mukti*) do *Karma*. Todavia, devemos lembrar que *Prakriti* abrange todos os níveis de matéria, mesmo aqueles mais sutis que o gás, na concepção hindu, de modo que engloba também as emoções e os pensamentos, ou seja, a psique ou alma.

Consequentemente, é interessante observar que uma análise mais detalhada da forma como a própria matéria é regida pelas três leis da mecânica clássica de Newton, nos apresenta uma expressão da lei do *Karma* na matéria física. Por outro lado, depois que Einsten apresentou sua teoria ($E = mc^2$), os físicos descobriram que a própria essência da matéria não era material no sentido atribuído pelos antigos filósofos gregos. Foi buscando investigar e dominar o próprio fundamento da matéria – o átomo – que este foi sendo dividido gradualmente em partículas cada vez menores. Assim, aos olhos dos cientistas, a medida que a pesquisa foi avançando, chegou-se a um ponto no qual o átomo, que os antigos gregos consideravam indivisível como a última partícula material, foi dividido, gradualmente se dissolvendo, por assim dizer, em expressões mais e mais sutis de energia. Tal foi a grande descoberta do Século XX que mudou completamente nossa historia.

Talvez tenha sido prevendo tal avanço da ciência que a Sra. Blavatsky tenha afirmado que sua obra seria mais bem compreendida "daqui a uns cem anos"[3]. Ela também escreveu em *A Doutrina Secreta*, publicada em 1888, que a matéria era "espírito condensado ou cristalizado."[4] A essência da matéria é um oceano de energia atemporal, isto é, fora do tempo, em um eterno presente. Por analogia, a nossa essência, a essência de nossa consciência, que é atenção plena, é, tal qual os antigos talvez tenham conhecido, como uma das formas mais simples de energia, ou seja, como pura Luz. A atenção está sempre enraizada no presente, o Ser só existe no momento presente, por isso o espírito (*Atma* ou *Purusha*) não é afetado pelo tempo ou pelo *Karma* (lei de causa e efeito ou de ação e reação). O espírito é sempre livre e uno com tudo, ele desconhece o que seja solidão, porque não há separação num reino espiritual, atemporal, não há separação entre causa a efeito, uma vez que não há mudança e sucessão, como existe no reino material do tempo. Contudo o espírito expressa, mesmo na matéria física, algo daquela unidade indiferenciada, que é o oceano de luz espiritual.

Há uma lei material pela qual uma perturbação produzida pela queda de uma pedra em um lago não afeta somente as gotículas d'água com que a pedra tem contato direto, mas distribui-se por todo o lago afetando todas as suas gotas, preservando assim a unidade do lago. Caso contrário o lago se partiria em pedaços e perderia sua unidade, ou seja, deixaria de ser um lago. Assim, aquilo que afeta uma parte (a gota), afeta o todo (o lago) e vice-versa. Tudo está interligado nesse oceano de energia que é a essência da matéria.

Desta forma, a perturbação produzida pelo impacto da pedra no lago é distribuída em ondas concêntricas ao ponto de colisão até que essas ondas atinjam as margens do lago e retornem, por reflexo nas margens, ao ponto de colisão novamente. Essa é uma expressão da lei de ação e reação pela qual a relação entre as partes de um todo se mantém equilibrada. A terceira Lei de Newton, também conhecida como lei de ação e reação, rege a própria relação entre as partes de um todo, ou mesmo entre diferentes corpos, ao afirmar: "A cada ação sempre se opõe uma reação igual, ou seja, as ações mútuas de dois corpos, um sobre o outro, são sempre iguais e dirigidas para partes contrárias."[5]

Em uma linguagem mais simples diz o Apóstolo Paulo: "Tudo o que o homem semear; isso também ele colherá."[6] A lei do *Karma*, ou de causa e efeito, pode assim ser compreendida mesmo pela mente de uma criancinha.

A própria Astrologia está baseada nesse mesmo pressuposto holístico de que tudo está interligado, ou se preferirmos a sua expressão mais antiga na Tábua de Esmeralda de Hermes Trismegisto: "Como é em cima; assim é embaixo." Ou seja, os fenômenos celestes se refletem nos terrestres, que o macrocosmo se reflete no microcosmo. Essa é a fundamental lei de correspondência da Astrologia.

Não podemos todavia afirmar que o *Karma* pode provar a eficácia da Astrologia, porque uma prova final do *Karma* é sempre mais difícil, pois no pensamento oriental ele pressupõe e requer a reencarnação, que provê tempo extra para o retorno dos efeitos mais remotos de nossas ações. Tal interdependência entre o *Karma* e a reencarnação (*Samsara*), embora simples na sua essência, exige uma análise mais detalhada que não teremos espaço para desenvolver aqui, nem é este o escopo deste trabalho. O leitor interessado neste tema poderá encontrá-lo devidamente desenvolvido em nossa obra "*A Tradição-Sabedoria*"[7].

Por outro lado, o inverso pode ser verdadeiro. Ou seja, a Astrologia, quando tratada com rigor cientifico e estatístico, é um dos meios mais fáceis para descobrir evidências de que as circunstâncias que envolvem uma pessoa não ocorrem por puro acaso, mas são regidas por uma misteriosa lei de interdependência. Uma pessoa não necessita possuir nenhum poder psíquico ou paranormal para interpretar um Mapa Astral, mas apenas um conhecimento básico de Astronomia e umas poucas chaves tradicionais para interpretação astrológica, que representam a síntese das observações dos astrólogos compiladas através de milhares de anos. Assim, a Astrologia é um dos meios mais fáceis para descobrir evidências do funcionamento do *Karma*, na medida em que muitas das circunstâncias do assim chamado destino do indivíduo já podem ser lidas no mapa astral do instante do seu nascimento.

Portanto, não foi por uma escolha feita nesta vida que aquele mapa astral foi determinado, justamente porque aquela vida estava em seus primórdios na ocasião do nascimento daquele indivíduo, que então ainda não podia conscientemente exercer o livre-arbítrio para escolher o momento de nascer. Obviamente, não podemos atribuir ao indivíduo nesta vida a escolha de seu mapa astral natal, mas talvez à própria Natureza, ou a escolha de outros seres humanos como os seus pais, o médico, etc, que podem ser considerados como agentes do *Karma* gerado pelo próprio indivíduo em suas vidas anteriores. De fato, de acordo com a Filosofia e a Astrologia Hindu, é o próprio *Karma* pendente das vidas anteriores que traz o indivíduo a uma nova reencarnação.

Porém, uma vez ocorrido o nascimento, momento em que pela primeira vez o corpo do bebê está diretamente exposto à influência astral sem a proteção do corpo de sua mãe, determina-se um mapa astral que representa as tendências básicas que influenciarão toda aquela vida. Essa é, obviamente, uma expressão do *Karma* Maduro ou *Prarabdha Karma*. Como dizia a Dra. Annie Besant: "O *Karma* Maduro... pode ser esboçado num horóscopo feito por um astrólogo competente."[8]

Entretanto, o *Karma* Maduro é apenas uma expressão mais abrangente da Primeira Lei de Newton, também chamada lei de inércia: "Qualquer corpo permanece em seu estado de repouso ou de movimento retilíneo uniforme, a menos que seja obrigado a modificar tal estado por forças aplicadas a ele."[9]

Não há nada estritamente espiritual aqui. A Lei de Inércia apenas diz que, se nada for feito em contrário, o corpo tende a permanecer seguindo o curso das tendências de movimento do seu próprio passado. Pode-se até admitir uma reta como sendo uma curva de raio infinito, e se, como Einstein, assim concebemos o próprio Universo como sendo curvo, restarão somente duas alternativas inerciais: ou o corpo está imóvel (inércia de repouso) ou ele "gravita" em torno de um ponto imóvel infinitamente distante (Movimento Retilíneo Uniforme – inércia de movimento). Tudo isso pode ser visto como expressões da física moderna, na qual a mecânica clássica ainda é válida como expressão de princípios gerais de conservação de energia e de momento linear e angular.

Por analogia, poderia ser dito que a alma também tem duas alternativas: ou ela gravita no tempo (passado gerando o futuro), com cíclicas reencarnações (*samsara*) em torno do espírito atemporal; ou ela, tendo completado sua trajetória na Iluminação, permanece imóvel com o espírito (*Atma*) no eterno presente, não necessitando reencarnar mais (*mukti*). De fato, os antigos teósofos de Alexandria, no século III d.C., eram neoplatônicos e foram também chamados "Analogistas", porque eles não procuraram pela Sabedoria apenas nos livros, mas também através de analogias e correspondências: "de forma que os eventos relatados como tendo ocorrido no mundo externo eram vistos como expressões de operações e experiências da alma humana."[10] Portanto, é muito interessante perceber como tais analogias podem ser encontradas nos movimentos mais simples da matéria, porque o Universo é um todo integrado, de acordo com aquela filosofia, impregnado por um princípio onipresente. Nesse sentido, por exemplo, o princípio oriental da reencarnação e periodicidade pode ser visto, por analogia, como uma expressão mais abrangente dos mesmos princípios gerais da física como conservação de energia e de momento linear e angular.

Nas filosofias orientais, particularmente na Advaita Vedanta, não há diferença essencial entre o eterno espírito (*Atma*), alma imortal ou mente superior (*Vijñanamayakosha*) e o corpo físico (*Annamayakosha*), porque nesta filosofia não há dualismo , mas somente uma Realidade Última. Em outras palavras, há somente uma vida ou Vida Una em todo o universo, que é um conceito muito similar ao da filosofia de Spinoza. Poderíamos também dizer, sob este ponto de vista analógico, que só existe *Atma* (espírito ou energia pura) e *Maya* (ilusão ou formas ilusórias, porquanto transitórias, pela condensação da energia atemporal na matéria temporal). Dessa forma o espírito poderia ser comparado ao vapor d'água, a alma ou a mente à água líquida, e o corpo ao gelo. Eles são da mesma essência (H_2O), mas estão sob diferentes graus ou estados de condensação, portanto eles apresentam diferentes graus de liberdade, pois em um cubo de gelo a água está comprimida nas três dimensões do espaço, limitada por uma forma especifica à qual o vapor d'água não está necessariamente confinado.

Ou na visão de Lavoisier de conservação da matéria: "Em todas as operações da arte e da Natureza nada se cria, uma quantidade igual de matéria existe tanto antes quanto depois do experimento, a qualidade e a quantidade dos elementos permanece precisamente a mesma e nada acontece além de transformações e modificações na combinação destes elementos"[11], o que pode ser interpretado analogicamente como trocar de forma, combinação ou de estado de condensação da matéria.

O espírito é definitivamente mais livre que o corpo, pois embora os dois sejam essencialmente a mesma coisa, suas propriedades, oriundas de seus respectivos estados de condensação são, por consequência, muito diferentes. O espírito nunca sai do momento presente porque ele sempre é, nunca foi ou será, pois tais ilusões já são criações da mente, uma vez que o passado e o futuro não são reais senão para a memória e a imaginação subjetivas. Por isso, todo o sofrimento psicológico é essencialmente fictício, oriundo da identificação da consciência pura eternamente no presente com uma projeção de expectativa mental da imaginação no tempo, seja o anseio de repetir um prazer armazenado na memória do passado (atração), seja o anseio de fugir da repetição de uma dor armazenada na memória do passado (repulsão). Tais movimentos subjetivos da mente como atração e repulsão (*Raga-Dvesha*), e seus derivados como desejo e medo, ansiedade e ódio, euforia e depressão são na verdade tão fictícios e ilusórios para a consciência pura do espírito quanto são a alegria ou a tristeza que o telespectador gera ao assistir a uma novela na sua televisão. É como uma criança que não compreende que um pesadelo não é real só porque ela o sente como tal. Enquanto a criança se identifica com o fantasma do pesadelo, ela sofre. Quando ela amadurece e compreende que o sofrimento psicológico do pesadelo é fictício e transitório, o fantasma se desvanece e o sofrimento cessa. A identificação (*Asmita*) é o próprio ego psicológico (*Asmita* significa literalmente "eu sou tal coisa") que sofre. Cessando a identificação cessa o sofrimento. Assim, não se deveria dizer "eu sou de Áries", o que significa dizer "eu sinto mais atração pela força (Áries) do que pela harmonia (Libra)", mas antes dizer "eu ainda estou de Áries", porque tal estado de atração por identificação é transitório e ilusório à luz da consciência pura, mesmo que esta ilusão possa durar toda uma vida.

A Sra. Blavatsky comenta: "'O homem', diz Plutarco, 'é composto; e estão *errados aqueles que pensam ser ele composto de duas partes apenas.*(...) Agora, esta combinação da alma (*psyche*) com o entendimento (*nous*) constitui a razão; e com o corpo (ou *thumos*, a alma animal) constitui a paixão – da qual esta é o início ou princípio do prazer e da dor e aquela, da virtude e do vício. Destas três partes combinadas e compactadas, a Terra deu o corpo; a Lua, a alma; e o Sol, o entendimento, para a geração do homem'[12] Esta última frase é puramente alegórica, e será compreendida apenas por aqueles que são versados na ciência esotérica das correspondências e que sabem qual planeta é *relacionado com cada princípio.*"[13]

A Astrologia esotérica tradicionalmente afirma que o signo Ascendente (a projeção da Terra por meio do horizonte oriental no zodíaco, ou o signo da "hora" de nascimento, influenciando predominantemente o corpo) desta vida será o signo solar (o signo do "mês" de nascimento, influenciando predominantemente a mente ou razão) da próxima vida, assim como o signo lunar (o signo do "dia" de nascimento, influenciando predominantemente as emoções ou paixões) desta vida teria sido o signo solar da encarnação anterior. Tais analogias, embora interessantes como fermento para nossa reflexão, não podem ser facilmente comprovadas cientificamente. Poderão, contudo, sugerir que a vida é uma escola onde a alma (signo solar) ao utilizar um novo corpo assimilaria algo de sua vibração (signo Ascendente) a si mesma, ampliando assim suas qualidades. Por isso, o signo Ascendente tende a predominar à medida que a pessoa amadurece. Na verdade o signo Ascendente está sendo, ao longo do tempo, melhor assimilado pela alma.

Do ponto de vista da Astrologia *Kármica* cada astro é um professor que nos ensina alguma matéria especifica sobre o mistério da vida. Ninguém sai da escola sem ter aprendido o currículo mínimo, caso contrario terá que voltar. Não importa se gostamos só de um professor e já aprendemos a sua matéria, teremos então que voltar para aprender as outras. Diz *Luz no Caminho*: "A inteligência é imparcial; nenhum homem é teu inimigo, nenhum homem é teu amigo. Todos são igualmente teus instrutores. Teu inimigo torna-se um mistério que deve ser resolvido, ainda que, para esse fim, sejam necessários séculos; pois o homem precisa ser compreendido."[14]

O mesmo vale para os signos e os astros. Neste sentido, a primeira sugestão que se pode dar para desenvolver um maior equilíbrio da personalidade é tentar compreender as virtudes do nosso signo oposto (que não deve ser visto como nosso "inimigo"), elas nos serão complementares e se desenvolverão em nós à medida que as compreendermos. Tal tema está magnificamente tratado por minha querida e saudosa professora Emma Costet de Mascheville em sua obra *Luz e Sombra*[15], que se recomendaria aos interessados. Enquanto eu gostar somente do meu signo e de meu planeta regente eu terei que reencarnar, porque ainda não compreendi a novela da vida, estou identificado ilusoriamente com um personagem fictício e transitório que tomo como sendo eu mesmo, e sofro porque não conheço minha essência que não esta presa às imagens da televisão, mas é a própria liberdade eternamente presente como atenção pura. Diga-me onde está tua atenção e eu direi onde está teu coração, teu espírito. Quando o espírito eterno se identifica com o que é ilusório e transitório ele sofre, porque perde sua liberdade natural. Ele não consegue aceitar os limites do tempo, do espaço, da separação, da solidão, que são limites do corpo e não do espírito. Quando o espírito, que é universal e livre, se identifica através da alma ou mente com um signo particular, que ele passa a idolatrar como o melhor ou a execrar como o pior, dependendo do seu humor no momento, ele sofre. Sofre porque perdeu a sua perspectiva livre, ampla e universal, que depende de se perceber a harmonia fundamental que há no universo entre todas as suas partes, que é regida pela lei do *Karma* do reino temporal, mas que é uma percepção instantânea no reino do espírito ou atenção pura. Fecho aqui esse parêntese que considero útil para uma visão panorâmica da filosofia oriental e da Astrologia *Kármica* que são o contexto onde a própria lei do *Karma* aplica-se ao argumento deste trabalho.

Cabe, ainda, perguntar: existe livre-arbítrio? Buscarei esclarecer essa questão através de um exemplo. Suponhamos que um indivíduo esteja dormindo em uma canoa que está sendo livremente conduzida pela correnteza. Pergunta-se: o indivíduo cairá ou não na cachoeira que está logo adiante? Que previsão eu deveria fazer neste caso? Não me parece lógico nem razoável apostar no milagre, esperando que as águas fluam rio acima ou que a canoa suba a cachoeira como se fosse um foguete. Devo então prever que o indivíduo irá cachoeira abaixo com canoa e tudo?!

Do ponto de vista estritamente científico, tudo o que posso afirmar é que, de acordo com a Primeira Lei da Mecânica Clássica Newtoniana ou lei de inércia, se nada for feito em contrário o indivíduo irá cachoeira abaixo. Porém, existe sempre a possibilidade imprevisível de que o individuo desperte a tempo de seu sono profundo. Torna-se então até possível que ele tome uma atitude: faça alguma coisa em tempo! Por exemplo, ele pode pegar os remos e levar a canoa de volta para o porto, ou na falta destes poderá nadar até a margem, etc. Em qualquer desses casos dir-se-ia, cientificamente, que foi introduzida pelo menos mais uma força no sistema. Então, por consequência, o movimento terá sofrido uma alteração. O movimento resultante já não é mais previsível a menos que possam ser conhecidas quais são as novas forças introduzidas no sistema e que resultante elas determinarão.

Pode-se, pois, claramente perceber a importância da Segunda Lei de Newton ou lei da força (F = m.a), que afirma que "A mudança do movimento é proporcional à força motriz impressa, e se faz segundo a linha reta pela qual se imprime essa força." [16] "Newton usou a palavra 'movimento' significando o que é hoje chamado de quantidade de movimento – ou seja, o produto de massa e velocidade; (...) a derivada no tempo expressa a 'mudança de movimento' de Newton"[17], que se torna, portanto, o produto de massa e aceleração. "Especificamente, a aceleração é proporcional à força, e a constante de proporcionalidade sendo a massa do corpo, que é a medida de sua inércia."[18]

Em outras palavras, sempre é possível modificar um movimento inercial, mas tal mudança depende da introdução de uma nova força proporcional à medida da massa do corpo que está em movimento. Ou seja, sem a introdução de alguma nova força, a Natureza segue a lei de inércia, popularmente conhecida como lei do menor esforço. Analogicamente, pode ser dito que é possível modificar o destino ou *Prarabdha Karma* (*Karma* Maduro), mas tal mudança depende do poder da vontade do indivíduo de introduzir uma nova força ou *Kriyamana Karma* (*Karma* em formação) em uma medida proporcional à inércia do sistema. É justamente porque a maioria das pessoas é algo abúlica ou sem a necessária força de vontade que a maioria das previsões astrológicas se confirma. Essas pessoas dormem alienadamente na canoa e depois dizem que foi Deus quem quis que elas se fossem cachoeira abaixo...

Mais sábio foi Platão em *A República* quando comentava sobre a escolha entre diferentes vidas ou destinos: "A responsabilidade é de quem escolhe: Deus está inocente nisso."[19]

Assim também considerava o Bispo C.W. Leadbeater sobre a Astrologia dos antigos Caldeus: "Contudo, não há dúvida de que os Caldeus estavam certos ao afirmarem o poder da vontade humana para modificar o destino *kármico* do indivíduo. O *Karma* pode colocar um homem em determinado ambiente, ou sob certas influências; mas não pode impeli-lo a cometer um crime, ainda que esteja em circunstâncias em que se veja necessitado de muitíssima resolução, de sua parte, para não perpetrá-lo. Assim nos parece que, então como agora, a Astrologia não vai além de prevenir o homem das circunstâncias em que terá de se encontrar em tal ou qual época. Mas o definido vaticínio de sua conduta em tais circunstâncias, só pode basear-se teoricamente em probabilidades, ainda quando saibamos que estas probabilidades estão muito próximas da certeza no caso do homem abúlico da rua."[20]

Formuladas estas preliminares teóricas, gostaria agora de introduzir algumas evidências em favor dos argumentos apresentados. Irei buscá-las na pesquisa de mapas astrais de irmãos gêmeos e inicio citando o consagrado astrólogo Stephen Arroyo:

"Admitir que o horóscopo mostra o nível de consciência psicológica ou o nível de desenvolvimento espiritual é também uma perspectiva muito limitada das potencialidades da pessoa. Não seremos capazes de desenvolver a nossa consciência durante esta vida? Somos com certeza! Por sorte, tenho irmãs gêmeas dez anos mais novas do que eu, e tenho podido vê-las crescer, individualizar-se, desenvolver os seus próprios estilos de vida. Nasceram com pequeníssimo intervalo e os seus horóscopos de nascimento são quase iguais; os ascendentes estão a um grau e meio um do outro. Segundo os astrólogos que garantem ser capazes de averiguar o nível de consciência psicológica a partir do horóscopo de nascimento, estas almas teriam um nível de desenvolvimento espiritual idêntico. E, no entanto, embora seus horóscopos descrevam corretamente cada uma delas quanto a modos gerais de ser e características psicológicas, estas mulheres são tão diferentes como o dia da noite no nível espiritual. Uma é particularmente espiritual, vegetariana, interessada pela Astrologia e muito refletida; a outra muito mais extrovertida e, pelo menos por enquanto, menos interessada por estes assuntos do que a irmã."[21]

Parece-me de suma importância essa pesquisa sobre irmãos gêmeos com horários de nascimento bastante próximos. Um caso que me chamou muito a atenção é este de duas irmãs gêmeas bivitelinas e, portanto, não idênticas, cujos mapas astrais e dados de nascimento eu apresento como segue:

Nome: I.H.	- Nome: A.L.
26/ outubro/1938	- 26/outubro/1938
Porto Alegre - RS	- Porto Alegre - RS
Horário: 05h00min	- Horário: 05h05min
Ascendente 18° Libra 28'	- Ascendente 20° Libra14'

Nesse caso eu posso mencionar uma diferença não apenas psicológica entre ambas, mas um fato marcante. I.H. não casou nem teve filhos, enquanto que A.L. casou no dia 26/julho/1958 e teve um filho em 14/julho/1959. Note-se que os dois Ascendentes têm também uma diferença aproximada de um grau e meio, portanto, as diferenças significativas em trânsitos e progressões serão basicamente sobre o Ascendente e o Meio Céu (MC) de cada mapa astral. Outros aspectos terão efeitos idênticos, para todos os efeitos práticos. Assim, interessa-nos notar que A.L. casou-se enquanto Marte estava em conjunção com o Ascendente em Direções Simbólicas de Arco Solar, pois o passo solar natal era de 00°59'52', sendo Marte o regente da sétima casa, que é relacionada ao casamento. Tudo parece indicar que o casamento trouxe maior poder de iniciativa e autonomia em relação ao ambiente anterior, da família original, regido pela autoridade paterna, (pai germânico com Sol em escorpião). I.H., a outra irmã, também teve uma oportunidade de casamento um ano antes (uma vez que o seu Ascendente é aproximadamente um grau e meio antes do Ascendente de A.L.), mas não parece ter chegado a um bom acordo com o noivo, apesar da insistência deste e do reconhecimento posterior da parte de

I.H. de que aquele foi o único relacionamento de sua vida em que ela realmente chegou a pensar em casar-se, ter filhos, etc...

Sem dúvida o número de casos aqui apresentados é insuficiente para uma análise estatística com rigor científico, mas, do ponto de vista da lógica científica, um caso é suficiente, se realmente comprovado, para derrubar ou falsear uma hipótese. É como uma câmara de pneu de automóvel, um furo é suficiente para esvaziá-la por completo! Assim, de uma maneira simples se pode demonstrar que a Astrologia não é determinista, pois perante mapas astrais praticamente idênticos, e, portanto, sob as mesmas influências astrais, as duas irmãs gêmeas fizeram escolhas distintas, introduzindo novas forças no sistema, resultando em vidas

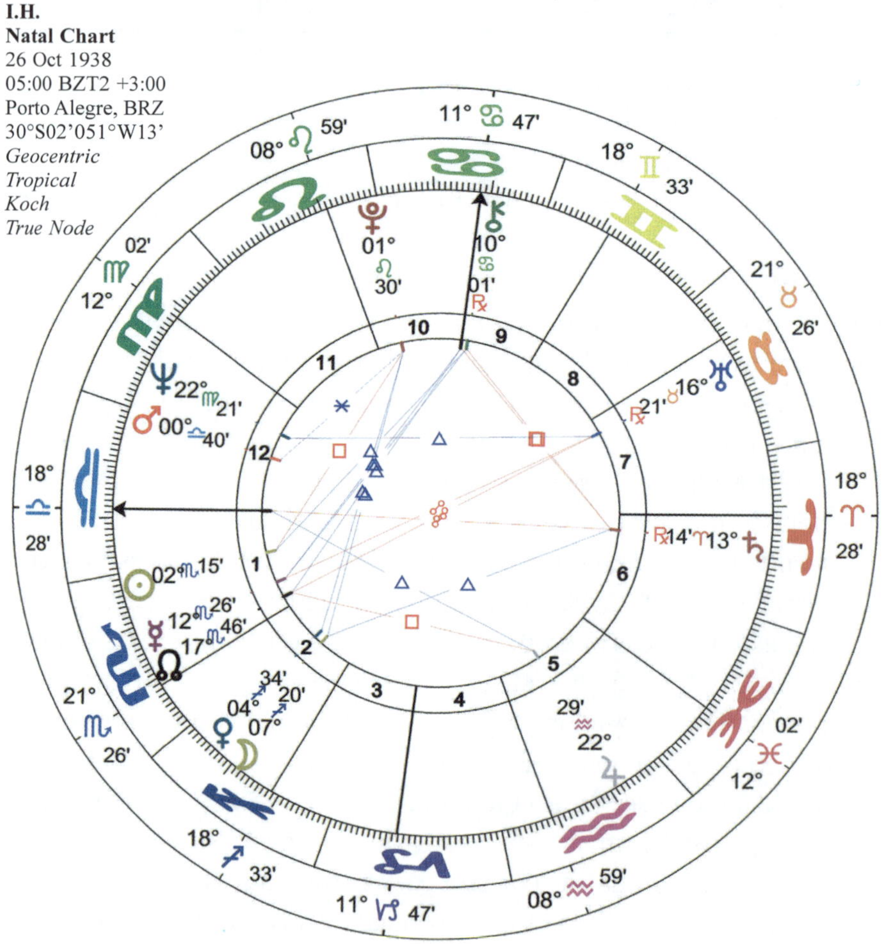

significativamente diferentes, embora seus destinos de fato oferecessem oportunidades muito similares. Realmente, outros eventos de interesse, como a fratura de um braço, aconteceram em ambas as vidas, bem como ter de submeter-se a uma cirurgia, e sempre precedidos por I.H. com aproximadamente um ano de diferença em relação a A.L., mas este não é o nosso tema aqui. Este trabalho não está focado em provar que a Astrologia é eficaz, mas somente na demonstração de que é possível modificar o destino ou suas tendências como uma consequência de nossas escolhas ou do chamado livre-arbítrio.

Considerando, portanto, uma analogia com a Segunda Lei de Newton, introduzindo uma nova força é possível modificar o movi-

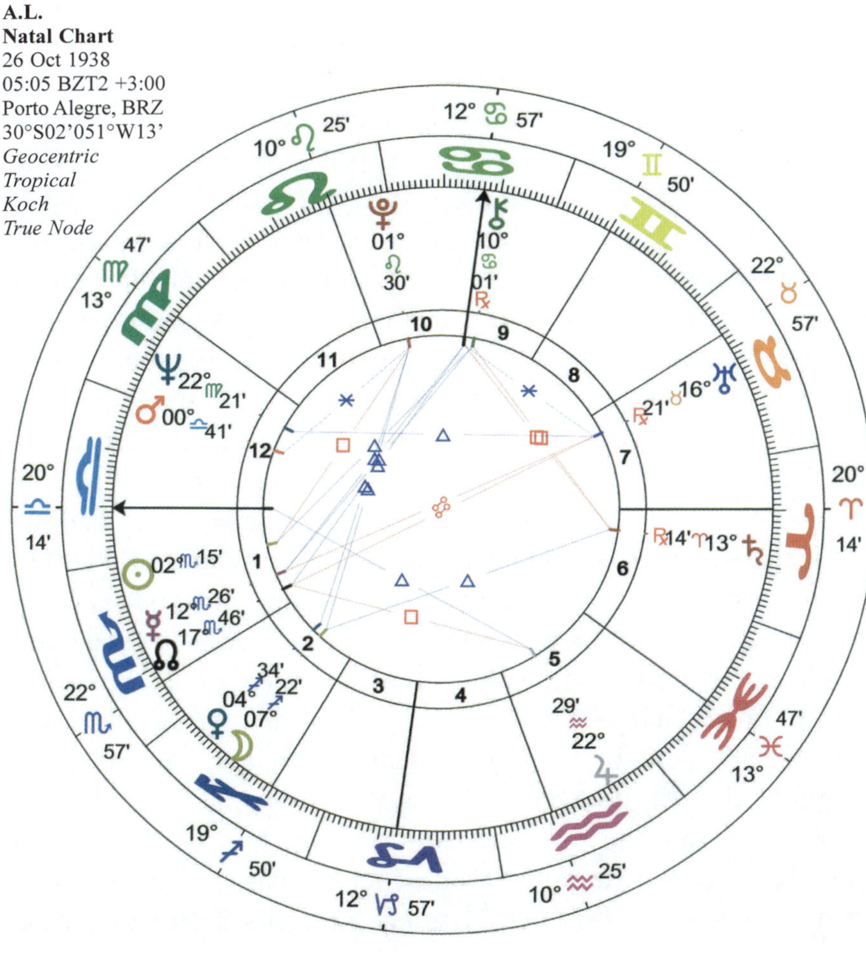

mento inercial ou tendência provável e previsível de certos acontecimentos, que nós podemos comparar com o destino, como é comumente chamado, ou *Karma* Maduro. O destino do indivíduo do nosso exemplo é cair na cachoeira, mas ele pode mudar o seu destino desde que introduza forças novas proporcionais à massa do problema. Há casos, porém, em que, na prática, só é possível minimizar o problema. Sobre isso diz Dra. Annie Besant: 'A ação vigorosa é sempre sábia. Não importa se ela parece não resolver, vocês terão diminuído o peso contra vocês. Cada esforço tem seu pleno resultado, e quão mais sábios vocês forem, melhor vocês podem pensar, desejar e agir. Se vocês olharem o *Karma* dessa maneira, ele nunca os paralisará, mas sempre os inspirará. 'Mas', dirão vocês, 'há certas coisas, apesar de tudo, nas quais meu destino é mais forte do que eu'. Vocês podem algumas vezes enganar o destino, quando não podem enfrentá-lo face a face. Quando navegando com ventos contrários, o navegante não pode mudar o vento, mas ele pode mudar a direção das velas. A direção do navio depende da relação das velas com o vento, e, por meio de um bordejo cuidadoso, pode-se quase que navegar contra um vento adverso, e com pequeno trabalho a mais chegar ao porto desejado. Isto é uma parábola a respeito do *Karma.* Se você não pode mudar sua sorte, mude a si mesmo, e encontrando-a num ângulo diferente, você irá deslizando com sucesso onde o fracasso parecia inevitável. '*Yoga* é habilidade na ação', e esta é uma maneira pela qual o homem sábio governa seus astros ao invés de ser governado por eles. Nas coisas que são realmente inevitáveis, e nas quais você não pode mudar sua atitude, permaneça firme. Elas são muito poucas. Quando houver um destino tão poderoso que você possa apenas curvar-se ante ele, mesmo então aprenda com ele, e daquele destino você colherá uma flor de sabedoria que talvez uma sina mais feliz não o permitiria colher. E assim, em todas as ocasiões, nós descobrimos que podemos enfrentar e conquistar e, mesmo da derrota, podemos colher a flor da vitória."[22]

Vemos assim que o *Karma* não é incompatível com a ideia de livre-arbítrio, pois a partir de nossas escolhas atuais nós vamos criando um novo destino para o futuro, que não precisa ser necessariamente um futuro remoto em alguma reencarnação distante, mas pode ser o dia de amanhã.

Tudo depende da grandeza das forças que nós já pusemos em movimento no passado e da grandeza da nossa força de vontade atual perante a massa da questão. Assim afirma a Dra. Annie Besant: "Aqui reside a solução do antigo problema da fatalidade e do livre-arbítrio: o homem, pelo exercício de seu livre-arbítrio, vai gradualmente criando fatalidades para si mesmo, e entre os dois extremos jazem todas as combinações de livre-arbítrio e de necessidade que criam as lutas em nosso interior das quais temos consciência."[23]

Vemos, assim, que é possível demonstrar que não há uma incompatibilidade real entre Astrologia, *Karma* e Livre-Arbítrio, quando estes conceitos são compreendidos com alguma profundidade. Como sempre podemos auxiliar no despertar das forças interiores do ser humano, creio sinceramente que nenhum astrólogo deveria prever destinos inexoráveis. Não sabemos realmente quanto poder e força estão ocultos dentro de nós, e frequentemente nos surpreendemos ao vencer provas que imaginávamos estar além de nossas forças. Parece-me pois evidente que prever que o indivíduo cairá na cachoeira nem é construtivo, nem é verdadeiro, porque realmente só podemos apresentar tendências prováveis, pois ele ainda pode despertar e introduzir forças novas e imprevisíveis no contexto.

Consequências particularmente extremas e sofrimentos desnecessários podem advir de previsões a respeito do período de morte de um indivíduo, e sobre o *Karma* da morte o Bispo Leadbeater fez um importante comentário: "É provável que, na maioria dos casos, a maneira e o momento exato da morte *não* sejam fixados antes nem no momento do nascimento. Os astrólogos dizem que, em muitos casos, não podem prever a morte da pessoa cujo horóscopo eles estão examinando. Eles mencionam que em certas épocas as influências maléficas são fortes e que a pessoa em questão *poderá* morrer, mas, se não morrer, sua vida continuará até outra ocasião em que os aspectos malignos novamente a ameaçarão e assim por diante. (...) Pode ser que essas incertezas representem pontos em aberto para decisões posteriores, dependentes das modificações introduzidas pelas ações da pessoa durante a sua vida e pelo uso que fez de suas oportunidades."[24] Portanto, falando de uma maneira geral, eu gostaria de enfatizar que a ética da Astrologia deveria ser particularmente contra previsões inexoráveis a respeito do período de morte de um indivíduo.

Mesmo em uma área de previsão menos perigosa, se algum astrólogo tivesse dito a A.L. que ela não casaria porque Saturno estava em conjunção com a cúspide da sétima casa no seu Mapa Astral Natal, e que tal seria o destino das duas irmãs gêmeas, e se ela tivesse acreditado nele, talvez eu não tivesse nascido. Obviamente, então a leitura deste trabalho seria impossível neste contexto.

Talvez este seja o único caso que tive a oportunidade de estudar detidamente, o de minha mãe e minha tia, mas posso afirmar que a diferença do destino de ambas é palpável, embora suas oportunidades tenham sido muito semelhantes, particularmente no início de suas vidas.

Parece-me assim bastante óbvio que nenhum astrólogo deveria apresentar previsões inexoráveis, mas antes considerar sobre as tendências prováveis dos acontecimentos, sempre lembrando que para mudar o seu destino o indivíduo precisa antes despertar e mudar a si mesmo. Assim, Stephen Arroyo enfatizou a importância da Astrologia como um caminho de autotransformação, particularmente quando citou C.G. Jung, que dizia: "O que acontece a uma pessoa é característico desta pessoa."[25] "A regra psicológica diz que quando uma situação profunda não se torna consciente, acontece exteriormente como sorte (destino). O mesmo é dizer que quando o indivíduo (...) não tem consciência das suas contradições profundas, o mundo deve necessariamente encarnar o conflito e dividir-se em metades opostas."[26] Ou seja, nossas escolhas, movidas pelo inconsciente, acabam por determinar resultados circunstanciais que se tornam revelações desse inconsciente em forma objetiva e instrutiva. Como costumo dizer, o *Karma* não existe para nos destruir, mas para nos instruir. A vida é uma grande escola que demanda entendimento, compreensão. Krishnamurti também enfatizava a importância da autotransformação e compreensão do *Karma*, dizendo: 'Eu digo que é possível quebrar essa continuidade do *Kar-*

ma, mas somente quando o indivíduo compreender as operações do *Karma*, que não é estático, predeterminado, mas uma coisa viva, que tem movimento."[27]

A Astrologia seria muito mais útil se ao invés de procurarmos nela previsões inexoráveis nós buscássemos um caminho de autoconhecimento, autotransformação e autolibertação. Para tanto, porém, gostaria de sugerir que a Ética do Astrólogo fosse pautada pela humildade de dizer que ele conhece somente a probabilidade dos fatos, mas não pode prever a forma de sua concretização final, porque outras forças poderão ainda ser introduzidas e alterar a resultante final. Caso esse princípio ético não seja respeitado, temo que a Astrologia não se apresente de forma científica, mas supersticiosa e possa causar mais dano que benefício, paralisando o homem ao invés de auxiliá-lo a libertar-se de seus conflitos ilusórios e a descobrir a real potencialidade do seu Ser, que deveria ser a verdadeira missão da Astrologia.

Referências bibliográficas

[1] THE COMPLETE Planetary Ephemeris for 1950 to 2000 A.D. Medford, U.S.A., The Hieratic Publishing Co., 1975. p. 3.

[2] BESANT, Annie. Vida Teosófica. In: *A Doutrina do Coração*. Brasília, Ed. Teosófica, 1991. p. 85.

[3] BLAVASTKY, H.P. *A Chave para a Teosofia*. Brasília, Ed. Teosófica , 1991. p. 252.

[4] BLAVASTKY, H.P. *A Doutrina Secreta*. São Paulo, Ed. Pensamento, 1980. v. 2, p. 191.

[5] NEWTON, Isaac. Mathematical Principles of Natural Philosophy. In: *Great Books of Western World*. Chicago, Encyclopaedia Britannica, 1984. v. 34, p. 14.

[6] BÍBLIA Sagrada. Rio de Janeiro. Sociedade Bíblica do Brasil, 1976. NT p. 246. [Gálatas VI.7]

[7] LINDEMANN, Ricardo & OLIVEIRA, Pedro. *A Tradição– Sabedoria*. Brasília, Ed. Teosófica, 1993.

[8] BESANT, Annie. *A Sabedoria Antiga*. Brasília, Ed. Teosófica, 2004. p. 184.

[9] NEWTON, *op. cit.*, v. 34, p. 14.

[10] BLAVATSKY, *op. cit.* acima nota (3), p. 15-6.

[11] LAVOISIER, A.L. Elements of Chemistry. In: *Great Books of Western World.* Chicago, Encyclopaedia Britannica, 1984. v. 45, p. 41.

[12] PLUTARCO. *On the Face in the Orb of the Moon,* § 28.

[13] BLAVATSKY, *op. cit.* acima nota (3), p. 94.

[14] COLINS, Mabel. *Luz no Caminho.* Brasília, Ed. Teosófica, 1999. p. 84.

[15] MASCHEVILLE, Emma Costet de. *Luz e Sombra.* Brasília, Ed. Teosófica, 1997.

[16] NEWTON, Issac. Mathematical Principles of Natural Philosophy. In: *Great Books of Western World.* Chicago, Encyclopaedia Britannica, 1984. v. 34, p. 14.

[17] THE NEW ENCYCLOPAEDIA BRITANNICA. Chicago, Encyclopaedia Britannica, 2003. v. 23, p. 706.

[18] THE NEW ENCYCLOPAEDIA BRITANNICA. Chicago, Encyclopaedia Britannica, 2003. v. 7, p. 994.

[19] PLATÃO. *Diálogos*; *A República.* Trad. Leonel Vallandro. Rio de Janeiro, Ed. Tecnoprint,s.d. p. 388. [617]

[20] BESANT, Annie & LEADBEATER, C.W. *O Homem*: donde e como veio, e para onde vai? São Paulo, Ed. Pensamento, 1993. p.169-70.

[21] ARROYO, Stephen. *Astrologia, Karma e Transformação.* Lisboa, Portugal, Publicações Europa-América, s. d. p. 60.

[22] BESANT, Annie. A Vida Teosófica. In: *A Doutrina do Coração.* Brasília, Ed. Teosófica, 1991. p. 87-8.

[23] BESANT, Annie. *A Sabedoria Antiga.* Brasília, Ed. Teosófica, 2004. p. 186.

[24] LEADBEATER, C.W. *A Vida Interna.* Brasília, Ed. Teosófica, 1996. p. 328.

[25] ARROYO, *op. cit.,* p.19.

[26] *Ibidem,* p. 26. [*Aion.* p. 71.]

[27] KRISHNAMURTI, J. *Time and the Timeless.* Chennai (Madras), Krishnamurti Foundation India, 2002. p. 8.

Capítulo 23

Astrologia, Ciência e As Escolas de Mistérios

As origens históricas da Astrologia e da própria Ciência Oficial, no Ocidente, encontram-se nas Escolas de Mistérios. Tal afirmativa é particularmente mais fácil de comprovar na cidade de Alexandria, no antigo Egito, que era o maior centro cultural do Ocidente, enquanto sua famosa Biblioteca e o seu Serapeu, ligado aos Mistérios de Serápis, existiram.

O cientista Carl Sagan, que, em seu famoso livro *Cosmos,* apresenta uma breve história das origens da Ciência, chegou a afirmar:

> "Foi em Alexandria, nos seiscentos anos após 300 A.C. que os seres humanos, em um aspecto importante, iniciaram a aventura intelectual que nos conduziu às fronteiras do espaço. (...) O maior prodígio de Alexandria era a biblioteca e seu museu (literalmente, instituição devotada a especialidades das Nove Musas). Desta biblioteca legendária, tudo o que resta hoje é um subterrâneo úmido e aquecido do anexo chamado Serapeu, a princípio um templo e posteriormente reconsagrado ao saber. Algumas prateleiras desintegrando-se devem ser o seu único remanescente físico, embora este local tenha sido, uma vez, o cérebro e a glória da maior cidade do planeta, a primeira instituição de pesquisa verdadeira na história do mundo. Os sábios da biblioteca estudaram o *Cosmos* inteiro. *Cosmos* é uma palavra grega que significa universo. Em um aspecto é o oposto do Caos. Implica em uma interconexão profunda com todas as coisas. Transmite respeito pelo modo intrincado e engenhoso de que o universo se organiza. Havia uma comunidade de eruditos explorando física, literatura, medicina, astronomia, geo-

grafia, filosofia, matemática, biologia e engenharia que resultou em ciências e saber. A genealidade floresceu. A Biblioteca de Alexandria foi o local onde nós, seres humanos, coletamos pela primeira vez, séria e sistematicamente, o conhecimento do mundo"[1].

Creio que seria exagero prosseguir com tal citação onde o autor já decantou a Biblioteca de Alexandria, e também mencionou o Serapeu, como a origem da Ciência ou saber sistematizado pela pesquisa experimental na história deste planeta.

Ele chega a narrar encantadamente como Eratóstenes, no século III a.C., descobriu experimentalmente que a Terra era redonda e calculou o comprimento da circunferência do meridiano pela primeira vez:

> "Eratóstenes (...) foi também diretor da grande biblioteca de Alexandria onde, um dia, leu em um papiro que, na fronteira avançada do sul de Siena, próximo à primeira Catarata do Nilo, ao meio-dia de 21 de junho, varetas retas e verticais não produziam sombras. No solstício de verão, o dia mais longo do ano, quando as horas avançavam para o meio-dia, as sombras das colunas do templo diminuíam de tamanho. Ao meio-dia, as sombras não existiam. Um reflexo do Sol podia, então, ser visto na água, no fundo de um poço. O Sol estava diretamente sobre as cabeças.

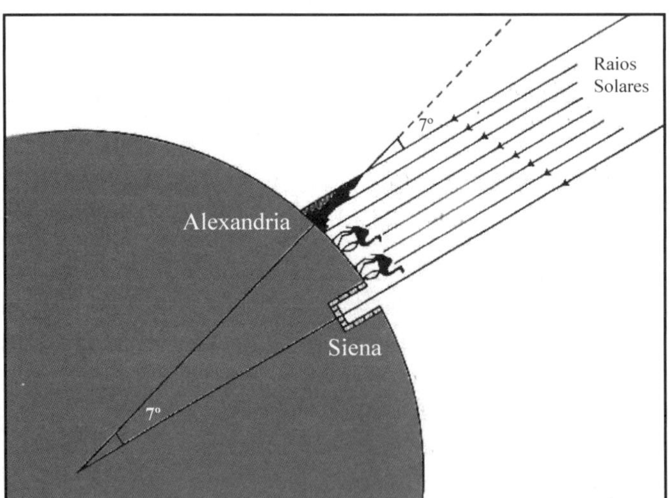

Método de Mensuração da Terra por Eratóstenes

"Foi uma observação que qualquer outra pessoa facilmente ignoraria (...) – que importância poderiam ter esses simples acontecimentos diários? Mas Eratóstenes era um cientista, e suas reflexões sobre estes lugares-comuns mudaram o mundo; de certo modo, fizeram o mundo. Eratóstenes teve a presença de espírito de fazer um experimento, observar realmente se em Alexandria varetas retas e verticais lançavam sombra próximo ao meio-dia de 21 de junho. E descobriu que sim. (...) a única resposta possível, ele concluiu, era que a superfície da Terra era curva"[2].

Mais do que isso, ele estabeleceu uma proporção com a sombra de 7°, ou seja, da ordem de 1/50 do círculo completo de 360°, que ele mediu naquele experimento que fez em Alexandria, considerando os raios do Sol como sendo paralelos quando chegam a Terra, devido à grande distância entre estes dois astros.

O cientista Carl Sagan concluiu:

"Eratóstenes sabia que a distância entre Alexandria e Siena era aproximadamente 800 quilômetros porque tinha alugado um homem para medi-la em passos. Oitocentos quilômetros vezes 50 são 40.000 quilômetros, de modo que esta deveria ser a circunferência da Terra.

"É a resposta certa. Os únicos instrumentos de Eratóstenes eram varetas, olhos, pés e cérebro, além de uma inclinação para experiências. Com eles deduziu a circunferência da Terra com um erro de poucos por cento, um feito notável há 2.200 anos. Foi a primeira pessoa a medir com precisão o tamanho do planeta"[3].

Sagan continua exaltando a Biblioteca de Alexandria e seus tratados científicos, como segue:

"O coração da biblioteca era sua coleção de livros. Os organizadores pesquisaram todas as culturas e línguas do mundo. Enviaram agentes por toda parte para comprar bibliotecas, (...) parece provável que a biblioteca continha meio milhão de volumes, cada um deles um pergaminho de papiro escrito a mão. (...) Sabemos, por exemplo, que havia nas prateleiras da biblioteca um livro do astrônomo Aristarco de Samos [c. 310-230 a.C.], que questionava ser a Terra um dos planetas e que, como eles, orbitava em torno do Sol, e que as estrelas estavam a distâncias enormes. Cada uma dessas conclusões está inteiramente correta, mas tivemos de esperar perto de dois mil anos para a redescoberta. Se multiplicarmos por cem mil nossa sensação de perda desse trabalho de Aristarco, começaremos a apreciar a grandiosidade da façanha da civilização clássica e a tragédia da sua destruição."[4]

Porém, depois de exaltar as origens da Ciência em Alexandria, bem como enaltecer o nome de vários antigos autores de obras relacionadas na Biblioteca, como Euclides, Arquimedes, entre outros, ele menciona Cláudio Ptolomeu (c. 100-170 d.C.) e sua obra de forma depreciativa, como segue:

> "O astrônomo e geógrafo Ptolomeu, que compilou a maior parte do que hoje é a pseudociência da Astrologia: seu universo centrado na Terra permaneceu por 1500 anos, um aviso de que a capacidade intelectual não é uma garantia contra os enganos"[5].

Neste ponto, nós, que temos a honra de ser professores de "Astrologia para Pesquisadores" até na esfera da Universidade, quando se oferece esse espaço para a pesquisa da Astrologia em nome do próprio ideal de imparcialidade da Ciência, temos o nobre dever de oferecer uma oportunidade para investigar despreconceituosamente se existem efeitos demonstráveis que sustentem a Astrologia como Ciência. Obviamente, a verdade dos fatos não teme a investigação, mas dela depende para que a luz da verdade possa aparecer.

Afinal, quais são as principais objeções feitas por alguns cientistas para aceitar a Astrologia como Ciência? Iniciemos, pois, pelo próprio tom depreciativo de Carl Sagan à obra de Ptolomeu.

Querer negar o valor de toda a obra de Cláudio Ptolomeu apenas porque ele adotou a hipótese prática de que a Terra seria o centro do sistema orbital dos planetas, diferentemente de Copérnico (1473-1543) que adotou a hipótese do Sol como centro de nosso sistema, seria o mesmo que querer negar o valor de toda a obra de Isaac Newton (1642-1727) apenas porque ele adotou hipóteses práticas referentes a corpos macroscópicos relativamente lentos em sua Mecânica Clássica, diferentemente de Albert Einstein (1879-1955), que em sua teoria da Relatividade adotou hipóteses com efeitos mais verificáveis em dimensões referentes a partículas capazes de chegar a velocidades da ordem da velocidade da luz.

Para todos os efeitos práticos a obra de Newton continua sendo extremamente útil ainda hoje, apesar das inovações de Einstein, e eu bem sei quanto da Mecânica de Newton estudei quando cursava a Faculdade de Engenharia, da mesma forma que Ptolomeu continua sendo útil para a Astrologia atual.

Os astrólogos continuam usando a Terra como vértice do sistema de ângulos geocêntricos para o cálculo dos aspectos, até hoje, não porque não saibam que a Terra realmente gira em torno do Sol, mas porque necessitam medir a projeção das influências dos astros sobre nós que na Terra vivemos, conforme já considerei mais extensamente no capítulo “Os Aspectos e o Zodíaco”. Portanto, a contribuição de Copérnico e Newton é útil para nós na medida em que aperfeiçoa o cálculo astronômico da posição dos planetas, mas nem por isso invalida a utilidade prática da obra de Ptolomeu para a Astrologia atual. Mais do que isso, a mera objeção do vértice referencial de medida dos ângulos, portanto, não invalida a Astrologia como Ciência.

Aliás, pelo contrário, reforça por coerência a própria distinção tradicional entre Astrologia e Astronomia justamente porque a Astrologia, por definição, é literalmente o estudo dos astros, subentendendo estudar a relação entre os fenômenos celestes e os terrestres, incluindo todos os seres vivos nesta Terra. Estranho seria se usássemos ângulos com vértice referencial no Sol para medir suas possíveis influências sobre seres vivos, quando no Sol a própria Ciência ainda não detectou vida.

A Profª. Emma Costet de Mascheville comparava a Astrologia, por analogia, com a fisiologia do céu, e a Astronomia, com a anatomia do céu. Esta é uma definição criativa, instigante e prática. *Logos* em grego está relacionado a estudo, tratado. Então a Astrologia vem a ser o estudo da influência ou correlação dos astros principalmente com os seres vivos, enquanto que originalmente a Astronomia, *nómos* em grego está relacionada à lei, estudaria a lei do movimento dos astros e sua posição no tempo. Evidentemente que ambos os casos referem-se, aos astros, daí o início das palavras Astronomia ou Astrologia. Porém, enquanto que em um dos casos nós estamos estudando a influência ou correlação, no outro estamos estudando originalmente apenas a lei do movimento. Por isso, de certa forma, esta definição considera a Astronomia mais anatômica ou estrutural, sendo que a moderna Astrofísica estuda até a natureza, a formação, a composição química, e a evolução dos corpos celestes.

Uma aula prática de anatomia é geralmente o estudo de um cadáver, onde se parte do pressuposto de que aquilo que se estuda está morto. Desde Einstein, porém, este enfoque materialista próprio da Ciência do Século XIX tornou-se obsoleto e anacrônico porque está demonstrado que a matéria e a energia são mutuamente conversíveis, ($E=m.c^2$). Então poderíamos talvez pretender dizer, por uma analogia algo sumária, que enquanto a Astronomia estuda mais o aspecto da matéria, a Astrologia estuda mais o aspecto energético, embora isso não seja tão fácil de demonstrar. Sempre será mais fácil dissecar a anatomia de um órgão morto do que explicar a sua atividade fisiológica enquanto ainda está vivo.

Este problema de ênfase em diferentes paradigmas de visão de mundo aparece frequentemente na questão da definição do Zodíaco.

Alguns astrônomos insistem em querer refutar a Astrologia Ocidental apenas porque ela não utiliza o Zodíaco Sideral ou Fixo, que é definido por 12 Constelações ou grupos de estrelas mais concretas ou materialmente palpáveis, mas prefere utilizar mais o Zodíaco Tropical ou Móvel, que divide o Céu em 12 Signos ou campos de energia orientados pelo ponto do equinócio vernal, bem menos concretos que as estrelas fixas.

Este é um argumento típico de alguns astrônomos que não parecem estar interessados em estudar Astrologia, mas procuram um argumento teórico para refutar a Astrologia Ocidental *a priori*, sem precisar ter o suposto incômodo de estudar a Astrologia e investigar as suas evidências e efeitos demonstráveis.

Tanto isso é verdade que, se a objeção fosse somente essa, dever-ia-se perceber nesses astrônomos um vívido interesse de pesquisa pela Astrologia Hindu ou Védica que utiliza o Zodíaco Sideral, mas não há sequer indícios deste ávido interesse pelo saber da Astrologia Hindu da parte destes astrônomos, apesar deste argumento de objeção simplesmente não se aplicar a ela.

O argumento propriamente dito é que o Zodíaco Tropical, com os seus 12 Signos de 30° cada, teria sido criado pelos gregos numa época em que coincidiam com as constelações de mesmo nome há uns dois mil anos atrás. Porém, devido ao movimento de precessão dos equinócios, da ordem de um grau a cada 72 anos, hoje o ponto do equinócio vernal ou zero grau do Signo de Áries aponta para o início da Constelação de Peixes e, portanto, pretenderiam refutar a Astrologia Ocidental apenas porque os campos energéticos dos Signos não coincidem mais com os grupos de estrelas das Constelações no céu.

Em primeiro lugar, o público leigo tem dificuldade de compreender o tecnicismo do argumento, mas porque tem a natural curiosidade de estudar as características dos Signos, como são apresentados num livro simples como este em seus primeiros capítulos, encontra efeitos demonstráveis de correlação nas características de seu próprio Signo e de seus próprios parentes e amigos, pouco se importando com tecnicismos teóricos.

Tais pessoas, desarmadas de preconceitos, logo percebem que as características do ariano não correspondem ao pisciano, diferentemente dos teóricos que querem obrigar os astrólogos a levar os Signos para dentro das respectivas Constelações.

Ou seja, a evidência dos fatos ainda tem mais importância para o público leigo do que as teorias. Por isso a Astrologia tem sobrevivido aos milênios: ela funciona! Convido pois o leitor não a crer, mas a investigar a Astrologia por si mesmo.

Em segundo lugar, Cláudio Ptolomeu (c. 100-170 d.C.), reconhecido até por seus opositores como o pai da Astrologia, pois codificou os seus conhecimentos milenares em sua obra fundamental, o *Tetrabiblos,* conhecia muito bem o movimento de precessão dos equinócios e, por isso, foi muito cauteloso em afirmar que o Zodíaco Tropical ou Móvel deveria começar no ponto onde o Sol se localiza durante o equinócio da primavera (dia 21 de março) ou ponto vernal. Portanto,

Ptolomeu define os Signos do Zodíaco Tropical como setores de 30° da Via Solis ou Eclíptica e não como aglomerados de estrelas fixas, ou Constelações que são, obviamente, mais concretas e fáceis de localizar no céu. Este tema, aliás, já foi extensamente desenvolvido no capítulo "Os Aspectos e o Zodíaco" e, portanto, não seria oportuno cansar o leitor com repetições desnecessárias. Basta lembrar que a Astrologia Ocidental, tendo pleno conhecimento do movimento de precessão dos equinócios, desde suas origens, utiliza o Zodíaco Sideral ou Fixo para estudar as Eras de 2150 anos que influenciam a humanidade como um todo, mas prefere utilizar o Zodíaco Tropical ou Móvel para estudar os Mapas Astrais dos indivíduos, porque tem encontrado evidências ao longo dos milênios que sustentam tal uso diferenciado desses Zodíacos em cada caso.

Em terceiro lugar, devemos sempre lembrar que os aspectos ou ângulos entre os planetas não dependem nem do Zodíaco nem das Casas Astrológicas. Mesmo que ambos fossem refutados ou descartados ainda restaria uma enorme evidência da influência ou correlação dos astros com os seres vivos apenas a partir do estudo dos aspectos. Uma das evidências mais recentes nesse sentido foi a corroboração da influência ou correlação dos aspectos codificados por Ptolomeu pela pesquisa sobre comunicação por meio de ondas curtas de rádio feita pelo Engenheiro John Nelson nas décadas de 1950 e 1960. Justamente porque, à primeira vista, as ondas de rádio não parecem ter qualquer relação com a Astrologia é que tal evidência apresenta-se como particularmente imparcial pela própria procedência. John Nelson foi um engenheiro de rádio norte-americano que se especializou na análise de propagação de rádio de ondas curtas, etc. É bom lembrar que, naquele tempo, nas décadas de 1950 e 1960, não havia Internet e a comunicação pelo rádio tinha uma grande importância. John Nelson é citado na Enciclopédia de Astrologia: "Foi empregado da RCA Comunications e trabalhou no problema de como prever as flutuações no campo magnético da Terra que interrompiam a rádiocomunicação. Sabia-se que essas flutuações eram afetadas pela atividade das manchas solares, entre outras coisas. Utilizando esta pista como ponto de partida, Nelson começou a investigar as correlações entre configurações heliocêntricas dos planetas e distúrbios nas ondas de rádio. Suas descobertas foram tão notáveis que posteriomente ele foi capaz de prever tais distúrbios com uma precisão de mais de 93%."[6] Para evitar cansar o leitor com repetições desnecessárias, lembro-lhe que a citação completa se encontra no capítulo "Os Aspectos e o Zodíaco" (vide p. 217-8.), onde este tema foi extensamente desenvolvido. O fato é que ao investigar as configurações heliocêntricas dos planetas ele encontrou evidências da Astrologia, ou veio a comprovar indiretamente os clássicos aspectos ptolomaicos. Eu indicaria, porém, que observassem uma pequena diferença, Nelson estava preocupado em calcular as manchas solares e usou ângulos heliocêntricos.

Ptolomeu usava aspectos de ângulos geocêntricos porque, como temos enfatizado, ele tinha a intenção de medir a correlação das configurações planetárias com os seres vivos que habitam a Terra.

Assim, John Nelson descobriu que haveria distúrbio quando dois planetas se alinhassem ao Sol formando um aspecto de oposição ou 180°, então teríamos um astro de um lado e outro astro do outro lado. Dessa forma, a oposição divide a energia, metade vai para um lado e a outra metade vai para o outro, produzindo uma influência perturbadora, que também foi percebida na quadratura ou ângulo de 90°. Também descobriu, novamente em coerência com os princípios da Astrologia tradicional, que se um outro planeta formasse um trígono exato, um aspecto de 120°, a propósito dessas configurações, o distúrbio rapidamente enfraqueceria. Esses são os principais ângulos ptolomaicos de resultado mais previsível, codificados por Cláudio Ptolomeu no século II d.C.

Mais tarde, Nelson também verificou o efeito da conjunção de 0°, e do sextil de 60°, e até outros aspectos menores, como se pode comprovar na cópia de sua carta no próximo capítulo (vide p. 328-9). O que interessa é que Nelson redescobre esses mesmos ângulos como expressões de uma lei da Natureza, por meio de uma linha de pesquisa totalmente diferente e independente: flutuações na comunicação por meio de ondas de rádio.

Ptolomeu somente codificou a Astrologia, porque ela é na verdade muito mais antiga. Tudo parece indicar que o *Tetrabiblos* seja o livro de Astrologia mais antigo a que nós temos acesso e fez parte da Biblioteca de Alexandria. Se, porém, aceitar-se, como fazem outros autores, as próprias pirâmides, a orientação dos dutos de suas janelas de ventilação para a estrela polar, etc., como evidência arquitetônica do conhecimento astronômico dos egípcios, então nossa pesquisa avançaria para períodos muito mais remotos. Este tema, embora atraente, não está no escopo imediato desta obra, até por falta de espaço. Basta lembrar, porém, que não havia separação entre Astronomia e Astrologia para os antigos e, portanto, todo astrônomo da antiguidade também era versado em Astrologia.

Assim, também estamos usando uma evidência aparentemente de outra área, proveniente de um analista de propagação de ondas de rádio, para demonstrar os aspectos astrológicos, simplesmente porque a Natureza é uma só, não importando por quais meios nós estudamos as suas leis.

Por outro lado, justamente porque esta evidência corrobora os aspectos ptolomaicos e é independente do Zodíaco e das Casas Astrológicas, estes mesmos aspectos podem fundamentar e sustentar uma definição do Zodíaco Tropical a partir de relações angulares dos próprios aspectos orientadas ao ponto vernal ou equinocial, conforme já mencionamos no capítulo "Os Aspectos e o Zodíaco".

Sustento, portanto, a partir dos três argumentos apresentados, que não há base para refutar a Astrologia Ocidental como Ciência na mera objeção de que o Zodíaco Sideral não coincide com o Zodíaco Tropical, ou que as Constelações não coincidem com os respectivos Signos.

Há, porém, uma terceira objeção que eu considero mais difícil de refutar, não porque não existam evidências de efeitos demonstráveis a favor da Astrologia, mas porque evidencia de maneira mais extrema as diferenças de paradigmas entre a visão de mundo da Ciência, ou mais particularmente da Astronomia atual, e a Astrologia milenar. De fato, esta é a verdadeira dificuldade para a Ciência Oficial aceitar o conhecimento da Astrologia: o choque de paradigmas muito diferentes.

Esta terceira objeção quer reduzir a Astrologia a uma mera relação de forças gravitacionais ao fazer a seguinte pergunta: O médico que conduz o parto não tem uma influência muito mais relevante pela sua proximidade em relação à criança que nasce do que a Lua que se encontra a cerca de 380.000 quilômetros da Terra, ou mesmo Plutão a cerca de 5.900.000.000 de quilômetros de distância?

O fato é que qualquer astrólogo sabe que Plutão pode causar mais problemas num Mapa Astral do que a Lua, apesar de ser menor e mais leve que ela e encontrar-se muitíssimo mais longe (cerca de 15.500 vezes mais distante que a Lua). Como pela lei da gravitação de Newton a influência gravitacional é inversamente proporcional ao quadrado da distância, a influência gravitacional de Plutão sobre nos é absolutamente irrelevante quando comparada com a da Lua. Conclui-se, obviamente, que a Astrologia desconsidera completamente as distâncias dos astros, pelo menos dentro do Sistema Solar, porque está tratando de influências que não têm correlação com a lei da gravitação. Ou, em outras palavras, a Astrologia não lida predominantemente com forças ou energias de natureza gravitacional.

Eis o choque de paradigmas, pois o cientista, então, com razão questionará qual é a natureza destas forças ou energias com as quais a Astrologia trabalha? É mais fácil responder que se trata de alguma força ou energia ainda desconhecida pela Ciência Oficial, e que só poderá vir a ser conhecida se a pesquisa astrológica prosseguir.

É possível refutar esta objeção de ordem gravitacional por meio de provas estatísticas e efeitos demonstráveis, simplesmente porque a Astrologia funciona, como escrevi no prefácio do livro *Luz e Sombra* de Emma C. de Mascheville que recomendamos:

> "As dificuldades do cálculo astronômico sempre tornaram a verdadeira Ciência milenar da Astrologia inacessível ao grande público, mas a era da informática vencerá este obstáculo, facilitando o estudo de mapas astrais individuais e produzindo evidências em um volume estatisticamente irrefutável. Desta forma, obrigará a Ciência contemporânea a adequar seus paradigmas pelo peso dos fatos, dignando-se a investigar imparcialmente a Astrologia"7.

A longo prazo, isso será uma realidade para futuras gerações com outra maneira de pensar, mas o verdadeiro e imediato problema é que, por mais que os astrólogos acumulem provas estatísticas e efeitos demonstráveis dentro do método da Ciência oficial, há um inevitável confronto de paradigmas entre a visão de mundo da Ciência contemporânea e a natureza das forças ou energias, por ela ainda desconhecidas, com as quais a Astrologia milenar usualmente trabalha.

Talvez a maioria dos astrólogos consideraria mais prudente e sensato parar por aqui, mas eu creio que é um dever de qualquer cientista formular hipóteses explicativas para os fenômenos que ele observa. Tal dever nos levará a ousar cruzar esse limiar do paradigma das teorias aceitas pela Ciência contemporânea. Como dizia o brilhante epistemólogo Paul Feyerabend: "A condição de coerência, por força da qual se exige que as hipóteses novas se ajustem a teorias aceitas, é desarrazoada, pois preserva a teoria mais antiga e não a melhor. Hipóteses que contradizem teorias bem assentadas proporcionam-nos evidência impossível de obter por outra forma"[8].

Esta hipótese explicativa existe e, além disso, por ironia, já era conhecida no mundo antigo, desde as origens da Astrologia.

Uma chave histórica para essa questão encontra-se no livro *História Universal da Destruição dos Livros,* onde o autor, Fernando Báez, afirma: "Uma das dúvidas mais razoáveis sobre os diretores da biblioteca (de Alexandria) tem a ver com a já mencionada dualidade desse lugar. Acaso o diretor do museu era também o diretor do Serapeum ou se tratava de dois diretores diferentes? Segundo alguns, o diretor do museu delegava a um erudito as funções do Serapeum. Mas talvez essa não seja a verdade. Agustín Millares Carlo, por exemplo, achava que o diretor era o mesmo: '(...) Ambas as instituições, para efeitos administrativos, formavam uma única (...)'."[9] Isso significa que os diretores da Biblioteca de Alexandria eram todos iniciados nas Escolas de Mistérios de Serápis, que é o tema geral de nosso próximo capítulo e a própria razão de ser desta obra.

Complementarmente, um eminente pensador oriental afirma:

> "Que vossa Ciência exata, tão orgulhosa de suas conquistas e descobertas, se lembre de que as suas maiores hipóteses – quero dizer, as que agora se tornaram *fatos* e verdades inegáveis – foram todas adivinhadas, e resultado da inspiração espontânea (ou intuição) – jamais da indução científica"[10].

A hipótese para resolver a questão é puramente lógica, a dificuldade sempre foi testá-la experimentalmente e comprová-la. De um ponto de vista da lógica matemática, bem como da intuição, para que nós possamos encurtar ou mesmo prescindir ou anular uma distância num sistema tridimensional, é necessário que seja utilizada uma quarta dimensão. Em outras palavras, podemos prescindir ou desconsiderar a distância dos planetas em Astrologia porque a sua influência não nos alcança apenas pelas três dimensões conhecidas do nosso espaço, mas também através de uma quarta dimensão que encurta ou prescinde das outras, como se ela, por assim dizer, encurvasse o espaço. Talvez um simples exemplo possa melhor esclarecer como uma dimensão extra pode encurtar as distâncias existentes num sistema.

Suponhamos que nós medíssemos a distância entre dois pontos A e B de um sistema plano ou bidimensional, por exemplo, a distância entre os dois extremos da mesa da gravura da *Última Ceia* que está impressa no capítulo "O que é Astrologia". Abrindo completamente as páginas 14 e 15 nos expomos uma imagem plana da *Última Ceia*, portanto com duas dimensões, ou seja, um comprimento e uma largura. Com uma régua podemos medir que a distância entre os dois extremos A e B da mesa é da ordem de 26 cm.

Porém, se agora nós acrescentarmos uma terceira dimensão, a altura, que nos permite dobrar o plano fechando o livro, a distância entre os pontos A e B será reduzida a zero.

Supondo que uma formiga fosse apenas consciente do comprimento e da largura da *Última Ceia* e ocupasse a posição A enquanto outra ocupasse a posição B, com o súbito movimento de rotação e encurvamento do plano pela terceira dimensão ao fechar o livro, elas não poderiam entender de que modo estariam assim se aproximando quando o livro fosse fechado, correndo até o risco de serem esmagadas uma contra a outra quando a posição A atingisse a posição B.

Assim, analogamente, se nós estivéssemos na posição A e Plutão na posição B a distância de quase 6 bilhões de quilômetros poderia tornar-se zero pela quarta dimensão como se houvesse um encurvamento do espaço.

O fato é que a hipótese da quarta dimensão não é nova, embora hoje nós possamos apresentá-la com maiores recursos de lógica matemática do que antigamente. O capítulo "Dilatação da Consciência" do livro de C.W. Leadbeater intitulado *O Que Há Além da Morte* (Ed. Pensamento) pode ser recomendado ao leitor que queira aprofundar este enfoque porque aqui nos faltaria espaço para desenvolvê-lo com a devida profundidade.

O mundo tetradimensional foi chamado pelos antigos alquimistas de mundo astral, devido ao brilho visto pelos paranormais ao redor dos corpos parecer semelhante ao de estrelas. Maiores detalhes sobre o tema podem ser obtidos no nosso livro *A Tradição-Sabedorial* (Ed. Teosófica), bem como no grande clássico sobre o tema *O Plano Astral* (Ed. Pensamento) de C.W. Leadbeater.

Até pelo próprio nome, é fácil demonstrar que a Astrologia, a hipótese da quarta dimensão ou plano astral, as Escolas de Mistérios e a investigação paranormal do mundo após a morte sempre estiveram ligados desde as suas origens, como demonstraremos com fundamentação histórica no próximo capítulo. A questão fundamental é se é possível desenvolver conhecimento científico nessas áreas.

A parapsicologia é, por definição, conforme encontramos na Grande Enciclopédia Larousse Cultural, "o ramo da Psicologia" e, portanto da Ciência experimental, "que estuda as experiências que parecem transcender as leis da Natureza. (...) Nascida no final do século XIX, estuda fenômenos que por longo tempo foram considerados sobrenaturais ou ilusórios. Os fenômenos parapsicológicos são passíveis de interpretações espíritas, místicas ou ocultistas, mas seu estudo experimental postula a existência de funções do psiquismo ainda não explicadas pelo conhecimento científico atual, sobretudo o desenvolvimento pela Psicologia".[11] Portanto, nos encontramos exatamente nas fronteiras de vanguarda da Ciência oficial.

Do outro lado do limiar desta fronteira encontra-se a Ciência Oculta ou Ocultismo, definido por C.W. Leadbeater (1847-1934) como sendo "o estudo do lado oculto da Natureza; ou melhor, (...) o estudo da Natureza em sua totalidade, e não apenas daquela parte mínima que é objeto de investigação da Ciência moderna".[12] Embora deva se acrescentar que talvez a dimensão dessas partes ou objetos de estudo da Ciência moderna tenha se ampliado desde a época da definição dada acima, há quase um século atrás.

Dessa forma, nós temos a Ciência Oficial e a Ciência Oculta, sendo que a diferença essencial entre as duas encontra-se somente nos meios de experimentação, mas, ironicamente, não no método propriamente dito. Na Ciência Oficial nós começamos com o conhecido Método Científico. O primeiro estágio do Método Científico é chamado Observação; o segundo, Hipótese; o terceiro, Experimentação; e o quarto, a Tese, às vezes também chamado Lei. Então a partir de dados experimentais, que são sempre particulares, nós temos um projeto lógico de sistematização do conhecimento, buscando Leis, que caracterizam universais.

Aqui temos o caso de Observação Particular para a Hipótese Universal, então esse procedimento que vai do Particular para o Universal é chamado de Indução. Depois do Universal para o Particular é o procedimento chamado Dedução. Assim, vamos ter experimentos com alguns casos experimentados em laboratório, particularização de uma Hipótese Universal, caracterizando um processo dedutivo. Por último, novamente temos uma Indução quando vamos da Experimentação para a formulação final da Lei que passa a ser Universal.

Segundo Aristóteles, pai da Ciência Ocidental, só existe Ciência na Dedução. Aristóteles questiona qualquer Ciência Indutiva, por isso é que na visão de *episteme* ou Ciência grega nós começamos com grandes Princípios e chegamos ao caso Particular.

Porém, no método científico contemporâneo utilizamos a Indução, pelo menos duas vezes, seja para formulação da Hipótese seja para elaborarmos a Tese a partir da Experimentação. Dessa forma, o método científico chamado moderno ou contemporâneo se baseia muito na Estatística, pois a Indução depende da questão da Amostragem porque aí coletamos os dados experimentais que são casos particulares. Assim, a Estatística, que é muito usada na Indução, de um modo geral, está relacionada à ideia de Probabilidade.

Se tomarmos os grandes epistemólogos do mundo, como por exemplo Carnap que sustenta que a Ciência é "inferência provável", veremos quanto a probabilidade é importante para a Ciência, porque geralmente não se pode experimentar todos os casos particulares possíveis, frequentemente isso é simplesmente impossível. Porém, necessariamente para ir do Particular para o Universal, precisamos fazer uma Indução. Quando se usa a experimentação, necessariamente se usa os cinco sentidos e suas extensões, exemplo microscópio, telescópio, etc. Nós podemos ter extensões da audição, determinados tipos de instrumentos que captam vibrações acima do que o nosso ouvido é capaz de ouvir. Um cachorro ouve mais do que nós; o nosso ouvido humano percebe de 20 a 20.000 hertz, o ouvido do cachorro percebe até 30.000 hertz, o ouvido de um morcego percebe até 60.000 hertz.

Por outro lado, quanto à visão, uma serpente é capaz de perceber o infravermelho, uma abelha é capaz de perceber o ultravioleta, enquanto a nossa visão tem a percepção normal limitada entre o vermelho e o violeta. É importante, portanto, enfatizar que a diferença essencial da Ciência Oficial para a Ciência Oculta não está no método, mas no uso de outros sentidos que representam, portanto, a paranormalidade. Exemplos: clarividência, clariaudiência são extensões, respectivamente, da visão e da audição.

Quando Pitágoras definia comparativamente a Astrologia como sendo a música das esferas, ele estava provavelmente se referindo à clariaudiência. Assim, uma das nossas dificuldades é tentar demonstrar dentro dos conceitos do Método Científico aquilo que por Hipótese foi descoberto por meios paranormais. Isso não quer dizer que a Astrologia não possa ser submetida à análise estatística, para que ela possa ser comprovada pela Ciência Oficial Moderna. Apenas estamos sustentando a partir da própria expressão tradicional de Pitágoras, a hipótese de que a Astrologia tenha sido originalmente uma Ciência Oculta. Eu temo até que alguns astrólogos, no seu esforço de comprovar a Astrologia pelos paradigmas da Ciência Oficial Moderna, caiam na contradição de querer negar as origens históricas da própria Astrologia. Tal contradição, porém, cria dificuldades para formular hipóteses como a da quarta dimensão, que fazia parte das Escolas de Mistérios, e era usada desde os primórdios da Astrologia para explicar a correlação ou a influência dos astros sobre nós.

Tudo parece indicar que os grandes hierofantes fundadores das Escolas de Mistérios da antiguidade, como Hermes Trimegisto, Orfeu, Pitágoras, entre outros, eram plenamente dotados desses poderes paranormais de percepção e os utilizavam como meios de obter conhecimento, como veremos em nosso próximo capítulo. A hipótese que estou apresentando é que essa é a origem da Astrologia.

Por outro lado, como considerava a Dra. Besant, a Astrologia só seria uma Ciência Oculta, no sentido estrito, se ela interagisse com os espíritos dos astros, como os antigos Caldeus faziam, e essas práticas não fazem mais parte da Astrologia Moderna. Contudo, elas podem indicar que a Astrologia se originou de percepções intuitivas ou mesmo paranormais e somente depois foi codificada por regras no *Teatrabiblos* de Ptolomeu.

Um exemplo histórico extraordinário deste tipo é o livro *Química Oculta,* publicado em 1908, de autoria da Dra. Annie Besant e do Bispo C. W. Leadbeater. O Bispo Leadbeater investigou, por meio da clarividência, o átomo de Hidrogênio, aliás todos os átomos conhecidos na época e, mais do que isso, juntamente com a Dra. Besant, eles foram capazes de descobrir os quarks, que os cientistas só descobriram em 1963. Na verdade, eles descobriram também os subquarks, coisa que a Ciência Ocidental ainda não descobriu. Para maiores detalhes recomendo a leitura do penúltimo capítulo desta obra intitulado "Evidências da Clarividência na Química Oculta".

A Ciência Ocidental chegou a descobrir até os quarks enquanto subdivisões do núcleo dos átomos, os autores de *Química Oculta* descobriram subdivisões ainda menores que os quarks. O Dr. Phillips em sua obra *Extra-Sensory Perception of Quarks,* publicada em 1980, decidiu renomear estas subdivisões de subquarks, enquanto os autores as denominaram de átomos físicos ultérrimos (AFU). Eles têm esse nome porque, segundo os autores, se forem fraturados ou subdivididos irão se decompor em matéria astral, ou seja, do Plano Astral ou quarta dimensão. A partir daí, eles foram capazes até de calcular o peso atômico dos elementos. Eles chegaram à percepção extrassensorial do metaneon, eles descobriram, portanto, cinco elementos bem como isótopos antes da Ciência, pois o livro *Química Oculta* foi publicado em 1908, é o deutério e o trítio foram descobertos respectivamente em 1932 e 1934.

O que diz a Dra. Annie Besant sobre as diferenças entre a Ciência Oculta e a Oficial? Ninguém melhor do que a Dra. Annie Besant para nos deixar sua conclusão a respeito desta questão: "Mas qual a diferença entre os métodos? Nenhuma diferença na Observação, nenhuma diferença no esforço, nenhuma diferença no raciocínio sobre a observação feita. Uma diferença de aparelhos – eis tudo. O homem de Ciência faz seus aparelhos de vidro ou metal, ou líquidos corados, ou outras coisas do mesmo gênero (são aqueles papéis tornassol). Nós (os ocultistas) arranjamos os nossos aparelhos desenvolvendo em nós um sentido que está em evolução natural, e nós desenvolvêmo-lo um pouco mais rapidamente do que a Natureza o pode fazer sem auxílio."[13]

As práticas de *Yoga* tentam estimular o aceleramento desse processo evolutivo que teoricamente é uma potencialidade, todos os seres humanos terão um dia esses poderes paranormais de percepção como hoje a Ciência Oficial sabe que as cobras são sensíveis ao infravermelho, os morcegos são sensíveis ao ultrasom e os elefantes são sensíveis ao infrasom.

A Presidente Internacional da Sociedade Teosófica, Dra. Radha Burnier, publicou um artigo intitulado *Crédito à Clarividência*, onde fica evidente essa diferença entre a Ciência Oficial e a Ciência Oculta.

O Dr. Aston, que recebeu o Prêmio Nobel de Química em 1922 pela descoberta do metaneon em 1911, enquanto C. W. Leadbeater e Annie Besant já haviam publicado essa descoberta em 1908, no livro *Química Oculta*. A maneira como os autores calcularam pela análise clarividente o peso atômico do metaneon a partir da comparação com o átomo de hidrogênio está melhor descrita no capítulo "Evidências da Clarividência na Química Oculta". Leadbeater e Besant descrevem como chegaram a calcular o peso atômico a partir dos 18 átomos físicos ultérrimos que, segundo a investigação clarividente dos autores, constituíam um átomo de hidrogênio que tinha, como referência, peso atômico igual a um. Então calcularam pela diferença de átomos físicos ultérrimos por eles contados por observação direta e deduziriam que o metaneon teria peso atômico 22,33 ainda em 1907, sem usar um espectógrafo de massa. J.J. Thomson isola o elétron em 1897 e descobre a curva do isótopo do gás neon em 1911, e Aston vai descobrir e receber o Prêmio Nobel pela descoberta do metaneon e o seu peso atômico somente em 1922.

No entanto, a verdadeira história de Aston foi descoberta recentemente por Jeff Hughes, como comenta a Dra. Burnier: "Em setembro de 2003 a revista *Physics World* publicou um artigo de Jeff Hughes (do Centro para a História da Ciência, Tecnologia e Medicina da Universidade de Manchester) intitulado *Ocultismo e o Átomo*; a *Curiosa História dos Isótopos*. Nele o autor relata como F.W. Aston, que ganhou o Prêmio Nobel da Química em 1922, acatou sugestões da primeira edição de *Química Oculta* de Annie Besant e Leadbeater".[14]

> "Hughes vai além, e fornece detalhes sobre como Aston, numa conferência para a Associação Britânica sobre os pesos atômicos do neon e do metaneon (em Birminghan, em 1913) referiu-se à publicação de Besant e Leadbeater de 1908. Aston escreveu: 'Por métodos teosóficos totalmente incompreensíveis para o mero estudante de física, (os autores) declaram ter determinado o peso atômico de todos os elementos conhecidos e de diversos elementos desconhecidos na época. Entre esses últimos aparece um ao qual atribuem peso atômico de 22,33 (H=1) e que denominaram metaneon. Como este nome parece adequado, tanto quanto qualquer outro, para um novo gás sobre cujas propriedades pouco se sabe, eu o usei nesse artigo' ".[15]

Então, em 1913, Aston assume que adotou até o nome do metaneon a partir do livro de Leadbeater e Besant com o nome de *Química Oculta*. Assim, ele ganha o Prêmio Nobel da Ciência Oficial, mas para isso ele usou informações da Ciência Oculta, e o pior é que depois negou isso. "Contudo, como relata Hughes (cujo livro sobre os primeiros tempos na história dos isótopos deve ser publicado pela Routledge no próximo ano), em sua Palestra Nobel e em seu influente manual de 1922, chamado *Isótopos*, Aston 'reconstruiu a história de seu próprio trabalho para fazer com que as ligações entre um neon-22 e os isótopos parecessem diretas. (...)

Todas as referências à *Química Oculta* foram eliminadas. Essa história reconstruída foi rapidamente aceita como a história convencional.

"Jinarajadasa escreveu a Aston para ressaltar que Besant e Leadbeater tinham descoberto os isótopos antes dele, mas Aston respondeu que não estava interessado em Teosofia. Tanto a carta de Jinarajadasa quanto a resposta de Aston foram publicadas em 1946 pela Theosophical Publishing House (TPH), em Adyar, em um panfleto intitulado *Investigações em Química Oculta.* Tudo parece indicar que C. Jinarajadasa não conhecia as referências originais de Aston, agora trazidas à luz por Jeff Hughes, onde Aston admitia conhecer o trabalho dos dois teósofos. Como podemos ver, até mesmo a história da Ciência é reformulada, de tempos em tempos, em razão de contextos ou conveniências".[16]

Pode-se, assim, imaginar quanta resistência ainda existia entre alguns cientistas do século XX em relação ao uso da percepção extrassensorial (PES) na prática da Ciência Oculta, apesar da precisão dos dados apresentados. O cálculo do peso atômico dos diversos elementos e até a antecipação de descobertas de elementos então desconhecidos na tabela periódica dos cientistas, a antecipação na descoberta de vários isótopos também desconhecidos na época, mas publicados em *Química Oculta,* representa uma das maiores evidências históricas do uso da clarividência na Ciência Oculta dentro de uma linguagem da Ciência Oficial.

Mais difícil, porém, seria, perante o materialismo da Ciência Oficial do século XIX, imaginar o efeito da legítima profecia clarividente feita por H. P. Blavatsky em sua obra *A Doutrina Secreta* em 1888, prevendo descobertas científicas com nove anos de antecedência, quando escreveu: "até o ano 1897 dar-se-á um grande rasgão no véu da Natureza, e a Ciência materialista receberá um golpe mortal"[17]; "no dia em que a descoberta da matéria radiante do Sr. Crookes conduzir a um estudo mais completo sobre a verdadeira origem da luz, revolucionando todas as teorias atuais"[18]. É um fato histórico que J. J. Thompson descobriu o elétron e, portanto, demonstrou a divisibilidade do átomo para total surpresa do ceticismo científico da época, a partir dos estudos das descargas elétricas em alto vácuo no tubo de Crookes, exatamente no ano de 1897.

Como poderia H. P. Blavatsky ter previsto com tamanha antecedência uma descoberta científica que revolucionou a história da Ciência acertando a data e, principalmente, descrevendo com detalhes a origem do próprio experimento que levaria à descoberta, se ela mesma nem sequer tinha formação científica? Convido o leitor a conferir as citações aqui apresentadas nas respectivas obras originais e refletir se não são evidências extraordinariamente precisas de percepção extrassensorial na Ciência Oculta.

Sobre a definição de Ciência Oculta que compilamos da própria Sra. Blavatsky, cito uma folha de nosso próprio livro *A Tradição-Sabedoria:*

"Outro ponto importante, que a Sra. Blavatsky enfatizava e deve ser compreendido, é 'a diferença essencial entre Ocultismo teórico e prático; ou o que é geralmente conhecido como Teosofia de um lado, e Ciência Oculta, do outro'[19], mais conhecida no oriente como *Gupta-Vidyā* ou Doutrina Secreta, pois ao perscrutar os níveis sutis da matéria, esta Ciência Oculta apresenta perigos, exigindo um longo treinamento e regras de segurança. Como também alertava C.W. Leadbeater, ao explicar por que certos conhecimentos devem permanecer ocultos, esotéricos ou secretos: '... existem forças na Natureza que só podem ser manejadas com segurança por homens que passaram por um longo curso de cuidadoso preparo. Ninguém largaria dinamite nas mãos de uma criança; contudo, isso seria um assunto trivial comparado à responsabilidade de colocar o conhecimento das grandes forças ocultas em mãos destreinadas ou indignas. Exemplos deste perigo não faltam, embora felizmente sejam superficiais e insignificantes. As pessoas que aprenderam um pequeno fragmento de conhecimento interno com relação ao fogo serpentino (chamado de *kundalini* no *Yoga*; N.R.L.), ou mesmo alguns exercícios respiratórios elementares, frequentemente conseguem arruinar sua saúde ou sanidade mental (...) e indubitavelmente, para a maioria da Humanidade, este é um dos casos em que "a ignorância é felicidade"; pois o homem que se mantiver fora disso está razoavelmente protegido de seus perigos'[20].

"A própria Sra. Blavatsky define a Ciência Oculta ou *Gupta-Vidyā* da seguinte maneira:

'A Doutrina Secreta é a Sabedoria acumulada dos séculos, e a sua cosmogonia, por si só, é o mais prodigioso dos sistemas (...)

Mas tal é o poder misterioso do simbolismo oculto que os fatos, que ocuparam a atenção de gerações inumeráveis de videntes e profetas Iniciados, para os coordenar, classificar e explicar, durante as assombrosas séries de progresso evolutivo, estão todos registrados em algumas poucas páginas de signos geométricos e de símbolos. A visão cintilante daqueles Iniciados foi até o próprio âmago da matéria, descobriu e perscrutou a alma das coisas (...) É inútil dizer que tal sistema não é o fruto da imaginação ou da fantasia de um ou mais indivíduos isolados; que se constitui dos anais ininterruptos de milhares de gerações de videntes, cujas experiências cuidadosas têm concorrido para verificar e comprovar as tradições, transmitidas oralmente (...) Como o faziam? Examinando, submetendo a provas e verificando, em cada um dos departamentos da Natureza, as tradições antigas, por meio das visões independentes dos grandes Adeptos, isto é, dos homens que desenvolveram e aperfeiçoaram, no mais alto grau possível, seus organismos físico, mental, psíquico e espiritual. O que um Adepto via só era aceito depois de confrontado e comprovado com as visões de outros Adeptos, obtidas em condições tais que lhes conferissem uma evidência independente – e por séculos de experiências'[21].

"Também em *A Doutrina Secreta,* a Sra. Blavatsky já afirmava que a matéria era uma 'condensação' do espírito e que ambos eram diferentes polos de manifestação da mesma realidade subjacente caracterizada como um único 'Princípio Onipresente(A)', eterno, sem limites, e imutável'[22], além dos dualismos, de modo similar ao gelo e ao vapor d'água, que são dois polos extremos de manifestação da mesma essência, a água (H_2O). Essa ideia foi particularmente expressa da seguinte maneira:

'... um dos polos é o Espírito puro, perdido no absoluto do Não Ser, e o outro polo é a Matéria, na qual ele se condensa, "cristalizando-se" em tipos cada vez mais grosseiros, à medida que desce na manifestação'[23]"[24].

Desde que Einstein demonstrou com sua teoria a mútua conversibilidade da matéria e da energia ($E=m.c^2$), tal compreensão tornou-se mais fácil, porém como Blavatsky poderia afirmar que a matéria era espírito condensado ou "cristalizado" em 1888?

A Ciência Oficial, portanto, já está necessitando de uma lógica além da binária. A lógica budista, por exemplo, apresenta quatro alternativas, enquanto a lógica binária ou aristotélica só têm duas, que são sim ou não. No Budismo encontram-se as seguintes alternativas:

1) As coisas que são; 2) As coisas que não são; 3) As coisas que são e não são; 4) As coisas que nem são e nem não são.

Francis Bacon (1561-1626) e René Descartes (1596-1650) são os que constroem o método científico moderno, acrescentando a experimentação, pois segundo a visão aristotélica não existe Ciência na Indução, ou seja, os dados experimentais particulares não são relevantes. Usam porém a mesma lógica aristotélica antiga, que é binária. A Filosofia Aristotélica não admitia a experimentação, teria que deduzir as leis a partir de Princípios Universais. Bacon e Descartes criam o método científico baseado na experimentação, então, esta é uma novidade que em Aristóteles não iremos encontrar.

Até Bacon e Descartes também não existia diferença entre Astrologia e Astronomia, quando se estabelece o método experimental é que surge a questão de considerar a Astrologia como uma pseudociência. Como é que vamos demonstrar a Astrologia? Nós temos que redescobri-la à luz do método estatístico probabilístico. É isso que estamos fazendo agora.

Por outro lado, creio que isso não será suficiente, pois será também necessário quebrar o materialismo do Século XIX e a própria limitação da lógica binária antiga. E a lógica budista ainda tem mais duas alternativas além da binária: as coisas que são e não são, e as coisas que nem são nem não são, ou seja, sobre as quais nada se pode afirmar: o que nem é e nem não é. Segundo a lógica budista nada se pode afirmar sobre o que está além da mente, como por exemplo o Nirvana ou até mesmo a Divindade. Se pedirmos a um budista para definir Deus, ele não o definirá. Então há uma grande discussão se o Budismo pode ser uma religião, uma vez que não fala em Deus. A lógica budista apenas se nega a descrever o que está além da mente.

Por outro lado, a grande polêmica atual é que a Ciência Oficial encontrou um fato da Natureza, a partir de dados experimentais, que a lógica binária de Aristóteles não consegue resolver. Já vimos como o grande problema da Ciência do século XIX foi o elétron. Em 1897, J.J. Thompson descobriu o elétron provando que o átomo era divisível. O elétron, foi classificado como uma partícula material, mas estudos mais recentes demonstram que ele tem comportamento ondulatório. Ele difrata, se for lançado por uma fresta em chapas suficientemente próximas, por um canhão eletrônico sobre um painel. Então ele apresenta um comportamento de distribuição, perante a chapa, como uma onda. Como se não bastasse uma partícula apresentar comportamento de onda, Einstein já havia demonstrado que a onda de luz apresenta comportamento corpuscular, ou seja, de partícula. Esse parece ser o terceiro caso da lógica budista: das coisas que são e não são, pois os dados experimentais estão a indicar uma ambiguidade sem saída para a Lógica Aristotélica.

O motivo do Prêmio Nobel de Física recebido por Einstein em 1902 foi a pesquisa que ele realizou antes relativa ao Efeito Fotoelétrico. Ele demonstrou que a luz apresenta comportamento corpuscular, o nome desse corpúsculo é fóton, que é um quanta de luz e portanto tem massa, ainda que ínfima. Ou seja, a luz pesa, muitíssimo pouco, mas pesa. Quando ocorre um eclipse do Sol e a Lua passando na sua frente – denominamos como uma conjunção de Sol com Lua, próxima ao Nodo Lunar ascendente ou descendente – nós poderemos verificar que uma estrela conhecida qualquer que deveria ser encontrada numa determinada posição, quando fotografada se apresenta mais próxima do Sol. Portanto, há um desvio da luz quando sua trajetória passa próxima de uma grande massa com atração gravitacional poderosa como o Sol.

A estrela simplesmente se apresenta fora da posição que ela deveria ocupar, o que quer dizer que a estrela deu uma caminhada? Absolutamente não, quer apenas dizer que o feixe de luz se curvou, porque devido à intensa atração gravitacional do Sol e a da Lua ele se curva, o feixe de luz se dobra, isso é exatamente o que a teoria da relatividade de Einstein vai aprofundar depois.

A Ciência, portanto, já encontrou dados experimentais em que a lógica aristotélica binária não é adequada, porque o elétron, que é uma partícula, se comporta como onda, e a luz, que é uma onda, se comporta como partícula; trata-se de dados experimentais, não de uma mera especulação. Então, o próprio método científico, no século XX, entrou em contradição com a origem da lógica aristotélica binária a partir de dados experiementais. Isso se apresenta claramente em livros como *O Tao da Física* de Fritjof Capra, ou *A Ordem Implícita do Universo* de David Böhm. Portanto, no século XXI existe uma linha de vanguarda na Ciência Oficial que já apresenta um paradigma mais holístico, onde se oferece um novo espaço para o estudo da Astrologia.

Nesse novo paradigma, podemos também melhor compreender *A Ciência do Yoga*, que é um livro do Dr. I. K. Taimini (1898-1978), que era Doutor em Química pela Universidade de Londres e catedrático na Universidade de Allahabad, Índia, para o qual tivemos o prazer de fazer a revisão técnica da tradução ao português. Este livro é um comentário aos clássicos *Yoga-Sutras* de Patañjali, ou seja, *Raja Yoga*, porém feito à luz da Ciência atual. Patañjali já há cerca de 2600 anos atrás, portanto muito antes de Einstein, fez considerações que antecipam descobertas da Ciência contemporânea, como nós colocamos na capa:

> "Descobertas da Física Quântica demonstram, por exemplo, que a irradiação da luz é descontínua, propagando-se através de porções discretas chamadas fótons. Tal fato cientificamente comprovado está em perfeita concordância com a teoria dos *Ksanas*, conforme os *Yoga-Sutras* III-53 e IV-33, que considera descontínua a própria Natureza do tempo e da matéria. Como Patañjali poderia descobrir isso há 2600 anos atrás sem o apoio da metodologia e da pesquisa científica atuais?"[25].

Quer dizer, o tempo existe e deixa de existir, existe e deixa de existir. Nós temos uma descontinuidade praticamente imperceptível na consciência como, por analogia, temos também a descontinuidade da visão dentro do cinema. Quando nós vamos ao cinema, as imagens não são sucessivas e contínuas, elas têm momentos de projeção e momentos de total escuridão na tela do cinema. Só que se esse momento for menor que um décimo de segundo, a retina ainda está registrando a memória residual da imagem anterior, perante a escuridão se forma um contraste e se superpõe, por uma ilusão de óptica, à imagem anterior como se fosse uma sucessão contínua.

Então, estou mostrando como eles estudavam Astrologia com um método que não usava telescópio, apenas pela concentração total da mente. Patañjali afirma que: "Conhecimento do sistema solar (é obtido) pela aplicação de *samyama* ao Sol".[26] "(Aplicando *samyama*) à Lua (obtém-se) o conhecimento em relação à configuração das estrelas".[27] "(Aplicando *samyama*) à estrela Polar (obtêm-se) conhecimento das estrelas e seus movimentos."[28] Esse é um tipo de penetração no próprio arquétipo da mente cósmica, não é um método experimental, é uma Ciência Oculta.

Estou mostrando ao leitor as diferenças entre a Ciência Oficial e a Ciência Oculta. Blavatsky define Ciência Oculta como "Ocultismo Prático ou *Raja-Yoga*."[29] *Samyama,* segundo a tradição do *Yoga*, é uma forma de concentração total que abrange concentração, meditação e *Samadhi* ou Êxtase. A diferença está no grau de concentração que não é possível alcançar sem longos anos de total dedicação. Quando a mente tem uma concentração contínua sem distração, isso é meditação. Quando o indivíduo não tem mais consciência nem de si mesmo, mas só do objeto no qual ele se concentra, então ele está em *Samadhi*. Naquele momento a consciência atingiu unidade ou fundiu-se com o objeto da meditação. Essa é a diferença entre concentração, em que ainda há descontinuidade; e meditação, em que existe fluxo contínuo da mente sem distração, mas ainda existe autopercepção. Êxtase ou *Samadhi* ocorre quando não há mais autopercepção, o indivíduo se funde com o arquétipo do objeto da meditação, obtendo o conhecimento direto da sua essência. Isto é *Samyama* ou conhecimento por fusão que abrange concentração, meditação e Êxtase.

Este é um método completamente diferente do experimental científico atual, dirão que é um método intuitivo. Platão distingue *doxa*, ou as coisas dos sentidos e da aparência, e *episteme*, a Ciência ou o método da epistemologia platônica, conforme é descrito na Alegoria da Caverna do Livro VII de *A República,* é um método que está além da Caverna dos Sentidos. Seria isso uma forma de meditação? Plotino considera que sim.

Sustento, da mesma forma, a hipótese de que a Astrologia foi descoberta por intuição primeiro e que somente depois foram criadas as regras, essas regras são o que pode ser trazido para confrontações com o método científico estabelecido. Mas a Astrologia, em sua origem, foi intuída primeiro como um todo e depois foram deduzidas as regras. As regras de Jean-Baptiste Morin (Villefranche, 1583 - Paris, 1656) foram deduzidas nos séculos XVI e XVII. É possível trabalhar com a Astrologia dentro do Método Científico contemporâneo, é possível redescobrir a Astrologia à luz da estatística e da pesquisa experimental de efeitos demonstráveis, mas devido à própria complexidade das variáveis, não me parece provável que a Astrologia tenha sido composta aos pedaços, mas sim intuída primeiramente como um todo.

Uma das grandes dificuldades da pesquisa da Astrologia é, portanto, o próprio isolamento das variáveis. Tal dificuldade se encontra também na Ciência da Medicina, da Economia, da Psicologia, da Meteorologia, etc. Portanto, não se aplica tal dificuldade como objeção para a Astrologia ser considerada Ciência. Contudo, não se pode negar que é impossível frear todos os planetas deixando apenas um livre para observar isoladamente os seus efeitos.

Por todos estes motivos, sustento a hipótese de que nas origens a Astrologia foi descoberta ou intuída como um todo integrado por meio de percepção extrassensorial (PES) da Ciência Oculta, tal qual se fazia nas Escolas de Mistérios. Excetuando o uso da percepção extrassensorial, o método é idêntico ao científico atual, como citamos que Blavatsky descreve em *A Doutrina Secreta:* "O que um Adepto via só era aceito depois de confrontado e comprovado com as visões de outros Adeptos, obtidas em condições tais que lhes conferissem uma evidência independente – e por séculos, de experiências".[30]

No próximo capítulo vamos analisar, a partir de evidências históricas, de que maneira estes temas eram estudados nas Escolas de Mistérios, e como os grandes Hierofantes fundadores dessas Escolas do passado, a saber, Hermes Trimegisto, Orfeu, Pitágoras, entre outros, usavam o Êxtase como meio de conhecimento.

Porém, para encontrar o ponto de ligação entre Astrologia, Ciência e as Escolas de Mistérios, parece indispensável um breve relato histórico. Em nosso livro *A Tradição-Sabedoria* também citamos um antigo ditado que dizia: "as ideias governam o mundo"[31], que trata de um tema muito apreciado pelos filósofos de uma maneira geral que é o da linhagem sucessória das ideias.

O pai da filosofia no Ocidente foi Pitágoras (565 a.C. – 490 a.C.), ou pelo menos o homem a quem se atribui ter cunhado o termo "filósofo", pois conta a história que teriam lhe perguntado se ele era sábio (em grego "*sophos*"), mas ele teria humildemente respondido que Sábio existia somente Um (referindo-se ao princípio primeiro ou à Divindade) e que ele era apenas um amigo da Sabedoria ou alguém que amava (em grego "*phílos*") ou aspirava à Sabedoria, portanto, um filósofo.

Segundo a cronologia apresentada pelo Dr. Paul Strathern, professor de filosofia e matemática na Kingston University, em seu recente livro *Pitágoras e seu Teorema*, do qual citamos "c. 545-35 a.C. Viagens ao Egito e Babilônia (e talvez mais além, à Pérsia e à Índia)"[32], ele poderia ter sido discípulo direto de Siddharta Gautama, o Buda (624 – 544 a.C.)[33], em seus últimos anos de vida, segundo a cronologia de Henry S. Olcott em seu livro *Catecismo Budista* (Ed. Teosófica), se apenas lembrarmos que a letra "c" antes da data indica "aproximadamente", pois é abreviatura de "cerca de". O Buda já era um sábio conhecido nesta época, porque já pregava seus ensinamentos, desde 589 a.C. quando se iluminou, e me parece muito provável que alguém, como Pitágoras, que teria viajado da Grécia até a Índia em busca da Sabedoria, não teria perdido a oportunidade de conviver com o iluminado.

O fato é que o pensamento de Pitágoras é muito influenciado pelas ideias de compaixão e reencarnação, tal qual o Budismo, pois tudo parece mesmo indicar que foi Pitágoras quem primeiro semeou a ideia da reencarnação na Filosofia Ocidental.

Seu ensinamento de que a alma seria atraída a sair de seu mundo para nascer no nosso mundo por sintonia ou afinidade com a música das esferas é a origem de nossa hipótese de influência dos astros a partir de uma quarta dimensão que, já mencionamos, está diretamente ligada à Astrologia. Pitágoras sustentava que cada astro girava em uma esfera de cristal (simbolizando as órbitas) e emitia uma nota particular (irradiação de energia sonora) durante seu giro, como quando nós passamos nosso dedo pela borda de um cálice de cristal. Há até pessoas que conseguem tocar música dessa forma, usando cálices cheios com diferentes quantidades de água ou diferentes tamanhos de cálices. Assim, Pitágoras criou, em correspondência com os sete planetas sagrados, a escala das sete notas musicais que usamos até hoje, conforme colocamos na tabela de correspondências setenárias (vide p. 173).

Na sequência desta linhagem sucessória de ideias encontra-se Platão (427-347 a.C.), que foi grande amigo do filósofo e matemático pitagórico Árquitas de Tarento (c. 430 - c. 350 a.C.). Assim, Platão, que era reencarnacionista, demonstra, principalmente nos seus diálogos da velhice, ter sido muito influenciado pelo pensamento de Pitágoras, sendo então até considerado por alguns como neopitagórico. O fato é que ele parece herdar a ideia da música das esferas quando fala do fuso dos planetas (os chamados sete sagrados mais a Esfera Celeste com as estrelas fixas, estando no centro a Terra) como menciona no livro X de *A República*:

> "Quanto ao próprio fuso, girava no regaço da necessidade e, em cima de cada círculo, ia uma Sereia que também dava voltas e que entoava uma nota musical, sempre a mesma, e da união dessas oito vozes formava-se uma harmonia".[34]

Recentemente, muito mais tem sido descoberto das doutrinas secretas ou não escritas de Platão, como no livro *"Para uma Nova Interpretação de Platão"* de Giovanni Reale (Ed. Loyola).

Aristóteles (384 – 322 a.C.) foi discípulo direto de Platão, embora tenha criado um sistema de pensamento bem distinto e complementar, tendo sido o tutor de Alexandre III, o Grande (356 – 323 a.C.), rei da Macedônia que fundou a cidade de Alexandria em 332 a.C., no norte do Egito, com sua famosa biblioteca, para ser a capital de seu vasto império.

Em Alexandria vamos encontrar Eratóstenes (c. 276-c.194 a.C.), Cláudio Ptolomeu (c.100-c.170 d.C.) e vários outros sábios de quem já falamos, mas também surge o fundador da escola neoplatônica chamado Amônio Sacas (c. 175 – 242 d.C.) que introduziu, juntamente com os seus discípulos, o termo Teosofia, que em grego significa Sabedoria Divina, e cria o Sistema Teosófico Eclético, que estuda religiões comparadas ecleticamente. Tudo o que se sabe sobre a Escola Eclética deve-se a Orígenes (185 – 253 d.C.), Longino (c. 213 – 273 d.C.) e Plotino (205 – 270 d.C.), os discípulos imediatos de Amônio Sacas.

Depois da destruição da Biblioteca e o assassinato de Hipatia (c. 370 – 415 d.C.), a última diretora da Biblioteca e da Serapeu de Alexandria, que foi esfolada com conchas por um grupo de monges fanáticos instigados pelo Patriarca Cirilo de Alexandria, que foi canonizado pela sua estrita observância na perseguição implacável do assim chamado paganismo, decretada pelo Imperador Teodósio em 399 d.C., segue-se um longo e progressivo inverno de obscuridade que atinge seu apogeu na Idade Média.

Estes conhecimentos foram mantidos assim ocultos, devido à perseguição movida pela Santa Inquisição, em sociedades secretas como a Maçonaria e a Rosa Cruz até a Fundação da Sociedade Teosófica por H. S. Olcott (1832-1907) e H. P. Blavatsky (1831-1891), em Nova Iorque em 1875. Esta Sociedade inicia uma Nova Era de estudo destes temas, originalmente ocultos, com sua abertura ao público em geral sob o princípio da Liberdade de Pensamento.

Blavatsky influenciou particularmente Alan Leo (1860-1917) no ressurgimento da Astrologia contemporânea. Em 1890 ele publicou a revista *Astrologer's Magazine* juntamente com outro teósofo chamado T. W. Lacey. Em 1915, Leo fundou a Loja Astrológica da Sociedade Teosófica e "seu sucesso na criação do interesse popular pela Astrologia foi tanto que ele foi processado duas vezes por prática de 'adivinhação'"[35], segundo a Enciclopédia de Astrologia. Mais tarde esta loja foi presidida por Charles E. O. Carter (1887-1968). A Sociedade também influenciou e publicou obras de Dane Rudhyar (1895-1985), autor de *Astrologia da Personalidade*, considerado o pai da "Astrologia Humanística", onde se casam a Astrologia com o enfoque da Psicologia

Profunda de Carl. G. Jung. Stephen Arroyo (1946-   ), astrólogo com Mestrado em Psicologia Jungiana, autor de *Astrologia, Karma e Transformação* (Publicações Europa-América), muito influenciado por Rudhyar, tem também muita afinidade com as obras de Charles E. O. Carter, sendo provavelmente o maior astrólogo vivo desta linhagem humanística ou psicológica.

Cito novamente a Enciclopédia de Astrologia: "Em 1925 (...) chega ao país (Brasil) Emma Costet de Mascheville (Heimhausen, Alemanha, 1903 – Porto Alegre, Brasil, 1981). Emma une-se a Albert Raymond Costet de Mascheville, (Valence, França, 1872 – Porto Alegre, Brasil, 1943), violinista e astrólogo, iniciado no saber dos astros por Henri Selva (pseudônimo de A. Vlès: 1861-1952). Com a publicação do livro *La Theorie des Determinations Astrologiques* de Morin de Villefranche, Selva possibilitou a redescoberta da Astrologia clássica na França. Assim, a cadeia de transmissão da tradição astrológica, que passa por Morin (1583-1656), se reaviva com Selva e chega ao Brasil através do casal Mascheville. Albert, que em companhia de Roso de Luna, Papus, Sédir, Saint Yves D'Alvreyde e Péladan, trabalhou pela reconstrução da Rosa Cruz na França e tornou-se o difusor da Ordem Martinista na América do Sul"[36].

É importante, porém, mencionar ainda um provável rosa-cruz que foi Johann Gichtel (Ratisbona, 1638-1710), místico alemão, seguidor de Jacob Boehme (1575-1624). Ele foi exilado da sua terra natal devido a sua relação com o esoterismo e a Astrologia, tendo terminado seus dias na Holanda, sendo assim mais fácil compreender porque nessas épocas tais conhecimentos eram mantidos secretos. Seu diagrama sobre a relação dos sete *chakras* com os sete planetas sagrados é uma prova clássica da hipótese de que os astros nos influenciam a partir da quarta dimensão.

Na introdução de sua obra *Teosofia Prática* (1696), ele afirma que é "Uma breve exposição dos três princípios dos três mundos do homem [portanto, ele se refere ao mundo físico, de 3 dimensões; ao mundo astral, de 4 dimensões, e ao mundo mental de 5 dimensões, (R. L.)], representados em claras imagens, que demonstram como e onde têm seus respectivos centros no homem interno, segundo o qual

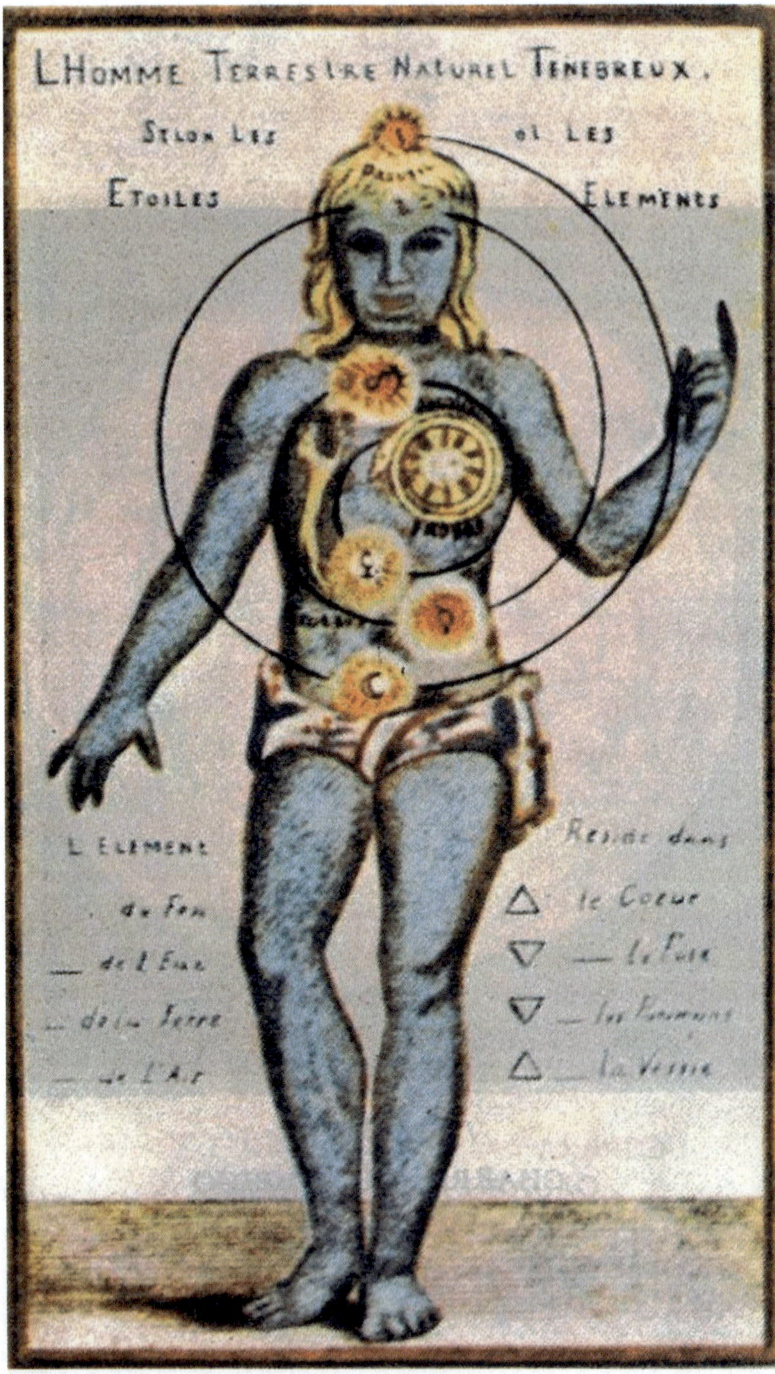

OS *CHAKRAS*, SEGUNDO GICHTEL

o autor observou a si mesmo em divina contemplação, e o que sentiu, experimentou e percebeu".[37]

Assim, complementa-se a hipótese da quarta dimensão como via da influência dos astros que vai canalizar-se através dos *chakras*, centros de energia ou portais do corpo humano que se abrem ou são sensíveis às influências de outras dimensões.

Maiores detalhes podem ser obtidos em nosso livro *A Tradição-Sabedoria* (Ed. Teosófica), bem como no clássico sobre o tema intitulado *Os Chakras* (Ed. Pensamento) de C. W. Leadbeater, onde o autor aprofunda a correspondência dos 7 *chakras* principais com as 7 glândulas mestras e seus respectivos plexos nervosos em nosso corpo físico.

Talvez, agora, depois de algumas evidências históricas, tenha ficado mais claro, para o leitor, a natureza da nossa hipótese da quarta dimensão pela qual, nas origens da Astrologia, os grandes hierofantes dos Mistérios eram plenamente capazes de ver e ouvir, por meio de clarividência e clariaudiência, a música das esferas ou a influência dos astros nesse plano astral. Portanto, segundo esta hipótese, a Astrologia não foi originalmente descoberta por estatística ou observação acumulada, mas foi percebida ou intuída pela percepção extrassensorial ou paranormal.

Parece-me, assim, que apesar das dificuldades experimentais, a hipótese da quarta dimensão ou matéria astral é capaz de explicar por que a Astrologia desconsidera ou prescinde da distância dos astros e, portanto, mereceria ser considerada e investigada.

O capítulo "Evidências da Clarividência na Química Oculta" é um histórico exemplo indicador de pesquisa nesta direção.

Nada impede, entretanto, que a observação acumulada e a pesquisa estatística atual venham se acrescentando à história da Astrologia e sejam mesmo necessárias para corroborá-la como Ciência.

Porém, para trazer mais evidências esclarecedoras sobre as origens históricas comuns da Astrologia e da própria Ciência Oficial nas Escolas de Mistérios da Antiguidade, convido o leitor a ingressar na Parte II desta obra que, como mencionamos no Prefácio, tem outro estilo, pois se constitui de trabalhos aprovados que apresentei na minha graduação em Filosofia pela Universidade Federal do Rio Grande do Sul entre 1984 e 1988.

Especificamente no nosso próximo capítulo, buscaremos, a partir de evidências históricas, adentrar o portal do *Telestérion* ou Templo Iniciático e ousar pesquisar, por analogia, o que possivelmente acontecia dentro do Serapeu de Alexandria, que era um Templo dos Mistérios de Serápis.

Referências bibliográficas

1) SAGAN, Carl. *Cosmos.* Rio de Janeiro, Francisco Alves, 1981. p. 18.
2) Ibidem, p. 14.
3) Ibidem, p. 15.
4) Ibidem, p. 20.
5) Ibidem, p. 19.
6) LEWIS, James R. *Enciclopédia de Astrologia.* São Paulo, Makron Books do Brasil, 1997. p. 380.
7) MASCHEVILLE, Emma C. *Luz e Sombra.* Brasília, Ed. Teosófica, 1997. p. 8.
8) FEYERABEND, Paul. *Contra o Método.* Rio de Janeiro, Francisco Alves, 1977. p. 10.
9) BÁEZ, Fernando. *História Universal da Destruição dos Livros.* Rio de Janeiro, Ediouro, 2006. p. 65.
10) BEECHEY, K. (Comp.) *Meditações.* Brasília, Ed. Teosófica, 2003. p. 149.
11) GRANDE Enciclopédia Larousse Cultural. São Paulo, Nova Cultural, 1999. v. 18, p. 4447.
12) LEADBEATER, C. W. *O Lado Oculto das Coisas.* São Paulo, Pensamento, 1977. p. 14.
13) BESANT, Annie. *Os Ideais da Teosofia.* Brasília, Ed. Teosófica, 2001. P. 75.
14) BURNIER, Radha. Crédito à Clarividência. *TheoSophia,* Brasília, Sociedade Teosófica no Brasil, 93:18-23, jan/fev/mar 2004. p. 19.
15) Ibidem, p. 19-20.
16) Ibidem, p. 20.
17) BLAVATSKY, H. P. *A Doutrina Secreta.* São Paulo, Pensamento, 1980. v. 2, p. 324.
18) Ibidem, v. 2, p. 333.
19) BLAVATSKY, H. P. *Ocultismo Prático.* Brasília, Ed. Teosófica, 2001. p. 107-8.
20) LEADBEATER, C. W. *A Gnose Cristã.* Brasília, Ed. Teosófica, 1994, p. 230.
21) BLAVATSKY, *op. cit.* acima nota 17, v. 1, p. 304.

22) Ibidem, v. 1, p. 81.
23) Ibidem, v. 2, p. 191.
24) LINDEMANN, R. & OLIVEIRA, P. *A Tradição-Sabedoria.* Brasília, Ed. Teosófica, 2003. p. 38-9.
25) TAIMNI, I.K. *A Ciência do Yoga.* Brasília, Ed. Teosófica, 1996. IV Capa.
26) Ibidem, p. 253. [st. III-27]
27) Ibidem, p. 254. [st. III-28]
28) Ibidem, p. 255. [st. III-29]
29) BLAVATSKY, *op. cit.* acima nota 19, p. 94.
30) BLAVATSKY, *op. cit.* acima nota 17, v. 1, p. 304.
31) LINDEMANN, *op. cit.,* p. 85.
32) STRATHERN, Paul. *Pitágoras e seu Teorema em 90 minutos.* Rio de Janeiro, Jorge Zahar Ed., 1998. p. 75.
33) OLCOTT, H. S. *Catecismo Budista.* São Paulo, IBRASA, 1983. p. 25.
34) PLATÃO. *Diálogos,* A República. Rio de Janeiro, Tecnoprint., s. d. p. 388. [617]
35) LEWIS, *op. cit.,* p. 341.
36) Ibidem, p. XXI.
37) LEADBEATER, C. W. *Os Chakras.* São Paulo, Pensamento, 1974. p. 33-4.

PARTE II

Capítulo 24

A Unidade das Escolas de Mistérios

1. Introdução

Este trabalho visa levantar as possíveis causas e evidenciar a unidade subjacente às antigas religiões ou ritos iniciáticos da antiguidade, usualmente conhecidas como religiões ou tradições de Mistérios.

Para tanto, será feita uma breve introdução à temática e, logo após, desenvolvido um estudo comparativo das diferentes religiões de Mistérios.

Sua intenção é procurar pontos comuns nesse estudo comparativo, de modo a tentar, pelas evidências encontradas, provar que existe uma unidade subjacente a essas tradições de Mistérios.

Feito isso, tentar-se-á encontrar as possíveis causas da unidade, se ela existir.

2. As Religiões de Mistérios

As tradições ou religiões de Mistérios, ou, simplesmente, os Mistérios, são termos genericamente aplicados às antigas religiões e escolas secretas ou ocultas pré-cristãs dos egípcios, gregos, persas, judeus, romanos, celtas e escandinavos, embora alguns autores refiram-se também à existência de Mistérios Cristãos, pelo menos até o século III d.C., geralmente vinculados aos gnósticos e padres do Cristianismo primitivo em Alexandria.

Os Mistérios eram religiões ou tradições de ritos iniciáticos, usualmente organizados num sistema hierárquico com distintos graus de iniciação, aos quais só poderiam galgar aqueles candidatos que preenchessem os requisitos mínimos, entre os quais se encontra, invariavelmente, o juramento de segredo ou sigilo. Esse será, e sempre foi, a grande dificuldade de um estudo dessa temática, porque sendo o sigilo perpétuo um dos pontos capitais da ética dos Mistérios, como veremos no item correspondente, as informações que chegaram à nossa época são poucas. Eis por que, apesar de sua importância, esse tema permanece velado em certo mistério.

Apesar disso, sabe-se que Moisés (vide Atos 7:22), Pitágoras e Platão foram iniciados nos Mistérios Egípcios, como veremos adiante, contribuindo, por sua vez, no desenvolvimento das escolas de Mistérios em suas respectivas pátrias. Só esse fato deveria ser suficiente para percebermos que as raízes da religião e da filosofia de nossa cultura estão radicadas nessas tradições iniciáticas.

Tal é, pois, a relevância da questão que ousaremos investigar: a natureza comum das doutrinas dos Mistérios, apesar das dificuldades acima referidas, tentando evidenciar a sua unidade fundamental.

3. Estruturas e Doutrinas Comuns

É possível considerar, visando uma abordagem mais didática, que os antigos Mistérios continham uma série de estruturas e tradições ritualísticas comuns.

Um dos pontos interessantes a investigar é a própria origem da palavra tradição, que provém do latim *traditio*, significando "ato de transmitir ou entregar". Dessa forma, numa época em que não havia a imprensa, e, por conseguinte, a escrita era quase toda um trabalho artesanal, uma maneira muito usada de se preservar o conhecimento era a dos símbolos, histórias mitológicas e dramas ritualizados. Blavatsky chega a afirmar que os Mistérios "eram cerimônias que geralmente se mantinham ocultas aos profanos e às pessoas não iniciadas, e durante as quais se ensinavam, por meio de representações dramáticas e outros métodos, a origem das coisas, a natureza dos espírito humano, as relações deste com o corpo e o método de sua purificação e reposição a uma vida superior. A ciência física, a medicina, as leis da música, a adivinhação, eram todas ensinadas da mesma maneira"[1]. É interessante notar que os Mistérios do Egito estão diretamente ligados ao Serapeu e à Biblioteca de Alexandria, bem como à sua ciência.

Dessa forma, a tradição dos Mistérios preservava e transmitia de mestre a discípulo, ou melhor, do hierofante ao candidato à iniciação, um vasto conhecimento, após certos juramentos.

Porém, essa questão do juramento leva a uma das posturas éticas mais peculiares dos Mistérios, que ora aprofundaremos.

3.1. O Sigilo Perpétuo

Um dos costumes mais tradicionais e invariáveis dos Mistérios era a condição de sigilo perpétuo com relação a certos ensinamentos e práticas que eram transmitidos na iniciação pelo hierofante ou iniciador ao iniciando. Não só era exigida a absoluta observância do solene juramento de sigilo perpétuo, como também havia graves penalidades que eram aplicadas aos que quebrassem o juramento, particularmente depois do édito do imperador Teodósio, que decretou a repressão aos Mistérios das religiões pagãs, em 399 d.C. Citando o *Codex Theodosianus* (XVI, 10, 14 e 23), comenta Leadbeater:

> "Pelo ano 423 d.C. se tornaram mais severas as penalidades contra os que se ativessem às antigas crenças, pois num édito posterior do mesmo imperador vamos encontrar: 'Conquanto os pagãos restantes devam estar sujeitos à punição capital caso, em qualquer tempo, sejam descobertos praticando os abomináveis sacrifícios dos demônios, que o exílio e a confiscação de seus bens sejam a sua punição.'
>
> "Onde foi possível, os templos dos deuses foram destruídos e as antigas bibliotecas queimadas; as estátuas e outras relíquias foram despedaçadas pelas mãos brutais de selvagens cristãos, e afinal, a destruição que no Império Ocidental ainda restava por fazer foi completada pelos não menos bárbaros invasores. Assim pere-

> ceu o culto externo dos deuses da Grécia e Roma, e os Mistérios foram recolhidos a inviolável segredo, que permaneceu intacto até depois da Reforma, quando a Igreja perdeu seu poder para queimar e torturar todos os que pretendessem, no mínimo, discordar de suas doutrinas."[2]

Leadbeater sustenta que a Maçonaria Operativa era derivada dos Mistérios Egípcios e Romanos, embora tenha adotado formas equivalentes dos Mistérios Judaicos para poder sobreviver ao período crítico da perserguição cristã. Um fato, pelo menos, é inegável: que durante esse período o juramento de sigilo perpétuo era absolutamente necessário para que a vida dos iniciados pudesse ser preservada.

Perseguição não menos lastimável sofreram os pitagóricos, cuja tradição derivava dos Mistérios Órficos, pois Pitágoras, buscando refúgio do tirano Polycrates, cujo procedimento desaprovara, estabeleceu a sua escola em Crotona, na Magna Grécia (Antiga Itália), ao redor de 529 a.C. Mais tarde, o poderoso Cylon incitou uma revolta que culminou num completo massacre da escola, e consequentemente na morte da maioria dos pitagóricos ali residentes, apenas devido ao seu orgulho ferido, visto que, devido ao seu caráter prepotente e conhecidamente perverso, a admissão na escola lhe havia sido negada.

Pode-se notar, pelo exposto, que as perseguições aos Mistérios são de longa data, porque os poderosos e tiranos sempre ambicionaram o conhecimento para poder aumentar ainda mais o seu poder opressor. A esse respeito, considerei certa vez:

> "A tradição dos Mistérios tem sido frequentemente criticada por ter promovido uma elitização do saber, deixando a maioria das pessoas ignorantes; porém, na verdade, ela estava aberta a todos que, como aspirantes à sabedoria, preenchessem certos requisitos de caráter. Entendia-se que somente aquele que passasse pelas provas exigidas mereceria conhecer mais. Era uma exigência ética. Será que, se houvesse tal compromisso ético com o conhecimento científico de parte dos cientistas modernos, o conhecimento da energia nuclear teria sido empregado na destruição do homem por meio de bombas? Não é, portanto, natural e prudente restringir o conhecimento aos que tenham provado merecê-lo? O próprio Mestre dos

cristãos sustentava essa ética dos Mistérios dizendo a seus discípulos: 'A vós vos é dado conhecer os mistérios do reino de Deus, mas aos que estão de fora todas essas coisas se dizem por parábolas; para que, vendo, vejam e não percebam; e, ouvindo, ouçam e não entendam...' (Marcos IV, 11-12). Lastimavelmente, foram os fanáticos paroquianos do patriarca Cirilo de Alexandria que, munidos de conchas, esfolaram Hipátia até a morte. E não foi essa mesma turba de fanáticos cristãos que se amotinou, incendiando o Serapeu e a Biblioteca de Alexandria? Assim, esse último grande reduto da tradição dos Mistérios, juntamente com sua hierofante, desapareceu sem deixar vestígios. Cirilo foi canonizado."[3]

Em verdade, o assassinato de Hipátia em 415 d.C. e o incêndio da Biblioteca de Alexandria pelos próprios cristãos produziram um atraso científico lamentável, mais significativo do que geralmente se admite, e foi uma das mais fortes causas do obscurantismo da Idade Média.

Todavia, é bem visível a preocupação dos hierofantes dos Mistérios em não permitir que os conhecimentos por eles preservados caíssem em mãos indignas. Dessa forma, por exemplo, a medicina era um sacerdócio, não redundando na ganância comercial que hoje muitas vezes se vê. Blavatsky afirma que "o juramento de Hipócrates não era mais que um compromisso místico. Hipócrates era um sacerdote de Asclépios, e alguns de seus escritos chegaram por casualidade a se tornar públicos. Mas os Asclepíades eram iniciados no culto da serpente de Esculápio, como os bacantes eram do dionisíaco, e ambos os ritos, com o passar do tempo, foram incorporados aos eleusinos."[4]

Dessa forma, fica evidenciado o fato de que o juramento de sigilo dos Mistérios tinha um componente ético de impedir que os mal-intencionados tivessem acesso àquele saber, restringindo-o apenas aos que haviam jurado solenemente usá-lo somente para o bem da humanidade.

Além disso, a própria palavra "mistério" é proveniente do termo grego *mystérion,* que por sua vez deriva do verbo *myein,* que significa "fechar, estar fechado". Também associada à mesma ideia está a palavra *muon,* "fechar os lábios".

Há quem considere, também, que o sigilo era devido à natureza inefável da experiência mística, como, por exemplo, considera Pedro Oliveira:

> "Os antigos Mistérios encerravam instruções e experiências sobre as realidades interiores da existência, experiências essas que são de natureza incomunicável por dizerem respeito a profundos estados de consciência espiritual, que, por sua natureza, estão além do reino do intelecto discursivo."[5]

Por outro lado, é possível evidenciar que os graus mais internos ou ocultos dos Mistérios almejavam o êxtase, pelo qual se obteria um conhecimento direto da natureza espiritual do ser humano, bem como das condições da vida da alma após a morte e mesmo, em êxtases mais profundos, do conhecimento direto de Deus.

Isso leva à questão dos diferentes graus de iniciação nos Mistérios, cujas condições ou requisitos eram de exigências cada vez maiores, com os respectivos votos de sigilo perpétuo mesmo entre os iniciados de diferentes graus, conforme abordaremos a seguir.

3.2. A Hierarquia das Iniciações

Outra tradição que é invariavelmente universal nos Mistérios é a hierarquia (do grego *hierós* = "sagrado, santo" e *archía* = "tipo de governo") decorrente dos diferentes graus de iniciação. Basta dizer que não há nenhum sistema de Mistérios que se restrinja a apenas um grau de iniciação.

Tomemos como exemplo a hierarquia dos Mistérios de Elêusis, na Grécia Antiga, divididos somente em dois graus, segundo tradicionalmente se considera, a saber:

1º) Os *Mystai:* iniciados nos Mistérios Menores.
2º) Os *Epoptai:* iniciados nos Mistérios Maiores.

Consideremos, a esse respeito, o que nos diz o professor Giordani:

> "A poucos quilômetros de Atenas estava situado o santuário de

Elêusis, consagrado a Deméter, onde eram celebrados os famosos Mistérios (...).

"Os Mistérios de Elêusis (...) usufruíram de uma reputação e de um prestígio especiais, pois não só eram reconhecidos mas expressamente protegidos pelo Estado Ateniense.

"As solenidades abrangiam os Mistérios Menores e os Mistérios Maiores. Os primeiros celebravam-se nas proximidades de Atenas, em Agra, nas margens do Ilissos, provavelmente em inícios de março (mais provavelmente no equinócio vernal, i.e., 21 de março no nosso calendário, N.R.L.). Eram um prelúdio para as festas maiores.

"Os grandes Mistérios se realizavam em Elêusis no início de outubro, após uma preparação em Atenas, efetuada no fim de setembro (provavelmente no equinócio de 23 de setembro, N.R.L.).

"Eis, em resumo, alguns dos pontos do programa dessas solenidades, que se distribuíam em vários dias:

1) Transporte dos objetos sagrados de Elêusis para Atenas.
2) Reunião em Atenas, no pórtico Pécile, durante a qual o arauto fazia uma proclamação para excluir os indignos (atentar para a questão dos requisitos, N.R.L.).
3) Apelo do arauto para a purificação das águas do mar: 'Ao mar, os *mistas!*' (*mystai, mistas,* eram os iniciados). (Notar que o apelo era feito somente aos já iniciados nos Mistérios Menores, i.e., aos *mystai,* N.R.L.)
4) Grande procissão de Atenas a Elêusis, na qual tomavam parte os magistrados e enorme multidão.
5) Após uma noite de repouso, visitam-se os lugares sagrados de Elêusis."[6]

A partir desse ponto, Giordani tenta conjecturar o que acontecia no ritual secreto de iniciação. Ele se aproxima da verdade no que tange à iniciação dos Mistérios Menores, a partir da qual os candidatos passavam a se chamar *mystai,* cuja vestimenta era a policroma pele de corça (Nebris[7]), semelhante à pele de leopardo usada pelos sacerdotes egípcios e à de tigre dos iogues orientais[8], símbolo das paixões animais que o recém-iniciado deveria aprender a educar e submeter à sua vontade. Por isso mesmo correspondiam, a esse grau, os ensinamentos e as dramatizações do efeito das paixões animais após a morte, o purgatório ou lodaçal de que fala Platão[9], o Tártaro da mitologia grega. Contudo, Giordani conjectura erroneamente que esses seriam os temas da iniciação dos Mistérios Maiores, que, como veremos a seguir, referiam-se à ascensão da alma, já purgada de sua parte apetitiva ou passional, aos Campos Elíseos, ou "mundo-céu". Por isso, o traje distintivo dos *epoptai* "não era mais uma pele de corça, mas um velocino dourado; daí, naturalmente, todo o mito grego de Jasão e seus companheiros"[10].

Feita essa ressalva, consideremos como Giordani descreve o rito de iniciação, que entendemos como a iniciação de um profano candidato aos Mistérios Menores:

> "Esta se efetuava numa grande sala fechada, o Telestério (*Telestérion*).
>
> Podemos apenas conjecturar em que consistia essa iniciação, pois seu segredo foi realmente muito bem guardado. Na sala, mergulhada em profunda escuridão, ressoavam cantos lúgubres. Subitamente, tochas, símbolos da revelação, iluminavam o centro do recinto. Representava-se um drama sagrado, revelavam-se aos iniciados os segredos do mundo subterrâneo e a viagem da alma aos infernos. Entre os que presidiam as cerimônias figurava o hierofante (*hierofántes*), o revelador das coisas sagradas (ou, literalmente, 'o que explica coisas sagradas', N.R.L.)."[11]

Os Mistérios Menores, que eram celebrados no Templo de Deméter e Kore, em Agra, correspondem aos Mistérios de Ísis no Egito, ao grau de purificação dos Mistérios Cristãos, ao Corax (ou corvo) dos Mistérios de Mitra. Particularmente este último lembra o primeiro grau pitagórico dos *akoustikoi*, ou ouvintes, pois o corvo só pode imitar a fala, mas não pode criar ideias próprias. Embora a escola pitagórica fosse derivada dos Mistérios Órficos, mantendo a estrutura hierárquica e os ensinamentos filosóficos, nela não havia as cerimônias.

Sobre os ensinamentos dos Mistérios Maiores em Elêusis, afirma Leadbeater:

> "Nas instruções dadas aos iniciados explicava-se detalhadamente o significado dos vários mitos. A lenda de Perséfone, ou Proserpina (Kore), era evidentemente uma parábola oculta da

descida da alma à matéria. Se nos lembrarmos do conto que nos relata haver Proserpina se desviado enquanto colhia a flor do narciso, logo nos advém uma sugestão da sua conexão com esse outro mito da vida e da alma. Representa-se Narciso como tendo sido um jovem de extraordinária formosura, que se apaixonou por sua própria imagem refletida num poço de água, e foi depois transformado pelos deuses numa linda flor. Ensinava-se que a alma não se achava originalmente imersa na matéria, e não necessitaria disso, não fosse o fato de haver sido atraída por sua própria imagem às condições inferiores da matéria, simbolizada pela água. Iludida por seu reflexo, ela se identifica com a personalidade inferior (também conhecida como quaternário mortal, ou base quadrada da pirâmide, como veremos ao tratar da reencarnação, mais adiante, N.R.L.), e por fim afunda por completo na matéria; contudo, a semente divina subsiste e acaba brotando como uma flor. Era enquanto estava inclinada sobre Narciso que Proserpina foi presa e arrebatada pelo Desejo, que é o rei do mundo inferior (Hades, N.R.L.). Embora ela fosse liberta do cativeiro completo pelo esforço de sua mãe, depois disso teve que passar metade de sua vida no mundo inferior e metade no mundo superior, isto é, parcialmente encarnada e parcialmente não.

"O Minotauro, morto por Teseu, era a personalidade humana 'meio animal, meio homem'. Teseu personifica o eu superior (também conhecido como tríade imortal, ou face triangular da pirâmide, como veremos a seguir, N.R.L.), que foi gradualmente se desenvolvendo e concentrando energias até afinal poder manejar a espada de seu divino pai, o Espírito (também conhecido como mônada pelos pitagóricos, ou o vértice da pirâmide, como também veremos, N.R.L.). Guiado através do labirinto da ilusão, que constitui esses planos inferiores, pelo fio do conhecimento oculto ministrado por Ariadne (a intuição), o eu superior capacita-se a matar o inferior (i.e., o triângulo capacita-se a elevar-se sobre o quadrado, N.R.L.) e safar-se seguramente da teia da ilusão. Contudo, subsiste ainda o possível perigo de, com o desenvolvimento do orgulho intelectual, negligenciar a intuição, tal como Teseu negligenciou Ariadne, e assim fracassar na tentativa de alcançar suas mais elevadas possibilidades. A lenda do assassínio de Baco pelos Titãs, o seu esquartejamento e a sua ressurreição dentre os mortos era igualmente ensinada, com a mesma interpretação dada à lenda de Osíris nos Mistérios do Egito: a descida do Uno para tornar-se múltiplo e a reunião do múltiplo no Uno através do sofrimento e do sacrifício."[12]

Dessa forma, pode-se notar que os Mistérios Maiores de Elêusis eram uma síntese de dois graus distintos dos Mistérios Egípcios, a saber: os de Serápis e os de Osíris. Nos de Serápis eram ensinadas as condições da alma no "mundo-céu", ou "Amenti" superior, bem como a importância do domínio da mente, enquanto somente nos Mistérios de Osíris era ensinada a questão da ressurreição da alma, ou religação desta à unidade original, como também era ensinada entre os bacantes (grau superior dos Mistérios de Dionísio ou Baco).

Essa ressurreição era puramente espiritual, como fica evidenciado no mito de Osíris pelo fato de que o corpo reconstruído ou religado de Osíris não possuía órgãos sexuais. Esse ensinamento correspondia ao grau de perfeição nos Mistérios Cristãos, referindo-se à ressurreição de Cristo, ascensão ao mundo dos mortos dos quais tornou-se juiz supremo, tal qual Osíris. É fácil, pois, perceber que os Mistérios Cristãos e Judaicos derivavam dos Egípcios, sendo o grau de Serápis equivalente ao de iluminação dos cristãos primitivos de Alexandria. Infelizmente, a repressão aos Mistérios decretada por Teodósio acabou por suprimir também os Mistérios Cristãos. A doutrina da preexistência da alma, de Orígenes (184-253 d.C.), principal discípulo de Clemente de Alexandria, foi condenada como herética somente em 553 d.C., no Concílio Local de Constantinopla, que nem sequer era um Concílio ecumênico, ou sínodo. Dessa forma, a doutrina da reencarnação foi extirpada do Cristianismo, apesar das inúmeras passagens das Escrituras que a apoiam (vide, por exemplo, a questão do retorno do profeta Elias como João Batista, em Malaquias 4:5; Mateus 11:13-15 e 17:10-13).

3.3. Vida Póstuma e Reencarnação

Giordani está correto ao afirmar que "na época clássica os Mistérios teriam tido uma influência espiritual no sentido de manter a crença na imortalidade da alma e nas recompensas e penas existentes na outra vida".[13]

Analisemos, inicialmente, as doutrinas referentes à vida póstuma nos Mistérios de Elêusis, citando Leadbeater:

> "O cerimonial dos Mistérios Maiores culminava na exposição de uma espiga de trigo. Eis o que diz Hipólito a respeito:
>
> 'Ao mesmo tempo que iniciavam o povo nos Ritos Eleusianos, os atenienses descortinavam aos admitidos ao grau mais elevado desses Mistérios o poderoso, maravilhoso e mais perfeito segredo adequado a um iniciado nas mais elevadas verdades místicas: refiro-me a uma espiga de trigo silenciosamente colhida. Entre os atenienses também se considerava que esta espiga constituía a perfeita e grandiosa iluminação que descia do indescritível Uno, como o próprio hierofante o declara.'[14]
>
> "Este símbolo aludia à vida eterna de Deus, sempre mutável, sempre renovada, sepultada na terra dos planos inferiores, tão só para nascer em outras formas para uma vida mais plena e abundante, num ciclo infindo de manifestações sucessivas. O processo era explicado pelo hierofante aos iniciados, e a simplicidade do símbolo e a profundidade do seu significado formavam um apropriado clímax para uma maravilhosa cerimônia."[15]

Esse ciclo infindo de manifestações sucessivas é justamente a doutrina da reencarnação, aplicada em seu âmbito universal.

Tal doutrina (usualmente associada ao Hinduísmo, Budismo, Espiritismo, às religiões iniciáticas dos Mistérios Egípcios, Gregos etc, e às Filosofias Pitagóricas, Platônicas, etc) em síntese considera que a alma tem algo a aprender neste mundo e terá que reencarnar em novos corpos até que aprenda o que veio aprender, sendo que as circunstâncias das vidas seguintes serão efeito da conduta nas vidas anteriores. Somente depois de passar por essa aprendizagem na escola das vidas corpóreas e conquistar a sabedoria correspondente é que a alma se desligaria dos laços do desejo por experiências mundanas que a trazem de volta para novas encarnações. Então ela está livre para voltar à sua verdadeira pátria espiritual.

O Platonismo esclarece bem alguns pontos aparentemente obscuros do processo de reencarnação. Por exemplo, se o indivíduo troca de corpo de uma encarnação para a outra, então é óbvio que ele também trocou de cérebro. Assim, a memória cerebral é afetada, há uma descontinuidade, somente a alma imortal lembraria o seu passado e, portanto, é usual o esquecimento total das vidas anteriores em nível de consciência cerebral em vigília. A esse esquecimento do passado, Platão se refere parabolicamente em *A República,* quando a alma, antes de nascer, bebe das águas do Rio Lethe – o rio do esquecimento.[16]

Surge então uma questão fundamental no reencarnacionismo: o que é que reencarna? Platão, por exemplo, divide a alma em três partes, segundo *A República,* que são a apetitiva (algo como um resquício vegetal que busca o prazer e foge da dor), a irascível (algo como um resquício animal que busca vencer pela força, sede da busca de poder, fama e autoafirmação) e a inteligível (a alma humana propriamente dita, sede da razão e da busca da verdade)[17]. Os sistemas reencarnacionistas falam de segunda e mesmo terceira morte, correspondendo à morte de certas partes mortais da alma ou psique. Assim, por exemplo, após um período de purgação proporcional à intensidade dos apetites e desejos inferiores do indivíduo, ocorreria a morte da alma apetitiva ou lunar (como às vezes é chamada nas tradições de Mistérios), libertando, assim, o indivíduo do purgatório.

Platão, que era iniciado nos Mistérios, conhecia esses ensinamentos sobre os estados *post-mortem*, conforme podemos ver em *Fédon:* "Todo aquele que atinja o Hades (o mundo dos mortos, N.R.L.) como profano e sem ter sido iniciado terá como lugar de destinação o Lodaçal, enquanto que aquele que houver sido purificado e iniciado morará, uma vez lá chegado, com os deuses*. É que, como vês, segundo a expressão dos iniciados nos Mistérios, 'numerosos são os portadores de tirso, mas poucos os Bacantes'**. Ora, a meu ver, estes últimos não são outros senão os de quem a Filosofia, no sentido correto do termo, constitui a ocupação."[18] Podemos assim ver como os ensinamentos dos Mistérios influenciaram Platão, a ponto de considerar que a ocupação do verdadeiro filósofo é se preparar para a morte.

* Nos Campos Elíseos. (N. Ed. Bras.)

** Alusão aos Mistérios (de Dionísio, N.R.L.) em que havia cerimônias de purificação e graus de consagração: o grau de Bacante é o superior, enquanto os portadores de tirso constituem o grau inferior. (N. Ed. Bras.)

Os Mistérios comparavam os estados *post-mortem* com o estado de sonho, a morte com o dormir***, porque, para eles, a alma se desprendia parcialmente do corpo enquanto este dormia. Assim como podemos ter pesadelos ou sonhos "coloridos" ao dormir, dependendo se nosso dia foi perturbado ou harmônico, assim também os estados *post-mortem* eram vistos como uma continuação mais intensa, porque livre da prisão do corpo, dos estados psicológicos da nossa vida, referentes aos nossos hábitos físicos, emocionais e mentais.

Leadbeater, maçom pesquisador dessas tradições iniciáticas antigas, refere-se assim aos Mistérios Gregos:

> "Os mitos da religião exotérica da nação eram tomados e estudados nos Mistérios Eleusianos tal qual nos Mistérios do Egito. Entre os relacionados com a vida póstuma achava-se o de Tântalo, que fora condenado a sofrer perpétua sede no Hades. A água o rodeava por todos os lados, mas refluía dele toda vez que tentava bebê-la; sobre sua cabeça pendiam galhos de frutas, que se contraíam quando ele estendia a mão para apanhá-las. Isso era interpretado no sentido de que quem morre cheio de desejos sensuais de qualquer espécie, depois da morte ainda se sente cheio de desejos, mas impossibilitado de satisfazê-los.
>
> Outro conto é o de Sísifo, condenado a empurrar eternamente para o cimo de uma montanha um enorme bloco de pedra mármore, que tão logo alcançava o topo rolava de novo montanha abaixo. Isso representa a condição após a morte de um homem cheio de ambição pessoal, que passou sua vida a traçar planos com fins egoístas. No outro mundo, continua traçando e executando planos, mas sempre descobre, no momento de completá-los, que não passaram de um sonho."[19]

Platão chega a dizer, em *A República*, que a alma sentiria os efeitos desses estados psicológicos de maneira dez vezes mais intensa[20] do que quando em vida. Isso é coerente com o seu pensamento, visto que para ele o corpo era o cárcere da alma*. Assim, sem o corpo, a

*** Os deuses da morte (*Thánatos*) e do sono (*Hýpnos*) eram irmãos na mitologia grega. (N. Ed. Bras.)

* Esse também era um ensinamento dos Mistérios e dos Pitagóricos (*soma, sêma*). (N. Ed. Bras.)

alma estaria muito mais livre para sentir. Aliás, é interessante notar o fato de que os estados de medo ou felicidade, que sentimos quando temos pesadelos ou sonhamos, podem atingir intensidades muito maiores do que quando estamos acordados, a ponto de ficarmos felizes quando acordamos de um pesadelo, e de não querermos acordar de um sonho "colorido"... Mas então o despertador toca, e somos obrigados a voltar para esse mundo pobre de intensidade.

Após essa segunda morte (a morte da alma apetitiva ou lunar), a consciência do indivíduo ficaria focada no princípio da mente pessoal ou concreta, sede do eu pessoal, alma irascível ou arrogante. Esta "toma o partido do que lhe parece ser justo"[21], sendo por isso "aliada"[22] do princípio racional ou alma inteligível, que é a alma imortal do homem. Nessa condição, a alma irascível, já desligada da apetitiva, sente intensamente os ideais pessoais que em vida não conseguiu preencher, correspondendo isso a um intenso sonho "colorido", ou seja, os Campos Elíseos dos gregos, o céu dos cristãos e zoroastrianos, o *Sukhávati* dos budistas, o *Svarga* dos hindus.

Segundo as tradições de Mistérios, esses estados são necessários para produzir uma espécie de "digestão" das experiências da última vida, de modo a chegar às suas essências, que ficarão depositadas na alma imortal ou inteligível como "tesouros no céu"[23]. É somente a essência superior, o aroma das experiências úteis, que pode nutrir a alma imortal. Somente essa essência da personalidade que viveu pode se eternizar na alma imortal depois da terceira e última morte: a morte da alma irascível ou mente concreta. Então essa essência se acumula na alma imortal como um nutriente que é retirado do alimento. As partes não nutritivas do alimento são "excretadas" no processo de purgação.

Dessa forma, o mal não pode macular a alma imortal, mas uma vida sem o bem deixa-a vazia e fraca: a alma permanece com fome. Somente a essência espiritual das experiências pode nutrir a alma, mas o mal, como consideravam os neoplatônicos, é apenas a ausência do bem, não tendo fundamento em si mesmo, porque é finito e transitório. Somente o bem pode eternizar-se de fato.

Enquanto a alma imortal não se alimentou suficientemente de inteligência ou sabedoria, amor espiritual e vontade espiritual – conforme são classificados nos Mistérios e Hermetismos egípcios e na Teosofia oriunda de Alexandria os três princípios da alma imortal ou tríade superior –, ela continua com a sede de experiências do mundo físico, que os hindus chamam *Trishná* e os budistas *Tanhá*. Seria essa sede, que em verdade é uma vontade que a alma tem de nutrir-se para crescer, que traria a alma de novo para uma nova encarnação. Somente quando essa sede espiritual fosse saciada a alma estaria livre; isso seria *Mukti*, ou libertação, *Nirvana*, ou não ligadura. À extinção da sede espiritual, existe um correspondente nas escrituras cristãs:

> "Qualquer que beber dessa água (a dos desejos da personalidade mortal?) tornará a ter sede; mas aquele que beber da água que eu lhe der (a essência nutritiva espiritual?) nunca mais terá sede, pois a água que eu lhe der será nele uma fonte d'água brotando para a vida eterna (na alma espiritual?)."[24]

Isso corresponderia, na visão reencarnacionista, ao desenvolvimento pleno ou perfeito dos três princípios da tríade superior, que cresceria gradualmente a partir das experiências obtidas pelo quaternário inferior, como nos Mistérios se denominava aos princípios mortais do homem: a mente concreta (alma irascível), as sensações e os desejos emocionais (alma apetitiva), a vitalidade ou corpo vital (o *pranamayakosha* dos hindus, o *ka* dos egípcios, o *eidolon* dos Mistérios Gregos) e o corpo físico. "Dessa forma, a alma só acumularia, das diversas experiências de cada vida terrena, a essência útil destas, conduzindo, gradualmente, o homem da inteligência à Onisciência, do amor a todos à Onipresença, e da vontade à Onipotência, culminando assim numa perfeição humana, manifestação do arquétipo divino, tal qual um Cristo ou um Buda. Nesse sentido, o homem seria potencialmente um deus. Temos então o quaternário mortal, que, com suas experiências, nutre a tríade imortal que cresce na direção da unidade divina. Os egípcios representavam isso na pirâmide de base terrestre quadrada, donde se elevavam os lados triangulares em busca do princípio uno – o vértice que aponta para o céu."[25]

"Até que todos cheguemos ... a homem perfeito, à medida completa da estatura de Cristo"[26] – essas são palavras do apóstolo Paulo! E Cristo teria dito: "Não está escrito na vossa escritura: 'Eu disse: Vós sois deuses'?[27]. "Sede, pois, perfeitos, assim como vosso Pai, que está nos céus, é perfeito."[28]

Ocorre que São Paulo era iniciado nos Mistérios Cristãos, e há autores que pretendem que Jesus teria sido iniciado nos Mistérios Egípcios, o que não é improvável, se considerarmos a pequena distância entre a Palestina e o Egito, e a semelhança que já consideramos a respeito da ressurreição de Cristo e do Mito de Osíris, sem falar nas trindades Osíris, Hórus, Ísis e Pai, Filho, Espírito Santo (que fecunda a Virgem Maria).

De qualquer forma, a perfectibilidade humana, após várias reencarnações, era um ensinamento dos Mistérios: que o homem podia tornar-se um deus, conquistando a imortalidade (o reino de Deus dos cristãos) em vida, tal qual Hércules depois de realizar os doze trabalhos.

Essa perfectibilidade gradualmente conquistável pelo homem comum está, aliás, implícita na hierarquia das iniciações que formavam, como nos Mistérios Judaicos, degraus de uma escada tal qual a do sonho de Jacó: "Uma escada era posta na terra, cujo topo tocava nos céus: e eis que os anjos de Deus subiam e desciam por ela."[29]

Isso nos leva aos mais sublimes degraus: os Mistérios Ocultos.

3.4. Os Mistérios Internos ou Ocultos

Gradualmente, estamos verificando a unidade das tradições de Mistérios, pela semelhança de suas doutrinas e estruturas, que são difíceis de serem penetradas, justamente porque havia sigilo entre os diferentes graus hierárquicos de iniciação. Assim, por exemplo um dos *mystai* (1º grau) não precisava ter segredos ao falar com um dos *epoptai* (2º grau), mas o inverso não era verdadeiro, i.e., um dos *mystai* sabia praticamente tanto quanto um profano em relação aos Mistérios Maiores, e sobre isso um *epoptai* não poderia falar, pois havia feito mais um juramento de sigilo perpétuo com relação ao que aprendera em sua iniciação aos Mistérios Maiores, conferida pelo Hierofante. Este, por sua vez, recebia essa dignidade especial, que era uma espécie de 3º grau, que possibilitava a ele tornar-se iniciador de outros, através de ritos internos que mesmo os *epoptai* desconheciam, pois nesse terceiro grau havia outro juramento de sigilo perpétuo... Desnecessário seria dizer que nenhum historiador profano teve acesso a tal rito, e muito menos a história conhece algo dos Mistérios Ocultos que eram hierarquicamente ainda superiores.

Sobre esses Mistérios Internos ou Ocultos, afirma Leadbeater:

> "A própria existência da possibilidade desse futuro progresso não era certamente conhecida nem pelos iniciados dos Mistérios Maiores, até que estivessem efetivamente preparados para receber os místicos apelos do seu interior. Conhecendo a situação histórica da época, pode-se compreender prontamente a razão desse sigilo. Os imperadores romanos, por exemplo, sabiam da existência dos Mistérios Menores e Maiores, e insistiam em ser iniciados neles. Pela história sabemos que muitos dos imperadores dificilmente reuniam condições que lhes permitissem desempenhar papel relevante numa corporação religiosa, mas teria sido muito difícil aos hierofantes recusarem a entrada a um imperador de Roma. Como certa vez se disse: 'Não se pode arguir contra o senhor de trinta legiões'. Muitos dos imperadores teriam certamente matado quem se opusesse a algo que desejassem. Por isso não se tornava pública a existência dos verdadeiros Mistérios, e ninguém sabia deles enquanto não fosse julgado por aqueles que o podiam fazer digno de ser ali admitido. A instrução desses graus superiores é ainda franqueada aos dignos, e somente aos dignos."[30]

Logo verificaremos por que havia tanto sigilo a respeito dos Mistérios Ocultos. Para tanto, analisaremos com mais profundidade o Mito de Perséfone, que era, como já consideramos, o mito nuclear dos Mistérios de Elêusis, citando Hodson:

> "Perséfone era a filha de Deméter (chamada Ceres pelos romanos), uma das grandes divindades dos gregos, considerada a proteto-

ra da agricultura e de todos os frutos da terra. Ela era filha de Cronos e Réia e irmã de Zeus, pelo qual se tornou mãe de Perséfone. Zeus, sem o conhecimento de Deméter, tinha prometido Perséfone para Aidoneus (Plutão); enquanto a donzela, que nada suspeitava, colhia flores na planície de Niza (Nysian, no original, N.R.L.), na Ásia, subitamente a terra se abriu e ela foi raptada por Aidoneus. Depois de peregrinar em busca de sua filha, Deméter foi informada pelo Sol que Aidoneus a tinha raptado. Imediatamente ela partiu do Olimpo enfurecida e foi morar na Terra entre os homens, conferindo bênçãos onde quer que fosse amavelmente recebida e punindo severamente àqueles que a rejeitavam. Dessa maneira ela foi ao rei Céleos, em Elêusis. Como a deusa ainda permanecia zangada e não permitia que a terra produzisse qualquer fruto, Zeus enviou Hermes ao mundo inferior para buscar Perséfone de volta. Aidoneus consentiu, mas deu a Perséfone um pedaço de romã para comer. Deméter retornou ao Olimpo com sua filha, mas como Perséfone tinha comido no mundo inferior, foi obrigada a passar um terço do ano com Aidoneus, ficando com sua mãe no restante do tempo. Depois disso, a terra produziu frutos novamente.

"Essa é a lenda antiga, como está preservada no Hino Homérico.[31] Os poetas latinos situaram a cena do rapto perto do Etna, na Sicília. Ascálafo, a única pessoa que tinha visto Perséfone comer alguma coisa (três grãos de romã, N.T.) no mundo inferior, revelou o fato e foi consequentemente transformado em uma coruja por Deméter. Um significado da lenda é razoavelmente óbvio. Perséfone, que é raptada para o mundo inferior, é a semente de trigo que permanece oculta sob o solo por parte do ano; Perséfone que retorna à sua mãe representa, nesse contexto, o trigo que ressurge do solo e nutre o homem e os animais.

"Uma alegoria solar também é desenvolvida, sendo o tempo passado sob o solo no Hades o inverno no hemisfério norte, onde o Sol carece de poder por três ou quatro meses do ano."[32]

É, na verdade, muito comum, nos Mistérios, essa correlação dos ciclos da Natureza, das estações, dos astros, com a vida humana. A Astrologia, originada particularmente nos Mistérios Egípcios e Caldaicos, também considera a vida humana como cíclica, conforme a doutrina da reencarnação, como referi, certa vez:

> "Podemos observar a riqueza dessa simbologia astrológica quando observamos que a primavera é o nascer da vida, onde tudo floresce; o verão é o zênite da vida, onde tudo frutifica; o outono representa a morte, onde as folhas caem; e o inverno, o retraimento da vida no caule e na raiz, o nível 'subterrâneo' essencial e invisível, para onde a vida se retira enquanto 'digere' as reservas acumuladas, por assim dizer, preparando-se para o novo ciclo que se inicia na primavera seguinte, onde a vida se expande novamente. Os egípcios, particularmente, associavam o ciclo da vida e da morte à trajetória diária do Sol (o deus Amon-Rá), que é a de nascer, atingir o zênite (maturidade), pôr-se (morte), seguir sua trajetória invisível noturna (vida extrassensorial do solo e *post-mortem*) até nascer no dia seguinte (reencarnação)."[33]

A essa altura deste trabalho, já deve ter ficado bastante evidente que era usual, nos Mistérios Menores e Maiores, uma interpretação do Mito de Perséfone relacionando os ciclos da agricultura, dos astros, etc., com a doutrina da reencarnação, onde Perséfone personificava a personalidade ou quaternário mortal e Deméter, sua mãe, o Ego Superior ou tríade imortal reencarnante. Há, porém, um outro nível de interpretação que se restringia aos Mistérios Ocultos, como Hodson considera:

> "Uma interpretação oculta do mito também é possível. A alma pessoal pode, prematuramente, ganhar liberdade do aprisionamento total do corpo físico se, sob o comando de Zeus (a Mônada), simbolicamente Hermes com seu báculo puder ser encontrado para vir e libertá-la. A natureza e estrutura desse báculo dá a chave para o processo de autolibertação; pois, em uma interpretação, a humana, o Caduceu representa, muito acuradamente, o triplo e criativo poder serpentino desperto no homem. Como eu mencionei anteriormente, quando não mais usado para procriação, esse poder é transmutado ou dirigido para cima, até as cabeças das duas serpentes, ou seja, as duas correntes serpentinas opostamente polarizadas do fogo criativo, e o bastão central ou corrente neutra penetra na cabeça. Elas então iluminam e incandescem a mente-cérebro, tornando-a sensível aos poderes e estados de consciência superfísicos, ou seja, 'liberta' das aprisionantes limitações do corpo físico. Então, Hermes, com seu báculo, metaforicamente, libertou Perséfo-

ne do Submundo. Sob o comando de Zeus (a Mônada) e com a submissão de Plutão (o elemental do corpo disciplinado), Hermes (o fogo serpentino) devolve Perséfone (a alma pessoal) para sua mãe (o Ego em Consciência Causal). Dessas interpretações humanas, será visto que, como no significado microcósmico de toda a alegoria inspirada, a *dramatis personae* (personagem dramática, N.T.) representa os aspectos de um indivíduo e todo o drama é representado *dentro* do homem, como uma experiência interior."[34]

Figura 1: Superposição do Caduceu de Hermes aos *nádis* e *chakras* da filosofia tântrica oriental.

"Em sua externa vestidura, os Mistérios Eleusinos eram espetáculos públicos, e qualquer distinguido cidadão de Atenas podia tornar-se um iniciado dos Mistérios Externos, ou Menores. Primeiramente, eles apenas recebiam e representavam o simbólico hieróglifo. À medida que passavam dos Mistérios Externos ou Menores para os Internos ou Maiores, a alegoria dava lugar à realidade. Então, quando o Hierofante Iniciador tocava o Candidato com o Báculo ou Bordão de Poder, o Tirso, as forças interiores da espinha simbolizadas pelo Caduceu começavam a despertar. O Iniciado era, assim, liberto do corpo, que entrava em transe e ficava sob os cuidados dos sacerdotes. A alma Iniciada, simbolizada por Perséfone libertada, podia então ascender à consciência Egóica ou tornar-se una com Deméter, sua Deusa Mãe."[35]

Em seu livro *A Sabedoria Oculta na Bíblia Sagrada,* Hodson complementa:

> "A primeira referência à serpente é feita no capítulo 3 do livro do Gênesis, onde ela está intimamente associada com o fruto da árvore do conhecimento do bem e do mal e com o comer simbólico deste fruto por Adão e Eva... No ser humano, a vara (às vezes também simbolizada por um báculo, caduceu, haste, etc, N.T.) refere-se tanto à medula espinhal quanto a um canal, ou meio superfísico e etérico, no seu centro, passando pela raiz da medula no sacro ao longo de toda sua extensão até penetrar no interior da *medulla oblongata* e do cérebro. Esse canal é o veículo da energia da vida, uma parte da qual é acionada do alto no ato generativo. Essa corrente é unipolar ou mesmo de polaridade neutra, pois que se movimenta e produz seus efeitos tanto no organismo do macho como da fêmea. O nome oculto histórico desse canal é *Sushumna* que, entretanto, só é usualmente aplicado quando, por meios ocultos, a mesma força neutra é dirigida para cima, ao longo da medula espinhal e não para baixo. Antes que essa inversão do fluxo da energia criativa possa acontecer, as correntes positiva e negativa devem ser despertadas e elas mesmas, como serpentes gêmeas (como as que se enroscam no caduceu alado de Hermes, símbolo dos Mistérios de Esculápio, deus grego da medicina, N.T.), devem fluir para cima, enroscando-se enquanto fluem para induzir uma subida da energia neutra que as acompanha. Ao entrar no cérebro, esse tríplice poder ilumina então a mente do homem, que se torna semelhante a um deus (detentor dos poderes teúrgicos). Este fato está revelado no Gênesis 3:5, onde Adão e Eva representam as correntes opostamente polarizadas, a árvore do conhecimento do bem e do mal (particularmente o tronco) corresponde à vara e a serpente tentadora à força criativa que ascende ao longo do canal *Sushumna.* Assim, Adão e Eva estão proibidos de comer o fruto dessa árvore, pois se assim fizessem tornar-se-iam como que deuses".*

---

* Sendo um acréscimo posterior ao nosso trabalho original *A Unidade das Religiões de Mistérios,* esta citação ainda tem seu texto em processo de tradução para a língua portuguesa pela Editora Teosófica, porém foi extraída do mesmo autor: HODSON, Geoffrey. *The Hidden Wisdow in the Holy Bible.* Wheaton, U.S.A., The Theosophical Publishing House, 1991. v. 1, p.145-52. (N.A.)

Em verdade, essa ascensão do fogo serpentino (chamado *kundalini* pelos iogues orientais) em direção aos *chakras* (do sânscrito = "roda", refere-se aos centros de vitalidade que os iogues manipulavam para abrir a percepção extrassensorial) superiores da cabeça é referida em todas as tradições dos Mistérios, porém de maneira velada. Na figura 2 podemos ver a evidente semelhança da simbologia grega com os ensinamentos da ioga oriental. O ponto entre os olhos (*ajna chakra*) era considerado sagrado pelos hindus, que inclusive o pintam na testa. A serpente (*ureus*) saindo desse ponto entre os olhos (o "terceiro olho") do faraó egípcio sempre simbolizou a sua clarividência e sabedoria (vide figuras 3, 4 e 5), e ele, nos períodos áureos do Egito, era o supremo Hierofante dos Mistérios Egípcios, considerado, por isso, um homem divino. No período da decadência isso foi, evidentemente, corrompido. Na verdade, os hierofantes dos Mistérios Ocultos raramente se expuseram ao público; Moisés e Jesus, entretanto, o fizeram, bem como Toth, Orfeu, Pitágoras, Zoroastro, etc. Os que correram esse risco geralmente

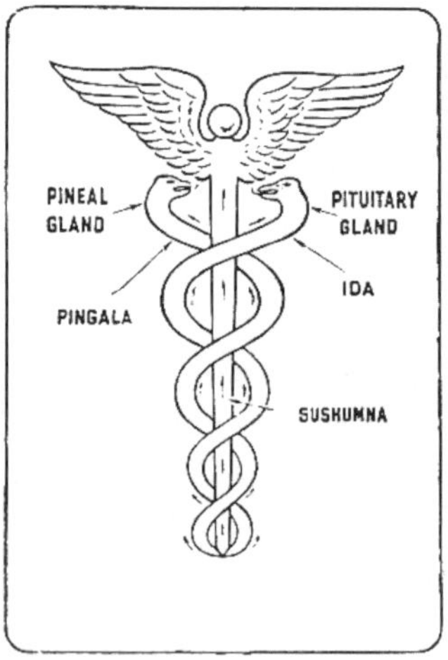

Figura 2a: As três correntes de *Kundalini Shakti* no homem "alado".

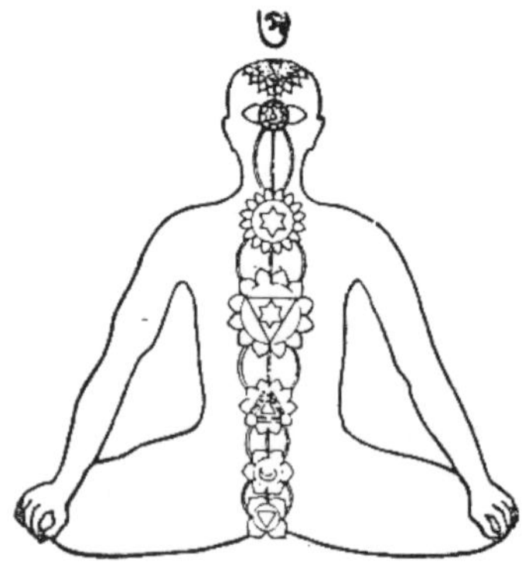

Figura 2b: *Iogue* com a *Kundalini* plenamente elevada. (Os *chakras* de acordo com a filosofia tântrica).

foram perseguidos e pagaram muito caro por tentar levar a sabedoria à humanidade, pois isso desperta a inveja nos homens, e todos pensam ser dignos de iniciação...

Para que um homem possa fazer como Moisés, que "levantou a serpente no deserto", ele terá que preencher uma série de requisitos,

Figura 3: Ureus egípcio, representação de *kundalini* elevada ao *chakra* frontal, entre os olhos do Faraó

Figura 4a:
A deusa Nekhebit

Figura 4b:
A deusa Sekhet

Figura 4c:
A deusa Uatchit

para que a energia sexual sublimada (*kundalini*) ou fogo serpentino possa realmente subir ao longo da coluna (vide figura 6) sem se desviar, atingindo o *chakra* entre os olhos (*ajna chakra*) ou fluindo como um chafariz pelo topo da cabeça (*sahasrara chakra*, vide figura 7), formando aquela auréola dourada que os clarividentes costumam ver na cabeça dos santos.

Enquanto que para a iniciação nos Mistérios Menores de Elêusis os requisitos eram, segundo Rocha Pereira, "apenas ter conhecimento da língua grega (para entender o que se dizia em partes essenciais das cerimônias) e estar livre do crime de homicídio"[37], para os Mistérios Ocultos era indispensável ser puro como uma criancinha, para poder entrar no "reino dos céus", i.e., ser iniciado nesses mistérios que libertavam a alma do cárcere do corpo. Essas condições eram necessárias pela própria natureza psicossomática do êxtase. Os *chakras* seriam constituídos de éter (matéria mais sutil que o gás e invisível aos não clarividentes) e estariam conectados a certos plexos nervosos e glândulas; dessa forma, qualquer desequilíbrio psicofísico desviaria a *kundalini* de seu rumo, levando o iniciando à loucura ou à

Figura 5: A deusa egípcia Ísis

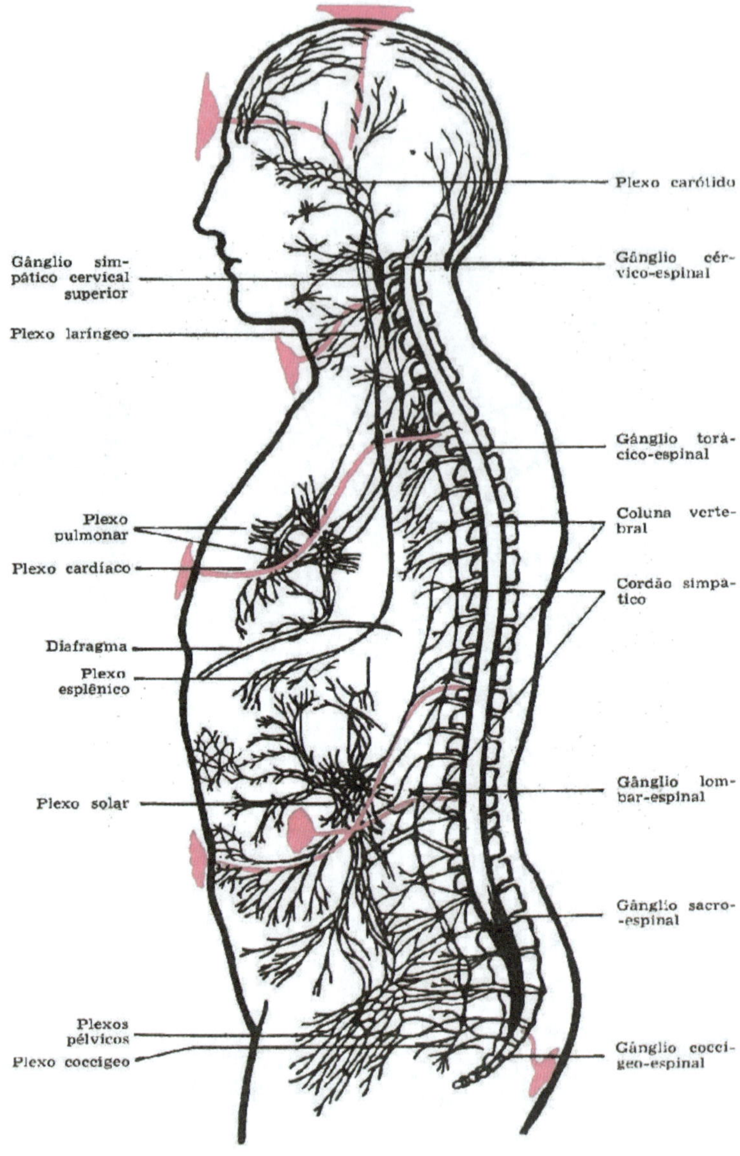

Figura 6: Os *Chakras* e o Sistema Nervoso

Figura 7: Representações do *chakra* coronário

morte. Por isso os candidatos eram submetidos a muitas provas de equilíbrio psíquico, sob condições pressionantes, chamadas de provações, ao longo de anos, antes de serem considerados comprovadamente aptos. Um desses requisitos era a absoluta castidade física e mental, sem o que a *kundalini* desceria ao invés de subir, produzindo taras e loucuras diversas cujos efeitos poderiam durar por várias encarnações, tal o poder dessa energia. Há autores que consideram Hitler e Rasputin desvios dessa natureza... Seja como for, os Hierofantes sempre foram muito cautelosos com essas práticas, porque conheciam o mal que uma pessoa sem um caráter perfeito poderia fazer com tais poderes* psíquicos: mal para os outros e para si.

* Sobre o tema dos poderes, Krishnamurti comenta: "Não desejes os poderes psíquicos; eles virão quando o Mestre entender ser melhor para ti possuí-los. Forçá-los muito cedo traz em seu treinamento, frequentemente, muitas perturbações; e seu possuidor muitas vezes é desorientado por enganosos espíritos da Natureza, ou torna-se vaidoso e julga-se isento de cometer erros; em qualquer caso, o tempo e a energia despendidos em adquiri-los poderiam ser utilizados em trabalho para os outros. Eles virão no decurso do teu desenvolvimento - eles *têm* de vir; e se o Mestre entender que seria útil para ti possuí-los mais cedo, Ele te ensinará como desenvolvê-los com segurança. Até então, estarás melhor sem eles". (KRISHNAMURTI. *Aos Pés do Mestre*. Brasília, Ed. Teosófica, 1999. p. 46-7. § 25.)

Por isso, dizia São Clemente de Alexandria, na *Stromata*:

> "A pureza não é mais que um estado passivo útil, principalmente como condição para adquirir o conhecimento. Aquele que foi purificado no batismo e logo iniciado nos Mistérios Menores adquiriu, por assim dizer, o hábito da reflexão e o domínio de si mesmo, e se encontra maduro para os Mistérios Maiores, para a *Epopteia* ou *Gnosis*, o conhecimento científico de Deus."[38]

Fica assim evidente quão lastimável foi a perda dos Mistérios Cristãos, e como os Mistérios Ocultos tinham o êxtase como objetivo.

3.5. O Êxtase como Meio de Conhecimento

São Paulo, que era iniciado nos Mistérios Cristãos, chegou a afirmar:

> "A minha palavra e a minha pregação não constituem palavras persuasivas de sabedoria humana, mas demonstrações de Espírito e de poder (atentar para os poderes de percepção espiritual do êxtase, que analisamos nos Mistérios Ocultos, N.R.L.); para que a vossa fé não se apoiasse em sabedoria dos homens, mas no poder de Deus.
>
> "Todavia, falamos em sabedoria entre os perfeitos (o 3º grau dos Mistérios Cristãos); não, porém, a sabedoria deste mundo, nem dos príncipes deste mundo que se aniquilam; mas falamos a sabedoria de Deus (em grego: *Theosophia*, N.R.L.) oculta em mistério, a qual Deus ordenou antes dos séculos para nossa glória; a qual nenhum dos príncipes deste mundo conheceu; porque se a conhecessem, nunca crucificariam ao Senhor da glória."[39]

É, pois, bem visível, como a Sabedoria de Deus (*Theosophia*) chegava ao iniciado pela revelação do êxtase, como ele mesmo afirma:

> "Como me foi este mistério manifestado pela revelação como acima em pouco vos escrevi; pelo que, quando ledes, podeis perceber a minha compreensão do mistério de Cristo (que corres-

ponde ao de Osíris; a ressurreição do espírito e reintegração no Todo, N.R.L.) ... do qual fui feito ministro, pelo dom da graça de Deus, que me foi dado segundo a operação do seu poder."[40]

Já Plotino, o teósofo neoplatônico de Alexandria, iniciado nos Mistérios Egípcios, é ainda mais claro em sua carta a Flaccus:

> "É somente agora e então que nós podemos experimentar a elevação tornada possível para nós, acima dos limites do corpo e do mundo. Eu a tenho realizado apenas três vezes até agora."[41]

E Porfírio, seu discípulo, relata assim as últimas palavras de Plotino:

> "Procuro agora reconduzir o Eu que está em mim para o Eu Universal."[42]

Curiosamente, essa é a definição de *Yoga* (união ou reunião de *Jívátmá* com *Paramátmá*).[43]

O conhecimento que os Hierofantes dos Mistérios possuíam a respeito da vida póstuma, da reencarnação, da influência dos astros, etc., não era derivado de mera especulação filosófica, mas era um conhecimento direto oriundo de uma percepção extrassensorial rigorosamente treinada, segundo as disciplinas milenares das Tradições de Mistérios.

Uma das mais interessantes evidências da unidade das Religiões de Mistérios é a Astrologia, ou estudo da influência dos astros. Como explicar que, mesmo entre os Maias e os Astecas, o sistema de valorização dos ângulos entre os planetas (0°, 60°, 120° considerados harmônicos e 90°, 180° considerados desarmônicos) fosse o mesmo dos Egípcios, Gregos, Romanos, Persas, Árabes, Hindus e Caldeus, numa época em que nem havia sido descoberto o telescópio?

Na verdade, foi em 1955 que J. H. Nelson (vide figura – fac-símile 8) fez a primeira descoberta considerada científica a respeito dessas relações angulares que são a base da Astrologia. Contudo, essa descoberta foi totalmente casual, pois ele estava fazendo uma pesquisa para a R.C.A. Comunications Inc. sobre as causas de interferência de rádio na ionosfera! E os iniciados nos Mistérios, dos quais a Astrologia é filha legítima, já conheciam isso.

RCA COMMUNICATIONS, INC.

A SERVICE OF RADIO CORPORATION OF AMERICA

66 BROAD STREET

NEW YORK 4, N. Y.

November 17, 1955

"TELCORCA"

Omnium Litteraire
72, Champs-Elysees
Paris

VIA: Messr. Jean Rene LeGrand
16 Rue Lentonnet
Paris, France
III

Dear Sir:

I wish to thank you for your kindness in sending me a copy of your magazine "Inititation et Science" for Mars-Juin 1955.

Your article on page 26 has been translated into English and I have read it with great interest. I am surprised that my work and research so closely parrallel the doctrines of the Astrologers.

When I engaged in this research pertaining to Ionospheric Pertubations effecting shortwave radio I did not have any idea what Heliocentric Planetary angles would be found as important angles. Purely emperical research has revealed that 0°-90°-180° and 270° angles were associated with bad radio signals and 60°-120°-240° and 300° were found to be associated with good radio signals. Recently I have also observed that 45° is also associated with bad radio signals and 15° and 30° are associated with good radio signals.

I have never studied Astrology and know very little about the subject. It is purely by coincidence that my discoveries in radio appear to support the hypothesis of the Astrologers who have claimed for ages that distant planets can have an influence upon the inhabitants of the Earth. I myself am neither sympathetic nor antagonistic to their doctrines. I wish to maintain a neutral position in their controversies. My research is in an entirely different field.

I would be pleased if you would publish this letter in your magazine in both English and French. Please send me a copy.

I send you my best wishes

Very truly yours,

J H Nelson

JHN/le

J. H. Nelson
Propagation Analyst

Figura 8: Carta ofício enviada por John Nelson a Jean René Legrand

RCA COMMUNICATIONS, INC.
Um Serviço da Radio Corporation of America
68 Broad Street
New York 4 N. Y.

17 de Novembro de 1955

Omnium Litteraire
72, Champs-Elysées
Paris

VIA/Messr. Jean René LeGrand
16 Rue Lentonnet
Paris, France

Caro Senhor:

Eu desejo agradecer-lhe pela sua gentileza de me enviar uma cópia de sua revista "Iniciação e Ciência" de março-junho de 1955.

Seu artigo na página 26 foi traduzido para o inglês e eu o li com grande interesse. Eu estou surpreso que meu trabalho e pesquisa sejam tão proximamente paralelos às doutrinas dos Astrólogos.

Quando eu me engajei nesta pesquisa referente a Perturbações Ionosféricas influenciando ondas curtas de rádio, eu não tinha qualquer ideia de quais ângulos Planetários Heliocêntricos seriam encontrados como ângulos importantes. Pesquisa puramente empírica revelou que ângulos de 0° – 90° – 180° e 270° estavam associados com maus sinais de rádio e (ângulos de) 60° – 120° – 240° e 300° foram descobertos como estando associados com bons sinais de rádio. Recentemente eu também observei que (ângulos de) 45° também estão associados com maus sinais de rádio e que 15° e 30° estão associados com bons sinais de rádio.

Eu nunca estudei Astrologia e conheço muito pouco sobre o assunto. É puramente por coincidência que minhas descobertas no rádio aparecem para sustentar a hipótese dos Astrólogos que, pelas eras, têm reivindicado que planetas distantes podem ter uma influência sobre os habitantes da Terra. Eu não sou nem simpático nem contrário às suas doutrinas. Eu desejo manter uma posição neutra nas suas controvérsias. Minha pesquisa está em um campo inteiramente diferente.

Eu ficaria agradecido se você publicasse esta carta em sua revista tanto em inglês quanto em francês. Por favor, envie-me uma cópia.

Eu envio-lhe meus melhores votos.

Muito sinceramente seu,

J. H. Nelson
Analista de Propagação

Figura 8a: Tradução do texto da figura 8

Talvez as trepanações de cérebro que os Egípcios faziam (pois foram encontradas múmias com trepanações já calcificadas sobre chapas de cobre), a inexplicável e ainda inimitável técnica de mumificação, o transporte e corte das pedras que foram utilizadas nas pirâmides, bem como o conhecimento dos ângulos de influência dos astros sem telescópio, sejam alguns indicativos de que havia ali, talvez, um meio de adquirir conhecimento que era distinto do nosso.

Seja como for, a unidade da Astrologia antiga é outra forte evidência de que havia uma unidade subjacente às antigas Religiões de Mistérios das quais ela se originou.

4. Causas da Unidade dos Mistérios

O desenvolvimento deste trabalho evidenciou as semelhanças e mesmo, em alguns casos, as identidades entre as diferentes Religiões de Mistérios, a partir de um estudo comparado de seus ensinamentos, estruturas, ritos e objetivos.

Há, fundamentalmente, só duas correntes de pensamento que formularam hipóteses de causas para essa unidade, que na verdade ultrapassa a questão dos Mistérios em si, abrangendo todas as religiões da humanidade.

Mas, mesmo que nos restrinjamos ao âmbito deste trabalho – os Mistérios – ficaremos ainda com essas duas correntes, a saber: a das mitologias comparadas e a das religiões comparadas.

A primeira, em síntese, afirma que as religiões têm todas um tronco comum: a ignorância humana. O animismo, o fetichismo, o culto da Natureza, o culto do Sol seriam apenas frutos da ignorância, e as religiões, fundadas por seres como Thot, Orfeu, Zoroastro, Moiséis, Cristo ou mesmo Buda e Krishna, com toda a profundidade de sua filosofia, seriam mera ignorância encoberta com um verniz de sofisticação.

A outra corrente, a das religiões comparadas, entende que todas as religiões têm sua origem no ensinamento de homens divinos, de homens que tinham a sua percepção aberta para o Espírito de todas as coisas, que é o mesmo. As religiões selvagens, o animismo, etc., seriam então meras degenerescências que resultaram "de uma longa decadência, modalidades desfiguradas de crenças religiosas verdadeiras"[44], como afirma Besant.

Assim, entender-se-ia que sempre haveria a possibilidade de um homem abrir a sua percepção e ter o conhecimento direto do que é sagrado (*hiéros*) pelo êxtase. A partir deste, ele conheceria não só a Divindade, mas também as verdades a respeito do destino da alma em vida (a *moira* dos gregos, o *karma* dos orientais, efeito do passado da alma desta vida ou das anteriores) e após a morte.

Aqui surgiria outra forma mais arrojada da hipótese das religiões comparadas: a de que sempre teria havido e haveria uma "Comunhão de todos os santos", uma Fraternidade Mística dos verdadeiros iniciados de todos os tempos – o que é plenamente coerente com a teoria da reencarnação – que velaria pela humanidade, fundando aqui e ali novas religiões, trazendo novos ensinamentos adequados a cada época e civilização, tal qual os irmãos mais velhos ajudam os mais moços a crescer.

5. Conclusão

A partir do desenvolvimento deste trabalho, pela comparação algo exaustiva dos ritos, ensinamentos, disciplinas, doutrinas, objetivos e tradições das diferentes Religiões de Mistérios, pretende-se ter encontrado suficientes pontos comuns para poder afirmar que há uma unidade subjacente às antigas Tradições de Mistérios.

Quanto às causas possíveis dessa unidade, duas foram consideradas no respectivo item, e elas se opõem: ou a origem comum é a ignorância humana, que projeta de sua mente inconsciente as mesmas fantasias, ou existe realmente a experiência do êxtase místico, onde a consciência humana desperta para uma realidade maior que não percebia, transformando, então, o homem em um ser de sensibilidade e sabedoria distintas do comum: torna-se um ser divinizado.

Ambas as causas são possíveis, embora inconciliáveis. Ambas explicam, cada uma à sua maneira, a unidade subjacente às Religiões. O trabalho atingiu o objetivo a que se propunha.

Qual das causas é verdadeira? Existirá, de fato, o êxtase? Estarão os Mistérios Ocultos* vivos no século XXI? Tais respostas o interessado terá que encontrar por si mesmo, pois nenhum trabalho meramente intelectual pode substituir o autoconhecimento.

Referências bibliográficas

1) BLAVATSKY, H. P. *Glossário Teosófico.* São Paulo, Ground, 1995. p. 377.
2) LEADBEATER, C. W. *Pequena História da Maçonaria.* S. Paulo, Pensamento, 1978. p. 152.
3) LINDEMANN, Ricardo. *O Renascimento da Astrologia no Momento Atual.* Revista Logos, Rio de Janeiro, 14:37-41, abr. 1985. p. 38.
4) BLAVATSKY, *op. cit.* acima nota (1), p. 434.
5) LINDEMANN, R. & OLIVEIRA, P. *A Tradição-Sabedoria.* Brasília, Ed. Teosófica, 2003. p. 31.
6) GIORDANI, Mário C. *História da Grécia.* Petrópolis, Vozes, 1967. p. 484.
7) SAINTE-CROIX, M. Le Baron de. *Recherches sur les Mystères du Paganisme.* Paris, Ed. Paris, 1871. v. 1. p. 347.
8) LEADBEATER, *op. cit.* acima nota (2), p. 118.
9) PLATÃO. *Diálogos*: Fédon. Rio de Janeiro, Tecnoprint, s.d. p. 98.
10) LEADBEATER, *op. cit.* acima nota (2), p. 121.
11) GIORDANI, *op. cit.* acima nota (6), p. 484.
12) LEADBEATER, *op. cit.* acima nota (2), p. 123-4.

* A Ordem do Oriente da Franco maçonaria Mista Internacional, com Zênite em Adyar, Chennai (Madras), Índia, embora ativa também no Brasil, especializou-se em preservar o aspecto esotérico adaptado do Rito Escocês Antigo e Aceito de 33 graus, conforme foi descrito nos livros *Pequena História da Maçonaria* e *A Vida Oculta na Maçonaria* (Editora Pensamento), ambos de autoria da C.W. Leadbeater 33º, cuja leitura recomendamos. Esta Ordem do Oriente também se caracteriza pela admissão de mulheres e homens, pois se derivou da Ordem Maçônica Mista Internacional *Le Droit Humain*, pelo trabalho de expansão da Dra. Annie Besant 33º, quando foi criada Vice-Presidente Grão-Mestre do Supremo Conselho e Deputada para a Grã-Bretanha e seus domínios. Ela deu um grande impulso a esse movimento na Inglaterra, Índia, Austrália, África do Sul e América.

13) GIORDANI, *op. cit.* acima nota (6), p. 485.

14) HIPÓLITO. *Refutation of All Heresies.* Ante-Nicene Library Ed., s.d. Livro V, III.

15) LEADBEATER, *op. cit.* acima nota (2), p. 122-3.

16) PLATÃO. *Diálogos*: A República. Rio de Janeiro, Tecnoprint, s.d. p. 392.

17) ibidem, p. 160-2.

18) _____, *op. cit.* acima nota (9), p. 98.

19) LEADBEATER, *op. cit.* acima nota (2), p. 117.

20) PLATÃO, *op. cit.* acima nota (16), p. 386.

21) ibidem, p. 161.

22) ibidem, p. 163.

23) BÍBLIA Sagrada. Mateus 6:20.

24) ibidem, João 4:13-14.

25) LINDEMANN, Ricardo. O Grande Marinheiro. IN: *Caderno Especial ao ensejo do I Encontro Sul-Brasileiro de Professores de Língua Portuguesa.* P. Alegre, Nepla-UFRGS, 1986. p. 27-8.

26) BÍBLIA Sagrada. Efésios 4:13.

27) ibidem, João 4:13-14.

28) ibidem, Mateus 5:48.

29) ibidem, Gênesis 28:12.

30) LEADBEATER, op. cit. acima nota (2), p. 127.

31) SYKES & ALLEN. *Homeric Hymns.* Introduction to the Hymn to Demeter.

32) HODSON, Geoffrey. The Myth of Persephone. In: ________. *The Hidden Wisdom in the Holy Bible.* Wheaton, The Theosophical Publishing House, 1978, v. 2. p. 252-3.

33) LINDEMANN, op. cit. acima nota (3), p. 40.

34) HODSON, op. cit. acima nota (32), v. 2. p. 254-5.

35) ibidem, v. 2. p. 255.

36) BÍBLIA Sagrada. João 3:14.

37) PEREIRA, M. H. da Rocha. *Estudos de História da Cultura Clássica.* Lisboa, Fundação Calouste Gulbenkian, 1979. v. I. p. 262.

38) BIGG, C. *The Christian Platonists of Alexandria.* p. 62.

39) BÍBLIA Sagrada. I. Coríntios 2:4-8.

40) ibidem, Efésios 3:3-7.

41) TAYLOR, Thomas. *The Eleusinian and Bacchic Mysteries.* San Diego, Wizards Bookshelf, 1980. p. 66.

42) MEAD, G. R. S. *Plotinus.* Mokelumne Hill, Health Research, 1966. p. 20.

43) TAIMNI, I. K. *A Ciência do Yoga.* Brasília, Ed. Teosófica, 1996. p. 20.

44) BESANT, A. *O Cristianismo Esotérico.* S. Paulo, Pensamento, 1978. p. 15.

Bibliografia

1) BESANT, A. *O Cristianismo Esotérico.* S. Paulo, Pensamento, 1978.

2) BLAVATSKY, H. P. *Glossário Teosófico.* São Paulo, Ground, 1995.

3) CUNHA, A. G. *Dicionário Etimológico Nova Fronteira da Língua Portuguesa.* Rio de Janeiro, Nova Fronteira, 1982.

4) DICIONÁRIO Enciclopédico Koogan Larousse Seleções. Rio de Janeiro, Seleções do Reader's Digest, 1982.

5) ELIADE, Mircea. *História das Crenças e das Ideias Religiosas.* Rio de Janeiro, Zahar, 1983.

6) ENGEL, J. M. & PALANQUE, J. R. *O Império Romano.* S. Paulo, Atlas, 1978.

7) FIGUEIREDO, J. G. *Dicionário da Maçonaria.* S. Paulo, Pensamento, 1982.

8) GIORDANI, Mário C. *História da Grécia.* Petrópolis, Vozes, 1967.

9) GUIMARÃES, Ruth. *Dicionário da Mitologia Grega.* S. Paulo, Cultrix, 1982.

10) GUTHRIE, W. K. C. *A History of Greek Philosophy.* Cambridge, Cambridge University Press, 1980.

11) HIPÓLITO. *Refutation of All Heresies.* Ante-Nicene Library Ed., s.d.

12) HODSON, Geoffrey. *The Hidden Wisdom in the Holy Bible.* Wheaton, The Theosophical Publishing House, 1978.

13) HODSON, Geoffrey. *Reincarnation, Fact or Falacy?* Madras, The Theosophical Publishing House, 1970.

14) ________. *The Concealed Wisdom in World Mythology*. Madras, The Theosophical Publishing House, 1983.
15) JAEGER, Werner. *Paideia*. São Paulo, Martins Fontes, 1979.
16) KUHN, Alvin Boyd. *Shadow of the Third Century*. Wheaton, The Theosophical Publishing House, s.d.
17) LEADBEATER, C. W. *A Vida Oculta na Maçonaria*. S. Paulo, Pensamento, 1977.
18) ____________. *Pequena História da Maçonaria*. S. Paulo, Pensamento, 1978.
19) ____________. *Vislumbres de Ocultismo Antiguo y Moderno*. Buenos Aires, Glem, 1958.
20) LINDEMANN, Ricardo. *O Grande Marinheiro. IN: Caderno Especial ao ensejo do I Encontro Sul-Brasileiro de Professores de Língua Portuguesa*. P. Alegre, Nepla-UFRGS, 1986. p. 25-8.
21) ____________. *O Renascimento da Astrologia no Momento Atual*. Revista Logos. Rio de Janeiro, 14:37-41, abr. 1985.
22) LINDEMANN, R. & OLIVEIRA, P. *A Tradição-Sabedoria*. Brasília, Ed. Teosófica, 2003.
23) MEAD, G. R. S. *Orpheus*. London, Theosophical Publishing Society, s.d.
24) PITÁGORAS; *Sua Vida, sua Filosofia e sua Obra*. S. Paulo, Instituição Teosófica Pitágoras, 1973.
25) PLATÃO. *Diálogos*: A República. Rio de Janeiro, Tecnoprint, s.d.
26) PLATÃO. *Diálogos*: Fédon. Rio de Janeiro, Tecnoprint, s.d.
27) ROSTOVTZEFF, M. História de Roma. Rio de Janeiro, Guanabara, 1983.
28) SAGAN, Carl. Cosmos. Rio de Janeiro, Francisco Alves, 1982.
29) SAINT-CROIX, M. Le Baron de. *Recherches sur les Mystères du Paganisme*. Paris, Ed. Paris, 1871.

Capítulo 25

Declínio e Regeneração das Religiões

1. Introdução

Este trabalho visa a investigar, antes de mais nada, se a Religião, enquanto fenômeno humano verificável, fundamenta-se numa experiência real de percepção ampliada da realidade, ou se, em verdade, é um meio de fuga projetado pela mente em busca de segurança e consolo.

Para tanto, logo após ser feita uma breve introdução à temática com caracterização das correntes de pensamento, desenvolver-se-á uma análise de pressupostos e doutrinas comuns das religiões mais conhecidas, com ênfase particular no caso do Cristianismo, o que facilitará a investigação histórica, devido à proximidade cultural e facilidade de obtenção de dados e evidências.

A partir dessa análise histórica, tentar-se-á descobrir se há, realmente, evidências capazes de sustentar que alguma das hipóteses acima seja a mais provável.

2. Religião: Realidade ou Fuga?

Podemos considerar que, do ponto de vista lógico clássico, há somente duas possibilidades: ou a Religião se refere a um fato ou a uma fantasia. As duas alternativas são mutuamente excludentes, incompatíveis, pois uma é a negação da outra.

A primeira, de ênfase espiritualista, afirma que existe uma realidade maior referida nas diversas religiões; a segunda, de ênfase materialista, nega que exista essa realidade maior, afirmando que ela não existe de fato, mas é uma criação mental, um sonho, uma fantasia, uma projeção psicológica de expectativas, enfim, um meio de fuga da realidade concreta que nos cerca, e que é frequentemente dolorosa.

Ninguém nega, evidentemente, o fato sociológico e histórico que é a Religião, que assume proporções universais, pois todas as civilizações tiveram religiões, por mais diversas que fossem. Contudo, existem diversas tentativas de se explicar esse fato, esse fenômeno humano que é a Religião.

Mesmo que existam esses diversos pensamentos, eles também podem ser classificados, sinteticamente, em duas correntes ou inclinações básicas, segundo sua ênfase. A primeira, que é a tese das Religiões Comparadas, tem uma ênfase espiritualista; a segunda, que é a tese das Mitologias Comparadas, tem uma ênfase materialista.

Essas duas correntes investigaram a história das religiões, e ambas sustentam que há uma base comum nas diversas religiões, pois elas se assemelham por seus grandes ensinamentos, pela nobreza de caráter dos seus fundadores, pelos símbolos que utilizam, etc. Esse núcleo comum, que consideraremos a seguir, evidenciam mesmo uma origem comum. As duas correntes não divergem quanto a esses pontos, mas quanto à natureza dessa origem comum.

A Mitologia Comparada afirma que a origem comum das religiões é a ignorância humana. A superstição comum seria a causa original tanto das religiões dos povos selvagens e bárbaros quanto das mais transcendentes e metafisicamente elaboradas religiões do mundo, que seriam apenas uma expressão mais aperfeiçoada daquelas. Segundo esse ponto de vista, as grandes religiões teriam surgido ao longo da história pelo aperfeiçoamento do animismo, do fetichismo, do culto da Natureza, do Sol, etc. Os deuses são meras personificações das forças da Natureza, sendo um Krishna, um Buda ou um Cristo meros curandeiros sofisticados pela civilização, que enganam o povo boquiaberto com exibições fraudulentas e nutrem as fantasias humanas com doutrinas consoladoras, que não passam de atraentes fugas da realidade dolorosa que nos cerca. Tudo se resume a dizer que morrer é o nosso destino, e qualquer sentido que se queira dar à vida é mera fantasia, elaboração mental consoladora.

A Religião Comparada afirma, em contrapartida, que todas as religiões têm sua origem no ensinamento de "homens divinos", de homens que tinham sua percepção aberta para uma realidade maior, transcendente aos cinco sentidos, e que, por meio do êxtase, conheciam a realidade dos mundos invisíveis, das leis condicionantes do destino da alma em vida e após a morte, da essência espiritual de todas as coisas, etc. A origem comum das religiões seria, então, a sabedoria divina, sendo que as religiões selvagens, o animismo, o culto da Natureza, etc, seriam meras degenerescências que resultariam de um processo de declínio, "de uma longa decadência, modalidades desfiguradas de crenças religiosas verdadeiras"[1], como afirma Besant.

Delimitado como está o problema nessa divergência quanto à natureza da origem das religiões, precisamos apenas investigar qual das duas hipóteses está melhor fundada nos fatos históricos.

3. Pressupostos da Religião

Antes de iniciarmos diretamente uma investigação na história das religiões, parece importante que tenhamos em mente, com clareza, o que a própria Religião pressupõe.

A palavra Religião, derivada do latim *religio*, que por sua vez é derivada do verbo *ligare*, significa, literalmente, reunião, religação. Portanto, a palavra Religião já pressupõe pelo menos duas coisas ou seres de certa forma separados, que são então reunidos, religados.

É interessante citar que a palavra *Yoga* é derivada do radical sânscrito *yuj*, que significa unir, jungir, ligar por carga ou jugo (derivado do latim *jugu*, que lembra a raiz sânscrita *yuj*, da qual é provavelmente derivada). Assim, *Yoga* significa união, sendo definida como união ou reunião do *Jívátmá* com o *Paramátmá*[2], ou seja, da alma individual com a alma universal.

Por esses exemplos, poderíamos talvez concluir que a Religião pressupõe uma religação ou reintegração da parte com o todo, quer se denomine a esses entes de alma individual e Deus, eu pessoal e Eu Universal, criatura e Criador, etc., conforme a época, nação, cultura e linguagem em que essas ideias se apresentarem ou nas quais forem revestidas.

3.1. Ensinamentos Comuns das Religiões

Como mencionamos anteriormente, é considerado como fato evidente e indiscutível, nos estudos antropológicos, históricos e psicológicos das religiões em geral, que estas possuem um núcleo ou base comum. Sobre esse tema já foram escritos inúmeros tratados, tanto na linha das Mitologias Comparadas quanto na das Religiões Comparadas.

Por esse motivo, não é nossa intenção nos alongarmos sobre esse ponto; porém, algumas deduções intuitivas poderão se mostrar interessantes.

Se entendermos Religião como a reunião da alma individual com a universal, da parte com o todo, isso pressupõe a existência de uma relação entre ambos, que inicialmente estão separados e posteriormente se reúnem; ou talvez seja melhor dizer que eram inicialmente unidos, estão temporariamente separados, mas podem voltar a se unir: daí reunião.

A lei que rege e harmoniza essa relação das partes com o todo e das partes entre si é conhecida no Oriente como lei do *karma*, ou lei de ação e reação, ou lei de causa e efeito. Nas escrituras cristãs, ela está muito bem sintetizada pelo apóstolo Paulo: "Não vos iludais; Deus não se deixa escarnecer: porque tudo o que o homem semear, isso também ele colherá."[3]

Já temos, assim, três elementos básicos oriundos da nossa reflexão sobre a palavra Religião, a saber:

1º) A alma individual, considerada imortal nas diversas religiões, porque não seria afetada pela transitoriedade da matéria.

2º) A alma universal, totalidade ou Deus, da qual a individual é uma

parte e, por isso, persiste a possibilidade da reunião ou religião.
3º) A lei que harmoniza essa relação da parte com o todo.

Talvez encontremos esses três elementos básicos, mais poeticamente elaborados, em *Luz no Caminho*, de Mabel Collins:

> "Há Três Verdades que são absolutas e não podem ficar perdidas, mas podem permanecer em silêncio por falta de quem as proclame.
>
> I. A alma do homem é imortal e o seu futuro é o de algo cujo crescimento e esplendor não tem limites.
> II. O princípio que dá a vida mora em nós e fora de nós; é imortal e eternamente benéfico; não é ouvido, nem visto, nem apreendido pelo olfato, mas pode ser percebido pelo homem desejoso de o perceber.
> III. Cada homem é o seu absoluto legislador, o dispensador da glória ou das trevas para si próprio; é o decretador de sua vida, recompensa e punição.
>
> Estas Verdades, grandes como a própria vida, são simples como a mente do mais simples dos homens. Alimentai com elas os famintos."[4]

O Cristianismo, particularmente, antropomorfizou muito a alma universal ou "princípio que dá a vida", mas se nos lembrarmos das palavras de Cristo: "Não está escrito na vossa escritura: 'Eu disse: Vós sois deuses'?"[5], e que Cristo, como Segunda Pessoa da Trindade, é universal porque Ele é "o primogênito de toda criação; porque por Ele foram criadas todas as coisas que há nos céus e na Terra, visíveis e invisíveis..."[6], então nos lembraremos que Cristo está em nós, *é o nosso íntimo que nos julga*. Dessa forma, fica fácil compreender que *é a voz da nossa consciência que nos pune*, é o próprio Cristo interno cujo "futuro é o de algo cujo crescimento e esplendor não têm limites". Pois disse Paulo: "Até que todos nós cheguemos ... a homem perfeito, à medida completa da estatura de Cristo."[8]

Seja como for, com mais ênfase num ponto ou noutro, podemos sempre encontrar, nos ensinamentos das diversas religiões, menção à alma imortal do homem, a uma alma universal ou "princípio que dá a vida", e a uma lei que rege a relação entre ambas, ou entre a parte e o todo, como se preferir. A ênfase maior ou menor em cada ponto parece estar ligada a condicionantes de passado cultural do povo em que aquela religião particular surgiu.

3.2. A Religião e o Êxtase

Um dos pontos mais misteriosos da Religião, se a entendermos como uma reunião ou reintegração da parte com o todo, é o de que a parte já está dentro do todo! Pois, se tudo que existe é o todo, as partes que existirem só poderão existir dentro dele. Porém, então não poderia haver real separação entre a parte e o todo! Como poderemos, se isso for verdadeiro, entender uma reunião, uma Religião? Como pretenderemos reunir o que não está separado?

Devemos, então, concluir que há uma contradição inerente na Religião, e, portanto, que ela está edificada sobre a pedra angular da ignorância humana, da superstição, como sustenta a Mitologia Comparada? Não necessariamente.

Tal questionamento sobre a reunião da parte com o todo nos levaria a uma contradição, caso nos esquecêssemos de que o nosso consciente não está usualmente integrado harmonicamente com o nosso íntimo, que é a voz da consciência, o todo em nós. Aliás, os seres humanos estão frequentemente em conflito com o seu íntimo, não é verdade? Aí está justamente o núcleo dos conflitos psicológicos...

Porém, se assim entendermos a relação do homem com a divindade, o Cristo interno ou "em vós", então a Religião passaria a ser, estritamente falando, uma religação *consciente* com Deus! E isso é exatamente o que os místicos têm chamado de êxtase, *samadhi*, *satori*, etc. Seria uma ampliação da percepção consciente, de modo a tornar a consciência de vigília receptiva à percepção direta desse "princípio que dá a vida", que "mora em nós e fora de nós", que não pode ser percebido pelos cinco sentidos, mas que pode ser percebido pelo êxtase.

A própria razão de ser da Religião seria a busca da superação desse estado de conflito, de vazio, que tanto pesa em nossa alma, pelo descobrimento da plenitude da totalidade em nosso interior, através do êxtase, da iluminação, etc.

Nesse sentido estrito, a Religião, ou reunião, é esse estado ampliado da consciência em que o eu pessoal se funde com o Eu Universal, mesmo que, em muitos casos, ele dure pouco tempo. Plotino, o neoplatônico alexandrino do século III d.C., refere-se assim ao êxtase nas *Enéadas* (V, 8. 11):

> "Quando um homem é arrebatado pela Divindade, ele perde a consciência de si mesmo. Quando contempla o divino espetáculo que possui dentro de si, contempla a si mesmo e vê sua imagem embelezada. Por bela que seja, ele deve deixá-la de lado e concentrar-se na Unidade, sem fazer nela nenhuma divisão. Então ele se torna simultaneamente um e tudo com essa Divindade, a qual silenciosamente lhe concede a Sua presença. Então o homem é unido à Divindade, na medida de seu desejo e de sua capacidade. Se, conservando-se puro, ele voltar à dualidade, permanecerá tão perto quanto possível da Divindade e gozará da divina Presença tão logo se volte para Ela."[10]

Sem o êxtase não há Religião, embora possa haver cultos, ritos, dogmas, escrituras sagradas, instituições religiosas, etc. Como veremos, sem o êxtase as religiões entram em declínio.

4. O Fenômeno do Declínio

Como disse Van der Leew:

> "Quando cessa a experiência da verdade viva no interior da consciência do homem, ele é forçado a colocar sua fé na doutrina exterior, substituindo assim a Realidade íntima. A verdade não

pode ser exteriorizada; não sendo algo de objetivo, não pode ser contida, mesmo parcialmente, numa declaração ou num livro, por sublime que seja. A verdade é a relação viva das coisas como são e só pode ser compreendida a partir do interior. Desde o momento em que o homem, despojado da inspiração que é a voz interior da verdade, celebra, em seu lugar, o ídolo falso que é o dogma, a luta entre o misticismo ou inspiração e a ortodoxia ou dogmatismo está iniciada."[11]

O apóstolo Paulo, que era um homem sábio, conhecia bem essas tendências dogmatizantes da mente humana, pois as sintetizou em uma única frase lapidar: "a letra mata, mas o espírito vivifica"[12]; como dizia Krishnamurti, "a palavra não é a coisa"[13]. "As ideias não são a verdade. A verdade é algo que tem de ser experimentado diretamente, de momento a momento"[14].

Infelizmente, a verdade mística só pode ser alcançada pelo êxtase, e, como vimos ao citar Plotino (citação nº 10), existem condições de capacidade e pureza para que este seja alcançado. Só um homem puro e com enorme capacidade de concentração meditativa pode alcançar o estado máximo de percepção interior que é o êxtase. Só então o homem "é arrebatado pela Divindade", perdendo "a consciência de si mesmo", como Plotino referiu.

Quando nenhum adepto de uma certa religião consegue alcançar esse estado de percepção direta, os religiosos ficam restritos à letra e às descrições feitas pelo seu fundador e seus discípulos mais capazes. Ou seja, como disse o apóstolo, essa religião estará declinando ou morrendo pelo apego à letra, e pela falta de vida que só o êxtase espiritual pode produzir ou desvelar. Começam então as perseguições, o medo das heresias, a fragmentação da religião em uma infinidade de seitas com diferentes linhas de interpretação, o fanatismo, etc. E esse é, infelizmente, o quadro de muitas religiões do mundo, fato histórico e atual.

Poderíamos citar inúmeros exemplos, entre os quais está a guerra entre o Irã e o Iraque, decorrente da discordância entre os xiitas e os sunitas, que são seguidores de diferentes seitas do Islamismo, etc.

Preferiremos, contudo, citar um exemplo mais próximo de nossa cultura: o Cristianismo.

4.1. O Caso do Cristianismo

Ao invés de investigarmos os crimes que a Santa Inquisição fez em nome de Deus, ou das Cruzadas, que mataram um número ainda maior de pessoas também em nome do Altíssimo, ou das lutas atuais na Irlanda entre protestantes e católicos, que seriam fonte de terríveis evidências do declínio do Cristianismo, e que devem fazer com que seu Sábio Fundador se compadeça dos seus ignorantes seguidores, tentaremos demonstrar com uns poucos indícios, aos quais temos acesso, a grandeza espiritual de algumas linhas do Cristianismo primitivo.

Há inúmeras passagens nos evangelhos em que Cristo faz referência aos Mistérios que ele revelava somente aos seus discípulos escolhidos. Por exemplo:

> "E quando se achou só, os que estavam junto dele com os doze interrogaram-no acerca da parábola. E ele disse-lhes: a vós vos é dado conhecer os mistérios do reino de Deus, mas aos que estão de fora todas estas coisas se dizem por parábolas: para que, vendo, vejam, e não percebam; e ouvindo, ouçam, e não entendam..."[15]
>
> "E com muitas parábolas tais lhes dirigia a palavra, segundo estavam aptos a ouvi-la. E sem parábolas nunca lhes falava; mas quando estavam a sós, ele expunha todas as coisas aos seus discípulos."[16]

Comparemos essas passagens com esta, de Clemente de Alexandria (150-213 d.C.), na *Stromata*:

> "A pureza não é mais que um estado passivo útil, principalmente como condição para adquirir o conhecimento. Aquele que foi purificado no batismo e logo iniciado nos Mistérios Menores adquiriu, por assim dizer, o hábito da reflexão e o domínio de si mesmo, e se encontra maduro para os Mistérios Maiores, para a *Epoptéia* ou *Gnosis*, ou o conhecimento científico de Deus."[17]

Lembrando que Clemente era Padre da Igreja Cristã de Alexandria, poderíamos perguntar quantos padres de hoje admitem que os Mistérios Cristãos tenham ao menos existido?

Vejamos o que respondeu o seu discípulo, Padre Orígenes (184-253 d.C.), a Celso, que acusava o Cristianismo de iniciar a todos os tipos de pecadores nos Mistérios, profanando, assim, coisas sagradas:

> "Agora, em resposta a tais declarações, afirmamos que não é a mesma coisa convidar à cura os que estão doentes da alma e os que estão com saúde, ao conhecimento e estudo das coisas divinas. Nós, todavia, mantendo sob nossas vistas ambas estas coisas, primeiro convidamos todos os homens a serem curados, e exortamos os que são pecadores a entregar-se à consideração das doutrinas que ensinam os homens a não pecar; e aos que são destituídos de entendimento, aos que engendram sabedoria, e aos que são crianças, a elevar-se em pensamento até a virilidade, e aos que são simplesmente desafortunados à boa fortuna ou – usando um termo mais apropriado – à bem-aventurança. E quando os que se voltaram para a virtude tiverem feito progresso, mostrando que foram purificados pelo Verbo e levando, tanto quanto puderem, uma vida melhor, então, e não antes, os convidaremos a participar de nossos Mistérios. 'Pois falamos sabiamente entre os que são perfeitos'."[18]

E diz mais:

> "Não à participação nos Mistérios, pois, e à comunhão na sabedoria oculta num Mistério, que Deus ordenou perante o mundo para a glória de Seus santos, não a isso convidamos o homem mau e o ladrão e o arrombador e o envenenador e o que comete sacrilégio e o saqueador de mortos e todos aqueles que Celso possa enumerar, em seu estilo exagerado, mas a esses homens convidamos a que se curem."[19]

Mas, por outro lado:

> "...quem quer que seja puro não só de toda mácula, mas do que é tido como transgressões menores, que seja ousadamente ini-

ciado nos Mistérios de Jesus, os quais, com propriedade, são dados a conhecer apenas aos santos e puros. O iniciado de Celso, em conformidade com isso, diz: 'Deixai vir aqueles cuja alma não tem consciência de nenhum mal.' Mas aquele que age como iniciador, segundo os preceitos de Jesus, dirá aos que foram purificados de coração: "Aquele cuja alma de longa data não tem tido consciência do mal e especialmente desde que ele se tenha entregue à cura do mundo, que tal homem ouça as doutrinas que foram reveladas em particular por Jesus a seus discípulos genuínos. Portanto, na comparação que institui entre os procedimentos dos iniciadores aos Mistérios gregos e os mestres da doutrina de Jesus, ele não vê a diferença entre convidar os maus a que se curem e iniciar nos Sagrados Mistérios os que já estão purificados.'"[20]

É bastante evidente que Clemente e Orígenes eram iniciados nos Mistérios Cristãos, pois defendiam abertamente essa estrutura esotérica, com ensinamentos superiores aos exotéricos dados às multidões. Sobre isso, comenta Orígenes:

"Falar da doutrina cristã como de um sistema secreto é totalmente absurdo. Mas que existem certas doutrinas não dadas a conhecer às multidões, que são (reveladas) depois que as exotéricas tiverem sido ensinadas, não é peculiaridade apenas do Cristianismo, mas igualmente de sistemas filosóficos nos quais certas verdades são exotéricas e outras esotéricas."[21]

Temos aqui provas significativas de que os Mistérios Cristãos existiram. Desnecessário seria dizer que esses ensinamentos esotéricos foram perdidos pelo Cristianismo. Provavelmente, esse processo de declínio dos Mistérios Cristãos ocorreu já no século IV d.C., pois sua doutrina foi condenada como herética pelo Papa Anastácio em 400 d.C., e, mais tarde, o próprio Orígenes foi condenado, em 543 d.C., no Édito de Justiniano, e, em 553 d.C., no Concílio de Constantinopla II.

Eis algumas interpretações de Orígenes que, provavelmente, foram causa de sua condenação:

"Que pessoa inteligente imaginaria, por exemplo, que um primeiro, um segundo, um terceiro dia, tarde e manhã, aconteceram sem Sol, sem Lua e sem estrelas; e o primeiro, conforme o chamamos, sem nem mesmo um céu? Quem seria tão infantil a ponto de supor que Deus, como um jardineiro humano, plantou um jardim no Éden, para os lados do Oriente, e formou ali uma árvore, visível e sensível, de tal modo que se conseguisse o poder de viver comendo materialmente de seu fruto com os dentes; e ainda que se pudesse participar do bem e do mal, nutrindo-se do que vinha daquela outra árvore? Se dizem que Deus andava à tarde no jardim e que Adão se escondia sob a árvore, imagino que ninguém há de questionar serem essas declarações figurativas, asseverando misteriosas verdades por meio de uma semelhante história, e não de fatos que ocorreram de modo material. E Caim, ao se afastar da presença do Senhor, como é simples e claro para as mentes atentas, incita o leitor a buscar o significado da presença de Deus ou da de alguém que dela se afaste. Que necessidade há de mais, quando todos, até mesmo os atoleimados, podem reunir inúmeros exemplos em que as coisas eram registradas como tendo acontecido, e que, em absoluto, jamais aconteceram num sentido literal? Não, mesmo os Evangelhos estão cheios de expressões da mesma espécie; como aquela em que o diabo leva Jesus a uma alta montanha, para de lá mostrar-lhe os reinos de todo o mundo e a sua glória. Quem senão um leitor descuidado de tais palavras deixaria de condenar os que pensam que, com olhos da carne – que necessitavam da altura para ter a visão do que havia abaixo, a grande distância – os reinos dos persas e dos citas e dos índios e dos partos haviam sido vistos, e com eles a glória que os homens concediam aos seus governantes? Incontáveis casos como esses o leitor atento será capaz de observar, que o farão concordar que, com as histórias que ocorreram literalmente, estão entrelaçadas outras coisas que na realidade não aconteceram."[22]

A condenação desse brilhante padre do Cristianismo Alexandrino, três séculos após a sua morte, a total perda dos ensinamentos dos Mistérios Cristãos, que representavam a continuidade viva dos ensinamentos que Jesus teria ministrado somente a seus discípulos, bastariam para evidenciar o processo de declínio no Cristianismo, mas depois a intolerância cresceu, vieram as Cruzadas e a Santa Inquisição...

Mesmo hoje, a Igreja não tem a vitalidade que tinha na primitiva estrutura de Alexandria; que dizer então do declínio ocorrido se compararmos ao período em que Cristo estava vivo? Será necessária maior prova de que não é a sofisticação da civilização ou a sua intelectualização que vitaliza uma religião?

Sábias eram as palavras de Paulo: "A letra mata, mas o espírito vivifica."[23]

4.2. Causas e Consequências do Declínio

As causas do processo de declínio das religiões já foram bastante comentadas no item 4, referente ao fenômeno do declínio; contudo, a citação de Paulo, acima, as sintetiza bem: na falta do êxtase, que é a experiência espiritual por excelência, o homem tende a apegar-se à letra, às descrições dos outros. Daí advém a rigidez, o dogmatismo, a intolerância, o esclerosamento e o declínio das religiões.

Plotino, de maneira magistral, enfatiza essa distinção fundamental entre o mero conhecimento intelectual e a experiência interior do êxtase; nas Enéadas (VI, 9, 4 e I, 6, 9), como segue:

> "A causa principal da nossa incerteza é que a nossa compreensão do Um não nos vem pelo conhecimento científico nem pelo pensamento, como conhecimento de outras coisas inteligíveis, mas por uma Presença que é superior à ciência. Quando a alma adquire o conhecimento científico de algo, ela se separa da unidade e cessa de ser inteiramente uma, pois a ciência implica a razão discursiva, e a razão discursiva implica a multiplicidade. Para alcançar a Unidade devemos, portanto, elevarmo-nos acima da ciência e jamais nos apartarmos daquilo que é essencialmente Um; devemos para tanto renunciar à ciência, aos objetos da ciência e a todos os demais direitos, exceto a esse Um; mesmo à beleza, pois a beleza é posterior à Unidade, e deriva desta como a luz do dia provém do Sol. Eis que Platão diz da Unidade que é indizível e indescritível. Ainda assim, dela falamos e escrevemos sobre ela, mas apenas para estimular nossas almas pela discussão, e para encaminhá-las em direção a esse espetáculo divino, como se indicaria o caminho a alguém que desejasse ver algum objeto. A instrução, na verdade, chega a indicar o caminho e a nos guiar na senda, mas obter a visão da Divindade é trabalho próprio de quem deseja obtê-la."[24]

> "Quem nela tentar fixar olhos conspurcados pelo vício, olhos tão impuros ou fracos, que não possam suportar o esplendor de objeto tão brilhante, esses olhos nada verão, nem mesmo se lhes for mostrada uma visão fácil de compreender. O órgão da visão deverá primeiro se tornar análogo e semelhante ao objeto que há de contemplar. Os olhos jamais veriam o Sol se primeiro não tivessem assumido a sua forma; do mesmo modo, a alma jamais veria a beleza se ela própria, antes, não se tivesse tornado bela. Para conseguir a visão do belo e da divindade, todo homem deve começar por se tornar belo e divino."[25]

Fica, pois, evidente que não será jamais no plano intelectual que chegaremos a uma prova final sobre a existência de uma alma imortal em nós, ou de uma alma universal subjacente ao Universo, ou das leis da justiça ou harmonia que governariam a vida. Essas questões essenciais da Religião só podem ser resolvidas no êxtase, que é o meio de obtenção do conhecimento místico.

Todavia, como conseguimos evidenciar, pelo menos nos exemplos citados no caso específico da religião cristã, que de fato existe o processo do declínio, a ponto de mesmo uma religião civilizada e filosoficamente rica em suas origens, como a cristã, sofrer as vicissitudes do fanatismo e superstição da Santa Inquisição, parece justo afirmar que a hipótese das Religiões Comparadas parece mais provável de ser verídica.

O medo do diabo, da magia, na Idade Média Cristã, conforme evidenciam os absurdos julgamentos do Santo Ofício, lembram os tabus dos polinésios, e religiões selvagens semelhantes ao animismo, fetichismo, etc. Por outro lado, não parece haver evidência histórica de religiões fetichistas ou animistas que tenham chegado à profundidade filosófica das *darshanas* hindus ou das Enéadas de Plotino, nem à sublimidade das escrituras budistas ou cristãs. Também não há evidências de que algum curandeiro tribal tenha galgado a imponência espiritual de um Buda ou um Cristo. Pelo contrário, o que se pode ver como fato histórico é que a mensagem desses grandes seres sobrevive *apesar* da ignorância humana, do fanatismo, da estreiteza mental, do egoísmo, da brutalidade e do declínio dos valores das civilizações.

Será que um homem comum conseguiria ser um consolador e enganador tão eficiente?

Por todas essas evidências, parece-nos justo afirmar que a tese das Religiões Comparadas, de que são os homens divinos a causa das grandes religiões, ou melhor, de que esses homens se divinizaram pelo êxtase a ponto de adquirirem uma sabedoria divina que desafia os milênios, apesar de só termos fragmentos de segunda mão dos seus ensinamentos, merece ser considerada a tese mais provável, mais próxima da verdade.

4.3. Causas da Unidade das Religiões

Na medida em que, a partir da evidência dos fatos históricos, verificou-se ser mais fácil as religiões declinarem, e mais difícil se revitalizarem ou evoluírem, pareceu-nos mais provável a tese das Religiões Comparadas.

Assim sendo, é interessante retomar a questão da origem comum das religiões a partir da tese das Religiões Comparadas.

Sob esse ponto de vista, a origem comum das religiões seria a sabedoria divina, ou a Teosofia, como Plotino a chamava. Evidentemente, tal sabedoria não é um conhecimento intelectual, mas um estado de consciência alcançado pelo êxtase, pelo aumento da percepção da voz do nosso íntimo, que depende de uma absoluta serenidade ou silêncio da mente. Isso implica uma mente sem desejos ou conflitos, totalmente desapegada da transitoriedade da matéria e das sensações que ela produz.

Quando um homem chega a esse estado de ser, sua percepção percebe a divindade, e então ele se diviniza. Ele pode então dizer: "Eu e o Pai somos um."[26]

Assim, por meio dessa percepção aumentada, ele torna-se onisciente em relação às leis que regem o crescimento das almas, ao ciclo da vida e da morte, ao retorno cíclico das almas para aprendizagem, aos diversos níveis de profundidade e consciência da mente humana, etc.

Apesar de precisar adequar a sua sabedoria à linguagem e cultura do povo que ele instrui, sua mensagem será, em essência, a mesma sabedoria divina que todos os homens divinizados que o precederam tentaram comunicar aos homens em geral. Daí a semelhança entre as diversas religiões do mundo em seus ensinamentos essenciais.

Mais do que uma semelhança oriunda de uma percepção da mesma sabedoria, da mesma verdade divina, alguns autores levantam ainda outra hipótese mais arrojada: a de que haveria uma Fraternidade Mística, uma "Comunhão de Todos os Santos" do mundo, que, sendo inspirada pela própria divindade, velaria pela humanidade, fundando aqui e ali novas religiões, trazendo novos ensinamentos adequados a cada época e civilização, tal qual os irmãos mais velhos se organizam para ajudar os mais moços a crescer e aprender.

5. Conclusão

Pelo desenvolvimento deste trabalho e a partir dos fatos históricos verificáveis na história das religiões, parece ser justo afirmar que as grandes religiões declinam com relativa facilidade, resultando em superstição, fanatismo e intolerância. Contudo, as religiões primitivas parecem incapazes de, sofisticando-se a si próprias, conquistarem a profundidade ética e filosófica, altruísta e mística das grandes religiões. Tal verificação nos conduz à conclusão de que a tese das Religiões Comparadas é provavelmente a mais verídica, pois entende que a origem comum das religiões advém da sabedoria divina.

Assim, as religiões se assemelhariam a rios que são puros e cristalinos próximos à sua fonte, simbolizando o Fundador inspirado ou divinizado pelo êxtase, mas que vão se tornando cada vez mais robustos e barrentos à medida que se afastam de sua fonte, pois vão perdendo a vitalidade ao carrearem os pedregulhos da superstição e intolerância e a lama dos desejos e interesses mundanos, resultando frequentemente em instituições que muito pouco retiveram do espiritual, mas que cresceram em poder temporal.

Parece que esse declínio das religiões, que é o declínio da sabedoria divina em contato com as superstições e os desejos humanos, nenhum grande instrutor conseguiu evitar. Talvez seja mesmo mais fácil começar uma nova religião com renovado vigor.

Contudo, se é que de fato faz algum sentido dizer que há evidências neste trabalho capazes de sustentar que a religião não é uma mera fuga da realidade, mas pode ter um fundo real na experiência direta do êxtase, também seria forçoso dizer que sem o êxtase nenhuma prova cabal é possível no campo místico, como o próprio trabalho evidenciou, pois a divindade não pode ser ouvida, nem vista, nem percebida pelos cinco sentidos, "mas pode ser percebida pelo homem desejoso de a perceber". Porém, se tal afirmação for verdadeira, a intensidade que esse desejo precisaria alcançar seria, provavelmente, tal que nenhum outro desejo deveria mais existir, de modo que, não havendo a menor dispersão de esforço, a energia mental pudesse atingir a sua intensidade máxima, tradicionalmente chamada de êxtase.

Referências bibliográficas:

1) BESANT, Annie. *O Cristianismo Esotérico.* São Paulo, Pensamento, 1978. p. 15.

2) TAIMNI, I.K. *A Ciência do Yoga.* Brasília, Ed. Teosófica, 1996. p. 20

3) THE HOLY Bible. King James Version, 1611. New York, American Bible Society, 1980. Galatians 6:7 (Gálatas 6:7).

4) COLLINS, Mabel. *Luz no Caminho.* Branho, Ed. Teosófica, 1999. p. 67-8.

5) THE HOLY, *op. cit.*, João 10:34.

6) Ibidem, Colossenses 1:15-16.

7) Ibidem, Colossenses 1:27.

8) Ibidem, Efésios 4:13.

9) Ibidem, Atos 17:28.

10) VAN DER LEEW, J.J. *A Dramática História da Fé Cristã.* São Paulo, Pensamento, 1987. p. 90-1.

11) Ibidem, p. 60.

12) THE HOLY, *op. cit.*, II Coríntios 3:6.

13) KRISHNAMURTI, J. *A Primeira e a Última Liberdade.* São Paulo, Cultrix, 1976. p. 27.
14) Ibidem, p. 50.
15) THE HOLY, *op. cit.*, Marcos 4:10-12.
16) Ibidem, Marcos 4:33-34.
17) BIGG, C. *The Christian Platonists of Alexandria.* p. 62.
18) VAN DER LEEW, J.J. op. cit., p. 76.
19) Ibidem, p. 76.
20) Ibidem, p. 76.
21) Ibidem, p. 77-8.
22) Ibidem, p. 74.
23) THE HOLY, *op. cit.*, João 10:30.
24) VAN DER LEEW, J.J. op. cit., p. 88.
25) Ibidem, p. 89.
26) THE HOLY, *op. cit.*, João 10:30.

Capítulo 26

Vida Única e Reencarnação[1]

Aparentemente, a ideia de viver só uma vez parece opor-se à da reencarnação, mas pode-se tentar demonstrar que, na verdade, não existe tal incompatibilidade. A oposição lógica seria ainda mais óbvia entre os conceitos de "Encarnação Única e Reencarnação", como era o nome original deste trabalho, quando foi apresentado na Universidade. Porém, na adaptação feita para este livro, de um país tradicionalmente cristão, em que o termo encarnação em algumas Igrejas só se aplica ao caso do Senhor Cristo, tal título talvez criasse uma complexidade ainda maior, que aqui será evitada.

Por outro lado, seria, sem dúvida, mais abrangente e interessante tratar sobre o tema "Vida Única e Reencarnação", enfocando até mesmo a hipótese da inexistência da alma humana (D) ou da sua possível mortalidade, ao invés de partir desde o início da cômoda hipótese de que a alma humana (D) existe, é imortal e encarna-se no corpo físico

[1] Esta é uma adaptação feita para este livro, anteriormente publicada na *Revista TheoSophia,* de um trabalho intitulado *Encarnação Única e Reencarnação,* apresentado na Faculdade de Filosofia da UFRGS como conclusão da cadeira de Filosofia da Religião I (HUM 136U) em 1987. Para facilitar a compreensão dos irmãos teósofos, mais acostumados com outra nomenclatura, acrescentaremos, ao longo do texto, depois de cada veículo da consciência, o mesmo código alfanumérico que se encontra na página 41 da nossa obra *A Tradição-Sabedoria,* 3ª ed. rev. ampl. (Brasília, Ed. Teosófica, 2003), a saber: INDIVIDUALIDADE (D): Veículo *Átmico* (D1); Veículo *Búdico* (D2); Corpo Causal (D3); PERSONALIDADE (E): Corpo Mental (E1); Corpo Astral (E2); Duplo Etérico (E3); Corpo Físico (E4).

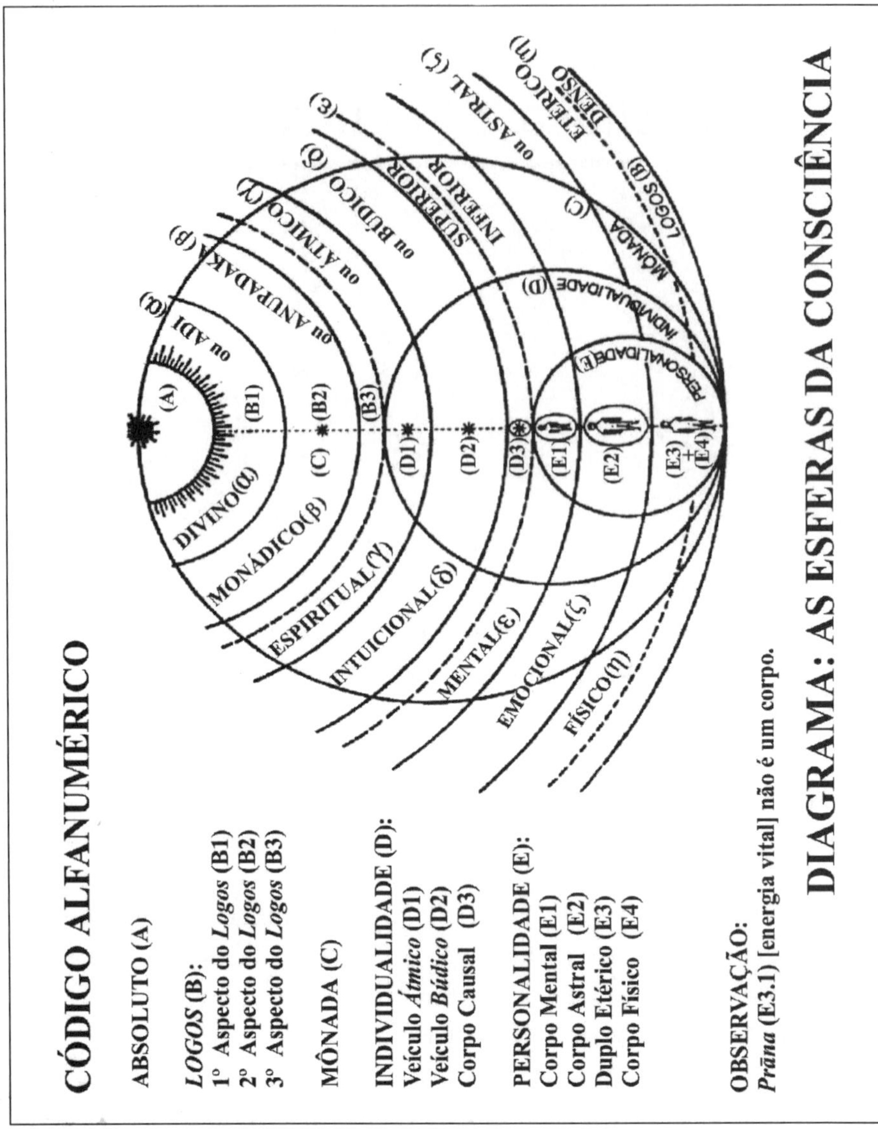

(E4) para manifestar-se nesse mundo material. Contudo, principiar por um tal questionamento sobre a imortalidade da alma (D) tornaria esse trabalho muito mais extenso do que a oportunidade permite. Porém, talvez uma síntese sobre tal enfoque seja agora oportuna.

Foi o Dr. Viktor E. Frankl, criador da Logoterapia ou 3ª Escola Psiquiátrica de Viena, quem considerou que o homem é capaz de suicidar-se caso não encontre um sentido para viver, e também é capaz de dar a sua vida por uma causa, até de oferecer-se ao martírio, caso encontre nela o sentido de sua vida, e isso – disse ele – um animal não é capaz de fazer. Eis um forte indicativo do componente espiritual do homem que esse psiquiatra pôde investigar enquanto era prisioneiro de quatro campos de concentração nazistas, durante a II Guerra Mundial.

Os homens, devido a uma sensação de vazio espiritual ou existencial, são também capazes de levar o corpo (E4) a todos os excessos, prejudicando assim a sua própria saúde. Poderia um ser puramente material entrar em contradição com a vontade natural de seu próprio corpo (E4), que é a saúde? Um animal dificilmente poderia.

Temos assim fortes indícios de que há pelo menos um componente espiritual no ser humano, geralmente chamado de alma (D), que o diferenciaria do animal ou do puramente material. Aliás, sabe-se hoje que $E = mc^2$, ou seja, que o puramente material não existe, visto que a ciência descobriu que a matéria e a energia são mutuamente conversíveis, sendo a primeira uma manifestação ou forma "condensada" da segunda.

A própria telepatia, exaustivamente comprovada pelos parapsicólogos, indica que o pensamento pode ser percebido à distância por uma pessoa sensível sem nenhum meio material de transmissão, ou seja, indica que o pensamento sobrevive fora do cérebro. Então, por que não poderia a alma (D) sobreviver sem o corpo (E4)?

Seja como for, pelo exposto inicialmente, teremos que partir do ensinamento universalmente aceito por todas as religiões de que a alma humana (D) é imortal, ou, melhor dizendo, de que há um princípio imortal no homem[2].

[2] Na verdade, embora o Budismo do Norte seja reencarnacionista, o caso do Budismo do Sul parece ser uma variação excepcional, porque considera o eu separado ou alma (D) como uma ilusão, comparando a vida com um fluxo de contínua mudança onde nada é permanente, embora acredite no *karma* como uma sucessão de causas e efeitos que afetará uma vida futura. Assim, o renascimento não tem o sentido de imortalidade, mas apenas o de uma simples continuidade dentro da mutabilidade. Dessa forma, o Budismo do Sul entende que, quando a chama de uma vela acende uma outra vela, nada transmigrou.

Esse princípio se manifestaria nesse mundo físico ligando-se a um corpo carnal (E4) – eis o fenômeno da encarnação, também universalmente aceito por todas as religiões do mundo, com algumas variações[3].

Todavia, podemos encontrar, em um estudo de religiões comparadas, pelo menos duas doutrinas aparentemente inconciliáveis: a de que a alma (D) só se encarnaria ou estaria encarnada num corpo (E4) uma única vez neste mundo material, e a de que a alma (D) se reencarnaria ciclicamente, ou muitas e muitas vezes nesse mundo físico.

A primeira, usualmente associada aos aspectos exotéricos do Judaísmo, Cristianismo e Islamismo, em síntese considera que a alma (D) encarnada está aqui só de passagem, voltando à sua verdadeira morada eterna após a morte do corpo (E4), não se preocupando em explicar qual o objetivo dessa passagem por este mundo e nem por que essa passagem pode durar setenta anos ou mesmo um século para alguns, enquanto que outras almas só ficam alguns dias ou mesmo minutos encarnadas neste mundo.

A segunda, usualmente associada ao Hinduísmo, Budismo, Espiritismo, às religiões iniciáticas dos Mistérios Egípcios, Gregos, etc., e às filosofias Pitagórica, Platônica, etc., em síntese considera que a alma (D) tem algo a aprender neste mundo e terá que reencarnar em novos corpos (E1, E2, E3, E4) até que aprenda o que veio aprender, sendo que as circunstâncias das vidas seguintes serão efeito da conduta nas anteriores. Somente depois de passar por essa aprendizagem na escola das vidas corpóreas e conquistar a sabedoria correspondente é que a alma

[3] No caso do Cristianismo Católico Romano, depois da decisão do Concílio Constantinopla II em 553 d.C., o termo encarnação se aplica somente ao Senhor Cristo, como encarnação do Verbo Divino. Ele é o Filho primogênito da criação divina, tendo se originado no início dos tempos. Todas as outras almas seriam criadas por Deus depois que o seu respectivo corpo fosse concebido pelos homens na Terra. Tal é a consequência do anátema contrário à preexistência da alma do Padre Orígenes, decretada naquele Concílio. O Papa Vigílio preferiu nem comparecer, alegando estar doente, pois o Concílio foi convocado pelo Imperador Justiniano I, num exemplo clássico de cesaropapismo: regime em que os Césares de Roma pretendiam exercer controle sobre o poder espiritual da Igreja [maiores detalhes podem ser encontrados em *A Tradição-Sabedoria* (vide nota 1) ou em DAVIS, Leo Donald. S.J. *The First Ecumenical Councils (325-787)*; Their History and Theology. Collegeville, USA, The Liturgical Press, 1990. p. 207-56.].

(D) desligar-se-ia dos laços do desejo por experiências mundanas que a trazem de volta para novas encarnações. Somente então ela cumpriu sua missão ou tarefa de aprendizagem neste mundo e está livre para voltar definitivamente para sua verdadeira pátria espiritual.

Temos, pois, duas doutrinas aparentemente inconciliáveis. Analisemos, porém, mais profundamente cada uma delas.

Tomemos, como exemplo mais próximo de doutrina da vida única, os dogmas e artigos de fé atuais da Igreja Católica Apostólica Romana. Segundo essa doutrina, consequência do anátema contrário à preexistência da alma decretado em 553 d.C., no Concílio Constantinopla II, a alma (D) é criada por Deus no momento da concepção, estando desde então ligada ao óvulo fecundado que gerará o seu futuro corpo (E4), desligando-se deste somente no momento da morte. Então, ela (D) seria submetida a um julgamento cujo resultado seria ou a penalidade de um sofrimento eterno no inferno ou a bem-aventurança eterna no céu, precedida de um eventual e algo penoso período transitório de purificação no purgatório. Esse período eventual de purgação seria algo breve, mesmo porque, do ponto de vista dimensional, qualquer período de tempo será breve perante a eternidade... Obviamente, visto que segundo essa doutrina os atos finitos e temporais geram resultados infinitos ou eternos, a alma não terá mais oportunidade de voltar para essa Terra e reencarnar. Essa desproporcionalidade entre causa e efeito é inerente a todas as religiões de vida única que tenham o inferno e o céu como resultados eternos; porém, no caso cristão citado existe um agravante: não é a conduta da vida da pessoa que determina o resultado do julgamento, mas apenas a crença no Salvador no instante da morte. Se naquele instante crítico – a última oportunidade de arrependimento – a fé da pessoa no Salvador vacilar, ela não irá para o céu, independentemente de quão virtuosa ela tenha sido, porque, para esses cristãos que seguem a interpretação tradicional, o Salvador não é interpretado como um princípio onipresente ou um Cristo Interno[4] (D2), mas uma pessoa externa que é o caminho, a

[4] Como dizia São Paulo: "Cristo em vós, a esperança de glória" (Colossenses 1:27), ou como disse o próprio Cristo: "Naquele dia sabereis que Eu estou em meu Pai, e vós em Mim, e Eu em vós" (João 14:20).

verdade e a vida, e ninguém pode chegar ao céu sem aceitá-lo como o seu Salvador. Deixa, assim, de ser uma questão de justiça divina para transformar-se numa questão de relação pessoal. Nesse caso, então, a deformação dimensional atinge o máximo, pois a eternidade é decidida em um único instante – o da morte! Talvez seja por isso que a civilização cristã é uma das que mais teme a morte: tudo é decidido ali. Já entre os hindus, que são reencarnacionistas, é costume festejar a morte com alegria, sendo considerado uma ofensa ao morto chorar pela sua perda, porque a morte é o dia da libertação: eis o contraste.

Por outro lado, a doutrina da reencarnação tende a gerar certa apatia, quando mal compreendida, porque tendo à sua disposição tantas vidas quantas forem necessárias pode haver uma falta de sentido de urgência, uma tendência ao adiamento de esforços, uma tendência a certa inércia mais comum no Oriente, se formos compará-la com a pressa do ritmo ocidental de viver. Aliás isso é coerente, pois para o cristão a vida é uma só: o que não foi feito nesta vida nunca mais será feito, logo corre-se desesperadamente atrás do tempo, que se torna irrecuperável. Eis uma das causas do imediatismo ocidental: a doutrina da vida única tende a gerar impaciência, caindo-se num "agora ou nunca". Assim, sob um ponto de vista caricaturesco, o reencarnacionista pode parecer um apático; e o não reencarnacionista, um desesperado. Há pois vantagens e desvantagens em ambas as doutrinas, quando tomadas superficialmente.

A doutrina da reencarnação, por sua vez, tem meandros que o observador superficial geralmente desconhece. Por exemplo, se o indivíduo troca de corpo (E4) de uma encarnação para a outra, então é óbvio que ele também trocou de cérebro. Assim, a memória cerebral é afetada, há uma descontinuidade; somente a alma imortal (D3) lembraria o seu passado e, portanto, é usual o esquecimento total das vidas anteriores em nível de consciência cerebral de vigília. A esse esquecimento do passado, Platão refere-se parabolicamente em *A República*, quando a alma (D), antes de nascer, bebe das águas do Rio Lethe – o rio do esquecimento.

Surge então uma questão fundamental no reencarnacionismo: o que é que encarna? Platão, por exemplo, divide a alma em três partes, segundo *A República*, que são apetitiva (E2) (algo como um resquício vegetal que busca o prazer e foge da dor), a irascível (E1) (algo como um resquício animal que busca vencer pela força, sede da busca de poder, fama e autoafirmação) e a inteligível (D3) (a alma humana propriamente dita, sede da razão e da busca da verdade). Os sistemas reencarnacionistas falam de segunda e mesmo terceira morte, correspondendo à morte de certas partes mortais (E1+E2) da alma ou psique. Assim, por exemplo, após um período de purgação, proporcional à intensidade dos apetites e desejos inferiores do indivíduo, ocorreria a morte da alma apetitiva ou lunar (E2) (como às vezes é chamada nas tradições de mistérios), libertando, assim, o indivíduo do purgatório.

Platão, que era iniciado nos Mistérios de Elêusis, conhecia esses ensinamentos sobre os estados *post-mortem*, conforme podemos ver no Fédon: "Todo aquele que atinja o Hades (o mundo dos mortos, N. R. L.) como profano e sem ter sido iniciado, terá como lugar de destinação o Lodaçal, enquanto que aquele que houver sido purificado e iniciado morará, uma vez lá chegado, com os deuses. É que, como vês, segundo a expressão dos iniciados nos mistérios, 'numerosos são os portadores de tirso, mas poucos os Bacantes' [5]. Ora, a meu ver, estes últimos não são outros senão os de quem a Filosofia, no sentido correto do termo, constitui a ocupação" [6]. Podemos, assim, ver como os ensinamentos dos mistérios influenciaram Platão, a ponto de considerar que a ocupação do verdadeiro filósofo é preparar-se para a morte.

Os Mistérios comparavam os estados *post-mortem* com o estado de sonho, a morte com o dormir, porque, para eles, a alma se desprendia parcialmente do corpo enquanto este dormia. Assim como podemos ter pesadelos ou sonhos "coloridos" ao dormir, dependendo se nosso dia foi perturbado ou harmônico, também os estados *post-mortem* eram vistos como uma continuação mais intensa [porque livre da prisão do corpo (E4)], dos estados psicológicos de nossa vida, referentes aos nossos hábitos físicos, emocionais e mentais.

---

[5] Alusão aos Mistérios em que havia cerimônias de purificação e graus de consagração: o grau de Bacante é o superior, enquanto que os portadores de tirso constituem o grau inferior.

O Sr. C.W. Leadbeater, maçom estudioso dessas tradições iniciáticas antigas, refere-se assim aos Mistérios Gregos:

> "Os mitos da religião exotérica da nação eram tomados e estudados nos Mistérios Eleusianos tal qual nos Mistérios do Egito. Entre os relacionados com a vida póstuma se achava o de Tântalo, que fora condenado a sofrer perpétua sede no Hades. A água o rodeava por todos os lados, mas refluía dele toda vez que tentava bebê-la; sobre sua cabeça pendiam galhos de frutas, que se contraíam quando ele estendia a mão para apanhá-las. Isso era interpretado no sentido de que quem morre cheio de desejos sensuais de qualquer espécie, depois da morte se sente ainda cheio de desejos, mas impossibitado de satisfazê-los.
>
> "Outro conto é o de Sísifo, condenado a empurrar eternamente para o cimo de uma montanha um enorme bloco de pedra mármore, que tão logo alcançava o topo rolava de novo montanha abaixo. Isso representa a condição após a morte de um homem cheio de ambição pessoal, que passou sua vida a traçar planos com fins egoístas. No outro mundo continua traçando e executando planos, mas sempre descobre, no momento de completá-los, que não passaram de um sonho." [7]

Platão chega a referir, em *A República*, que a alma sentiria os efeitos desses estados psicológicos de maneira dez vezes mais intensa[8] do que quando em vida. Isso é coerente com o seu pensamento, visto que para ele o corpo (E4) era o sepulcro ou cárcere da alma (D). Assim, sem o corpo (E4), a alma (E2+E1+D3) estaria muito mais livre para sentir. Aliás, é interessante notar o fato de que os estados de medo ou felicidade, que sentimos quando temos pesadelos ou sonhamos, podem atingir intensidades muito maiores do que quando estamos acordados, a ponto de ficarmos felizes quando acordamos de um pesadelo, e de não querermos acordar de um sonho "colorido", mas então o despertador toca... e somos obrigados a voltar para esse mundo pobre de intensidade.

Após essa segunda morte, a morte da alma apetitiva (E2) ou lunar, a consciência do indivíduo ficaria focada no princípio da mente pessoal ou concreta, sede do eu pessoal, alma irascível (E1) ou arrogante. Esta "toma o partido do que lhe parece ser justo" [9], sendo por isso "aliada" [10] do princípio racional ou alma inteligível, que é a alma imortal do homem. Nessa condição a alma irascível (E1), já desligada da apetitiva (E2), sente intensamente os ideais pessoais que em vida não conseguiu preencher, correspondendo isso a um intenso sonho "colorido", ou seja, os Campos Elíseos dos gregos, o Céu dos cristãos e zoroastrianos, o *Sukhávati* dos budistas, o *Svarga* dos hindus.

Segundo as tradições de Mistérios, esses estados são necessários para produzir uma espécie de "digestão" das experiências da última vida de modo a chegar às suas essências que ficarão depositadas na alma imortal ou inteligível como "tesouros" no céu" [11]. É somente a essência superior, o aroma das experiências úteis, que pode nutrir a alma imortal (D3). Somente essa essência da personalidade (E) que viveu pode eternizar-se na alma imortal (D3) depois da terceira e última morte: a morte da alma irascível (E1) ou mente concreta. Então essa essência acumula-se na alma imortal (D3) como um nutriente que é retirado do alimento. As partes não nutritivas do alimento são eliminadas no processo da purgação.

Dessa forma, o mal não pode macular a alma imortal (D), mas uma vida sem o bem deixa-a vazia e fraca: permanece com fome. Somente a essência espiritual das experiências pode nutrir a alma, mas o mal, como consideravam os neoplatônicos, é apenas a ausência do bem, não tendo fundamento em si mesmo, porque é finito e transitório. Somente o bem pode eternizar-se de fato.

Enquanto a alma imortal não se alimentou suficientemente de inteligência espiritual (D3) ou sabedoria, amor espiritual (D2) e vontade espiritual (D1), conforme são classificados nos Mistérios e Hermetismo egípcios e na Teosofia oriunda de Alexandria os três princípios da alma imortal ou tríade superior (D), ela continua com a sede de experiência do mundo físico, que os hindus chamam *Trishná* e os budistas *Tanhá*. Seria essa sede, que em verdade é uma vontade da alma (D) de nutrir-se para crescer, que traria a alma (D) de novo para uma nova encarnação. Somente quando essa sede espiritual fosse saciada a alma (D) estaria livre, isso seria *Mukti* ou libertação, *Nirvana* ou não ligadura ou extinção das paixões. À extinção da sede espiritual, existe uma correspondente nas escrituras cristãs:

> "Qualquer que beber dessa água [a dos desejos da personalidade mortal (E)?] tornará a ter sede; mas aquele que beber da água que eu lhe der [a essência nutritiva espiritual?] nunca mais terá sede, pois a água que eu lhe der será nele uma fonte d'água brotando para a vida eterna [na alma espiritual (D)?]." [12]

Isso corresponderia, na visão reencarnacionista, ao desenvolvimento pleno ou perfeito dos três princípios da tríade superior (D), que cresceria gradualmente a partir das experiências obtidas pelo quaternário inferior (E), como nos Mistérios se denominava aos princípios mortais do homem: a mente concreta (E1, alma irascível), as sensações e os desejos emocionais (E2, alma apetitiva), a vitalidade ou corpo vital (E3, o *pranamayakosha* dos hindus, o *ka* dos egípcios, o *eidolon* dos Mistérios Gregos) e o corpo físico (E4). "Dessa forma, a alma (D3) só acumularia, das diversas experiências de cada vida terrena, a essência útil destas, conduzindo, gradualmente, o homem da inteligência à Onisciência, do amor a todos à Onipresença, e da vontade à Onipotência, culminando assim numa perfeição humana, manifestação do arquétipo divino, tal qual um Cristo ou Buda. Nesse sentido, o homem seria potencialmente um deus. Temos então o quaternário mortal (E) que, com suas experiências, nutre a tríade imortal (D) que cresce na direção da unidade divina. Os egípcios representavam isso na pirâmide de base terrestre quadrada, donde se elevavam os lados triangulares em busca do princípio uno – o vértice que aponta para o céu." [13]

> "Até que todos nós cheguemos... a homem perfeito, à medida completa da estatura de Cristo" [14] – essas são palavras do apóstolo Paulo! E Cristo teria dito: "Não está escrito na vossa escritura: 'Eu disse: Vós sois deuses'?" [15]"Sede, pois, perfeitos, assim como vosso Pai, que está nos céus, é perfeito." [16]

Veremos assim que não há real incompatibilidade entre a doutrina da vida única e a da reencarnação, pois se por alma entendermos a alma pessoal (E1+E2) [ou as almas irascível (E1) e apetitiva (E2) de Platão] enquanto parte componente do quaternário mortal (E), cujos quatro princípios (E1+E2+E3+E4) são mortais e substituídos a cada reencarnação, então é correto afirmar que a vida é uma só, que a alma (E1+E2) surge ou é criada no momento da concepção, porque só então os seus quatro princípios (E1+E2+E3+E4) estão manifestos. Também é verdade que a alma pessoal (E1+E2) pode eternizar-se, em essência, no céu, assimilada pela tríade imortal (D), ou pode excepcionalmente dissolver-se sem deixar vestígio no assim chamado inferno, caso nenhuma essência espiritual útil possa ser extraída do quaternário (E) no "processo digestivo" *post-mortem*. Existiria também o caso intermediário mais comum, em que parte (E2) da alma pessoal (E1+E2) seria "purgada" pelo "processo digestivo" do purgatório, enquanto a essência útil das experiências daquela vida se eternizariam ao ser assimilidas pela tríade imortal (D).

Por outro lado, se por alma entendemos a tríade imortal (D), então também é correto afirmar que a alma (D) se reencarna, embora apenas uma parte dela se projete em cada novo quaternário mortal (E), e que a alma cresce ao logo de diversas vidas, acumulando a essência das experiências assimiladas, até atingir a plenitude de suas potencialidades divinas de modo a cessar para sempre a sede por novas experiências no mundo do transitório, que a fazia reencarnar ciclicamente. Só então o homem atinge "a medida completa da estatura de Cristo." [17]

É, contudo, importante notar que, por pelo menos cinco séculos, as duas doutrinas, a da vida única e a da reencarnação, conviveram livremente na história da Igreja, até a decisão do Concílio Constantinopla II em 553 d.C. Isso talvez seja uma das evidências de que elas não são necessariamente incompatíveis ou mutuamente excludentes.

É evidente, porém, que os judeus, principalmente os cabalistas, também conheciam a doutrina da reencarnação, caso contrário não acreditariam que Jesus seria a reencarnação de Elias ou Jeremias (cfe. Mateus 16:13-14; Marcos 8:27-28 e Lucas 9:18-19), ou que o profeta Elias voltaria (cfe. Malaquias 4:5), profecia que o próprio Jesus confirmou dizendo: "Em verdade Elias virá primeiro e restaurará todas as coisas; mas digo-vos que Elias já veio, e não o conheceram..." [18] e falando de João Batista disse: "Porque todos os profetas e a lei profetizaram até João. E, se quereis dar crédito, é este o Elias que havia de vir. Quem tem ouvidos para ouvir, ouça." [19]

Referências bibliográficas

6) PLATÃO. *Diálogos*: Fédon. Rio de Janeiro, Tecnoprint, s.d. p. 98.

7) LEADBEATER, C.W. *Pequena História da Maçonaria*. São Paulo, Pensamento, 1978. p. 117.

8) PLATÃO. *Diálogos;* A República. Rio de Janeiro, Tecnoprint, s.d. p. 386.

9) ibidem, p. 161.

10) ibidem, p. 163.

11) BÍBLIA Sagrada. Mateus 6:20.

12) ibidem, João 4:13-14.

13) LINDEMANN, Ricardo. O Grande Marinheiro. IN *Caderno Especial ao ensejo do I Encontro Sul-Brasileiro de Professores de Língua Portuguesa*. Porto Alegre, Nepla-UFRGS, 1986. p. 27-8.

14) BÍBLIA Sagrada. Efésios 4:13.

15) ibidem, João 10:34.

16) ibidem, Mateus 5:48.

17) ibidem, Efésios 4:13.

18) ibidem, Mateus 17:11-12.

19) ibidem, Mateus 11:13-15.

PARTE III

Capítulo 27

Evidências da Clarividência na Química Oculta

Em 1908, foi oferecida ao mundo uma das maiores evidências da percepção extrassensorial (PES) dentro de uma linguagem científica através da publicação do livro *Química Oculta*[1], de autoria da Dra. Annie Besant e do Bispo C. W. Leadbeater. Assim, esses renomados clarividentes se anteciparam à descoberta de partículas subatômicas chamadas quarks em pelo menos 55 anos, como demonstra o Dr. Phillips em sua obra *Extra-Sensory Perception of Quarks*[2], publicada em 1980, uma vez que a ciência oficial só descobriu os quarks em 1963. Extraordinária, também, foi a recente descoberta, publicada na revista científica *Phisics World*, de setembro de 2003, de que o Dr. F. W. Aston, o próprio cientista que descobriu oficialmente o Metaneon, e ganhou o Prêmio Nobel de Química em 1922, admitiu a antecedência da descoberta de Besant e Leadbeater e até mesmo ter adotado o próprio nome deste isótopo a partir do livro *Química Oculta*, embora tivesse dificuldades de compreender o método clarividente de investigação.

Tão importante foi esta recente descoberta que a Dra. Radha Burnier, atual Presidente Internacional da Sociedade Teosófica, redigiu o artigo *Crédito à Clarividência*, traduzido a seguir, cuja leitura recomendamos, e para o qual estamos tentando fazer esta introdução ao leitor, descrevendo o contexto histórico de *Química Oculta*.

O Método Clarividente de Investigação

Na cultura ocidental, as pessoas não estão acostumadas a conceber a possibilidade de uma ciência oculta, ou seja, que utilize o método científico mas se apoie em evidências independentes que cheguem a partir de percepção extrassensorial, talvez porque a maioria das pessoas não tem disposição ou capacidade para um longo treinamento que possibilite despertar e controlar esses poderes paranormais de percepção. Todavia, aos ocidentais parece muito aceitável uma ciência oficial que se baseie em conclusões matemáticas tiradas por uma minoria de cientistas – pois também aqui a maioria não apresenta disposição ou capacidade para um longo treinamento intelectual, de modo a fazer experiências com hipóteses de partículas subatômicas invisíveis em um acelerador de partículas.

Na cultura oriental, particularmente no *Raja-Yoga,* aceita-se mais facilmente a ideia de uma ciência oculta, pois ali nunca houve a separação entre religião e ciência, de modo que conhecimentos de natureza mística têm sido testados por gerações de *yogis* por meio de faculdades de percepção extrassensorial, ou *siddhis,* enumerados sistematicamente, por exemplo, nos *Yoga-Sutras,* que foram codificados por Patañjali há uns 2.600 anos atrás, em cujo sutra III-26 encontra-se: "Conhecimento do (que é) pequeno, do (que está) oculto ou distante, (obtém-se) direcionando a luz da faculdade superfísica."[3] Recomenda-se a este respeito o comentário do Dr. I. K. Taimni (catedrático de Química na Universidade de Allahabad, Índia), em *A Ciência do Yoga,* em cuja tradição este *siddhi* é chamado de *animan* – a capacidade de ver o que é pequeno ou infinitesimal.

Os Mahatmas que inspiraram a fundação da Sociedade Teosófica (1875) eram Mestres nesta Ciência Oculta, e chegaram a afirmar naquela época (1882): "Um ou dois de nós esperávamos que o mundo houvesse avançado o suficiente intelectualmente, se não intuitivamente, para que a Doutrina Oculta pudesse ter uma aceitação intelectual e fosse possível dar um impulso para um novo ciclo de pesquisa oculta."[4]

Por isso, o terceiro objetivo da ST é "investigar as leis não explicadas da Natureza e os poderes latentes no homem", tendo ela sido pioneira no estímulo ao surgimento da parapsicologia no Ocidente.

Eram ingleses os autores de *Química Oculta – Investigação por Ampliação Clarividente da Estrutura dos Átomos da Tabela Periódica e de Alguns Compostos*, mas, tendo aceitado as condições de um longo e cuidadoso período de treinamento por esses Mahatmas (conforme descrito nas obras *Clarividência, Os Chakras, O Que Há Além da Morte, O Plano Astral, A Vida Interna,* de C. W. Leadbeater), apresentaram finalmente extraordinários resultados de perícia em ciência oculta ao mundo ocidental, numa linguagem adequada à ciência oficial.

Investigando o Átomo de Hidrogênio

Uma das observações principais feitas por Besant e Leadbeater foi a de que o átomo de hidrogênio, que é o mais simples dos elementos, era composto de 18 subpartículas, chamadas por eles de Átomos Físicos Ultérrimos (AFUs). Conforme afirma o sr. Leadbeater, que foi Bispo Presidente da Igreja Católica Liberal, em sua obra *A Gnose Cristã*:

> "Os átomos ultérrimos são todos semelhantes, exceto que alguns são positivos e outros negativos. Um determinado número deles, organizados de uma certa maneira, forma um átomo químico de hidrogênio, e uma quantidade maior organizada de forma diferente forma um átomo de chumbo, ou prata ou ouro e assim por diante. É possível traçar uma linha de desenvolvimento distinta sem interrupção nesses átomos químicos.
>
> "Esses átomos ultérrimos são complexos. Nós os chamamos de átomos físicos ultérrimos porque, quando são subdivididos tornam-se matéria astral." [5]

Os autores identificaram também átomos microfísicos (AMFs) que eram composições dos AFUs correspondentes aos elementos químicos da tabela periódica, classificados segundo sete formas geométricas por eles observadas. Pela comparação do número de AFUs correspondentes, eles determinaram inclusive o peso atômico de elementos e

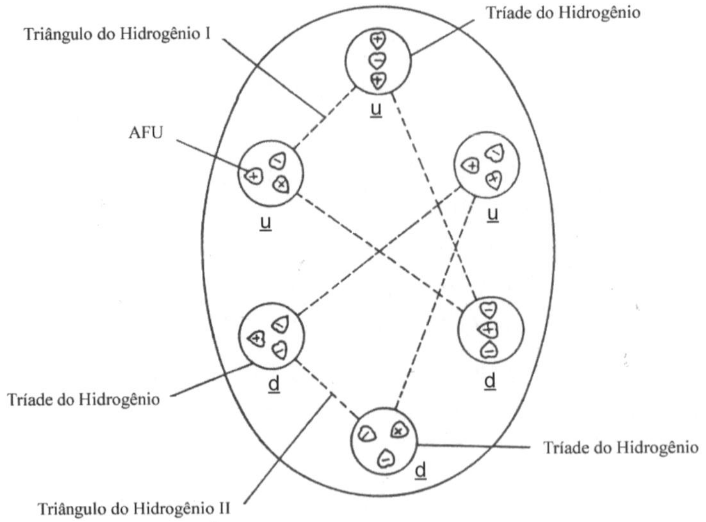

Átomo de Hidrogênio segundo a Química Oculta (1908). Cada tríade (círculo com três pequenos "corações") corresponde, de acordo com o Dr. Phillips, a um quark (u ou d), e cada pequeno "coração" é um átomo físico ultérrimo (AFU).

Tipos Positivo e Negativo do Átomo Físico Ultérrimo (AFU)

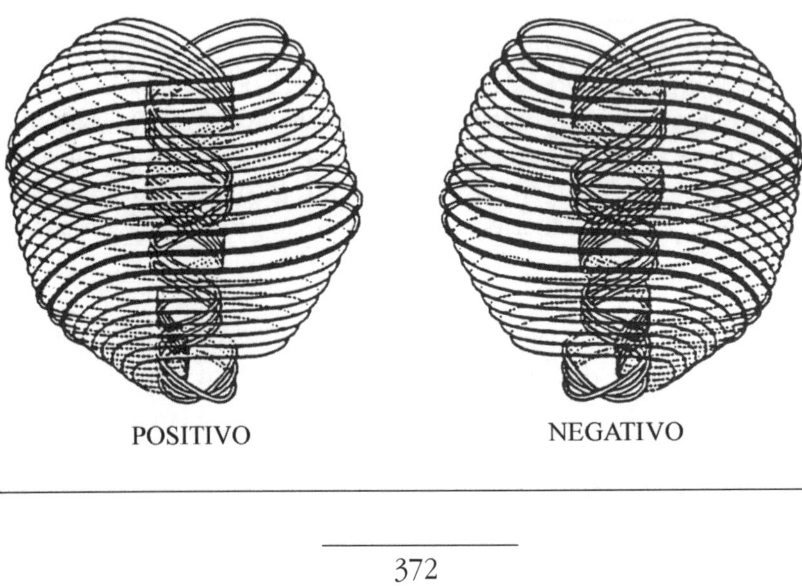

isótopos desconhecidos pela ciência da época (veja na tabela da página 374)[6] a comparação dos pesos atômicos calculados pelos autores antes da descoberta do espectrógrafo de massa e sua extraordinária semelhança com seu valor admitido atualmente pela ciência oficial). Cinco elementos foram assim identificados: Promécio - Pm ("Illenium"), Astato - At ("Elemento nº 85"), Frâncio - Fr ("Elemento nº 87"), Protoactínio - Pa ("Elemento nº 91") e Tecnécio - Tc ("Masurium"). Os nomes entre parênteses são os designados por Besant e Leadbeater em sua publicação original (1908).

Descobrindo Isótopos antes da Ciência Oficial

Entre as descobertas mais marcantes feitas pelos autores de *Química Oculta* encontra-se a de certos isótopos ainda desconhecidos pela ciência oficial na época de sua primeira edição (1908), ou mesmo antes, no artigo homônimo, publicado na revista *Lúcifer*, de novembro de 1895, onde foram investigados clarividentemente o Hidrogênio, o Oxigênio e o Nitrogênio e outros elementos ainda desconhecidos, como o Ocultum.

A palavra isótopo significa, literalmente, *lugar igual*, e refere-se aos diferentes tipos possíveis de núcleos atômicos de um mesmo elemento, ocupando assim o mesmo lugar na tabela periódica, mas que difere pelo número de nêutrons, apesar de terem o mesmo número de prótons.

A esse respeito, comenta o Dr. H. J. Arnikar, Professor Emérito de Química da Universidade de Puna, Índia: "Embora os ocultistas não estivessem informados do conceito de isotopia, quando eles observaram uma amostra com propriedades similares àquelas do hidrogênio, mas com o dobro de massa daquele, e número de AFUs também duplo (36 ao invés de 18), eles o designaram como *adyarium* e o posicionaram com o hidrogênio na classificação periódica, sem procurar uma posição diferente para ele. Aconteceu, então, que Urey, Brickwedde e Murphy descobriram o Deutério (^2D), o isótopo pesado do hidrogênio, aproximadamente na mesma época (1932)...

Nº Atômico	Elemento	Símbolo	Nº de AFUs	Peso Atômico Clarividente	Peso Atômico Científico	Forma Externa
80	Mercúrio A Mercúrio B	Hg -	3576 3600	198.66 200.00	199.1 -	Tetraedro Tetraedro
81	Tálio	Tl	3678	204.33	202.8	Cubo
82	Chumbo	Pb	3727	207.06	205.6	Octaedro
83	Bismuto	Bi	3753	208.50	207.6	Cubo
84	Polônio	Po	3789	210.50	208.3	Tetraedro
85	Astato	At	3978	221.00	208.3	Altere
86	Radônio Metarradônio	Rn -	3990 4032	221.66 224.00	220.2 -	Estrela Estrela
87	Frâncio	Fr	4006	222.55	221.2	Espiga
88	Rádio	Ra	4087	227.06	224.3	Tetraedro
89	Actínio	Ac	4140	230.00	225.2	Cubo
90	Tório	Th	4187	232.61	230.3	Octaedro
91	Protoactínio	Pa	4227	234.83	229.2	Cubo
92	Urânio	U	4267	237.06	236.0	Tetraedro

Nº Atômico	Elemento	Símbolo	Nº de AFUs	Peso Atômico Clarividente	Peso Atômico Científico	Forma Externa
1	Hidrogênio Adyarium Occultum	H Ad Oc	18 36 54	1.00 2.00 3.00	1.00 - -	Ovoide Ovoide Ovoide
2	Hélio	He	72	4.00	3.97	Estrela
3	Lítio	Li	127	7.06	6.89	Espiga
4	Berílio	Be	164	9.11	8.94	Tetraedro
5	Boro	B	200	11.11	10.73	Cubo
6	Carbono	C	216	12.00	11.91	Octaedro
7	Nitrogênio	N	261	14.50	13.90	Ovoide
8	Oxigênio	O	290	16.11	15.87	Ovoide
9	Flúor	F	340	18.88	18.85	Espiga
10	Neon Metaneon	Ne mNe	360 402	20.00 22.33	20.02 -	Estrela Estrela
11	Sódio	Na	418	23.22	22.81	Altere

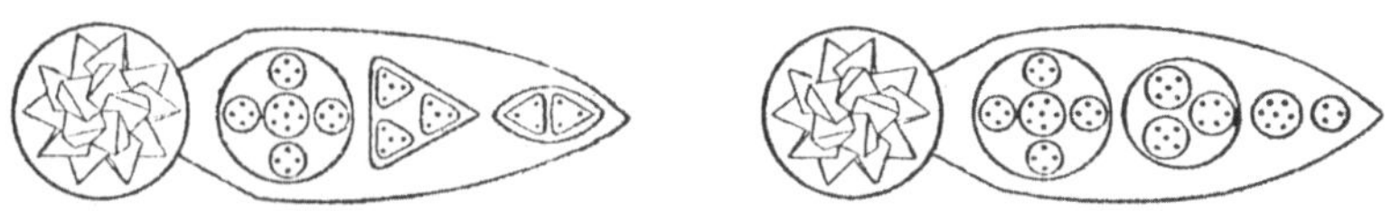

NEON METANEON

"De fato, o devido crédito tem de ser concedido a Besant e Leadbeater que desembocaram previamente na descoberta dos isótopos, quando eles relataram o Adyarium (^{2}D) e o Ocultum (^{3}T), além dos átomos do Neon de duas diferentes massas, ^{20}NE e Metaneon ^{22}NE em 1907, i.e., uns quatro anos antes de *Sir* J. J. Thompson ter relatado duas parábolas para o Neon de massas 20 e 22 em seu trabalho clássico na análise do raio positivo (ou catódico) em 1911, seguido pelo trabalho de Aston e Soddy. Os ocultistas nomearam as novas variações isotópicas pelo prefixo *meta*, portanto neon e metaneon, argônio e meta-argônio, ^{40}Ar e ^{42}Ar, criptônio e metacriptônio ^{81}Kr e ^{83}Kr, e xenônio e metaxenônio ^{128}Xe e ^{130}Xe."[7] O Ocultum, que foi descoberto e assim denominado por Besant e Leadbeater ainda em 1895, foi mais tarde identificado com a descoberta do trítio (^{3}T) por Rutherford, somente em 1934!

Percepção Extrassensorial de Quarks

Com este título foi publicado, em 1980, pelo Dr. Stephen Phillips[8], um físico teórico da Universidade de Cambridge, na Inglaterra, o livro que, por assim dizer, reconciliou as investigações clarividentes de Besant e Leadbeater com a descoberta científica dos quarks, em 1963. Os quarks são partículas que constituem os prótons e os nêutrons dos núcleos atômicos. Dos seis tipos de quarks, somente dois estão envolvidos na constituição de átomos estáveis e matéria normal, conhecidos como quark *up* (u-quark; com carga + 2/3 *e*) e quark *down* (d-quark; com carga -1/3 *e*).

Sobre este tema comenta o Dr. M. Srinivasan, Diretor do Grupo de Física do Bhabha Atomic Research Centre, Mumbai, Índia: "Quando Phillips viu o diagrama de Besant e Leadbeater sobre o átomo de hidrogênio, ele ficou incrivelmente surpreso ao compreender que estes clarividentes tinham identificado a estrutura do quark, e mesmo do 'subquark' do núcleo (atômico) tão antecipadamente, em 1895! O conceito de um 'subquark' ainda não foi aceito pela física moderna mesmo hoje, embora tenha sido postulado por Stephen Phillips e outros poucos teóricos em publicações científicas. (...) Phillips demonstrou em seus livros que o desencontro entre a *Química Oculta* e a física moderna pode ser resolvido se as duas hipóteses seguintes forem feitas enquanto se interpreta e analisa as descobertas de Besant e Leadbeater:

Hipótese nº 1 – O AFU é um subquark. Por conveniência nós denotaremos o AFU positivo e negativo pelos símbolos X e Y, respectivamente. Phillips criou a hipótese de que o subquark positivo tenha a carga de +5/9 *e*, enquanto o subquark negativo tenha a carga -4/9 *e*. Por conseguinte, os quarks 'u' e 'd' consistem de três subquarks, cada um como segue: u = (X, X, Y) e d = (X, Y, Y).

[u = +5/9 +5/9 -4/9 = +2/3; d = +5/9 -4/9 -4/9 = -1/3 (c.q.d.)]

Hipótese nº 2 – O AMF dos elementos observados pelos clarividentes não são os núcleos dos elementos como existem na Natureza, mas antes são sistemas quase nucleares com matéria nuclear formada de quarks e subquarks, a partir de dois núcleos de elementos quando submetidos à visão psicocinética. Essa hipótese foi chamada de 'hipótese duplicante'. Físicos avaliarão que tal hipótese é consistente com o Princípio de Incerteza de Heisenberg, que essencialmente afirma que o próprio ato da observação de qualquer sistema atômico perturbá-lo-ia e alteraria o seu estado. Essa sugestão vital para a verdadeira natureza do AFU foi obtida por Phillips comparando cuidadosamente a versão micropsi do átomo de hidrogênio, que é o menor e mais simples dos átomos, com o modelo de um próton, que os físicos conhecem como sinônimo de um núcleo do átomo de hidrogênio."[9]

Tal hipótese é plenamente compatível com a afirmação de Besant e Leadbeater de que: "O átomo todo gira e vibra, e tem de ser firmado (pelo uso da 'força de vontade') antes que uma observação exata seja possível."[10]

Diferença entre as Ciências Oculta e Oficial

Ninguém melhor que a Dra. Annie Besant para nos deixar sua conclusão a respeito desta questão: "Mas qual a diferença entre os métodos? Nenhuma diferença na observação, nenhuma diferença no esforço, nenhuma diferença no raciocínio sobre a observação feita. Uma diferença de aparelhos – eis tudo. O homem de ciência faz os seus aparelhos de vidro, ou metal, ou líquidos corados, ou outras coisas do mesmo gênero. Nós (os ocultistas) arranjamos os nossos aparelhos desenvolvendo em nós um sentido que está em evolução natural, e nós desenvolvêmo-lo um pouco mais rapidamente do que a Natureza o pode fazer sem auxílio."[11]

Notas

[1] BESANT, A. & LEADBEATER, C. W. *Occult Chemistry*. Chennai (Madras), The Theosophical Publishing House (TPH), 1994 (III Ed.).

[2] PHILLIPS, Stephen M., PhD. *Extra-Sensory Perception of Quarks*. Chennai, TPH, 1980.

[3] TAIMNI, I.K., PhD. *A Ciência do Yoga*. Brasília, Ed. Teosófica, 1996. p. 252.

[4] *CARTAS dos Mahatmas para A.P. Sinnett*. Brasília, Ed. Teosófica, 2001. v.1. p. 207 (carta 45).

[5] LEADBEATER, C. W. *A Gnose Cristã*. Brasília, Ed. Teosófica, 1994. p. 146-7.

[6] SRINIVASAN, M., PhD. *Introduction to 'Occult Chemistry'*. Chennai, TPH, 2002. p. 10-1.

[7] ARNIKAR, H.J., PhD. *Essentials of Occult Chemistry and Modern Science*. Chennai, TPH, 2000. p. 70-1.

[8] PHILLIPS, *Op. Cit.* nota (3).

[9] SRINIVASAN, *Op. Cit.*, p. 13-6.

[10] Ibidem, p. 18.

[11] BESANT, Annie. *Os Ideais da Teosofia*. Brasília, Ed. Teosófica, 2001. p. 75.

Capítulo 28

Discernimento e Planejamento Existencial

Um dos maiores desafios da vida comum e particularmente da Senda espiritual, sem o qual o trilhar desse caminho espiritual nem começa, é o despertar do discernimento, "usualmente tomado no sentido da distinção entre o real e o irreal, que conduz o homem a entrar na Senda"[2]. Portanto, o discernimento é a capacidade de distinguir e escolher entre o duradouro e o transitório, entre nossas necessidades reais e nossas fantasias, entre a essência e a aparência, entre o cerne e a casca, etc. Sobre este importante tema, o Mestre K.H. considera, em uma de suas cartas:

> "Como podes discernir o real do irreal, o verdadeiro do falso? Somente através do autodesenvolvimento. Como conseguir isso? Primeiro precavendo-te contra as causas do autengano. E isso tu podes fazer consagrando uma certa hora ou horas fixas, a cada dia, totalmente só, à autocontemplação, a escrever, a ler, à purificação de tuas motivações, ao estudo e à correção de tuas falhas, ao planejamento do teu trabalho na vida externa. Estas horas deveriam ser reservadas como algo sagrado para este propósito, e ninguém, nem mesmo o teu amigo ou amigos mais íntimos, deveriam estar contigo naquele momento. Pouco a pouco tua visão clareará, tu descobrirás que as névoas se dissiparão, que tuas faculdades interiores se fortalecerão, tua atração por nós ganhará força e a certeza tomará o lugar das dúvidas."[3]

Portanto, em tal recomendação é notável que o Mestre atribua especial importância para o desenvolvimento da faculdade de discernimento, não somente à prática da meditação diária, mas também ao planejamento de nossas atividades em nossa existência externa.

Com o intuito de auxiliar as pessoas nesse sentido, elaborei, ao longo dos meus trinta e um anos de prática da Astrologia, um exercício de planejamento existencial, que pode ser útil para qualquer pessoa, independentemente de utilizar-se ou não do conhecimento da Astrologia. Na verdade, foi apenas de maneira gradual, e principalmente a partir dos últimos dezessete anos, que decidi elaborar tal exercício, percebendo a dificuldade da maioria das pessoas para fazer escolhas práticas nas suas próprias vidas. Para alguns, até o próprio conhecimento antecipado de períodos favoráveis e desfavoráveis, que a Astrologia pode oferecer pelo cálculo de trânsitos, progressões, etc., torna-se de pouca utilidade prática, simplesmente por não terem objetivos definidos em suas vidas ou carecerem de uma percepção clara de prioridades. Por ironia, há quem faça o planejamento de sua empresa sem planejar a sua própria vida, o que poderia até sugerir que sua empresa é mais importante que sua vida pessoal. Por todos esses motivos, recomendo a aplicação atenta do exercício de planejamento existencial que segue.

A Importância dos Objetivos ou Ideais

Este é um importante exercício para desenvolver o discernimento e otimizar o aproveitamento dos períodos favoráveis e desfavoráveis, ou simplesmente do senso comum para aproveitamento de oportunidades, que é o exercício de planejamento existencial. Dizia Sêneca, que era um filósofo da época dos Césares, chegou a ser preceptor de Nero quando teve muita influência na política romana, enquanto Nero não o obrigou a suicidar-se com cicuta, mas enfim ele era um estóico e sustentava que: "Para aquele navegador que não sabe a que porto se dirige todos os ventos parecem desfavoráveis." Conta até a história que ele enfrentou a morte com muita tranquilidade e bravura porque tinha lá as suas convicções. Interessa-nos, todavia, o fato de que se uma pessoa não sabe para onde quer ir, provavelmente, como sugere Sêneca, ela reclamará de tudo e talvez nem saiba aproveitar os períodos favoráveis ou as oportunidades que eventualmente apareçam.

Uma lente biconvexa ou lupa é capaz de concentrar os raios solares e até pôr fogo na relva do campo, fato que não acontece na Natureza só porque um dia está ensolarado. Ocorre que se os raios solares estão dispersos eles dissipam seu próprio poder, caso contrário em todos os dias ensolarados nós teríamos incêndios espontâneos. A sabedoria da Natureza está em deixar toda essa energia disponível apenas em um estado potencial, latente ou adormecido. Somente quando esta energia dispersa na Natureza for orientada para convergir em um ponto focal, ou for concentrada, como no exemplo, por uma lente, é que os efeitos aparecerão. O mesmo acontece com os pensamentos dispersos de uma mente sem ideais elevados ou, pelo menos, objetivos práticos. A mente fica sem foco, dispersa e entra em confusão...

Havia um ditado medieval que chegava a dizer: "A mente ociosa é a oficina do diabo", ou seja, que a mente desocupada seria a origem do mal, pois cria todo o tipo de problemas, conflitos, confusões, tentações, depressões, pensamentos negativos, destrutivos, etc. Superstições medievais à parte, pois na filosofia esotérica "o mal não tem existência *per se* e é apenas a ausência do bem; e existe apenas para aquele que é transformado em vítima sua..."[4], a etimologia proveniente da palavra grega *diábolos* significa "que desune, que inspira ódio ou inveja"[5], divide, separa, põe em contradição ou conflito. Enfim, a mente aumenta tudo o que ela toca, e se nós ficarmos insistentemente a pensar em nossos problemas, eles apenas crescerão, pois as emoções e os desejos se nutrem do pensamento, porque o pensamento tem poder criador. Nisso, particularmente, reside a antiga ideia bíblica de que nós fomos feitos à imagem e semelhança do Criador.

A importância de um ideal está em fixar e concentrar a mente em algo que seja construtivo e dê rumo para a vida, como define a Dra. Annie Besant: "Um Ideal é, pois, uma ideia fixa, justa ou verdadeira possuída pelo indivíduo, e a tal ponto viva que influencia o seu caráter"[6](...) "Por que um ideal é necessário? O *Chandogyopanishad* diz que o homem é uma criatura de reflexão. Naquilo que ele reflete ele se transforma. Então vós deveis ter um ideal para refletir dia após dia. Um ideal que não é vivido torna-se um ídolo que frequentemente é mais um obstáculo do que uma ajuda."[7] Existe até um ditado popular que faz referência à nossa responsabilidade com o uso desse poder da concentração da mente em um objetivo, que diz; "Cuidado com o que desejares, porque o teu desejo poderá tornar-se realidade".

1) Objetivar

Nesse sentido, o primeiro estágio desse exercício é justamente tentar objetivar, ou seja, trazer o subjetivo para o objetivo, o inconsciente para o consciente, ou se for para simplificar ainda mais, apenas escrever os objetivos, metas, aspirações e ideais, de modo que adquiram no papel um grau mínimo de expressão material. Aqueles sonhos que a pessoa leva no seu coração, aquelas aspirações mais profundas da sua alma, aquelas vocações ou chamados à vida, razões de viver. Uma vez postas no papel, e seria bom ter um caderno só para isso, a pessoa poderá até conferir num momento futuro, qual era a orientação que vibrava e chamava mais fundo no seu coração. Corresponde ao ideal platônico de que o ser humano deveria ser governado pelo que tem de melhor em si, para que ele possa tornar-se senhor de si mesmo. Registrar tal inspiração pode ser de grande importância para orientar a pessoa em um possível momento futuro de confusão, às vezes muitos anos depois. Portanto, escrever tais ideais ou objetivos em nossos momentos mais lúcidos pode ser mais importante do que poderia parecer à primeira vista.

Quando Fazer o Exercício?

Ele pode ser feito a qualquer momento por qualquer pessoa, pois isso sempre é válido, mas não se recomenda que a pessoa faça somente uma vez. Para tanto, pode-se calcular também certas datas pessoais mais favoráveis de inspiração para clareza de rumos, quando se supõe que preferencialmente este exercício deva ser feito. O ideal seria que a pessoa fizesse o exercício pelo menos naquelas datas regulares que no mínimo se apresentam a cada quatro meses (por exemplo, trânsitos solares de conjunção ou trígonos com o netuno natal), de modo a poder fazer uma revisão deste exercício e evitar que a pessoa seja levada apenas por um impulso passional momentâneo de uma necessidade imediata ou mais urgente, sem aquele chamado intuitivo mais profundo do seu coração. A revisão do exercício, ou seja, fazê-lo mais de uma vez, sempre garante um caráter mais reflexivo e menos impulsivo em sua prática, acrescido do efeito retrospectivo de reavaliação do que foi realmente executado em relação à vez anterior. A importância da sua repetição reside, portanto, em se poder eventualmente encontrar o despertar progressivo da intuição e descobrir o que realmente é necessário para a vocação da pessoa e sua felicidade.

Objetivos para Suprir as Necessidades Existenciais

Esses objetivos, aspirações, ideais, então, deveriam ser divididos ou, conforme se recomenda, classificados em pelo menos cinco campos ou áreas, a saber: (1) o físico, (2) o emocional, (3) o mental, (4) o espiritual e (5) o profissional. Entende-se, assim, que de alguma maneira, se faltar um desses cinco a vida corre o risco de certo desequilíbrio, porque existem necessidades existenciais em todas essas áreas. Quais são as nossas reais necessidades?

Usando o exemplo do Titanic, que parece estar de novo na moda, pode-se salientar que ele era tido como insubmergível; talvez esta presunção tenha sido, desde o princípio, o maior problema. O Titanic afundou porque não se viu a água por causa da água, e se colidiu com a água que abriu um buraco no casco, então a água entrou no casco e o Titanic, tido como insubmergível, afundou. Que se pretende dizer? Ora, é simples: Por causa da névoa ou neblina, que era uma forma de água vaporosa, não se viu o iceberg ou literalmente a montanha de gelo, que é outra forma de água, porém, desta vez, sólida. Uma vez que o coeficiente de densidade do gelo é 0,92, o iceberg apresenta aproximadamente apenas um décimo de suas dimensões acima da linha de água líquida. Portanto, foi o iceberg que fez um buraco no casco abaixo dessa linha, mas foi a água líquida que então entrou pelo buraco do casco e levou o Titanic a afundar nela, chegando ao fundo do oceano já na sua primeira viagem, que assim não alcançou o objetivo planejado. Deseja-se exemplificar com isso que talvez o corpo físico, a alma e o espírito sejam analogamente constituídos da mesma substância, como se fossem essencialmente H_2O, uma vez que o Dr. Einstein descobriu que a energia e a matéria são mutuamente conversíveis ($E=m.c^2$), mas têm propriedades distintas, como se fossem o gelo, a água líquida e o vapor d'água, respectivamente, porque encontram-se em diferentes níveis de vibração ou estados de densidade. Não se deve, porém, pretender que a satisfação das necessidades de um nível necessariamente substitua ou satisfaça igualmente as dos outros níveis. Por isso precisa-se, num segundo estágio, de uma escala de prioridades que irá expressar os valores da pessoa e integrar os diferentes níveis de suas necessidades.

De qualquer modo, é muito importante perceber que se as necessidades da pessoa não forem claras para ela mesma, como é que seria possível descobrir como ou onde a pessoa poderia ser feliz? Então, é pela própria observação atenta da vida, senão mesmo pela auto-observação, que uma pessoa vai desenvolvendo sua percepção de necessidades existenciais e o seu discernimento. Porém, para não dizerem que uma pessoa possa ser eventualmente ingênua, ela deve admitir por hipótese que algumas dessas percepções de necessidades possam ser fantasias fundadas em ilusão; por outro lado, para não dizerem que ela possa ser muito cética, ela deve admitir por hipótese que algumas dessas percepções de necessidades possam ser reais. Mas como distinguir as percepções reais das ilusórias ou fundadas em ilusão? Ou, em outras palavras, como desenvolver o discernimento? Em resposta, recomenda-se uma leitura mais atenta da carta do mestre K.H. supramencionada, que se cita, em parte, novamente: "E isso tu podes fazer consagrando uma certa hora ou horas fixas, a cada dia, totalmente só, à autocontemplação, a escrever, a ler, à purificação de tuas motivações, ao estudo e à correção de tuas falhas, ao planejamento do teu trabalho na vida externa."

2) Priorizar

A ideia fundamental, embora talvez nem todos estejam dispostos a fazer um exercício desses diariamente, é que pelo menos a cada quatro meses a pessoa guarde algum tempo para revisar o rumo da sua vida. E isso significa: primeiro estabelecer esses objetivos num plano (1) físico, (2) emocional, (3) mental, (4) espiritual e (5) profissional, e segundo estabelecer uma escala de prioridades, e se houver disposição para tanto até um cronograma, ou seja, prazos, datas, limites para execução de cada estágio. Então, se existem objetivos definidos com uma escala de prioridades e seu respectivo cronograma, estou supondo que um plano de vida foi estruturado pela pessoa. Este plano de vida, por mais rudimentar que possa ser, torna-se assim a sua hipótese de trabalho.

Esse segundo estágio vem a complementar o primeiro. No primeiro, é importante que a pessoa perceba a necessidade de ter mais de um objetivo, da necessidade de equilíbrio das diversas partes do seu ser, porque nós não somos apenas um corpo físico, nem só alma nem só espírito, mas todo esse conjunto precisa ser harmonizado. Por corpo nós referimos o físico, por alma talvez o emocional e mental, enquanto o espiritual também é uma dimensão importante do nosso ser, já não depende das necessidades psíquicas variáveis. Assim, por analogia pode-se perceber as diferenças, como o vapor d'água numa chaleira rapidamente se expande por toda a sala e faz até com que fiquem suadas as janelas por condensação do vapor, é bem diferente do efeito de um cubo de gelo que colocado num canto da sala, que primeiramente terá que mudar de estado para afetar o resto, ou seja, o cubo de gelo tal como o corpo físico está preso à tridimensionalidade e ao espaço-tempo enquanto que, simbolicamente, o vapor, muito mais livre, é semelhante ao espírito onipresente, eterno, etc... Esses símbolos antigos foram dados para caracterizar que nós temos diferentes necessidades.

É possível exemplificar perguntando: O que faltava para o Elvis Presley sentir-se feliz, ou por que razão ele acabou falecendo com uma overdose de cocaína? Seria muito difícil explicar para o cachorro do Elvis Presley por que o Elvis se matou se a geladeira estava cheia... Enfim, ele era rico, famoso, tinha beleza no corpo e na voz, era um ídolo tratado como um deus no palco, mas ainda assim parecia estar muito insatisfeito. Que mais lhe faltava? Se os seres humanos fossem apenas animais, deveriam estar provavelmente satisfeitos com a mera satisfação das suas funções fisiológicas. É óbvio que o ser humano tem um corpo físico e precisa tratar dele, também necessita, portanto, dar atenção ao aspecto profissional que vai gerar recursos para suprir essas necessidades. Por outro lado, parece necessária uma distribuição equilibrada que atenda a todas as suas necessidades, ou seja, pode-se afirmar que os seres humanos não são meros animais, embora também tenham necessidades fisiológicas, portanto, precisam suprir tanto as necessidades do físico, como as do emocional, do mental, do espiritual e do profissional. Somente assim parece que o plano de vida pode apresentar-se como uma solução racional para essas diversas necessidades humanas, de uma maneira geral, com um equilíbrio razoável para a vida de um homem saudável e integrado, liberto de vícios e conflitos internos.

Desenvolvendo uma Virtude ou Libertando-se de um Vício

Talvez a necessidade prioritária de Elvis Presley fosse libertar-se de seu vício, pois toda sua fama e riqueza não foram capazes de evitar seu triste fim devido à dependência de drogas. Evidentemente, isso também indicava necessidades espirituais não atendidas e virtudes não desenvolvidas, porque na presença da virtude o respectivo vício não consegue estabelecer-se. Por isso, os *Yoga–Sutras*, a primeira e clássica codificação do *Yoga* da Índia milenar escrita por Patañjali há uns 2600 anos, sugere a ponderação nas virtudes como fundamento da meditação: "Quando a mente é perturbada por pensamentos impróprios, a constante ponderação sobre os opostos é o remédio."[8]

Por outro lado, a Dra. Besant apresenta um método com três estágios para libertar-se de um vício, a saber: "Tudo o que é necessário para extirpar qualquer vício é:

1º) Um conhecimento preciso sobre o próprio vício;

2º) Um reconhecimento – uma sensação viva de que é um vício, de que é uma tolice alimentá-lo, de que ele não vale a pena; e, finalmente,

3º) A vontade de 'extirpá-lo'.

Esta *vontade* penetrará na esfera subconsciente onde mora o vício, e lenta, mas seguramente o eliminará."[9]

Mencionando, por exemplo, a dependência ao álcool ou ao fumo, este último considerado hoje pela ciência médica como a maior causa evitável de morte, pode-se verificar que muitos indivíduos até conhecem intelectualmente o mal que estão fazendo a si próprios e aos outros ao seu redor, embora esse conhecimento seja muitas vezes superficial e necessite maior aprofundamento. O problema costuma residir principalmente na falta de atenção e visão clara para reconhecer, antes de ceder ao vício, as consequências que virão depois. É essa desatenção que leva ao primeiro gole, e por isso é dito que o verdadeiro perigo não está na garrafa, mas no primeiro gole. Muitos se arrependem no dia seguinte, como na ressaca, e fazem as proverbiais "promessas de bêbado", que geralmente não se cumprem, de que desta vez realmente não cairão mais no vício... Porém, este estado de alerta ou reconhecimento do vício deve tornar-se como uma sensação viva ou um alarme que dispare *antes* do momento de ceder novamente à tentação, como se fosse um arrependimento antecipado. Somente então o indivíduo está pronto e conseguirá ter a vontade necessária para extirpar o vício. Quanto antes o arrependimento vier, maior é o progresso que o indivíduo demonstra estar conquistando para vencer o vício, porque indica que a mente está menos mecânica ou automatizada e mais responsiva ao chamado da razão. Na verdade, a falta de discernimento ou clareza na mente é análoga à falta da "reta visão", como o Senhor Buda chamava ao primeiro passo do seu Nobre Óctuplo Caminho para o *Nirvana*, sendo também o verdadeiro problema da maioria dos indivíduos para a definição de objetivos claros no seu planejamento existencial.

O Plano de Vida como Hipótese de Trabalho

Se a observação ou percepção das necessidades existenciais foi feita com clareza, não deverá haver dificuldade para formular os objetivos a serem atingidos para suprir estas necessidades nas diferentes áreas supracitadas. Acrescente-se a isso um cronograma com prazos adequados e, dessa forma, um plano de vida estará elaborado, ainda que rudimentar ou preliminarmente, como uma hipótese de trabalho. Entretanto, para que o plano de vida seja exequível, ágil e integrado, ele deverá estar estruturado por uma escala de prioridades entre essas diversas áreas, que deverá ser estabelecida pela própria pessoa. Isso é particularmente importante, pois caso apareça mais de uma oportunidade ao mesmo tempo em diferentes áreas, o plano de vida deve indicar um caminho prioritário, de modo a evitar que a pessoa possa ficar confusa ou em dúvida entre diferentes objetivos, perdendo assim o foco da atenção justo no momento de aproveitar a oportunidade mais importante. Então, a escala de prioridades expõe a própria escala de valores da pessoa e permite que ela prontamente saiba escolher por onde começar, de modo que não perca nenhum instante com hesitações, o que poderia ser trágico justo no tão esperado e decisivo momento da execução, para que não venha a se realizar a irônica expressão popular: "Na hora de chover, faltou água"!

3) Executar

Finalmente, então, a partir desses objetivos e dessa escala de prioridades com o cronograma, sendo esse conjunto considerado como o plano de vida da pessoa, parte-se para a execução. As datas da execução são relacionadas diretamente com as datas do cronograma, que são geralmente independentes das datas de inspiração para clareza de rumos. Na verdade, é pela execução que se relaciona o mundo interno dos nossos ideais, sonhos e objetivos com a realidade dos fatos do mundo externo buscando suprir, a partir do planejamento existencial, as diversas necessidades da pessoa. Sem a execução, que passa a ser o laboratório de experiência no mundo externo, torna-se geralmente difícil descobrir se tais supostas necessidades são reais ou meras fantasias, projeções ilusórias da imaginação da própria pessoa. Colhendo o fruto das ações interage-se com os fatos das leis da Natureza e aprende-se na escola da vida do mundo externo. Caso contrário poder-se-ia ficar eternamente alienado na onipotência da viagem de sonhos, imaginações e projeções ilusórias, sem uma chance de descobrir a verdade.

O executar pode inclusive demandar ou gerar um contínuo processo de reajuste das datas do próprio cronograma, porque se admite, hoje em dia, em administração, que, quanto melhor ou mais eficiente for o plano, mais eficiente será também a possibilidade de sua execução. Dessa forma, se uma pessoa, ao executar o plano, traz novos dados a partir da experiência direta, ela pode torná-lo mais eficiente reajustando o cronograma ou até a escala de prioridades do plano a esses novos dados, é o que se chama de retroalimentação ou *feedback*. Então, há um movimento contínuo de ida e volta, de retroalimentação entre o planejamento e a execução. Inclusive, é no executar que se descobrirá se aquela hipótese é viável, e também se fará até um teste de coerência entre o plano e a execução. Enfim, é através da execução do plano e atingindo o objetivo que se descobrirá se aquilo é realmente o que a pessoa quer. E tal constatação pode remeter a pessoa não apenas a um *feedback* e a uma reavaliação do cronograma e da escala de prioridades, mas até mesmo a reavaliar quais são os seus verdadeiros objetivos e, portanto, quais são as suas reais necessidades.

Contradições entre o Plano e a Execução

Tomar consciência da contradição é o começo da libertação. Há pessoas que planejam uma coisa, mas fazem exatamente o contrário, parecem, pois, estar boicotando a si mesmas. Por exemplo, dizem que querem muito ir para Buenos Aires fazer uma determinada faculdade que só existe lá, que é a sua verdadeira vocação, começam então guardando dinheiro na poupança, e quando finalmente tem o suficiente nos enviam de repente um cartão postal lá de Nova Iorque. Caso se pergunte o que a pessoa está fazendo lá, ao invés de estar em Buenos Aires, a resposta impressionante pode ser que o mundo é redondo, que agora a pessoa ainda está em Nova Iorque, mas "vai aproveitar" e passar pelo Pólo Ártico, depois descerá pelo Japão, a Austrália, depois irá para a Antártida, então subirá pela Terra do Fogo e um dia, sabe-se lá quanto tempo depois, chegará em Buenos Aires, quando talvez nem exista mais o curso desejado, ou a faculdade tão almejada já tenha até encerrado suas atividades, ou talvez a própria Universidade já tenha falido e não exista mais.

Obviamente, a oportunidade tem um momento exato, caso não se aja com prontidão e coerência com o que foi previamente planejado, isso indica que eventualmente a pessoa está se boicotando ou não sabe bem ao certo o que quer. Então o fator de insucesso não é necessariamente externo, mas frequentemente interno. Se a pessoa não sabe o que quer, ou diz que quer uma coisa, mas na hora de agir faz exatamente o contrário, precisa sentar-se calmamente e investigar por que ela própria está se boicotando. Investigar, enfim, quais são os bloqueios do seu próprio inconsciente que a impedem de agir coerentemente com aquelas decisões que foram tomadas prévia e racionalmente no seu nível consciente.

Coragem para Viver o Ideal

Portanto, estando clara a importância da observação atenta das necessidades para a formulação da hipótese de trabalho que seria o plano de vida, passa-se ao estágio da sua execução, que é o nosso campo de experiência. Entretanto, vamos descobrir que, para chegar ao estágio de executar o plano de vida, temos de ter coragem para vencer certos medos, pois se corre sempre o risco de colidir com uma desilusão no final. Para chegar à experiência é preciso primeiro vencer o medo do fracasso e depois o medo da perda do êxito já conquistado. O medo do fracasso é mais próprio da adolescência, enquanto o segundo, que é o medo da perda do êxito já conquistado, é mais próprio de quem já conquistou alguma coisa, sendo mais conhecido como acomodação ou dependência. Ambos esses casos de medo geram ansiedade, que é caracterizada pelo apego que a pessoa tem ao que de alguma forma já conquistou, ou o medo de que não consiga conquistar outra coisa melhor. De alguma forma o próprio Buda já dizia que o problema não é só o de não ter alguma coisa, mas em tendo-a, ficar dependente dela; seja como for, o apego é a causa da ansiedade. Na verdade, se uma pessoa não tem a coragem de correr riscos para viver os seus próprios ideais ou sonhos, ela não está realmente vivendo, antes ela está sendo levada pela acomodação ou pelo medo que nela habitam, portanto, não está vivendo intensamente aqueles objetivos, aspirações e ideais do seu coração. A ansiedade cresce quando a pessoa continua a sonhar e idolatra o ideal pondo-o como uma fantasia distante para mera contemplação, mas devido aos seus apegos, não tem a coragem de se comprometer a vivê-lo.

Descartando Hipóteses Falsas

Outro caso é o da pessoa que teve a coragem para chegar a realizar o seu objetivo. Ela pode encontrar o sabor da realização, mas se, pelo contrário, encontra a desilusão, deveria logo perceber que escolheu uma hipótese falsa. É justamente neste caso, porém, que as escolhas de objetivos ou hipóteses de trabalho feitas consciente e previamente facilitam identificar a hipótese falsa. Algumas pessoas acham que planejar a vida é uma coisa muito artificial, que o importante é seguir o caminho espontâneo da emoção de cada momento. Estas pessoas, porém, na medida em que não escolheram prévia e racionalmente um plano de vida como hipótese de trabalho, caso cheguem a uma desilusão, nem sempre conseguirão isolar as variáveis da equação com a mesma rapidez, sua tendência é a de projetar a culpa do seu fracasso nos outros. O fato é que elas se permitiram ser iludidas anteriormente, escolhendo inconscientemente uma hipótese falsa. Uma desilusão implica necessariamente na existência de uma ilusão prévia, uma frustração indica que havia uma expectativa que não se realizou. Nesse sentido, pareceria lógico que, com o devido desapego, a pessoa desenvolvesse a capacidade de ver o que é, em sânscrito *sat*, ou seja, ver as coisas como elas são, o que vem a ser o começo da sabedoria. De *sat* deriva a palavra sânscrita *satya*, que significa verdade, aquela dissolve *maya* ou a ilusão. Assim, a pessoa compreenderia ou se conscientizaria, a partir da desilusão, que a sua ação foi estruturada sobre uma fantasia, uma ilusão. Por isso dizia o Senhor Cristo: "Conhecereis a verdade, e a verdade vos libertará."[10] Portanto, essa compreensão seria libertadora e produziria uma modificação na percepção de necessidades existenciais da pessoa e na sua escala de valores, então ela tomaria uma nova hipótese e não repetiria nunca mais o mesmo erro, libertando-se para sempre daquela ilusão ou hipótese falsa.

É muito comum as pessoas ficarem desenvolvendo mágoa ou sentimento de frustração com relação às suas ações que não foram tão bem-sucedidas ou que não trouxeram os resultados esperados, em vez de chegar à simples conclusão de que escolheram uma hipótese falsa ou baseada em uma fantasia, em uma ilusão. A dificuldade costuma ser a de faltar o desapego, a imparcialidade, para começar de novo com uma nova hipótese, tendo apenas percebido que se escolheu mal. Se a pessoa alcançar esse nível de desapego, a experiência valeu a pena mesmo que ela não tenha chegado ao sucesso esperado, na medida em que descartar uma hipótese falsa, do ponto de vista científico, já é conhecimento positivo. Trata-se de uma ilusão a menos para a pessoa cair no futuro. Ela não se enganará mais daquela forma quando de fato assimilar com desapego essa experiência. Então, nesse sentido toda a hipótese e toda a experiência são válidas, mas é claro, mais válida é aquela experiência que foi estruturada conscientemente por uma hipótese, e mais rapidamente ela se libertará de uma fantasia na medida em que a hipótese falsa for devidamente identificada com mais clareza. Nesse processo, o planejamento existencial prévio sempre é útil como catalisador, acelerando a identificação das causas escolhidas ou hipóteses falsas do plano cuja execução falhou.

Evitando Projetar a Culpa nos Outros

Evidentemente, as escolhas de uma pessoa são limitadas pelas circunstâncias, que podem ser interpretadas à luz do *karma* maduro que se pode ler no mapa astral. Por outro lado, a ideia fundamental do *karma* é que foi a própria pessoa que semeou as causas cujos efeitos ela colhe agora. Infelizmente, algumas pessoas projetam a culpa de suas frustrações em terceiros e ficam a nutrir mágoas e ressentimentos em relação aos outros, seja da mãe que é a eterna culpada na psicologia e pelos analistas, seja do pai, das autoridades, da política, seja mesmo de Deus, dos Astros, do Destino, da Vida, do Mundo, etc. Por isso é tão importante que a pessoa assuma a responsabilidade por suas próprias escolhas, como dizia a Dra. Annie Besant: "Se as pessoas tentarem impor sobre ti o que elas imaginam ser os teus deveres, e tu vês que eles não o são, tu tens simplesmente que discordar destas pessoas suave, mas firmemente. *Tu* tens de decidir. Tu podes fazer assim correta ou erroneamente, e se for erroneamente tu sofrerás, mas a decisão tem de ser tua."[11] Parece que esta é a maneira de desenvolver o discernimento, caso contrário a pessoa tenderá infantilmente a pôr a culpa nos outros, mas não relacionará a verdadeira causa com o seu respectivo efeito.

A Sabedoria Vem do Sabor da Própria Experiência

Por outro lado, se a pessoa naquela experiência colher um sabor, isso quer dizer que ela já não se desiludiu de imediato, mas garantiria isso que a hipótese é verdadeira? Parece mais prudente dizer, como fazem os epistemólogos, que se trata de uma hipótese não falsa, a melhor hipótese de trabalho até então encontrada. Ela passa a ser aquela que se sustentará como a que melhor resolve as necessidades existenciais em questão. Mas se a pessoa não for além do plano da sensação, que traz ou o sabor ou a desilusão, não poderá chegar à assimilação do conteúdo, que nesse caso passa a ser o saber que está contido por detrás do sabor. Do verbo latino *sapere,* que quer dizer tanto saber quanto sabor, pois tem dupla conotação, é derivada a palavra sabedoria, em português, que significa um tipo de saber que vem do sabor da própria experiência. A sabedoria não pode vir dos livros. Somente ao sentir o saber pelo sabor direto da experiência, é que a pessoa tem o contato com a lei existencial que rege o fenômeno, ou seja, a sabedoria a leva, através desse contato direto, à descoberta das suas reais necessidades. Então, se pode mover montanhas, como diz a passagem da Escritura, porque a pessoa tem fé que realmente aquela necessidade é decisiva e real para ela. Quando uma pessoa realmente sabe o que quer ela movimenta as montanhas.

Não Basta Ter Sorte

Por outro lado, é importante que se perceba que não basta a sorte nisso. Vale lembrar que dos quarenta ganhadores da loteria que o Fantástico investigou, dez anos depois trinta e nove estavam mais pobres do que antes e, portanto, como não colocaram os valores prévia e conscientemente apoiados na experiência, também não estruturaram conscientemente uma escala de prioridades e não souberam revisar seus valores quando eventualmente começaram a fracassar; assim, foram até o fim pondo a culpa no Destino, nos Astros ou sabe-se lá onde. O ciclo dos Astros fornece ocasiões favoráveis e desfavoráveis, mas cabe ao indivíduo saber escolher e avaliar quais as prioridades da sua vida perante a sua percepção de necessidades existenciais. Eventualmente, é preciso reavaliar essas necessidades e a sua respectiva escala de valores, para que não se diga depois que "era feliz e não sabia", tendo jogado fora toda a vantagem da loteria que já se tinha na mão. Muitas vezes a pessoa tem na mão períodos de sorte e não sabe aproveitá-los porque não está estruturada conscientemente para isso, ou porque não pôs valor conscientemente na experiência e depois jogou a oportunidade fora. Mesmo quando as experiências oferecerem circunstâncias não tão favoráveis, diz o ditado popular que "Deus fecha uma porta, mas abre outra", ou abre uma janela, parece haver mais de uma versão. O fato é que se a pessoa tiver definidas as cinco áreas alternativas de objetivos ou ideais, quando uma área não estiver favorável ela poderá aproveitar as outras. A vida sempre oferece algum caminho aberto.

Karma, Destino e Livre-Arbítrio

Este importante tema está mais amplamente desenvolvido no livro de nossa autoria *A Tradição-Sabedoria*; *Uma Introdução à Filosofia Esotérica*, também da Editora Teosófica, onde se encontra uma profunda citação da Dra. Annie Besant, que numa paráfrase invertida parece fazer referência àquela citação de Sêneca mencionada no início, como segue:

> "A ação vigorosa é sempre sábia. Não importa se ela parece não resolver, vocês terão diminuído o peso contra vocês. Cada esforço tem seu pleno resultado, e quão mais sábios vocês forem, melhor vocês podem pensar, desejar e agir. [Estes três verbos, em linguagem astrológica, correspondem respectivamente ao signo solar, também chamado de signo do mês; ao signo lunar, também chamado de signo do dia; e ao signo ascendente, também chamado de signo da hora de nascimento. R.L.]. Se vocês olharem o *karma* dessa maneira, ele nunca os paralisará, mas sempre os inspirará. [Eu particularmente me filio àquela escola de pensamento astrológico que diz – *Astra inclinant non necessitant* – Os Astros inclinam, mas não determinam. A autora está aqui a dizer que as pessoas têm uma visão determinista, de que já "estava escrito" nas estrelas, *"Maktub"*, que o destino é imutável, inexorável, e acabam paralisadas por essa concepção. R.L. Ao contrário ela insiste:] 'Mas', dirão vocês, 'há certas coisas, apesar de tudo, nas quais o destino é mais forte do que eu'. Vocês podem, algumas vezes, enganar o destino, quando não podem enfrentá-lo face a face. Quando navegando com ventos contrários, o navegante não pode mudar o vento, mas pode mudar a direção das velas. A direção do navio depende da relação das velas com o vento e, por meio de um bordejo cuidadoso, pode-se quase que navegar contra um vento adverso, e com um pequeno trabalho a mais chegar ao porto desejado. [Ou seja,

aqui a autora está respondendo à questão de Sêneca de que se a pessoa, ao contrário, sabe a que porto ela deseja chegar, ela poderá, dentro de certos limites, modificar o destino ou *karma* maduro. Talvez essa seja a maior motivação da vida, ou seja, aprender com a experiência, talvez por isso o espírito vem à matéria, porque na mera abstração do plano mental é indistinguível se uma coisa é uma necessidade real ou uma fantasia, talvez somente através da experiência isso possa ser descoberto. Talvez se possa até dizer que esta é a necessidade da encarnação, senão nós poderíamos apenas ficar com os anjinhos tocando liras nos céus e lendo livros de filosofia, mas isso não é suficiente para desenvolver a sabedoria. R.L.. Ela prossegue dizendo:] Isto é uma parábola a respeito do *karma*. Se você não pode mudar sua sorte, mude a si mesmo, e encontre-a num ângulo diferente, você irá deslizando com sucesso onde o fracasso parecia inevitável. [Então, ela cita o *Bhagavad Gita* II – 50:] '*Yoga* é habilidade na ação', e esta é uma maneira pela qual o homem sábio governa seus astros ao invés de ser governado por eles. [Este é o princípio fundamental do livre-arbítrio na Astrologia, mas ele depende de quanto o indivíduo conquistou a sabedoria. R.L.] Nas coisas que são realmente inevitáveis, e nas quais você não pode mudar sua atitude, permaneça firme. Elas são muito poucas. Quando houver um destino tão poderoso que você possa apenas curvar-se ante ele, mesmo então aprenda com ele, e daquele destino você colherá uma flor de sabedoria que talvez uma sina mais feliz não o permitiria colher. E assim, em todas as ocasiões, nós descobrimos que podemos enfrentar e conquistar e, mesmo na derrota, podemos colher a flor da vitória."[12]

Astrologia e o *Karma* Maduro

Também dizia C.W. Leadbeater: "É provável que, na maioria dos casos, a maneira e o momento exato da morte não sejam fixados antes nem no momento do nascimento. Os astrólogos dizem que, em muitos casos, não podem prever a morte. Eles mencionam que em certas épocas as influências maléficas são fortes, e que a pessoa *poderá* morrer, mas, se não morrer, sua vida continuará até outra ocasião em que os aspectos malignos novamente a ameaçarão e assim por diante"[13], e a Dra. Annie Besant complementa: "... o *karma* maduro ... pode ser esboçado no horóscopo por um astrólogo competente."[14] Evidentemente, aprender a ler "a linguagem de Deus através das estrelas" pela Astrologia está mais ao alcance de todos, para conhecer o *karma*, do que desenvolver a clarividência, embora seja sempre conveniente salientar que pela Astrologia não se pode conhecer todo o *karma* do indivíduo, mas somente aquela fração chamada do *karma* maduro ou *prarabdha karma*.

Além da ajuda da Astrologia, através desse exercício de Planejamento Existencial, feito repetida ou reiteradamente, a mente vai-se tornando cada vez mais lúcida e descobrindo quais são suas verdadeiras motivações nesta vida, quais são seus mais profundos objetivos e ideais ou, como preferem outros, qual seria a missão do indivíduo nesta encarnação. Como resultado, tendo coragem de vivê-los, ele terá uma vida mais profunda, mais intensa e mais feliz. Porque cada um vem a este mundo segundo a configuração do mapa astral de nascimento, para descobrir alguma coisa, para aprender uma lição específica, ou talvez várias, mas também específicas para aquele estágio de desenvolvimento daquele indivíduo, resultante do que a própria pessoa semeou, como diz São Paulo: "Tudo que o homem semear; isso também ele colherá."[15] E assim, ao fazer as escolhas conscientemente, pode-se reduzir muito sofrimento. A intenção do exercício é trazer as hipóteses que as pessoas já têm no inconsciente, pois elas não poderiam se desiludir se elas não tivessem fantasias ou ilusões previamente. Elas não poderiam se frustrar se não tivessem antes expectativas, só que essas expectativas podem ter sido inconscientes. E trazendo assim, pela prática deste exercício, estas expectativas ou hipóteses inconscientes ao plano da consciência, pode-se encurtar o caminho de um eventual sofrimento.

Assim também dizia a minha querida professora Emma Costet de Mascheville, conforme consta na contracapa do seu livro *Luz e Sombra,* cuja leitura recomendo aos interessados em Astrologia: "Através do estudo da Astrologia, aprendemos a não culpar, mas a compreender, a não ser infelizes ou revoltados mas a conhecer a nós mesmos e ao nosso próximo, encontrando a harmonia da vida e religando-nos à fonte da luz." E também considerei no seu respectivo prefácio: "As dificuldades do cálculo astronômico sempre tornaram a verdadeira ciência milenar da Astrologia inacessível ao grande público, mas a era da informática vencerá este obstáculo, facilitando o estudo de mapas astrais individuais e produzindo evidências em um volume estatisticamente irrefutável. Desta forma, obrigará a ciência contemporânea a adequar seus paradigmas pelo peso dos fatos, dignando-se a investigar imparcialmente a Astrologia. Como respondeu Sir Isaac Newton ao descobridor do Cometa de Halley, que questionava as bases da Astrologia: 'Senhor, eu a tenho estudado, o senhor não!'

> "Uma enorme transformação ocorrerá em nosso mundo quando, pela pressão das evidências, a humanidade compreender que o destino, ou o *karma* maduro, existem e podem ser lidos pelos ângulos dos Astros no céu, e que o Universo é ordenado e não um mero fruto caótico do acaso, e que há um profundo significado pedagógico em tudo que nos acontece, porque é o efeito de nossos pensamentos, ações e desejos do passado."[16]

Notas

[1] KRISHNAMURTI, J. *Aos Pés do Mestre*. Brasília, Ed. Teosófica, 1999. p. 14. [§01]

[2] JINARAJADASA, C. *Cartas dos Mestres de Sabedoria*. Brasília, Ed. Teosófica, 1996. p.146.

[3] CARTAS dos Mahatmas para A. P. Sinnett. Brasília, Ed. Teosófica, 2001. v. 2, p. 60.

[4] HOUAISS, A. & VILLAR, M.S. *Dicionário Houaiss da Língua Portuguesa*. Rio de Janeiro, Objetiva, 2001. p. 479.

[5] BESANT, Annie. Os Ideais da Teosofia. Brasília, Ed. Teosófica, 2001. p. 18

[6] Ibidem, p. 7.

[7] TAIMNI, I, K. A Ciência do Yoga. Brasília, Ed. Teosófica, 1996. p. 185. [st. II-33]

[8] BESANT, Annie. A Doutrina do Coração. Brasília, Ed. Teosófica, 1991. p. 58

[9] A BÍBLIA de Jerusalém. São Paulo, Paulus, 1995. p.2008. (João 8:32).

[10] BESANT, A. & LEADBEATER, C.W. Talks on the Path of Occultism. Madras, Theosophical Publishing House, 1980. v. 1, p. 275.

[11] LINDEMANN, R. & OLIVEIRA, P. *A Tradição-Sabedoria*; *Uma Introdução à Filosofia Esotérica.* Brasília, Ed. Teosófica, 2003. p. 94-5.

[12] LEADBEATER, C.W. *A Vida Interna.* Brasília, Ed. Teosófica, 1996. p. 328.

[13] BESANT, Annie. *A Sabedoria Antiga.*Brasília, Ed. Teosófica, 2004. p. 184.

[14] A BÍBLIA de Jerusalém, *op. cit.*., p. 2195. (Gálatas 6:7)

[15] MASCHEVILLE, E. C. Luz e Sombra; Elementos Básicos de Astrologia. Brasília, Ed. Teosófica, 1997. p. 8.